哥伦比亚大学"毅荻书斋"存藏

张学良口述历史

（访谈实录）

2

张学良 / 口述
张之丙 张之宇 / 访谈
《张学良口述历史》编辑委员会 / 整理

当代中国出版社
Contemporary China Publishing House

本 卷 目 录

第十次访谈　愿丢包袱　不送蒋他会讨伐　历史由后人评说 … 309
1. 我自己都没有根据地了 ……………………………… 309
2. 我愿意把这些包袱丢开 ……………………………… 311
3. 我跟蒋先生两人言语不通 …………………………… 313
4. 我自己的责任尽到就行了 …………………………… 315
5. 我不去送他，最后只有"讨伐"这一说 …………… 317
6. 那历史是给后人评的 ………………………………… 317

第十一次访谈　张家人名字来历　民间习俗　京剧艺术 …… 321
1. "闾"字、"汉卿"从何而来 ………………………… 321
2. 以前男人起名字很讲究 ……………………………… 325
3. 长毛很开明、维新 …………………………………… 327
4. 共产党没有密码本子 ………………………………… 329
5. 我父亲麻将打得好 …………………………………… 331
6. 诚实不诚实是习惯　斗智斗不过中国人 …………… 332
7. 我就喜欢听戏 ………………………………………… 337

**第十二次访谈　安内与攘外　青年会影响大　父子相知深
　　　　　　　周恩来能唱主角** ……………………………… 341
1. 父亲爱吃枣　广东荔枝"增城挂绿" ……………… 341
2. 蒋先生好比一个电灯，我给这个灯泡擦一下 ……… 343
3. 我年轻时候主要受青年会影响 ……………………… 346
4. 我父亲受我包围，他干什么我知道 ………………… 351
5. 安内攘外与攘外安内 ………………………………… 353
6. 我总有一两人可以谈一谈 …………………………… 355
7. 没想到我能活这么大岁数 …………………………… 359

8. 周恩来能够成主角　蒋低估了民众力量 …………………… 361
　　9. 我多次要求抗日蒋先生就是不答应 ……………………………… 371
　　10. 蒋经国很平民化 …………………………………………………… 375
　　11. 我和胡若愚、宋子文无话不说 …………………………………… 377
　　12. 我这嘴，当年刻薄极了 …………………………………………… 378
　　13. 东北的军便礼服是我发明的 ……………………………………… 380
　　14. 我家先辈姓李　我家人都很强悍 ………………………………… 383

第十三次访谈　研究佛教　信仰基督教　不喜欢王阳明 ………… 387
　　1. 你要存佛心救人你就可杀任何人 ………………………………… 387
　　2. 夫人让我研究基督教 ……………………………………………… 392
　　3. 你问宗教的事情我给你解释一下 ………………………………… 398
　　4. 我为什么叫曾显华 ………………………………………………… 402
　　5. 什么叫死？不过是搬家而已 ……………………………………… 406
　　6. 我受日本军人影响那就是为成功拼命 …………………………… 409
　　7. 我是个怪人，我的生活是上帝的安排 …………………………… 413
　　8. 养兰花像考博士那么难　讲忍耐就是钓鱼的哲学 ……………… 417
　　9. 念十几年神学是因为我们有这个时间 …………………………… 421
　　10. 蒋要我读《明儒学案》我就得研究明史 ……………………… 426
　　11. 我翻译的那本书讲得有道理 …………………………………… 430

第十四次访谈　民初混战　苦心建设东北　山海关之役 ………… 439
　　1. 民国初年的历史是混战的时代 …………………………………… 439
　　2. 建设东北，父亲经营很苦心 ……………………………………… 441
　　3. 我最得意的就是山海关之役 ……………………………………… 445

第十五次访谈　哥大韦慕廷　查抄苏联大使馆　父亲的统御力
　　　　　　　东北土匪 …………………………………………………… 451
　　1. 口述历史计划是韦慕廷开创的 …………………………………… 451
　　2. 俄国使馆里藏有共产党 …………………………………………… 457
　　3. 我父亲特别机警，他有统御的能力 ……………………………… 461
　　4. 我从前会说好多黑话　土匪是这么起来的 ……………………… 468
　　5. 我到现在不明白日本什么意思 …………………………………… 477
　　6. 跟中国脱离开，自个儿站不住，一定叫人吞并 ………………… 479
　　7. 本庄繁不是那么凶的人，他的部下有几个大坏蛋 ……………… 482

第十六次访谈　我的原则是要真实　武装进交民巷 …………… 487
　　1. 我要写耳听的、眼见的、亲身经历的事 ……………………… 487
　　2. 李景林品行那么低　荣臻对我很忠诚 ………………………… 488
　　3. 武装进东交民巷我没参与这件事 ……………………………… 492
　　4. 百岁功名刚一半，八方云雨会中州 …………………………… 495
　　5. 我的活动都是她（赵一荻）整 ………………………………… 498
　　6. 端纳有个日记，你们好好找 …………………………………… 501

第十七次访谈　郭松龄　杨宇霆　父亲做大元帅　西安事变
　　　　　　　　端纳的评价 ……………………………………… 505
　　1. 慈禧、光绪死时不许人们剃头披戴　国孝要七十二天 ……… 505
　　2. 郭松龄到最后没有英雄气概了 ………………………………… 511
　　3. 杨宇霆用心很深谋士就是常荫槐 ……………………………… 514
　　4. 我不赞成父亲做大元帅 ………………………………………… 521
　　5. 我父亲是怎么起来的 …………………………………………… 523
　　6. 我性情的一半是从母亲那里来的 ……………………………… 526
　　7. 我反对儒家思想，那是做官的思想 …………………………… 536
　　8. 年轻时我是主战的一个 ………………………………………… 541
　　9. 我有个要紧的东西经国先生给我改了 ………………………… 547
　　10. 我要发表一份东西说明西安事变真相 ……………………… 549
　　11. 盛世才人不正呀，邪门歪道多 ……………………………… 551
　　12. 谁说蒋先生上飞机前讲了长篇大论 ………………………… 552
　　13. 端纳认为中国的历史不能没有少帅 ………………………… 555

第十八次访谈　金万昌相面　在家我是老大 …………………… 561
　　1. 唐石霞唐舜君姊妹 ……………………………………………… 561
　　2. 梅花大鼓金万昌说会相面 ……………………………………… 564
　　3. 蒋连何应钦也信不过 …………………………………………… 566
　　4. 兄弟中我是老大，父亲给我全权 ……………………………… 567
　　5. 谈老帅的事得有地图　我什么样的地图都有 ………………… 568
　　6. 他们滥写东西，我为这事很气 ………………………………… 569

第十九次访谈　欣赏蒋经国　张宗昌带兵　生在逃难途中 …… 573
　　1. 我做事我负责任不愿意牵连旁人 ……………………………… 573
　　2. 台湾能有今天局面和蒋经国关系很大 ………………………… 577

  3. 台湾搞独立"闹剧"就是台湾人自杀 ································ 584
  4. 张宗昌这种乱七八糟的军队绝不让入境 ························ 586
  5. 褚玉璞这个人不算坏人 ··· 587
  6. 张宗昌很讲义气，带兵完全是土匪式 ···························· 589
  7. 帝国主义都是想把中国分化 ·· 594
  8. 在八角台逃难的路上我生在马车上 ······························· 596

第二十次访谈　开辟三省　老帅有雄才无大略　袁世凯是曹操
  虚名误人 ··· 601
  1. 父亲想在乌里雅苏台这地方开辟三省 ···························· 601
  2. 我父亲对吴佩孚向来就没有好感 ································· 604
  3. 父亲心软，有雄才无大略 ·· 606
  4. 袁世凯就是曹操，时代把他淘汰了 ······························ 608
  5. "虚名终究误人深" ·· 611

第二十一次访谈　幽居岁月　枪杀杨常　忏悔录风波 ············ 615
  1. 熊队副我知道，他不在这做了 ···································· 615
  2. 蒋经国比老总统还厉害 ··· 619
  3. 日本人想用杨宇霆代替老师 ······································· 620
  4. 钓鱼有很大的哲学 ··· 625
  5. 奉天老家的故事 ·· 630
  6. 人啊，干什么都得长眼睛 ·· 635
  7. 跟你说我的幽默笑话 ·· 637
  8. 明白人不用辩，糊涂人你跟他辩什么 ··························· 638
  9. 任何人看我必须有蒋先生的命令 ································· 644
  10. 忏悔录风波起于蒋经国 ·· 649
  11. 我们住在高雄时连洗脸水都没有 ································ 651

第十次访谈
愿丢包袱　不送蒋他会讨伐
历史由后人评说

访谈者：张之丙（简称"访一"）
　　　　张之宇（简称"访二"）
被访者：张学良
同座者：赵一荻
访问日期：1992 年 1 月 7 日

1. 我自己都没有根据地了

（寒暄、闲聊张学良的眼疾，约 8 分钟）

访　一： 我们今天继续昨天提的几个问题。昨天咱们谈到了关于一些中国军队，军人有信仰没有信仰，有主义没有主义，这个不同的地方，昨天咱们谈到这儿。后来我们谈到了在西北的时候，带领军队上，您有很多的困难，因为后面接济不够，或者是上面接济不够，或者是中央的接济不够，这样呢，影响了很多西北地区的军队，对当时的情况非常不满意，我们说到这儿。我最后一个问题是因为大家都知道您带兵的作风和您的声望，可是到了西安的时候，大家为了要参加战役，需要这边的军饷、装备、补援以及招兵，这些事情您都很难做决定。所以那个时候——

张学良： 不是难做决定，根本就没那么回事。

访　一： 在那时候，您从中国东北到华北，统率那么多的军队，从欧洲回来之后，遇到这样的情况。如果要顺着您自己的心意的话，应该怎么样地调整呢？说实话，这跟您以前的作风是绝然不一样的。

张学良：不是我那种作风，这句话不对。根本是跟我以前的情形不一样的，不是作风的问题。根本是情形不同。

赵一荻：环境不同了。

访　一：对，环境也不同了。在那个时候，做那么多军队的大将领，处在那样一个环境，您怎么样应付呢？

张学良：无可奈何，我有法子啊？我心里也很明白，不是怨他们，这事实如此啊。

赵一荻：所谓爱莫能助啊。

张学良：爱莫能助，过去我还不太明了啊，等到了我自己身上，我明白了，为什么那些军队他——

赵一荻：士气低落啊，为什么啊？

张学良：是剿共啊，或是作战干什么的。

赵一荻：牺牲，他们为什么牺牲？

张学良：不是，是为什么他们不出力量去干。

赵一荻：不努力去干。

张学良：我是爱莫能助，我才明了过去这么些年，我当然当年是站在中央［立场］上，我就感觉到所谓这些杂牌军队呀，怎么他们这样。等我到这个情形时，我才明了。

赵一荻：自个人也变成杂牌军队了，算自己体验到了。

张学良：体验到了，也不怨他们不打呀。这点事情你们不大明了，台湾现在不同了。过去那个时候，军队都是个人的军队，张家军、李家军就是这样，这些军队就等于自己的一样。换句话，这些军官的委任，也不是中央委派，而是自己愿换谁就换谁。甚至于有时候连饷都没有，都是自己给筹的，明白？那么这些军队，中央你让他打，这就是他的资本，他把资本送完了。他就指着这个活着呢，你也不能给他补充，也不许他招兵，等于就是要消耗他。所以他们有时说真话，这等于消灭我们一样。不是让我们去剿共，等于把我们消灭。那我们为什么打？甚至换句话说，他们没起来反抗，已经很客气了，明白？看这种情形，我怎么来指挥？

赵一荻：怎么样来统领这些杂牌军队？

张学良：怎么能指挥呢？他也把实话告诉我了，甚至那副司令就问我，我们是打呀，还是不打？我就没法回答，我就不能回答说你不打。那么马鸿逵、马鸿宾①就问我，他跟我很客气，他说那我打。简单地说，钱、军队、补充，那我只能说这句话，你看情形办吧，明白吗？

访　一：没有回答的回答，没有办法。

张学良：实在没办法。你比方说，我就简单地说过去的事情。你就说商震吧，我记不清楚了，他是谁呀，我忘了。那是我在东北的时候，他作战，我就送他一千枝枪，那是奉天自己造的，换句话，他补充用不着那么些，我送给你一千枝。比方说马鸿逵，那时候没有炮兵，我送给你四门炮。我送给你。

访　二：从东北自己的——

张学良：换句话说，我那时有的是，兵工厂那枪存了很多很多，炮也有。那后来，我什么也没有了，我怎么能？可是，当我有的时候，那宋子文成立他们的税警队，他的武器都是我给他补充的。

赵一荻：为什么大家对他好，没有了，人就管他要啊。

张学良：什么叫好不好，不是那问题，我能给你帮忙。那宋子文是另外一种事了，蒋先生不愿意他有军队，他要做税警，后来他税警团办得很大，由王赓②给他。所以我说这个情形，那我有的是东西，没关系呀。

赵一荻：等"九一八"以后，我没有了。

张学良：东北没有根据地了，我没有了。这个情形你要明白，唱戏讲嘛，各路诸侯，各霸一方啊，我没有地盘了，没有了，换句话，我自己都没有根据地了，我还怎么帮旁人呢？没法儿帮了。

2. 我愿意把这些包袱丢开

访　一：那蒋先生不知道这种情形吗？

张学良：哎呀，你这句话问得很没有道理。蒋先生怎么不明白，他当然明白。

访　二：他知道大家反对他吗？

张学良：都是这样的，我不敢说，拿小人之心度君子之腹，甚至他愿意这样

---

① 马鸿宾，曾为西北军阀之一。曾任甘肃省主席、第八十一军军长、西北军政长官公署副长官等职。1949年率部起义，中华人民共和国成立后，任甘肃省人民政府副省长等职。

② 王赓，毕业于美国西点军校。1918年回国，曾任北洋政府交通部护路军副司令、哈尔滨警察厅厅长、淮北盐务缉私局局长、财政部税警总团总团长等职。抗战时，任兵工署昆明办事处处长。

做呢，也不一定。因为什么？这话我今天都可以跟你们说，你你不要录。

赵一荻：借刀杀人嘛。

（录音中断）

访　一：刚才您说很多北方的或其他北方的军队，因为过去您对他们有很多雪中送炭的这种朋友的帮忙，可以说是对您很倾心，倾向，这个无形中就等于说是，如果把所有军队都混合来说的话，心都是向着您的。

张学良：那不能说向着我，也就是接近一点。

访　一：其他的情况不讲，因为刚才——

张学良：不是，我跟你说这样的情形。那个时候，杂牌军队呀那他都是自保，也没有说对谁倾心。换句话，谁喂奶谁就是妈妈。那我们自己也知道这种情形，不能拿它当什么，如果那样，你一定要吃很大的亏。你不能说靠它来怎么样，那不能。

访　一：不过要是分析那种局势，无形中等于说您得民心。咱们《孟子》上有句话，得民心者旺。

张学良：那民心、军心，是这样的，这些人现在也差不多都不在了。那些个人也不怪上头。我刚才不说嘛，谁喂他奶，谁就是娘。谁拉他一把他就跑那儿去。为保存他自己，今天他帮着你，明天假如那边给他拉一拉，他就跑了，像石友三，完了他就打我，可厉害呢。简单说，这些人是靠不住的，那你也没办法。你刚才说庞炳勋①，我们管他叫水晶猴子一样，那他滑透了。

赵一荻：他在这个环境里要生存嘛。

张学良：他就那么点军队，也不是有多大力量。讲述口述历史，这真是历史，那种情形，知道的人差不多都过去了。就剩下我这么个老人没死的。那种情形，哎呀，真是非常难。

访　一：所以我们说口述历史，主要希望能够请当事的人，像您，能把当时的情形解释。因为这些事情，可能在任何历史书上都没有，后来学历史的人应该知道的。您刚才说，您从海外回来的时候，您自己没

---

① 庞炳勋，原为西北军冯玉祥旧部。中原大战时投靠张学良，曾任第四十军军长。1938年率部在台儿庄会战中起重要作用。1943年5月叛投日军，任伪暂编第二十四集团军总司令。1945年日本投降后，又投靠蒋介石，任先遣军司令。后流寓开封。1949年去台湾。

有地盘了。虽然东北军和华北的那一部分势力还是倾向于您的，而且您在海外的时候，他们也随时向您请教。在这个时候，您手上有偌大的军队的势力，有那么多的军人也罢，东北老乡也罢，都依靠着您，可是您没地盘了。那么在做一个政治领袖、军事领袖，您怎么样维系，还有下一步，怎么样想办法，为了这些人，您要做些什么事？

张学良：这个你问的，问的，根本我心里很不愿意做这些事情。我愿意把这些包袱丢开，所以我那时候就到汉口。那时候，蒋先生跟我很客气，给我指定几个事情，说你愿意做哪些。我说，我愿意做你侍从室主任，那他没让我做。后来还让我到了汉口，那他做总司令，我从来没当过总司令，都是我给他代理。所以我那时是豫鄂皖三省的——

赵一荻：剿匪总司令。

张学良：换句话，当一天和尚撞一天钟，就做这个事情。

3. 我跟蒋先生两人言语不通

访 一：那时您所谓的剿匪，最大的目标是哪儿？最大的目的是消灭——

张学良：那时候蒋先生问我，他说现在你回来了，你应该做点事情，大家对你的声望问题，你走以前很不好了，那么你回来，一个是刘黑七①这个人，在山东闹得很大一个土匪，你去。我说土匪这个事情简单，小事情，我不做这个。结果去剿共了。那时豫、鄂、皖边区是共产党的势力。我们剿共死了不少人呐。

访 一：您自己就损失了两个师啊。

张学良：那不是，那是后来了。

赵一荻：你们都没有看那个相片，那尸首都堆成山呐，剿共。

访 二：真的尸首堆成山？那时候，延安还是您的辖区里头？

张学良：延安不是，延安是陕西呀。

赵一荻：他是鄂豫皖呀。

张学良：不是，那时延安也没在共产党手里。

访 二：是在陕西辖区，他们是离延安还有几十里路。

---

① 刘黑七，本名刘桂堂，曾是山东土匪，1928年投向国民革命军，任新编第四师师长。狡诈多变，曾先后投靠阎锡山，依附张学良，归降韩复榘，后投靠日伪。1943年被八路军击毙。

张学良：谁呀？

访 二：共产党区域呀？

张学良：我都问住了，当时共产党是在江西呀。

赵一荻：还没到那儿呢。

张学良：那时共产党势力相当大，在江西啊，江西我没到过，江西剿共的事与我无关。中央，那时他们在江西，有政府呢，那与我无关。

访 二：您说那时候——

赵一荻：那时候红军来也杀，绿军来也——

张学良：那时老百姓说，红军也好，绿军也好，倒霉的是老百姓，那真是尸骨如山，我在河边，看见骨头多极了。

赵一荻：那真惨得不得了，不忍看。

访 一：回头来说，您回来想做总司令的侍从室主任，侍从室是一个人旁边最近的一个？

张学良：侍从室是这样子，等于他的幕僚一样，也就等于副官，给他办事的。

访 一：按刚才我们所说的那段话，您想他怎么可能允许您做他的侍从室呢？

张学良：不是，这个问题是这样子，这个侍从室的位置很低算是。

访 二：哦，很低。

张学良：不能说很低，相当于一个幕僚，等于，等于——

访 一：私人秘书？

张学良：也不能说是秘书，他另外有秘书长。就是给他办事情，跟他很接近，明白？办点小事那时专门有这侍从室，那个主任后来是我的参谋长。我的意思是我在侍从室，过去我和蒋先生不是太接近，我不能确切知道他这个人到底怎么样，那么他也不认识我，认识那么清楚。我的意思我既然给你做事了，我愿意和你接近。简单地说，我也学学你到底要怎么个做法。那他不愿意这样子，说，那个事情你怎么能做呢？好像把你贬得太低了。

赵一荻：这一点你也应该讲一讲，你跟蒋先生两人言语不通，是个很大的问题，有时候就误会了。

张学良：我们两个言语上有误会，我们两个有时候误会很大。因为我说话，他有些听不大懂。

赵一荻：蒋先生说话他也听不大懂，有时候就有误会了。你比方说，我怎么不去？他就认为你不去。

张学良：误会很大，我这人有时说话转弯子，他就听反了。

赵一荻：对，你比方说，我为什么不去？那就是我要去啊，南方人他就认为我要你办事，你不去。他说话，你也不明白。你没听过蒋先生演讲，我们也听不清。

张学良：蒋先生一生气就讲他的奉化话，我简直听不懂。这听话听不懂有很大关系，你也不能老问他，你说什么？你说话要解释，你的深刻意思何在呀？你听不到。

赵一荻：你说这样咋做事，两人言语不通啊，这里有很大的误会。

访　二：这真是，这可是口述历史了，这段很珍贵。

访　一：说不定您要做侍从室，他还以为您要——

赵一荻：也不是，他（蒋介石）认为这事给你太小了。他（张学良）是想咱俩接近一点，你也了解我，我也了解你，以后办事，合作得更好一点。也有很谦虚的意思，就是我愿意跟着你，侍从嘛，学习，这种意思。

张学良：用张群的话讲，就是我愿意给你夹个皮包啊。

赵一荻：也是客气客气，我回来就想给你夹个皮包。我也不想做什么，也不好做什么。

访　一：那把您派做这个三省剿匪副总司令，有没人嫉妒您呢？

4. 我自己的责任尽到就行了

赵一荻：别人做不到啊。

张学良：那嫉妒不了。我到中央做事情是不大合适。你说到嫉妒这个问题，那当然有很多了。我不是蒋先生的嫡系呀，不但这样，你进来还拿这么大个权，所以我没法做。主要的……这个最好不要录。

（录音中断）

张学良：我向来什么事情，尽到问心无愧就完了，旁的我不管。我不但不管，我还要原谅人家。人家也是人啊，人家不能像我一样傻瓜，人家不能不为自己打算打算。我已经九十多岁了，做事向来这样。那就是私事，男女问题，我无论做什么都是如此。

访　一：现在我们懂了，您说假如坚持下去，或者您不回南京的话，就会更引起内战。是为了停止内战，做的这件事？

张学良：是啊，是为停止内战，可你做的跟这相反，是扩大内战，那你怎么行呢。

访　二：可是那您觉得您跟蒋先生回去（去南京），会把这个事情弄得好一点吗？您不愿意连累杨虎城，你把这责任都担在自己身上了，您觉得回去会对他将来的做法有改善？

赵一荻：至少他的目的达到了，人家怎么处理，他不能替蒋先生决定怎么处理。

张学良：换句话说，把自个儿的实践完了，我不能叫人家怎么办。所以一个做事情，你不能那么想。那么想，是你们固守成见的一个想法，你不能想，对象怎么样，明白？做事你要问自己。

访　二：把我自己的责任尽到了就行了。

张学良：所以，无论做大事做小事，最坏的毛病，就是希望人家对我怎么样，你要问你自己对人家怎么样。

赵一荻：你不能企望把你自己的事情往人家身上推。

张学良：不是推，是希望别人怎么样，这是一种幼稚的思想。

赵一荻：一种幼稚、自私的思想。你应当怎么样对我。

张学良：现在大多数人都是哟哟哟怎么样，我小时候也是受他们影响，总是骂国家不强，是人家，人家，你？你负了什么责任，虽然你小？你对国家做什么？就是做某一件小事，你对得起国家不？

赵一荻：就是国家兴亡，匹夫有责。

访　二：张伯苓先生说国家兴旺，每个人都有责任。怎么说的？

张学良：国家不亡，有我。

赵一荻：每个人都有责任。别在这儿骂这个骂那个。

张学良：不但自己有责任，你考查考查他做的什么事，比如现在这个党那个党不管。我也不是什么国民党共产党，也不是民进党，现在都骂人家，可是你也看看，他都做的什么？你做的什么？

访　二：对，对。

张学良：研究研究你都做了些什么事，明白？我这个人是这样子，你先别说人家怎么样，你先看看他怎样，立法院也好，那个也好，天天吵。可是你个人干什么？我为国牺牲，我干，他没有，很少。你是要钱，要地位。中国现在新话什么，"秀"，就干这些事。（笑声）感谢上帝，我已经是老了，我是不安定的，像这种情形，我受不了的。

访　二：那您怎么的？您预备教训他们一顿？

张学良：我什么都干得出来。（笑声）

5. 我不去送他，最后只有"讨伐"这一说

访　一：您可以捅两个窟窿。

张学良：是，是。我现在已经老了，才说这个话。所以蒋先生对我相当认识，知道我是个不安定的人。

访　一：这个"不安分"三字有个新的解释，在您身上有个新的解释。这样说起来，杨虎城当时对您到南京去，他怎么个表示呢？

张学良：他很不愿意呀。

访　一：您到南京去，本来是为了大义，为了停止内战。

张学良：不是，我也是为了这件事情有个解决。我是把什么事都想一想，蒋先生也是很为难的，到南京以后。假如我不是送他回南京，不是这样做，他最后也只有"讨伐"这一说。

赵一荻：讨伐嘛，大军来剿他们了。

张学良：就打就是了。

访　二：所以我觉得您这个求仁得仁，做得在某个角度上您成功了。他至少从那开始，有一段时期是抗日了，是不是？从您去南京后。

张学良：这一点我要说，蒋先生他答应的事，他没反悔。头一样他不剿共了。原来他一定剿，后来不剿了。不但不剿，渐渐与共产党合作了。

访　二：所以这还是您求仁得仁。

访　一：我们口述历史不管这个，但历史家应该对这个有个见证。

访　二：得有个说法了。

6. 那历史是给后人评的

访　一：不过，我都会替您回答了，外面说我什么都无所谓。（笑声）

张学良：我认为这件事情，我是个研究历史的，这个历史的事情啊，也很难说的。中国人说，尽信书不如无书。那历史是给后人评的，他自然，他不会瞎眼的。历史让历史评去吧。

访　一：要顺着您这个说法，我们做这个事情还比较有意义，本来就是给您

记录记录，这是很宝贵的，让后代人来想。要是没有听到您这些话，可能他就想不出所以然来。

张学良：那就是看历史。我是个研究历史的，我很喜欢研究。你比方说我研究几段事情，很费劲，这个事情它怎么会那个样子呢？不可能的。你比方说，我是研究明史的，明永乐这段故事，永乐①这是一个非常坏的一个人呐，在我看法。那好多历史上，他写得不对呀。那么怎么才能看出来？那么有个旁敲，旁人记载，那他这个人很不好，很不忠，那甚至于明太祖的儿子到底怎么死的都很难说。不知道。中国的历史上，有私人的信件啊什么，看出一点来，旁的很难看出来。

赵一荻：胜者为王，败者为寇。

访　二：所以我跟您讨教历史，比如说，今后有的口述历史部分的话，对于研究历史，有很大帮助。

张学良：把自己的观点留在那，人家后人也去考查。你说的是真的是假的呀，不能说你说的话都是对的，人家也要拿事实去考证。研究历史这个东西是很难的。还有，个人要有个人的观点。这个谁说的话我不大承认的，胡适之他说历史是摆钱一样。

访　二：摆钱？

张学良：他这个说法很有意思，他说历史就像摆钱一样，摆几个大钱，一个人一个摆法。但是，我说是不对的，它历史还有一个真实性。至于你是站在哪个立场上看，比方说，古文派，天地君亲师。我就骂我老师，那就罪大恶极了。连我父亲都，我不跟你讲这段故事了嘛。那是各人有各人的观点。那么历史的事情很难说，你是左倾的看法，共产党的思想看法，还是顽固派的看法？

赵一荻：因为已经讲到西安事变的事，也差不多到结束了。下一次你是不是应当把你信上帝的经过讲一讲，怎么样念神学啊，现在怎么样啊。

访　二：对，对。

张学良：那你讲得了，比我讲清楚。

赵一荻：这不是我的口述历史。

张学良：不是，我记不住了。

---

① 永乐，是明成祖朱棣的年号。此处指明成祖朱棣。

访 一：刚才我们有些不能录的地方，有几个我认为不是批评人的，可是也就等于我们这个口述历史，我给你提个头，您说，这个与别人没关系的。我认为要让后代读历史、听历史的人，能够看到您这个做人的哲学和您的道理，然后让他们自己去做评鉴。您这一段实在宝贵得不得了，应该留下来。我给您提个头，因为这个太珍贵了。您比如说，刚才您说您是主张联合共产党，大家合作来抵抗日本，但是您又做了剿匪副总司令，那么我要是共产党，我离你远远儿的。就是您有没有计划，或者您的参谋啊，帮您让共产党知道这个合作是有可能的？就是您也许可能劝说蒋先生，咱们可以和共产党合作。

张学良：这个我，连她（指赵一荻）都不能知道太清楚。我的手底下有个秘书，他就是共产党。

访 二：您自己的秘书？您知道不知道他是共产党？

赵一荻：这个还是不要录了。

张学良：不录好，我知道他是共产党。还是不要录了。

第十一次访谈
张家人名字来历　民间习俗　京剧艺术

访谈者：张之丙（简称"访一"）
　　　　　张之宇（简称"访二"）
被访者：张学良
同座者：赵一荻
访问日期：1992年1月9日

访　一：1992年元月9号，我们在张府继续访问张学良先生，现在的时间是三点零五分。

1. "闾"字、"汉卿"从何而来

张学良：起名的六个理由：不重、不俗、可以扩大，比方讲往下好排。
访　一：不俗、不重、可以扩展。
张学良：有来由，有讲，有理由。
访　一：四个，还差俩。
张学良：另两点，我说不出来了。给我的小孩子起名字，我［儿子的名字都是"闾"字辈］，都是"闾"，为什么叫这个"闾"？医巫闾山，你知道奉天有个大山叫医巫闾山①。医巫闾山有三玉：珣、玗、琪。所以我三个儿子［分别叫］：张闾珣、张闾玗、张闾琪。后来她

---

① 医巫闾山，古称于微闾、无虑山，今简称闾山。位于辽宁省北镇市境内，最高峰——望海峰海拔886.6米。文献记载，医巫闾山是舜封全国十二大名山之一，又是全国"五岳五镇"十大名山之一，誉为东北名山之首。

（即赵一荻）又生个儿子，第四个儿子，没有了［第四玉］，［但］还是王字旁，叫张闾琳。①

访　一： 前面是哪三个玉？

张学良： 医巫闾山有三玉，这是历史上有的一句话。

访　一： 从现在开始，就都从"闾"开始排了？

张学良： 这个女儿，叫张闾瑛。我还有个侄女叫张闾娥。这是怎么讲？

访　二： 噢，娥皇、女英。

张学良： 这个谁，娥皇、女英②啊。

赵一荻/访　一： 她说对了。（笑声）

张学良： 尧的分封地就在医巫闾山。

访　一： 对对，有历史记载。

张学良： 从前的皇帝都是分封在哪个山。

访　一： 我们这个是排"之"字辈。

张学良： 现在起你这名是好啊。现在的名是简单的，我主张是简单的。我们认识一个人——老刘，他那个孩子写他自己的名字写不下了。

赵一荻： 起个名叫"慈恩"，"慈爱"的"慈"。他小孩嘛，写了个"兹"，底下那"心"没处摆。（笑声）

张学良： 写不下了，功课写到后边写不下了，把"心"没了。所以小孩子你不要给他起乱七八糟很厉害的名字。

访　一： 那您这个是"学"字辈的？

张学良： 我的名字改了很多了，原来开始的时候叫"张逸春"，我那时还小呢。后来人家说太俗，那就给我起了"张从善"。那么后来我父亲认识了一个很有名的人，文人，他说这太俗啊，所以才叫张学良。

访　一： 我们这一开始，就猜有张良的意思。

张学良： 可是我这个张学良实在地也是相当俗，叫张学良的人很多。

访　一： 是吗？可能是在您之后起的。

---

① 依据周时典籍《尔雅·释地》载，"东方之美者有医巫闾珣玗琪焉"，张学良给他和于凤至生的子女们起名：张闾瑛（长女，瑛：似玉的石头、玉的光彩）、张闾珣（珣：是一种玉）、张闾玗（玗：美玉、玉石的光彩）、张闾琪（琪：也是一种玉）。当赵一荻给张学良生第四个儿子时，"珣、玗、琪"三字后面没有合适的"字"，就起名张闾琳（琳：也是一种玉）。可见张给子女命名，既切合本地风光，又比作质如美玉，是有其含义的。

② 娥皇、女英：相传上古尧帝之女，同嫁舜帝。舜南巡时卒于苍梧，葬于九嶷山，两人同往，溺于湘水，传为水神。娥皇称湘君，女英称湘夫人。

张学良：不，不，我碰到一个人，在董事会开会，他也叫张学良，这我们俩都是董事，他很客气，他说我的名字不要叫了，我把名字改了。另外还有，我抓着个土匪叫张学良①。说实在的，我就知道有三个叫的。

访 一：那您这"汉卿"是您自己起的名吗？

张学良：我现在一般不用"张学良"这个名字，我的户口里不用张学良，叫张毅庵。

访 一：毅庵，这是您自己起的了？

张学良：这也是一个有学问的人给我起的。这个"庵"呐，都是别号了。这个"毅"字怎讲，勇而不言谓之毅。

访 一：勇而不言谓之毅？

张学良：也是军人的问题。虽然勇敢，我自己不说。

访 一：勇而不言，自己不说自己的。

张学良：不是，是他自己不言勇。

访 一：哦，不言勇。

张学良：勇而不言谓之毅，这中国[人]就讲典啊。

赵一荻：对，对，再典（点）一点，就到四点了。（众人笑声）

张学良：我说简单的，没必要给小孩子起复杂的[名字]。简单、容易往下排、容易写、不俗、有典故。

访 一：有典故。

张学良：有典故。还有一个什么，六个，那时我给我小孩起名——

赵一荻：其实啊，起名字最好笔画少。

张学良：那时候跟一个朋友聊，我给我的小孩子起名字，张仁。这"仁"什么意思，两个人。

访 二：两个人？（笑声）

张学良：张伍，五个人；张什，十个人；张佰，一百个人；张仟，一千个人；张万……

访 二：万字没有人了吧。

张学良：后来我这朋友说，你以后再有侄子了，又怎么办？（众人笑声）这给取消了。所以现在我的孙子，哎，我的孙子中国名字叫什么？哎，

---

① 张学良在豫、鄂、皖"剿匪"期间，其部属抓到一个土匪，名叫张学良。当处决书送到张学良面前让其核准时，张提笔给"良"字加了一个偏旁，"良"就变成"狼"。这就是当时盛传一时的"张学良枪毙张学'狼'"。

　　　　　我的小宝贝叫什么？

赵一荻：张居信。

访　一：哪个居？

赵一荻：居住的居。

张学良：张居正，不是明朝的大名人吗？

赵一荻：一个信、一个仰嘛！

张学良：现在都"居"。

访　一：居字辈。

张学良：张居仁，不是，是张居信，我的大孙子。［下面是］张居仰。

访　一：哦，信仰。

张学良：都是立人旁（亻）。我给我孙女，我的头一个孙女，法国不是有个居里吗？法国很有名的女科学家。她（大孙女）叫张居理了，以后她们女的都是王字旁的字。

访　一：噢，是这么回事！

访　一：您这"汉卿"两个字是怎么来的？

张学良：汉卿这很容易知道。

访　一：是您自己起的，是吧？

张学良：不是自己起的，它跟着来的。张良是汉朝的卿（即汉卿）。

访　二：对，对。

访　一：大概我考住您了，您从"之丙"就想不出别的名字来。（笑声）

张学良：什么？

赵一荻：从她的名字你就想不出别的名字了。

访　二：老三。

张学良：什么？

赵一荻：丙，甲乙丙。

张学良：嗯？

赵一荻：张良嘛，就叫汉卿。她叫张之宇，你说应当叫什么号？

张学良：叫什么号，那你要有个很好的号。有钱人才有号。号当了。人说你的号呢？说我号当了。

　　　　（笑声）

赵一荻：什么叫号当了？

访　二：那个当票，号哪去了？

张学良：当衣服当什么，那个当号。

赵一荻：我不懂。

张学良：你没当过，你不懂。你干什么去？当号去。人家问你的号呢？号我当了。

访　二：我给您一个我的简历。

张学良：我给你起个号，你记好。

访　一：您给我一个，给我姐姐一个。

张学良：这个好不好我得想一想。

访　一：老二、老三，不就得了吗？

张学良：你不是老二吗？

访　一：我老三。

张学良：我以为老二，"二甲"。

访　二：那给我好了。

张学良：不，因为她是"丙"字。

赵一荻：她哥哥叫之甲，她叫之宇。

张学良：你父亲给起的？甲、乙、丙、丁、戊、己、庚、辛……这样下来。

访　二：您知道怎么回事，我本来叫"之乙"。

赵一荻：后来为什么改成"宇"呢？

访　二：因为我母亲说这个音好像很难听、很窄［窄口音］，念出来不好听。

访　一：窄口音。

赵一荻：她母亲这个声音不好听，甲乙丙丁的"乙"。

2. 以前男人起名字很讲究

张学良：怎么不好听，"之乙"多好听。"之乙"我认为很雅。刚才我说起名字要"雅"。名字不要怪，有的人起名字很怪。现在人起名字没有关系，以前男人起名字很讲究，因为考试。你考试，你名字怪了，你不能当状元。他那考试官呐，他看你那名字，尤其到皇帝那，从前当状元是皇帝给批的。

访　一/访　二：对，对。

张学良：那么看你的名字怪了，有很多人得状元得的很奇怪。不能说奇怪，"奇怪"这个字眼我说得不好，应该说很运气。怎么叫运气？第一位他名字好。

访　二：吉祥。

张学良：这有两个状元，一个叫刘寿康吧，正是慈禧太后那年过生日，他本来是第八名还是第七名，因为他的名字叫寿康，提到状元上去了。本来前三名没他，不是第七，就是第八。还有一个叫……这都是晚清末年的。那年旱灾，他叫什么霖。

访　二：刘春霖。①

张学良：对了，把他提到当状元。所以，从前起名字都很小心，很小心。因为他要去考试嘛。

访　一：还有那时候男孩子都要上家谱？

张学良：一般的，差不多大户，我家里都有。他们都有家谱。别人以为我父亲跟张作相是一家的，不是，人家张作相家有家谱。一个字排呀，排多少个人。

赵一荻：一看字就知道［他是他们家里的］什么辈分。

张学良：他早就排下来了，人家都差不多是用一首诗呀，或什么玩意儿。

访　一：我们家是一副对联。

赵一荻：有了钱就要修家谱，从前人呐都这样。

张学良：杜月笙②他们都是有家谱的。他根据北京有一个碑，他跟我讲，我们这个家谱到这儿满了，要续上去。

访　一：您慢慢给我们想个号。我就记得那会儿还有个堂号，然后我们就排"之"。

赵一荻：那都从你们一系下来的。

张学良：那用"之"字那好排。

访　一：那您慢慢给我们想一个号。

张学良：刚才我说"二甲"，你知道我说的什么意思？"二甲传胪"，懂不懂？

访　一："二甲"什么？

张学良："鸿胪初唱第一声。""鸿胪"③这两个字很难写，甚至这个"胪"

---

① 刘春霖，字润琴，号石筼。直隶肃宁（今河北肃宁）人。清光绪三十年（1904年）甲辰科状元，亦是中国科举制度最后一位状元。以书法知名。民间传说，刘殿试名列第二，因当年逢大旱，慈禧太后觉得其名字吉祥，于是圈定刘名列榜首，成为状元。
② 杜月笙，原名月生，后改名镛，号月笙，上海浦东人，是近代上海青帮中最著名的人物之一。西安事变发生后，曾以上海市地方协会名义急电张学良，要求保全蒋介石的性命。
③ 鸿胪，是中国古代朝廷掌管礼宾事务的官员。本为大声传赞，引导仪节之意。

我都不大会写。鸿雁的"鸿",大概是。

赵一荻：三点水这个鸿啊。炉,是"火"字旁。那时宫殿里用的那个。

张学良：不是,不是。"鸿胪"是一个官的名字。

访　二：鸿胪寺正卿嘛。

张学良：鸿胪正卿,它是皇帝的——拿我那个四角字典查。噢,[胪]好像"月"字旁。

访　二：对,对。

张学良：考试要唱名。他头一个喊这名字,谁。他不是喊那个状元,是喊另外的一个。第一榜、第二榜——

访　二：哦对,三甲嘛。一甲、二甲、三甲。

张学良：那是头榜的三元,一二三名,他不唱。先唱二甲第一名。

访　二：一甲是状元了。

张学良：二甲是另外一个榜,二甲第一名的人,这叫什么名来着,虽然中二甲,他很荣耀的,因为唱名他是头一个,当皇帝面前喊。这个官（传胪）叫什么来着？

赵一荻：探花？

访　二：不是,那是状元、榜眼……

张学良：不是,不是。他另外名字我得查字典才[知道]。很荣耀的,所以历史上的"鸿胪初唱第一声"。

访　一：那我可经不起。（笑声）

赵一荻：他说你二甲。

张学良：我就给你尽讲典故了。

访　一/访　二：您讲,您讲。

3. 长毛很开明、维新

张学良：咱们都说长毛①啊,其实长毛是很……很……我个人认为实在是很可以。

访　二：很厉害？

张学良：不是厉害,是很……

---

① 长毛,清朝统治者对太平天国军队的蔑称。因太平军反抗清政府剃发留辫的规定,一律蓄发,故称。

赵一荻：很开明、先进？

张学良：很开明，维新呐。它有考个女状元①，叫什么名字。如果它成功了，那中国——

赵一荻：他那个跟基督教有点关系。

张学良：不是基督教，是天主教。换句话，说它是法逆逆匪，说它坏话，其实它很……我看有一个洪秀全的哥哥还是弟弟叫洪罕②，他写一篇东西，哎呀，那〔写得好〕。

赵一荻：自由平等？

张学良：不是，他那科学的脑筋非常高啊。他那时候就预备办电报、干什么这些玩意儿？因为他失败了，就骂他了。他们自己后来争权、内讧了，他可以成功的呀！本来已经到了南京，到了北方了。成功了，内讧了。

访　二：那时候说他妖言惑众啊。

张学良：那就是后来失败了，说他了。他信天主教了。

访　一：我们带了一个玩意儿来，回去后怎么也研究不出来，这三针怎么弄？

访　二：您不是上回说有一封信。

赵一荻：你不是说一封信，搁线缝上，缝三针嘛，有洞嘛，再对对不上。是这样弄吗？共产党的信啊，这里头用线缝上，完后再拆开，打开。

张学良：不是，不是。（示范缝法）

访　一：哦，交叉。

张学良：一个十字，不是缝三针。他这样缝法，这一针搁这进去了，搁这拿回来，完了一条线，再缝缝，这样缝十字，你怎么拆，你没法拆开。

访　二：尤其是中国信封，中间这口。

张学良：不是你那个缝法。

赵一荻：这样也拿不出来。

张学良：拿不出来是拿不出来，你拿完——他那个拿了，你没法返回去。这是他们的秘密通信。我看见他递来一封信，信都缝着线呢。哦，我

---

① 此处指傅善祥。傅善祥，金陵（今江苏南京）人。太平天国三年（1853）女试状元。得天王洪秀全、东王杨秀清赏识。杨秀清将傅善祥选入东王府，先做"女侍史"、"簿书"，后任"恩赏丞相"，处理军机大事，成为洪秀全和杨秀清的得力助手。

② 此处不是洪罕，应是洪仁玕。洪仁玕，号吉甫，广东花县官禄村（今花都市）人。洪秀全族弟。1843年参加拜上帝会，太平天国的后期领导。著有《资政新篇》等太平天国重要纲领性文件。1864年7月天京陷落后，扶持幼天王去湖北，途经江西被俘，11月23日在南昌就义。

才明白了。我看见他那个人见周恩来的时候。没法打开。

赵一荻：拿完你搁不进去，对不上。

张学良：拿完，你对不上。这研究比打火漆厉害。现在旁人学会这玩意儿。这缝法，后头不用打火漆，你摘开这个纸就行，怎么办？你在这个十字这个地方，缝完了，你把上边那个纸"啪"地打印一个戳子，怎么打？你打印戳子，戳子一半在纸上，一半在漆封上，那你怎么办？

赵一荻：刚才那外国的文件都打火漆。

张学良：现在差不多都不用火漆。

赵一荻：现在有那个机器，拆了你的信，拆完之后一点儿看不出来了。

访　一：现在查信查得蛮严的。科学进步在这方面……我就觉得好玩。

4. 共产党没有密码本子

访　一：在那个时候，他们怎么琢磨出来的呀？

赵一荻：他们东西缺乏啊，没有机器，什么都没有。共产党当年什么都没有，困苦缺乏呀。

张学良：他那个密码，没有密码本子。

访　二：那怎么记呀？

张学良：嘿噫！他那个法子，后来我跟他们学会了。比方说，咱俩约会，我跟你说一首诗，比如"春眠不觉晓"，用这五个字，那么这五个字在密码电报上有啊，那么头一个字，用那四个字翻，明白？第二个字用第一个字翻。谁也不知道他记的什么玩意儿，密码在肚子里呢。

访　一：那您怎么？

张学良：他用种种法子。

访　二：大概因陋就简。

张学良：就他打电报，你没法知道他发的什么玩意儿。从前的密码容易偷到，你拿那个密电本子一查。那后来，不是说我们跟共产党，就是他们打的密电，我们常常都给破译出来。那从前的密电本子上头，前头两个字，拿着密电本子，都是这个法子。你没有看过，他用两个字，完了那后头的密电本上，咱们那时候的电报本子上，完了你再写一二三四、一二三四，在那上。你慢慢在那上找，总能找出来。

访　一：也没有什么秘密可言啊。

张学良：那时候打电报，后头总公用。一般的电报总是这样，你们知道我说我这个"巧电"了。那后头字是个"巧"①，你知道那个电报是哪天出来的，他一定用那么一个字。也许是不同的，大概是那么一个字。你照那个字给他找，啊，你找着一个了。所以，你顺着那个给他查，就查出来了。所以，后来大家都不用这个了。

访　一：这也是一番学问。

张学良：后来都自己用个密电本子，自己印密电本子。

访　二：那丢了怎么办？

张学良：是啊，所以后来更厉害了，不用一二三四了，用英文。

访　一：用英文字母？

张学良：那外交部就是用英文，那五个字的。

访　二：五个字母？

张学良：不是呀，咱们打出来的字四个，用中文翻译，他用五个字翻的。

访　一：那个变换就多了。

张学良：不过，钱你就多花了。那变化太大了。他用三个字，他用了后头两个字。明白？难了点。后来就用英文了，中文这玩意儿总是不好，笨得很。

访　二：它就是比较慢。

张学良：中文很容易翻出来，很容易找出来。

访　二：这都是学问。

张学良：不是，不是间谍，来往秘密的事情怎么办？所以他共产党这个，有一首诗，二十多个字，谁能瞧得出来？比方说咱俩约好了，单日子我用这个，双日子我用这个。我五号的用诗上的第五个字，我六号用第六个字，明白？

访　二：那变化可大了。

张学良：简直没法猜，很难找到了他那玩意儿是怎么来的。后来大家也都彼此知道了，用什么，那你知道他用什么，你也没办法查，这个太难了，变化太大。

访　一：在美国的军队呀或者什么，都所谓的 Password（密码），叫什么……

赵一荻：口令？

访　一：比如说这个口令，今天我告诉你。

---

① 电报中常用韵目代日。如："巧"、"啸"代表18日，"浩"、"效"代表19日，"驾"、"号"代表20日，等等。

赵一荻： 过岗位时不要说口令吗？

访　一： 这个口令每天都在换。现在比如说，我的 Computer（电脑），办公处的，任何人都可以用，但是我有我自己的密码。我把我的口令打进去，我的东西才能出得来。所以现在，军事上的口令在任何一个地方都有了。

张学良： 那口令那玩意儿没用。怎么没用呢？我们那时候偷人家口令去。你在一个哨所附近，你藏在那，他来一个人就喊了口令啊，这个人就答应，这样你把口令就拿回去了。

赵一荻： 你们都学过电脑？

5. 我父亲麻将打得好

张学良： 跟你说，我父亲麻将打得好。

赵一荻： 今天下午就是麻将课，尽讲麻将经了。

张学良： 那时我们都打十三张的麻将，他拿起来看一会儿就塞到兜里了。

访　一： 哦？

访　二： 都记住了？

张学良： 牌拿起来他不放桌上，都塞他兜里了。

访　一： 那怎么往外打呢？

张学良： 他在那儿看你们打什么，他再到兜里摸。

访　一： 该吃该碰就完全凭记忆了。

张学良： 是，他记住了。哎，他打得可真好。他记忆力好。

访　二： 您有没有陪老帅打过麻将？

赵一荻： 打呀。

访　二： 谁赢啊？

张学良： 我才不愿意陪他。（笑声）

访　一： 老输。

赵一荻： 输了就不算。

张学良： 跟你说，我太太于凤至①，我死的那个太太。过年，我陪他（张作

---

① 于凤至，字翔舟，张学良的原配妻子。生于吉林省怀德县。其父于文斗极其富有，早年曾破金相救过张作霖，两人结为金兰。张作霖发迹后不忘故交，由其包办，16 岁的张学良（张学良在口述中说是 14 岁于结婚，记忆有误）和长他三岁的于凤至结婚。婚后生育三子一女。于在张学良的坎坷人生之中，扮演着举足轻重的角色。20 世纪 60 年代，张和于离婚，与赵一荻在台湾正式结婚。1990 年 3 月 17 日，于凤至病逝于美国洛杉矶。

霖）玩。我第四个母亲①是非常认真的，这人很认真很认真的，把我那个太太吓得都几乎颤抖起来了。我们四个打麻将（张作霖、四姨太、张学良、于凤至），过年玩，高兴。老太爷我就陪他玩，高兴！我那四母亲她不……有这么一把牌，我到现在还记得，都是万字一色，我们（张学良和张作霖）坐对门，我也做万字一色，他要碰了发财和另外一个万字对倒，牌快黄了，他在那儿看地上的牌，说，什么都出来了，那个哪儿去了？我就明白了。（笑声）中风、白板都出来了，他肯定在找发财。我正好，又摸了一个万字来，全都是万字嘛，就两个发财啊，就打了一个发财，他和了。四老太太说，哎，不许你对牌，我要看看你为什么打发财！

访　二：得！

张学良：现在的规矩好了，谁打谁给钱。我说，您别看，我打错了。她不行，我说我想做清一色，就打了发财。她说，牌都到这时候了，你还做什么清一色？你们爷儿俩成心打伙牌。（笑声）她说，你小子不是东西，成心，爷儿俩打伙牌。说着说着，我爸爸火了：赌钱嘛，打牌嘛，你还管人家?!我那四老太太认真嘛，她说，什么？就是你爷儿俩打伙牌！我爸爸火了，那时候都是大洋钱，拿起大洋钱就摔在她脑袋上了，把我那太太吓得……那打得好疼啊，打得哭啊，站起来他就走了。我说，得，你老人家也别［气］，都是我，我跟您老赔罪。过一会儿，我说让他（父亲）高兴高兴嘛，大过年的。她说，什么高兴不高兴的，打牌嘛。（笑声）

访　二：您这等于放水了。

张学良：让他和了得了。现在好了，谁打谁给钱。

6. 诚实不诚实是习惯　斗智斗不过中国人

赵一荻：现在在纽约，中国人也打牌？

访　一：当然了，打得凶呢。

张学良：那时候我到大西洋城没有打牌的。

访　一：您在纽约玩了没有？

---

① 即张作霖的第四个夫人许澍旸。张学良称许氏为四母亲，有时也称四姨妈。

赵一荻：香港厉害啊，连吃饭都打牌，饭馆都打牌。

张学良：我想看他们打牌，赌得都好大，有个标准，买那一块钱，人家有玩一百块的，跟我不一样，我是一小时一块的。高峰期运钞票去赌。有那台湾人有钱呐，海关看他带那么多美钞，问他带这么多钱干嘛，他说我去拉斯维加斯。

访　一：在纽约的中国人中国城打牌打得很厉害，现在连我们学校的中国学生都打。外国人特别喜欢学，一听有人愿意教打牌，那晚上——

赵一荻：他们赌钱不赌？

访　二：也不见得赌钱，分啊，觉得有意思。

赵一荻：外国人很计算，我这一个月的钱怎么样分配，有预算。不能把钱赌掉，不像中国人不吃饭都可以。

张学良：那时我的一个……我们打桥牌，他说我不来了，我说为什么不来，他说我预算完了。

赵一荻：中国人没有钱啊，偷的、抢的都来了。

张学良：最喜欢赌的是中国人。中国人好赌，我就给你说这赌的也不一定赢钱，赌得有点斗气。我比你强，不是光赢钱。赌气，我比你打得好。比如打麻将，我比你打得好。

访　一：是不是可以说咱们社会上适合玩的东西不是很多，这个是一个斗智。我不能跟你打架，咱们在牌桌上斗智，这有点像美国人打桥牌，也是一种斗智。

张学良：中国这个玩意儿跟外国的玩意儿不一样，这是我的说法。外国多数，比如打桥牌，咱俩辅助的。中国人多是独立，我自个人。

赵一荻：中国人到哪儿也不合作。

张学良：中国人这性情，我个人就个人，中国人赌什么没有合作的。

访　二：不只是赌钱。

赵一荻：日本、韩国的侨民都合作，只有我们中国人谁和谁也不合作，还使坏。

访　二：您说这是教育不好，国民教育不好，还是民族性？

张学良：中国人的性情。

赵一荻：中国人呐，我看出来了，真是诡计多端，要是斗智还真是斗不过中国人。我的儿子想回来做事，我说你不行，你从美国长大，对美国人了解，你对中国人不了解。中国人可能笑嘻嘻说得好，在背后就可能对你使坏。

访　一：我们有这种感觉。

张学良：咱们都是中国人，可中国人可真是不像外国人。那中国人脸上是笑脸呐，实际上他有背后拿把刀子呢。

赵一荻：中国人就是这样。

张学良：中国人可会在背后给你来一手，等你发现了，啊，是他。你绝对没想到的。

访　一：我们这次住得久一点，真的感觉自己好像傻不叽叽的。

张学良：这中国的省份呐，也有很大关系。

访　二：您说省份的性格不一样？

张学良：最难斗的两个省的人，一个福建人，一个湖北人。

访　一：天上九头鸟，地下湖北佬嘛。

张学良：当然旁的省也有，但这两个省最不好斗。

访　二：他们是有心计。

张学良：用心计，不诚恳呐。山东人很厉害了，但是北方人〔在这方面没有南方人厉害〕。

赵一荻：教育有问题。端纳跟外国人讲了他女儿和那打网球的事。中国人所谓谦卑嘛。教育有很大关系。

张学良：那也不是，那是客气。他说我那个姑娘到英国去念书，在意大利请了一个英国的 governess，人家来了教她。

赵一荻：那个人来教她打球啊，教她念书啊。

张学良：他问你会打不会打，她说我会一点。那我教你打网球，一打就给他打溜光，打一天。他火了，你怎么跟我说假话？端纳说你要知道中国人说不会啊……他要说稍微会一点，你可得小心了。他说中国人就这样子，你不要在——

赵一荻：中国人要说不啊，几乎是差不多。（笑声）

张学良：那个人说比我打得好得多，溜光，他和端纳说。（笑声）

赵一荻：中国人很少说我打得多好。

访　二：外国人，您要说，"您网球打得真好"，他说"谢谢"，很少说"不好，不好"。

赵一荻：中国人就说没有没有。一笑话：一外国人来，"您爱人长得很漂亮跟小姐"。中国人说……（英语，录音不清），"哪里哪里嘛"，外国人就说"every 会"。（笑声）我们在意大利，走在街上，有男孩子在后边走，就夸奖女孩子长得多漂亮，那女孩子都回头说谢谢，谢谢。我讲的那个……（英语，录音不清），她常常出去一个人，她是俄国人，端纳的秘书，后来就有几个人盯她的梢，在巴黎嘛。她气死了，后来她就去找警察，"这个男人跟我走了三个blocks（街区），干什么？你应该让他离开我。"你猜警察说什么？"谁让你长得漂亮啊。"（笑声）

访 一：这就是外国的风俗习惯。

赵一荻：你们美国人就太诚实，有什么说什么。中国人不诚实。

张学良：人诚实不诚实，是习惯呐。

访 一：不过北方人就像人家所说，直率。

赵一荻：上海人是这样的，他这样教育他孩子，你要说真话，你就是傻瓜。

访 二：对，对。

访 一：教育有关系。

张学良：跟犹太人一样。

赵一荻：你跟他们讲那个故事吧。

张学良：一个人教给他那儿子，你长大了，你什么人的话你可别听。有一天，那孩子在楼梯上玩，他爸说你跳下来。他说我跳下来就摔着了。他说我在底下接着你呢。他一跳。

赵一荻：不是，孩子说，我不跳。他说：我是你爸爸嘛。他当时跳下来，结果没人接他，把腿摔了。他说："我告诉过你，谁的话也别信，谁让你信我的话?！"

张学良：一个犹太人，一个苏格兰人，一个山西人。中国山西人，[最抠门儿]。

访 二：最抠门儿了？

张学良：三个人呐，在旧金山淘金，你知道当年苦着呐，因为淘不着金就会饿死呀。因为那时候荒啊，今天带的东西吃完了，没淘着，有好多人就饿死了。那时候，三个人淘金，剩下一根香肠。那么他们三个人，这根香肠应该谁吃呀？他们就说谁做好梦谁吃。那个苏格兰人第二天说了，我做了个好梦，我上天堂了，这顶好了。第二个犹太人也说了，我也做了一个好梦，我也上天堂了，圣彼得给我开南天堂门了，把我欢迎进去了。他们就问那个山西人，山西人说我把香

肠吃了。他俩说你怎么吃了？我看你俩上天堂当然不回来了，我就吃了。（笑声）

访 二：这可真是最聪明的还是华人。

张学良：我经常讲山西的小笑话，和孔祥熙①，他是山西人。吃饭时，我说了几个山西笑话。一个山西人、一个犹太人坐火车，不认识。犹太人就在那儿摸，摸半天，说，你有洋火吗？借我根洋火。借了，他又在那儿摸，摸了半天说，对不起，你有香烟没？借我，忘带香烟了。你猜山西人说什么？那你把洋火还给我吧。（笑声）

访 一：他听了气不气？

张学良：嘿嘿，（笑）山西人。

访 二：您在山西待过，山西人真是都是很仔细，是不？

张学良：不能说仔细，很啬刻。他们把钱看得很重。

访 二：可是我没去过山西，听说山西这房子盖得很讲究。

张学良：是啊，很讲究。山西它〔得〕看哪块。

访 二：太原？

张学良：太原并不讲究，山西最讲究就是孔祥熙的家乡，它是山西什么县来着？我没到过，蒋先生去过，那最讲究。

访 二：为什么呢？

张学良：那当年呐，所以山西人不开阔啊，我年轻的时候都是那样。前清时，中国的经济权在他们手里头，为什么在他们手里头？就是在这个汇票啊，这么说吧，你那时非得找山西人，因为他拿钱，兑钱什么。

访 二：他们就等于是当时的银行。

张学良：后来改变、变，到了民国初年呐，那时候山西人啊，金融权就在他们手里。那时上海近代就有银行什么的，他们就不懂啊，守旧啊。我给你说真事，不是笑话。是山西吧？不是陕西。陕西、山西，就共产党……他家里有银山呢，真的。

访 一：真有银山呐？

访 二：哟！

张学良：真的。有钱啊，把银子化了，就泼上去了。让那孩子抽鸦片烟，省得到外面去闹。

---

① 孔祥熙，山西太谷县人，山西志诚信票号的后代。曾任南京国民政府行政院院长，兼财政部长。是国民党统治时期官僚资本的典型代表人物之一。

张学良：有的是钱呐，抽烟。所以共产党后来["东征"到山西弄到不少银钱]。

访 一：那您说他们赚了钱以后，都——

张学良：对，都是银子。你们大概都没看见过。那时候我父亲不过是当一个管带①呀，就是营长一样，差不多五百个兵，那发饷的时候，那银子摆在地上，摆了多少啊，那饷钱都是银子，完了拿银子去换去。

访 一：再到银号去换？

张学良：换碎银子。那会儿都是元宝。我小孩子时候，我爸爸总跟我开玩笑，你能抱几个就给你几个。（笑声）

（吃点心、闲谈十几分钟）

7. 我就喜欢听戏

访 二：您现在听什么戏呢？看什么戏带子？

张学良：2000年他们大陆搞的。

访 二：噢，徽班进京二百年纪念。徽班进京，一段一段的？

张学良：我从美国带回来的，那真好。

访 二：很过瘾呐。

张学良：嗯？过瘾，有一两段，唱得真好。唱的并不多。

访 一：您听没听到有一段《曹操与杨修》？

访 二：新编的。

张学良：那段很好，我不知道历史这个杨修……写曹操写得好。

访 一：我们听了是言兴朋②，言菊朋③的孙子唱的，杨修是言菊朋的孙子[扮演]。

访 二：花脸是尚小云④的儿子[扮演]。

---

① 1903年7月张作霖任新民知府巡游击马队营管带，1906年任五营管带。

② 言兴朋，原名言一青，京剧老生演员，言菊朋的孙子，言派艺术的第三代传人。其父亲言少朋、母亲张少楼都是言派传人。

③ 言菊朋，姓玛拉特，名延寿，蒙古贵族子弟。曾任职于民国政府蒙藏院。因嗜戏曲，33岁时下海从艺。为著名京剧老生演员。

④ 尚小云，名德泉，字绮霞，艺名小云。现代中国京剧代表人物之一，与梅兰芳、程砚秋、荀慧生并称"四大名旦"。是尚派艺术的创始人。

张学良：尚小云的儿子①［唱花脸］。花脸是裘盛戎②唱得最好。我就喜欢听戏，这两个人是唱绝了，一个是裘盛戎唱的花脸，一个是叶盛兰③唱的小生。

张学良：我给你说这唱戏的笑话，都是真笑话。我跟于世元俩是很好的朋友。那个时候，他抽鸦片烟，我也抽鸦片烟，那时晚上没事，那于世元不但会唱戏呀，他还会唱梆子、大鼓，什么都会。他能耐得很。他就跟我讲笑话，一件真事，他说一个御史老爷跟一个王爷，这是真事。王爷是谁、御史是谁他都告诉我。两人是好朋友，这王爷过生日，这御史老爷要票戏，票《空城计》。这王爷说，你票什么，我给你配，配个司马懿，两个人就配。唱了一半，这个御史唱得难听极了，他就下命令，杀进城去。（众人笑）

访　二：受不了了，改编的《空城计》。（笑）

张学良：还有一个吴督军吴俊陞的副官，他会唱老旦，那会儿唱《华阴山》，他一出来，大家给他一鼓掌，他唱不出来了。那大鬼就拉他走了一圈，还是唱不出来。又拉了一个过门，又走了一圈。那个大鬼聪明了，"阳世间你没做好事，还是我拉着你去阴间受罪去吧。"④（众人笑）

张学良：唱不出来了。拉回阴间受罪去吧。

赵一荻：那年你三十岁嘛，外国人伊雅格，教他唱戏嘛。你过生日嘛，他弟弟、妹夫都会唱。

张学良：我这个妹夫唱得好极了。

赵一荻：伊雅格，外国人他跑龙套嘛。

张学良：跑龙套。叫了一声，他不会答，"唉哟"。大家那个笑啊。我那个三

---

① 尚小云儿子是尚长春，著名京剧武生演员。
② 裘盛戎，原名裘振芳，北京人，著名京剧表演艺术家。擅演净角，节奏鲜明，善于表达情感。是裘派艺术的创始人。
③ 叶盛兰，原名瑞章，字芝如。原籍安徽太湖人，生于北京。著名京剧小生演员。扮相英俊，天赋很高，昆乱兼擅，能戏很多。是叶派艺术的创始人。
④ 1991年6月，张学良与吕正操在美国会晤时，也给吕讲了一个京剧票友的故事："过去有位票友最爱唱戏，天天早上拿着大刀在树林里练功吊嗓子。一次，他突然看到有人挑着担子从他面前飞跑而过，他马上追过去问：'别人都是听了我的戏才跑，你为什么不听我唱戏就跑？'那人说：'小弟是做生意的，看见你拿把刀，以为是劫道的，才赶紧逃跑。'这位票友讲：'你听我唱段戏就不杀你。'那人只好停下来听戏，想不到刚听了一句，便爬起来磕头说：'大王，你还是把我杀了吧。'讲完故事，张学良指着在场的张学森：'你就是那个唱戏的。'顿时，逗得大家哄堂大笑。"（见张友坤：《张学良世纪风采》第188页。）

弟和我那个妹夫唱得好。

访 二：那个谁，赵先生。

赵一荻：就是他妹夫。他在纽约入票房了。

访 二：就是他开创的。

张学良：你认识他？

访 二：我不认识他，我听说。

张学良：你见着他，他的笑话。他小时候就喜欢戏。他父亲很喜欢他，很老了才有这个儿子。他父亲带他去看梅兰芳的《拷红》。打梅兰芳，他火了，他哭起来了。（笑声）

访 一：那就说明他真是喜欢戏嘛，不然不能把自己的感情搁在戏头。

赵一荻：从前那些个人在北方都学唱戏，没事，无聊。哪个小孩都会唱"天，地"，那时候在北平哪个小孩都会。

张学良：那小孩都会唱。你们听过刘鸿声？①

访 一/访 二：没听过。

张学良：确实是一派。

访 二：他声音高？

张学良：刘鸿声是磨剪刀的，下海唱戏。他后来自成一派。

访 一：高庆奎②不是学他吗？

张学良：不是不是。不但是学生，刘鸿声也算有一派，他学的汪大头（汪桂芬），没学好，他后来自己领一派。到现在有谁上他一派？杜太太就唱刘鸿声。

访 二：您说的杜月笙夫人③？

张学良：杜太太嗓子又好了，后来唱老旦了。

---

① 刘鸿声，京剧老生演员。其艺术风格世称"刘派"。
② 高庆奎，原名振山，号子君。著名京剧老生演员。其艺术风格世称"高派"。
③ 此处指孟小冬。孟小冬，京剧女演员，又名孟若兰、孟令辉，艺名小冬。师承余叔岩。其扮相英俊，嗓音苍劲醇厚，高低宽窄咸宜，衷气充沛，且无雌音，被认为是余派主要传人。1950年与杜月笙结婚。

第十二次访谈
安内与攘外　青年会影响大
父子相知深　周恩来能唱主角

访谈者：张之丙（简称"访一"）
　　　　张之宇（简称"访二"）
被访者：张学良
同座者：赵一荻
访问日期：1992年1月13日

访　一： 元月13号，星期一下午到张府访问，现在的时间是两点二十。

1. 父亲爱吃枣　广东荔枝"增城挂绿"

　　（闲话，录音不清，约15分钟）

赵一荻： 北京的蜜枣上面一条一条一条的，她们说是长的还是拉的？

张学良： 蜜枣啊？不不不，这个枣是真的，你看见过没有？

赵一荻： 我没看见过。

张学良： 这蜜枣的枣来源大都是从河南来的，这个枣很大。搁蜜一来，它就"抽"了，水分都没了，所以那是抽的纹儿，不是拉的。

赵一荻： 抽的怎么那么细啊？

张学良： 那不是拉的，连皮还在呢。我不怎么爱吃。这个蜜枣并不太大。我父亲他很爱吃枣，但是这枣在旁的地方没有，只有天津有一地方，有一家，这家人家只有四棵枣树。

访　二： 只有四棵？那够谁吃的？

张学良： 只有四棵。这人坏透了，他的枣在这么大［的时候］，他把枣用针打一个钻一样儿，把枣的核儿打一个窟窿。他怕人家用了。

访 二：哦！怕人家用了他的籽去种。

张学良：我父亲爱吃。他这个枣甜不说，而且脆，脆到什么程度？你拿手使劲捏这个枣，能把枣捏碎了，那可真脆。

访 二：那不是在廊坊啊？

张学良：不是，我不知道，反正就在天津的什么地方去买。我父亲喜欢。他枣没下来之前我就给他钱去包了，产量并不是太大。咱们中国各地有各地的名产，可惜我们中国那时候也不会宣传。你们知道荔枝？广东有种荔枝叫"增城"①。

访 二：那是最好的，那是给杨贵妃吃的。

张学良：最好的，叫增城挂绿，广东的。怎么叫增城挂绿啊？它这荔枝有绿线条，皮儿发红，有一条绿线条，所谓增城挂绿。它一年的产量不大的。佛教，有五祖、六祖，你晓得吧？

访 一：知道啊。

张学良：六祖②临死的时候，他徒弟把他的袈裟扔在荔枝树上。

访 一：挂绿了。

张学良：这就传说了。哎哟，那名产呐，是进贡的。

访 一：您吃了没有？

张学良：我吃了。我给你说故事，不是故事。张群当湖北省主席的时候，我在湖北府待着。平汉路③上有个叫陈其遒的人，不知你们知道不？

访 二：不知道。

张学良：等一会儿再讲他的历史，这个人是平汉路局长，我那些荔枝是他送的。他送我一盒，我那时来的时候，两个。

访 一：哟！小气！

张学良：小气？用那种丝绒线，红的、绿的绑得很好。我奇怪了，这是什么？他本来已经结婚了，什么喜事，送我两个。干什么玩意儿？我就打开，一吃，还挺好吃挺甜，把两个都给吃了。那张群张主席他给我打的一个电话，他说陈其遒给你送东西了吗？我说送了。你看见什

---

① 增城是广东省的一个县，在广州市东郊。东江支流增江流域盛产稻米、花生、黄麻、甘蔗、菠萝和荔枝，其中增城挂绿是荔枝中的珍稀品种，闻名中外。
② 六祖，即慧能，亦作惠能。是唐代僧人，禅宗南宗创始人，佛教史上称为禅宗六祖。生于南海新兴（今属广东），后在岭南弘扬顿悟法门，有《坛经》传世。
③ 平汉路，即平汉铁路，就是京汉铁路。民国时期，北京称北平，所以叫平汉铁路。

么玩意儿？我说两个荔枝呀，给吃了。他说怎么样，我说挺甜的。他说那是有名的玩意儿，叫增城挂绿。我说有什么喜事呀，给我送俩。他说那是最有名的，你没好好尝吃，拿起来就吃。我才知道，那种荔枝是很少很少的，人家都拿这最高贵的礼物送人。

访　二：是不是以前给杨贵妃吃的那个［荔枝］？

张学良：杨贵妃①吃的荔枝是四川的。我给你说陈其遒的历史。我知道这个人呐，我想他恐怕是第一个。他是原来交通部的一个司长，外放到平汉路当局长。那么他临走的时候，交通部的人恭请他，交通部很多人了，大概是三十桌呀。他挨桌敬酒，都打一个通关。你说他喝多少？

访　二：哎哟，他没喝醉？

张学良：那就不说了，居然没喝死，真是有名的喝酒人。

2. 蒋先生好比一个电灯，我给这个灯泡擦一下

访　一：我回去看了看《圣经》，忽然间想起一个故事来。想到在西安的时候，有些人说，把蒋先生扣在那儿，挟天子以令诸侯。有一部分人就说，怎么把他解决掉。您是说要把蒋先生送回南京。我就想起一个《圣经》上的故事。我这个人《圣经》念得不是专家啊。所罗门王时，有两个女的都说是一个孩子的母亲，于是没有办法解决啊，不知道谁是真正的母亲，就跑到所罗门王那去了。所罗门很聪明，说，"你们两人都说是这个孩子的母亲，给这孩子一切两半，一人拿一半。"其中有一个女的就哭，说我不要了，放弃了。让这个孩子活着跟那个女的。所以我觉得这是一个真的母亲，她有母爱，要保全那个孩子。关键是您要送蒋先生回去，要解决这西安的问题。不是要扣他，也不是要解决他。我不知道为什么忽然间想起个故事来。

赵一荻：《圣经》很简单了，就是爱。

访　一：就是说蒋先生和您在工作上面为了国家，是有一种真正感情在那儿。所以，您主张一定要把蒋先生送回去。

---

① 杨贵妃，名杨玉环，唐玄宗李隆基的宠妃。与西施、王昭君、貂蝉并称中国四大美女。

张学良：这分开两种说法。你刚才问这个问题，一个是我跟蒋先生的私人感情。同时讲公事，那个时候周恩来也是这样，我们认为呀，最主要的主题呀，所以我时常说，一个人做事情啊，要有一个主题。我们现在做的这件事情，主要目标是什么？我们当时主要目标是要抗日，连周恩来，那是共产党的所谓三位一体①。那大家都是谈要是抗日呀，还是蒋先生领导，他的地位，他的种种。所谓在公私两方面，没有要毁坏他的意思。那么我到南京，我说那句话，你们大概不知道，上海有一个很有名的人，姓张，张先生。我说我对蒋先生，我是捧着一个泥的菩萨。我现在等于是把这个泥菩萨搬倒了，我自己说我现在脑袋疼，我要把泥菩萨重新给供起来。我就拿这个做比方。我说蒋先生好比是一个电灯，我是把这个电灯给灭了一下，不过我给这个灯泡擦一下再开，让它更亮一些。这是说我的心理。

访 一：您说这个张先生，是张什么呀？

张学良：张啸林②。杜月笙晓不晓得？他们俩一对儿。

访 一：张啸林是吧？

张学良：他跟杜月笙是搭档，不过他没杜月笙地位高。他后来是被打死的，被他汽车司机打死的。他后来因为做汉奸，跟汪精卫勾结。这个人也算上海两个大亨之一。

访 一：他跟杜月笙？

张学良：我跟杜月笙他们都是好朋友，上海有个盛宣怀③晓得不？

访 一/访 二：知道。

张学良：盛宣怀的儿子，这个人才没出息呢。我们在一块堆儿常常赌钱，我赢过他好多钱。他输了钱，拿不出来就哭。有一次，他也是赌钱输了好多钱，张啸林就管他要现钱，他说钱我一定给你，但我现在没有现钱，我等年终啊，我拿着钱就给你，他有银行啊。张啸林就不干，你非给我现钱不行，逼他。那后来杜月笙就说，算了吧，你何必这样呢。那张啸林就说，你不要管这事。这盛宣怀的儿子叫盛恩

---

① 指张学良东北军、杨虎城的十七路军和中共中央领导的红军三方联合逼蒋抗日。张学良送蒋介石回南京被扣，激起和战之争，东北军少壮派不顾大局，竟然杀害主和派将领王以哲，引起东北军内讧，"三位一体"瓦解。

② 张啸林，民国时期上海青帮首领之一。1939年投靠日本，拟出任伪浙江省省长，1940年被其贴身保镖刺杀。

③ 盛宣怀，清末官员、官僚买办，曾任邮信部大臣。

颐，也是一个品行不太高的人。我这主题是说杜月笙和张啸林的人品。那杜月笙就说，好了，好了，我给你钱好吧。

访　二：很慷慨。

张学良：不是，杜月笙他说，你逼他这样子干什么，大家都是玩。这就看出杜月笙不是把钱呐看得［很重］。

赵一荻：江湖义气，拿不出来，我给你拿。

张学良：所以看出这［人品］，后来张啸林就被他司机打死了。

访　一：我想到，你比方说，老帅在的时候，有很多事情让您去做。有人说，有老帅才有少帅，有少帅，才有老帅。就是说除去父子之情外，同是在公事上，为了人民，为了国家。那老帅被杀之后，您看到中央，就像您刚才说的，连周恩来也认为，蒋先生是可以做一个领袖的。所以是不是在您心目中，也希望您和蒋先生之间做成像您和老帅为人民、为国家一块儿做事。在您和蒋先生之间，您有没有这样的想法？

张学良：你问我这话，我一时无法回答，当然我跟我父亲是父子关系，那就不同了。那么后来，我说平生只有两个长官了，我这个人说话不会委婉地说，我就跟蒋先生说，一个是我父亲，当然你也是我的长官。我跟我父亲这个情形不同了。因为父子的关系，什么话都可以说，不但这样，而且我父亲，可以这么讲，蒋先生对我也相当有认识，但是没有我父亲认识我。

访　二：当然。

张学良：不但感情啊，这种了解。换句话说，我父亲要我去打仗去，那时候内战，我有很多事情不愿去做，可是有我父亲管着我，我不能不去。我不跟你讲嘛，有一回我要走开，逃走。那么，我有一个同事姓韩（韩麟春），他劝我。他说，汉卿，要走是我可以走啊，你是不能走啊，你父子关系，你能走开吗？所以，那时候我父亲叫我做的事情，我有好多事不愿意做。后来我父亲内战不打了，差不多我痛哭流涕，我跟我父亲说，这打个什么劲儿？目的是干什么？我们在河南，那个地方叫牧马集，前头有红枪会①，我们火车走到那走不了了。所以我父亲从关内退回关外②，退回奉天，就是我打的。我说这打的

---

① 红枪会，20世纪20年代活跃于山东、河北、河南等地的农村会道门组织和民众自卫武装团体。
② 此处记忆有误。第一次直奉战争，奉军失败，张作霖从关内退回关外，宣布东三省独立自治。张学良苦苦劝告其父张作霖退回奉天建设东北，是1927年在河南与北伐军作战时。

目的是什么？今天好了，明天又翻了，又打。所以我父亲放弃了战争，回到关外。

访　一：哦，是这样。这也让我们想起来，老帅在闯天下和治理东三省的时候，有很多地方您看到了，向老帅来诤谏。

张学良：不能说在很多方面，主要是在军事方面。别的方面我不干涉，不参与的。那么我父亲也不大愿意我参与这种事情。那时候，我父亲在文事方面都是王永江。

访　一：照您所说的在军事上面，带兵啊，或打多次战役。那我又想到了，那蒋先生在剿共啊，在军事上面，您也有时向他［提出意见］，就像跟老帅一样，提一些意见，是不是？

张学良：也提，这个我就不轻易表露。

访　二：您主要的意思是说，他可以接受人家的谏诤。

赵一荻：像唐朝的李世民①和魏徵②。

访　一：您说了两个故事：一个就是您跟老帅掉泪了，说为什么打内仗，老帅就决定出关了。还有一个是要刺杀老帅。我就觉得老帅的作风，很多地方像历史上李世民这样的人。换句话来讲，您和周恩来先生都觉得将来的领袖还是蒋先生，所以您也给他（蒋介石）有一些建议。比如在西安没发生双十二［事变］③之前，您一定也尽力向他建议一些事情，是不是？

张学良：这个话是这样讲，蒋先生这个人呢，这是王新衡④说的一句话，她（赵一荻）也知道这句话。

赵一荻：这个还是不要录了。（录音中断）

3. 我年轻时候主要受青年会影响

访　一：不过少帅的思想非常的前进，非常的民主，跟中国的那些传统的将领不一样，所以他（韦慕廷）就紧着问，在您身边的外国人都是谁？因为您的知识思想不可能生来就是如此，所以说一定是环境上，

---

① 李世民，即唐太宗，唐朝第二位皇帝。他善于用人和虚心纳谏，开创了"贞观之治。"
② 魏徵，唐初政治家，曾任谏议大夫。性格刚直，以敢于犯颜直谏著称。
③ 双十二事变，即西安事变。
④ 王新衡，曾任军统香港特别区少将区长等职，1949年去台后转入企业界，曾任亚洲水泥公司董事长。张学良幽禁台湾时，两人来往密切。

有很多朋友［影响您］啊。

张学良：这个话我真是很难答复出来。这也不是一下子受的影响。简单说，那时候影响最大的，我不说嘛，我父亲有个姓王的医官，可惜名字我一下子说不出来了①。因为他是苏格兰长老会的教友，那个时候他是在奉天活动最出头的。这个小河沿市医院是苏格兰长老会的一个人办的，这个人跟我父亲是很好的朋友。所以我父亲当师长了，那么这个军医处长就是他介绍这个姓王的，这个姓王的影响我很大。那时也因为我身体不好，常常有病，他常给我看病，所以他对我有很多影响。

访　一：同时呢，这个顾问（韦慕廷）也是写孙中山先生传的。

张学良：谁的顾问？

访　一：就是我的这个顾问，觉得您的思想非常前进。他也是非常欣赏老帅从苏联大使馆的东西拿出来的那个教授。他说呀，孙中山先生身边就有几个外国的人，也无所谓顾问了，就是外国人，他经常从他们那探听探听外国的事情。所以，他就想您大概也有些个［这样的人在身边］。

张学良：我还不能这么样说，是这样的，昨天说的，我也想起来了，我年轻时候，主要还是受青年会影响②。我那时喜欢运动，主要到青年会……我自个儿想啊，我和青年会的关系很大。接触的这些人，现在很有名的比如阎明光③、阎明复④先生，他的爸爸就是阎宝航⑤阎玉蘅，他就是原来奉天青年会的体育干事。

访　一：哦。

张学良：我自己想我这一生对我最要紧的人就是约瑟夫·普赖德（Joseph Platt）。这个人可以说是，他没有贵族思想，我现在这么想他，他不但是平民思想，我那时候很不愿意做阔少爷，他对我比较同情的。

---

①　应是王宗承。王宗承，辽宁铁岭人，早年入基督教，曾任盛京施医院副院长，后奉张作霖之请入奉军，曾任军医官，军医处处长，军医部监等职。

②　奉天基督教青年会，时任总干事是美国人约瑟夫·普赖德。

③　阎明光，阎宝航之女。曾任上海市广播电视工业公司党委副书记，上海申大（集团）公司董事长，上海阎宝航社会公益基金会荣誉理事长、首席执行官等职。1991 年跟随吕正操将军赴美国纽约探望张学良。

④　阎明复，阎宝航之子。曾任全国政协副主席、中共中央书记处书记、中共中央统战部部长。1991 年 5 月任民政部副部长，1997 年 8 月至 2002 年任中华慈善总会会长。1996、1999 和 2000 年曾 3 次赴美探望张学良。

⑤　阎宝航，字玉衡，与张学良是辽宁海城同乡，曾是张的亲密朋友和高级幕僚。"九一八"事变后，与高崇民等在北平发起成立"东北民众抗日救国会"。1937 年加入共产党，曾是中共情报战线最出色的国际战略情报专家。中华人民共和国成立后，曾任外交部办公厅副主任，全国政协常委等职。

我那时要离开，是他给我买的船票。他是帮我忙了，他赞成我走。那时美国不能打工了，他就说介绍教会给我，帮我忙啊，所以我的思想受他影响很大。同时呢，因为那时青年会来人演讲啊，张伯苓啊，都是他介绍的。

访　一：那您说您年轻时受他影响很大，您经常跟他接触了？

张学良：经常接触，差不多，他还教我英文嘛。不是完全他教，一部分是他教，他也算我英文教师。

访　二：你们也谈论谈论国际大事了？

张学良：那政治的事情不怎么谈。那时我年轻，不谈这些事情，主要是思想问题，美国的故事、人与人呐，随便谈。他也很忙。

访　一：青年会的事情他很忙。可是您到他家里呀——

张学良：他没有家。

访　一：那他没有家？

张学良：那时他没结婚，青年会不是就他一个干事，还有一个英国人。我跟他是接近。

访　一：在这个随便谈话之中，你比如说您看到东北日本人和中国人之间的关系，您也许会问问他在美国有没有这种情况？

张学良：说实话，没有这些话，因为谈政治的事情很少。谈谈学问的事，留学呀，都是谈这些。所以我那些活动都是从青年会来的，什么游艺会啊，什么捐钱啊，政治的事很少谈的。有也是随便谈一点，我现在都忘了，不是有目的地谈。

访　二：青年会在您那儿是第一个有的吗？还是老早就有了？

张学良：你这句话问的，那青年会是一个世界性的组织。

访　二：是呀，在东北很普遍吗？

张学良：在奉天有，长春也有，能开分会它就开。

访　二：您说他请人讲演，包括张伯苓什么的去讲演也都是他们［筹办的］。您记不记得您有一次听张伯苓讲演，使您感动，您记不记得是多大岁数来着？

张学良：你这句话把我问住了，我算算我多大，大概十七八岁这个样子。我当年呐，我并不想当军人，那么到十九岁以后就变了。因为十九岁进讲武堂念书，以后就当了个军人，以后整个生活就变化了。

访　一：一进了讲武堂，生活这一变化，就没有时间再跟他们联系了？

张学良：差不多没有，不过我帮了他们不少忙，以后就做我的事了，没有时间来往了。后来奉天青年会有很大的房子，那都是我帮忙［给建造的］。

访 一：那扩建呐。

张学良：不是扩建呐，整个一座大房子。本来青年会是很小的，没有多少地方，很简陋一个地方，是我给他帮忙，省政府给建的，地呀房……钱也是我给他募来好多。

访 一：后来那青年会在奉天的活动越来越发达了？

张学良：嗯，不过后来他走了，不知怎的，他就不做了，后来我也离开了。后来青年会有宿舍呀，有什么的，大家都在那边。

访 二：后来他走的时候您知道吗？

张学良：我不知道，后来我就离开了。不过他走了，后来我们还通信了。

访 二：您这次到美国去，您见到他了吗？

张学良：他已经死了。后人我知道，不大接触了。因为他叫约瑟夫·普赖德，那个地方叫普赖德的人［很多］，都是姓普赖德的。后来他从奉天走了，就回到那个大学当教务长。

访 二：哦，那是宾州大学，很有名啊。

张学良：是啊，教务长。他是那个大学毕业的。

访 一：您有一个大将军，是王雨庭吧？

张学良：不对。

访 一：王卓然吧？

张学良：王卓然①。

访 一：他的儿子叫王福时②？

张学良：是，是，怎么的？

访 一：他写的一篇报道，就是介绍约瑟夫·普赖德的。您看到了吗？

张学良：没有，这个王卓然，就是他爸爸。王卓然是我家里的家庭教师，我的小孩都跟他念英语。

---

① 王卓然，辽宁抚顺人，著名教育家，九三学社创始人之一。曾任东北大学教育学院教授，同时兼任张学良子女的家庭教师。"九一八"事变后，任北京师范大学教授、东北外交研究会秘书主任，同东北籍爱国人士组织"东北民众抗日救国会"。

② 王福时，王卓然的长子。1932年考入清华大学，与埃德加·斯诺夫妇结为好友。1936年10月，他将斯诺陕北采访的部分英文原稿翻译、编辑成《外国记者西北印象记》一书秘密出版。次年4月，陪同海伦·斯诺赴陕北，采访毛泽东等中共领导人。

访 一：哦，教英文呐？

张学良：他是美国留学生。

访 一：他儿子也是美国留学生。

张学良：我不大知道。

访 一：就关于约瑟夫·普赖德的，您要没看过，等下一次我们来的时候给您［带来］。就是约瑟夫·普赖德和您的关系，昨天您曾提过。在外面，大家都知道端纳。当然，最有名的一件事就是大概蒋夫人吧，还是您呐，找他到西安去，这是他在国际上最出名的一件事。

张学良：这个端纳是这个样子，后来他是蒋夫人顾问了，不是我的了。

访 二：那是您给介绍的？

张学良：不是。是蒋夫人要去的，让他帮忙。因为当年端纳这个人呐，蒋夫人还是小姑娘的时候就认得他，他给孙先生好像当过卫士呀。所以，他认识蒋夫人是很早很早了。这个端纳啊，他是很好玩的一个人。

访 二：很幽默吗？

张学良：他政治上的思想也不是怎么样。不过当时中国政治方面很怀疑他是英国的间谍。其实不是。他不过是一个《泰晤士报》的记者，他好（hào）这些事，当然他是英国人了。

访 二：他对中国很有感情？

张学良：他自己承认，他是中国人一样。

访 一：当然他死在中国了，死在上海，是吧？所以那很难得了，他病在美国，要求死的时候要死在中国，埋在中国。

张学良：他也是这样，他的家庭也很不幸，他跟他太太，他总不说，什么道理也不知道。一说起他就伤心，不往下说了。他太太就等于和他分居了。

访 一：那他在中国有女朋友吗？

张学良：没有，那我不能说有，他有个秘书，那秘书我也看不出他们［有什么关系］。那就不知道了，这个人的私生活也不是那么浪漫的。

访 一：那"双十二"事件您是希望他去帮您了解了解外国的情形，还是？

张学良：不是，他是……你说什么事变？

访 一：双十二，西安呐。

张学良：是这样子，因为他（端纳）跟蒋夫人，跟这方面他有关系，可以说很深的关系。后来，蒋夫人有什么事情都告诉他，他很帮她办。那

　　　　 时办事只有两个人，一个是冯连恺，一个是他。那么，国际间也利用他宣传，写写文章啊。

访　一：比如说，蒋夫人在国内有一些基督教的工作，妇女的工作啊。

张学良：那是另外还有人，那蒋先生手底下还有人。

访　一：那就不是他。

张学良：后来政府方面对他很不高兴，为什么呢？因为那时政府宣传的工作，宣传的方面，蒋夫人也是认为他不得其意。因为他常常写文章与跟他们谈的话是反派的，不大一致，不一样的，所以宣传方面的人非常讨厌他。

访　一：那他是以外国人的身份写文章啦？

张学良：那当然。不是这样问题，你知道曾老先生①说过一句话，很早了，他说咱们中国这个宣传，他说那是对蒋先生说的，是对蒋先生的宣传。你明白了？

访　一：不大懂，您给我们[讲讲]。

张学良：就是宣传那些事，完全是蒋先生听着高兴的事。

访　一：哦。

张学良：也不能说高兴。完全是对他宣传，政治上怎么好，就这一套。

访　二：哦，对，对。这是曾约农先生这么说的。

4. 我父亲受我包围，他干什么我知道

张学良：这个曾约农先生也很有意思。说我们的宣传不是对外宣传，是对内宣传，对蒋先生的宣传，真的。

访　二：不过，那与事实不符的话，那不是[造假]吗？

张学良：就是骗骗他。简单说，就是骗他。

访　一：那您说一个事情要这样做的话，一个国家的领导[怎么能这样呢]？

张学良：那你可说错了，我年轻时就在政治圈里混呢，什么叫包围，就是政治包围。就是对你这个首领，大家包围你，叫你不知道外头真正的情形，你就得听我们的。不是听我们的，就是我们说什么，你听什么。你明白？

---

① 指曾约农。

访　一：找好听的说。

张学良：什么叫包围？这就叫包围。不喜欢你跟外人接触。

访　一：那就很可怜了。

张学良：不是很可怜了，政治的事就是这样的。到现在恐怕也是如此。所以当一个首领，尽量不要让这些人给你包围了。可是，你又很难很难[避开这个包围]。他们会尽量把你包围了。

访　二：您说怎么很难呢？

张学良：当然你左右的人，他们都联合着呢。他们自己互相的利害，这是一定的。政治上向来如此，不一定是谁。你能打破这个包围，你也很[厉害]。

访　一：那您那会儿怎么打破这个包围？

张学良：也不能，当然不听一个人的。

访　一：哦，不听一个人的？

张学良：我不听你一个人跟我说的话，当然这件事我也看得很清楚，也不是不听你的，我不让你跟我，换句话，政治上，我不是说我了，他旁边的人要看你首领的动作，他才能行事。明白了？这就叫包围。我不让你知道我要干什么，我不让你知道。所以，换句话，可以说我父亲受我的包围。他要干什么，我知道。那我怎么知道的？比方说，早晨我到他那儿去，没有办事之前，我就先问问他今天见谁了。

访　二：哦。

张学良：那他跟我说话，我才知道他要干什么，你明白？换句话说，我要知道，我并不是坏的意思。比方说，那件事怎么办怎么办。哦，他见了这个人了，我就明白了，那件事情是那个人的事情。你知道做事情不容易，侍候一个长官也不容易。像我父亲一样的长官，他说话还简单呢。

赵一荻：不会啰啰唆唆的。

张学良：他不会把这个事都说清楚，要你怎么办。他就说那件事怎么样了，你明白？他不会跟你长谈的。他没这个工夫，也没这个精力。他一天很多事，那么样谈起来还了得，不容易的，当一个领袖。我在父亲身旁做事，都受了很大的影响。因为我知道底下的人，我怎么样排除他们这一套。一个人呐，你不能只靠一个人，比方当年我父亲，他就非常喜欢杨宇霆。当然啦，杨宇霆很会给他办事。什么事他就跟他说，结果他就操纵了。所以，差不多好多事，我不是只有一个人。重要的事不是交给一个人，另外还有旁人。所以不容易啊，你当一个领袖啊，你差不多就是孤立的。所以，天下的事情，他还没成功的时候、没有出头的时候，他能有几个朋友，那是很难，不是很难，那是很幸运的。可等你成功了，你就不能有朋友了。他来了，都是有目的了。你怎么跟他做朋友？……比如男女的问题，他来了有目的不期而遇，两个人能做好朋友；他有目的来的这个问题就不同了，贪你钱，贪你色，那就不同了。

访 二：所以跟您钓鱼的哲学一样，每一分钟都要注意要做什么，也很累呀。

5. 安内攘外与攘外安内

张学良：人呐，完全成功也是不容易的，你说华盛顿也好，林肯也好，都是——

访 一：由您刚才的谈话我有两个不同的问题。那蒋先生知道他被［身边的］人包围了，那曾约农曾先生——

张学良：蒋先生他也不一定，不能那么讲。那他知道不知道无法考证。

访 一：但他并没有想办法排除这些包围的事。

张学良：当然，他也不是说，评论他不能用这个话评论。做事情，个人有自己的办法。

访 一：因为王新衡先生说，他（指蒋介石）愿意用奴才，也就是说，听他话的，让他高兴的人［他才用］。

张学良：不是高兴这句话，所谓奴才人才怎么［说呢］？

访 一：听他话的。

张学良：这话不是那样讲。

访 一：那王先生说的奴才怎么下定义？

张学良：我给你分辨什么叫奴才人才。这么讲吧，说一个人才，他自己是有一定人格的人，他不一定给你当奴才。

访 一/访 二：对。

张学良：当奴才就是我要你怎么的你就怎么的，要好处就是这样。真正做事的人，我不一定要好处，我是要做事的。你比方说，蒋先生底下的人，有几个跟他像我跟他那么争的人？很少，像吵架一样。我总说笑话，蒋先生拿我当扔也扔不了，捧又捧不得，蒋先生讨厌我，是因为我不是那么样顺从的。有时候蒋先生甚至说，是我指挥你还是你指挥我？因为我希望他那么办，所以吵架。你比方说"安内攘外"，我们俩吵得很厉害。我们最要紧的意见之争就是这个，他是"先安内后攘外"，就为这个，我是"攘外安内"。你安不了内，只有攘外，才能安内，就是争这个。

访 一：那您跟他吵了好多次，关于这个？

张学良：这个问题呀，是个人出发点不同。先说我，我主要的敌人是日本人。共产党跟我们争，那还是中国人。他（蒋）是认为日本人可以合作，但是共产党是他主要的敌人。问题在这儿，是这样，个人看法不同。所以，我后来不能跟他在一块堆儿工作，也就是因此。我认为共产党是中国人，他认为在中国能够夺取他政权的人，只有共产党。我就不同，夺权也好，不夺权也好，他（共产党）是中国人。换句话，这是我说的，你的政权也许旁人也能夺去，你能防得了？但蒋先生认为，他的第一位的敌人是共产党，不但是中国共产党，外国共产党也是这样。他对共产主义是不能容忍的。他顽固至极，中国传统的思想顽固着呢，对共产党不能容忍，这是我们很大的一个分歧。

访 一：您在跟他争论的时候是跟他讲理[吗]？

张学良：讲理。所以他批评我：小事聪明，大事糊涂。

访 一：他所谓的小事是哪些？大事是哪些？

张学良：他说我这个人是很聪明的。对共产党这个事，大事是不是指这个事，我不知道。我自己分析，他说的大事是你自己都不顾了，那么搞，共产党胜利了，你就没有了。他大概有这个意思。他说我大事糊涂，什么地方我还不知道。后来想，没法合作了，不合作了。

访 一：以前您是可以到他书房啊，跟他一块做事啊，在没有吵的时期。

张学良：那接近还是可以接近的，但是两个人的意见已经很不和了。那要不是蒋夫人保护我，他就把我枪毙了。

访 二：您说会吗？

访 一：他敢不敢？

张学良：要不是蒋夫人，他就把我枪毙了。

访　二：他也有一些认为您是人才吗？他也许［不会枪毙你］。

张学良：那蒋先生不是那样的人，那不管。袁世凯他们都是，服从我的……不服从我的"杀无赦"。

访　二：您说袁世凯能比曹操吗？

张学良：那真是曹操啊。那曹操是历史上一个重要的大人物，我对曹操不反对的，他可是一个了不起的人。袁世凯也是历史［上的人物］，当然你看不起、看不上他是另外一件事，他是历史上人物啊！曹操那在中国历史上是大人物啊。

访　二：不过一般的形容曹操是奸雄。

张学良：那不是。前面还有这么一句话："治世的能臣，乱世的奸雄。"这么大一个能耐的人，治世你就是能臣，乱世你就变成奸雄。所谓奸雄就是乱世他能夺权，治世时有人能使用你，就是能臣。简单说，是个人才呀。

访　二：那您说袁世凯？

张学良：袁世凯也是个人才呀。

访　二：假如他不想做皇帝，是不是他也会成功？

张学良：那就不敢说了。你记着中国有句话，成败不足论英雄。无论如何他是个英雄，有一件事，你就可以看出袁世凯。袁世凯失败时，他要不死，他就要流亡了。那时英国正式通知他，由蓝普森告诉他，你上英国去，我们保护你。从这可以看出，他政治上是个人物了。

访　二：看得起他。

张学良：不是看得起，他是政治人物呀。

访　二：我现在问一个问题，既然蒋先生说先安内再攘外，那日本人应该感谢蒋先生吧？

张学良：那也不是，日本人那就不知道了。可是没有一个人说蒋先生你逃亡，我保护你。

6. 我总有一两人可以谈一谈

访　一：我第二个问题，您刚才说，一个人做了领导就很孤立了。您从东北接掌帅印以后到华北等，等于说处在一个孤立的地位。

张学良：那时候决定事，就得自己决定了。

访 一：您也说一个人没有成功之前有几个知心的朋友，而做事之后，仍然有几个知心朋友能谈谈话，那就非常幸运。那您认为您自己是很幸运的吗？

张学良：也不能说，我还总有一两人可以谈一谈。

访 二：事前事后，您都有几个朋友？

张学良：还有，不能说朋友，但可以稍微谈一点。

访 二：您可以告诉我们是谁吗？

张学良：姓王的，那王什么？

访 二：就是王树翰？

张学良：嗯，王树翰。

访 二：听说您认为阎锡山老谋深算，您说他给您什么建议吗？

张学良：没有。

访 二：比如说他在洛阳的时候，跟您谈了很久，有没有跟您？不是说给您什么意见，至少跟您有一番思想［交流］？

张学良：那不同，根本不是谈话的事情。就是谈事情。

访 二：哦，他说什么了？

张学良：那不是说什么事情，完全是我说他，不是他说我了。我完全是当说客了。那时他是要跟日本合作，摇动。

访 一：那么后来您有没有和他说过先攘外后安内？

张学良：他没有那么大的眼光。

访 一：对，蒋先生是一个看法，您又是一个看法。他的看法怎么样呢？

张学良：他这个人是保守他山西的，对全国的事，他还不太注意。

访 一：不过这也与他有关系的，中国没了，他也没了。（笑声）

张学良：他是很保守一个人，不是保守，眼光很小，只看他山西。并没有放眼整个［中国与世界］。后来野心也有了，岁数大了，也想［做点事，但是不行了］。

访 一：您说有一个朋友，王先生，您可以谈一谈。其中还有，比如说胡若愚①呢？

张学良：那胡若愚，我不很跟他谈这个。

---

① 胡若愚，名言愚，字若愚，以字行，安徽合肥人。曾任张作霖镇威上将军公署顾问。后来任张学良的副官，并和张学良结拜。1928年，作为张学良的代表到南京与蒋介石交涉东北易帜事宜。1930年4月，任国民政府卫生部政务次长。同年6月，任青岛市市长。1931年2月，兼任北平市代理市长。1932年1月，辞去青岛市长职务，寓居天津。1962年在天津病逝。

访 一：那杜重远①呢？

张学良：他早就死了。

赵一荻：就是盛世才杀的那个。

访 一：不过他在上海的时候——

张学良：那是，那是年轻的时候，我们都做抗日的事情。

访 一：您还可以跟他谈一谈？

张学良：是呀，我跟他是好朋友。我到日本的时候，他是日本留学生的副会长，从那认识的。

访 一：他对政治啊，东北的情况啊，事情的发展啊，还可以跟您谈一谈？

张学良：他后来到我父亲那做事，都是我的关系。

访 二：他是个人才。

张学良：很可惜。我到现在不明白，盛世才为什么枪毙他。盛世才这个人，我恨透他了。他（杜重远）是我的一个副官，他（盛世才）枪毙他。我想杜重远这个人呐，有些地方自己不小心，虽然他也不必小心。盛世才认为杜重远到新疆去，影响他的权威。

访 一：哦，怕他。

访 二：他有那么大的影响力呀？

张学良：他是东北人呐，那盛世才都是东北人呐，他也许说话不小心，盛世才这种独裁的作风，那盛世才这种人不择手段，他跟苏联联合起来，后来又翻脸、没有人格的事，大概也许他（杜重远）说出这些话来。我想也许他话语露出来，因为杜重远这个人，并不是谨慎小心的人，我判断。除了这个之外，我不晓得他为什么把他杀了。因为杜重远当时帮着盛世才的，我不明白。

访 二：您怎么不让杜重远跟您做事？他怎么到盛世才那去了呢？

张学良：不是到盛世才那去，他是到新疆去考察，他自己做他的事。他也不是给我做事，人家有自己的事，他是学陶瓷的，他自己有一个陶瓷公司。

访 二：学陶瓷的。

访 一：那么阎宝航呢？

张学良：阎宝航这个人不同了。我不跟你说了吗？他是青年会的一个体育干事，后来他活动。我后来才知道，他是共产党的人。

---

① 杜重远，曾任辽宁商务总会会长，后筹办《生活日报》，积极鼓动民众抗日救国。1943年被军阀盛世才杀害。

访　二：哦。

张学良：后来他到了共产党里，我才明白，我以前不知道。他给蒋夫人做过秘书呢，他早就参加了共产党。可能他早就是共产党。

访　一：您说他给蒋夫人当过秘书，宋子文和蒋夫人对他很器重，很信任他。您记得他是第一个从南京回到西安，带了蒋先生的指示给西安的。① 您已经到南京了，他代表您好像是？

张学良：这个人很能办事。

访　一：他反而站在蒋先生这方面，带了公文到西安去，因为他的身份，他去跟别人去不一样。第一他是东北人，第二他跟您有关系。第三，西安那边东北的人希望您回去，您没回去，看到阎宝航，好像分量特别重。所以他说的话［西安那边的人能相信］。

张学良：他，那这个事，我不知道了。

访　一：还有，您以前的朋友？

张学良：也没有什么，那都是一块堆儿玩。

访　一：那奉天的臧式毅呢？能不能谈谈话？

张学良：那不同了，他这个人我很器重他。不过他是杨宇霆的人呐。我不管这个。

访　二：所以张先生做事就是，不管你是谁的人。

张学良：这个人是人才啊，那我父亲死时，都是他布置的，那日本人都不知道［真实情况］啊。

访　一：是很有脑筋的一个人。

张学良：不光很有脑筋，很有才。比如说我父亲死，外头谁都不知道，都是他的主意。第一个，我的三妹穿着很漂亮的衣服去看戏，外面的人一看，以为我父亲没事，都是他的主意。所以日本人那么样考查，不知道我父亲死了，知道我父亲伤了，但不知道我父亲已经死了。

---

① 指1936年12月28日，宋子文邀阎宝航去北极阁1号（此为宋的私宅，也是张到南京后的临时住处）一谈，请阎次日去西安，要回那批被扣的飞机。阎随即去见张学良述及此事。张说："我们商量过了，你去一趟吧，我这里有一封信带给杨虎城先生，请他把飞机给他们放回来。"阎问张："宋子文让我告诉东北军、西北军将领，你几天内就回去，你对这有什么把握吗？"张沉默了一会儿说："我这次举动是为了国家，也为了领袖，他们对我怎样，我不在乎。"张学良用手指向西北，轻声地说："他们不让我回去，那边能答应吗（此时张还未看透蒋介石的阴谋）？"他寄希望于"三位一体"，这是保证他自由的后盾。阎次日飞往西安，转交了张给杨虎城的亲笔信，并向杨及东北军将领传达了宋子文的话，尤其强调宋所提的"张副司令几天内就回去"的承诺。于是，杨虎城等将领便很快将50架飞机和飞行员等500人放回南京。但是，蒋介石背信弃义，对张审判、定刑，特赦后又将其严加管束，使张终身失去自由。宋的承诺，成了一句空话，也是宋的终身歉疚。

就连我都不知道我父亲已经死了①。

访 一：是他通知您，让您改装？

张学良：那不是他。我在滦州的时候，后来张作相来了，告诉我说大元帅已经死了。

访 二：您在前线的时候。

张学良：他说，跟你说，你可别急呀，大元帅早已经死了，不过还没发表呢，就等着你回去呢。

访 二：所以这样说起来，老帅手下还有几个很了不起的人才。

张学良：那当然，不然他也不能成就一番事业啊。那杨宇霆也是人才之一呀，阴谋咱另说他的，一个人才他不愿寄人之下。

访 一：您认为您手下的人才是哪些个呢？

张学良：那就是郭松龄、王树常、于学忠。

访 二：于学忠？

张学良：于学忠对我是忠心耿耿。

访 二：那王以哲算不算呢？

张学良：他算我的大部下，但王以哲这个人后来有点摇动，不是摇动，他自己有意思。那时候蒋先生在庐山训练呢，他到庐山去，蒋先生对他也用了一番工夫。

访 一：不过，您第一次跟周恩来先生见面，他也在其中啊？

张学良：那也不能说是，因为他的战线啊，他的军队呀。

访 一：高福源②？

张学良：那不是，那是小角色，在军队里的。

访 一：不过，第一次跟周恩来或者跟他们那方面人联系，王以哲是［陪同的］。

（换录音带，谈话中断）

7. 没想到我能活这么大岁数

访 一：您这会儿喝咖啡，晚上睡得着吗？

张学良：我喝咖啡，越喝越睡着。

---

① 指皇姑屯事件。
② 高福源，东北军第一〇七师第六一九团团长。1935年10月，在战斗中被红军俘虏。后返回东北军劝张学良联合红军抗日。

访 一： 哦？真的？

张学良： 不在乎，我这人没关系，睡觉能力太好了。现在你们说话，我躺那儿就能睡着。

访 一： 所以您身体好。

张学良： 习惯了。我就没想到，我自个儿能活这么大岁数，我想我四五十岁一定死掉。

访 一： 您为什么想得那么年轻啊？

张学良： 嗯？

访 一： 四五十岁太年轻了！

张学良： 我跟你说，我太太听着不舒服。我就是喜欢女人，……我早就该死了。我想我得天独厚，上帝对我……我十四岁就结婚。

访 一： 噢，您十四岁跟于夫人结婚？

张学良： 我内人十七，我十四。

访 一： 您跟于夫人怎么认识的？

张学良： 我父亲跟她爸爸是好朋友，我跟我太太不认识，不是自由的。是他们早就订婚了，我九岁时，我父亲就给订婚了，我母亲不喜欢，不是不喜欢这个人，是不喜欢［这种娃娃婚］，要给我另外［找一个］，不过我十一岁我母亲就死掉了。

访 一： 那会儿结婚还要相亲呐，您也没有相亲？

张学良： 不，不，我父亲跟她的父亲是好朋友。

访 一： 就这么决定了？

张学良： 就这么定了。我跟你说我结婚的笑话，我们那时旧式结婚，我内人常常告诉我，我还有一个堂兄弟，她说，那时候我不知道你们两个谁是我的丈夫。

访 一： 那也没有相亲？

张学良： 没有相亲，都是我父亲早就定了。我九岁，她才十二岁。完全是中国传统的（父母包办婚姻）。

访 一： 说起来，您的思想，也过于超时代了。

张学良： 主要原因是这样的。我十五六岁，我讲给她（赵一荻）听，她总骂我。那时奉天有个 Mountains Club（群山俱乐部），都是外国人，只有我是中国人，他们送我的名誉会员。我跟他们来往，这是一个。还有一个，青年会有个美国人普赖德。这个关系很大很大的，就是思想传［播］。

……

8. 周恩来能够成主角　蒋低估了民众力量

访　一：咱们刚才说到半截儿，您提到周恩来的讲话，您说他的讲话有实质，汪精卫讲话善于辞令，后来您的判断和您的看法是共产党的成功，周恩来的功劳很大。我在想，您和他直接见面就两三次吧？

张学良：就见过两三次①，后来呢？……（录音中断）他（周恩来）说将来中国的抗日还是蒋先生领导，共产党不能领导，你也不能领导。

访　一：您说那时候，他们跟苏联有多少联系？

张学良：不知道，那是他们共产党的事情。那时共产党不是跟苏联，是所谓第三国际［有关系］。②

访　一：后来您说蒋夫人见他，也是您带着去的？

张学良：我带去的。他原来是蒋先生［领导的黄埔军校的］政治部主任③。

访　一：他们以前就认识。除去外交，［周恩来］又有革命思想，又可以替中国的大局着想，所以一个人比较——

张学良：他也能够吃苦耐劳，他当过雇工，当了两年矿工。④

访　一：可不可以说是英雄爱惜英雄啊？

赵一荻：周恩来这个人值得人们敬佩。

张学良：换句话，他能成主角，什么玩意儿都能来得很好。

访　二：那他也是张伯苓先生的学生，那张伯苓提起过他吗？

访　一：张伯苓曾经对外发表过谈话，他认为周恩来是一个很有前途、很有才干［的人］。那您是否听过张伯苓谈到［他］？

张学良：没有。

访　一：他对西安这整个事情，从一开始到最后，他的态度都是很温和的吗？

---

① 张学良与周恩来的会晤，目前有三种说法：一说一次，二说两次，张学良说三次。从目前掌握的档案资料看，只有一次。1936年4月10日，周恩来在致张闻天、毛泽东、彭德怀的电报中详细地报告了他与张学良的会晤情况及谈判内容，足以证明这次会晤谈判的真实性。详见《张学良年谱》（修订版），第672页。《周恩来年谱》、《中国共产党西安事变档案史料选编》和《周恩来传》等。
② 当时中国共产党是第三国际的一个支部。
③ 1924年第一次国共合作，蒋介石任黄埔军校校长，周恩来任该校政治部主任。
④ 据查《周恩来传》，周没有当过雇工，也没有"当了两年矿工"。

张学良：是。另外一个叶剑英①，他是激烈的。

访　二：叶剑英一直是很强硬的？

张学良：是。

访　一：说实话，是不是也是因为您接济过他们，他们那时生活非常苦，衣服也没有。那时候您接济过很多人，也接济过他们。是不是除去为了国家，为了民族，也是对您有另一番敬仰？

张学良：不是敬仰，那是大家感情的关系，中国人都是一样，朋友关系。

访　一：您还跟他说笑话，您说，你的部队差点儿把我的飞机打三个大洞。他说，您飞机扔的炸弹，差点没把他打死。

张学良：是，是。打的就是他。

访　一：在那么紧张的会议之间，您两位还可以很轻松地［这样谈话］？

张学良：那时候，就说我个人，都跟我打过仗，都是我的敌人呐。国民党也打过，山西也打过，冯玉祥也打过，差不多我都打过。

访　二：您跟杨虎城没打过吧？

张学良：跟杨虎城那没有。因为那时候他是个小角色。

访　二：您没跟蒋先生打过吧？

赵一荻：都是国民革命军。

访　二：不是他指挥吧？

张学良：他是总司令啊。那我跟中央政府军打过最凶的就是跟张发奎②啊，打得最凶。那死伤很多人呐，那时有一个蒋先生最得意的门生，姓蒋，不是一家，当团长（蒋先云③），也给打死了。那时候，我到英国，驻英国的公使郭泰祺④［请客］，他（张发奎）说你（郭泰祺）不用介绍，我们两个最认识。他（郭）说你俩怎么会认识？他（张）说那是不打不成交啊，从没碰过这么厉害的军队。我说，我也没有……那时候他叫"铁军"，打得好凶，在北伐军⑤是最能打的，也没遇见这么厉害的仗。

---

① 西安事变发生，中共立即派周恩来、叶剑英等人赶赴西安，协助和平解决事变。按照分工，周恩来则侧重于政治方面，负责上层统战和群众团体工作，叶剑英主要侧重军事方面。
② 张发奎，曾任有"铁军"之称的国民革命军第四军军长，1927 年 4 月，张奉武汉国民政府之命，率第四军、第十一军出师河南，大败奉军主力。
③ 蒋先云，黄埔军校一期毕业，时任国民革命军第十一军二十六师七十七团团长兼党代表。
④ 郭泰祺，曾任国民政府外交部次长、驻英公使、驻英大使、外交部长等职。
⑤ 北伐军，1926—1927 年为推翻北洋军阀统治而进行的北伐战争时的国民革命军。

访 二：是很能［打的］，很有才干。

赵一荻：张发奎的军队很能打。

张学良：那很厉害，所以他叫"铁军"。

访 一：我刚才说英雄爱惜英雄，这些人虽然您跟他们都打过，敌对过，但您对他们带兵能力都相当的欣赏和认识。

张学良：张发奎我跟他打过仗，当时不认识，他有一个部下，后来不做他的事情了，我们在一起玩，姓什么的我忘了，一个团长，他就讲张发奎为什么把军队带得这么好？就两件事情，公正和公开。没有私心呐，你有能耐我就提拔你；公开，财政公开。

访 一：那他跟您和老帅带兵有相似的地方。

张学良：不是，那不是这么讲。你像我父亲带兵就不同了，他的军队那就是张家军。我父亲那形象，我看得都毛骨悚然，他那些老部下简直对他怕得了不得。哪怕后来都当了督军，也还是那么样。

访 一：您的军队在西安，刚才我们说周恩来的看法，您抗日的主张是先攘外后安内。我想您这个主张并不是在西安那一天才开始的，很多人可能已经接受了您的想法。您当然跟中共方面也有联系，就是为了研究一下怎么样攘外安内。我想中央可能已了解您的主张可能是对的，所以跟中共也有了联系。是不是他们一部分受了您的主张的影响，接受了您的想法才跟中共联系呀？

张学良：不，不，那是中央个人的事情，与我无关系。中央政治上的事情我不管。换句话说，蒋先生内圈的事情我不参与。

访 一：殊途同归嘛，他们是不是也在做一些安排啊。

赵一荻：那就不知道了。

张学良：那不知道，不知道。

访 一：您知道孙夫人，宋庆龄①思想比较左倾，是不是孙夫人曾经帮着中央这边与中共取得联系？

张学良：那时中央反对她。

赵一荻：她不能影响中央。

张学良：是这样，你现在问了，我忽然想到了就随便说。

---

① 宋庆龄，孙中山先生的夫人，宋美龄的姐姐。曾任中华人民共和国国家名誉主席。

访 一： 好像陈立夫①有一份文件，是接到周恩来给中央的一封信②。

张学良： 那我不知道。

访 一： 那就是跟您没有关系的了？另外，您上一次提到"九一八"的时候，对日本估计错误了，您那会儿认为他顶多就是挑衅。那么西北"剿匪"，是不是蒋先生对共产党的实力估计错误啊？

张学良： 不是那样，蒋先生对共产党不是估计错误。这话我不能说。

访 一： 那会儿中央军队是不是胡宗南？

张学良： 不光胡宗南，还有旁的军队。

访 二： 还有顾祝同什么的。

张学良： 顾祝同，很多军队。

访 一： 那么双十二西安事变以前，听说有意要把东北的军队调到福州去？

张学良： 没有，没有。

访 一： 那是以后的事了③？

张学良： 那我就不知道了。

访 二： 您认为叶剑英这个人怎么样？在共产党的军事人才里才干怎么样？

张学良： 他本来是在中央军队里是个参谋长，是蒋……的参谋长。他是广东人，他儿子现在是广东省主席嘛。

访 一： 已经调走了。那是他们的事了。我姐姐跟我提到历史上一段故事，我听了挺有意思的，汉高祖刘邦④"伪游云梦"的故事。

张学良： 我不知道这个故事。

---

① 陈立夫，曾任国民党中央党部组织部长。

② 周恩来在1936年9月1日与9月22日两次致函陈果夫、陈立夫。9月1日函称："……报载两先生有联俄之举，虽属道路传闻，然已可窥见两先生最近趋向。……近者寇入益深，伪军侵绥（指是年8月日本帝国主义指使伪蒙军进犯绥远东北地区），……两先生居贵党中枢，与蒋先生又亲切无间，尚望更进一言，立停军事行动，实行联俄联共，一致抗日，则民族壁垒一新，日寇虽狡，汉奸虽毒，终必为统一战线所击破，此可敢断言者。……"9月22日函中，周称："……两先生为贵方国中坚，领导党议，尚能力促蒋先生停止内战，早开谈判，俾得实现两党合作，共御强敌，则两党之幸，亦国家之幸也。现为促事速成，特委潘汉年同志前来详申弟方诚意，并商双方负责代表谈判之地点与时间（汉同志是联络代表，他不负任何谈判责任）。到时希赐接洽。临颖匆匆，不尽欲言。……"（详见《周恩来书信选集》第100—103页）

③ 此处似指解决西安事变善后问题的甲、乙两案之事。（详见《西安事变档案史料选编》第94—95页）

④ 刘邦，汉朝（西汉）开国皇帝，史称汉高祖。

访 一：说的是韩信①分封齐王，军事的力量太大了。于是刘邦假称中国东南方有怪气，要到云梦去勘察这事，他告诉齐王韩信，我要到云梦去。他目的不是云梦，也没有怪气，其实他是以勘察为名，要经过山东去看一看韩信的力量到底怎么样。

张学良：这个我不知道，不知道是谁编的这故事。

访 一：这是历史上的一段故事。那我就在想，当时蒋先生为什么要到洛阳去？

张学良：做寿啊，没有什么特别的。洛阳有个军官分校啊，我忘了，是五十岁生日？大家给他拜寿②。

访 一：不是看到张学良将军……

张学良：不是，那他另外有目的。

张学良：韩信刚开始在楚霸王那效力。后来，韩信在刘邦下是个将军，可手底下都是王啊，不听他指挥啊。他就上书请求刘邦，我是一个将，怎能指挥王？我希望您封我为假王，好指挥他们。汉高祖听这话就火了，就骂了一句，张良③搁脚踢他一下子。他已经骂出来了，什么封他假王，我封他真王。汉高祖［反应］多快啊。后来封他齐王④。韩信大概后来死的原因［也在此］。韩信死得很冤枉。

访 二：就是莫须有。

张学良：汉高祖这人呢，他很喜欢——你知道当王的、当皇帝的人常常自个……那个时候是什么地方出事，他去？

---

① 韩信，汉初诸侯王。秦末，初属项羽，转归刘邦，被命为大将。楚汉战争中，刘邦采其策而还定三秦。刘、项两军对峙荥阳、成皋之际，他率军破赵取齐，封为齐王。随后统军与刘邦汇合，于垓下（今安徽省灵璧县南）击灭项羽。西汉建立，改封楚王。后因被人告发"谋反"，前201年10月降为淮阴侯。陈豨反叛时，他在长安被吕后所杀。

② 1936年10月31日，蒋介石在洛阳四经堂庆祝五十寿辰，张学良以祝寿为名前去劝蒋抗日。前去祝贺的还有其他一些军政大员，阎锡山也是其中之一。

③ 张良，字子房，秦汉之际著名谋士，西汉开国功臣。其先本韩国公族，祖先五代相韩。秦灭韩后，他散家财、求刺客，曾在博浪沙（今河南省原阳县东南）狙击秦始皇。遭官府追捕，变易姓名逃亡至下邳（今江苏省睢宁县北）。秦末，他在留（今江苏省沛县东南）聚众归刘邦。不久，游说项梁立韩成为韩王，他任韩司徒。项羽杀韩成后，他复从刘邦，以运筹帷幄之功辅佐刘邦击败项羽。汉初，封为留侯，功成后主动身退。

④ 《史记》卷92《淮阴侯列传》载：汉四年（前203年）十一月，韩信降平齐地，使人言于刘邦："齐伪诈多变，反覆之国也，南边楚，不为假王以镇，其势不定。愿为假王便。"刘邦初大怒骂曰："吾困于此，旦暮望若来佐我，乃欲自立为王！"张良、陈平蹑刘邦足而劝其善遇韩信，刘邦复骂曰："大丈夫定诸侯，即为真王耳，何以假为！"遂遣张良为使立韩信为齐王。

访　二：陈豨①造反。

张学良：是，他去。内部很危险呐，他去不一定成功啊。怕里头出事，他们就怕韩信造反，因为韩信的力量很大，所以把韩信杀了。那都是吕后②和萧何③的主意。其实韩信不一定有造反的意思。

访　一：历史上有很多这样的不公平。

张学良：那是很冤的。当然了到那时候不能不下定决心。

访　一：您说刘邦的反应很快，因为他本来先说为什么要封王，生气了。张良这么一指点他。张良和刘邦的配合相当好。

张学良：张良后来就走开了。

访　一：您觉得周恩来的反应也很快，您觉得刘邦的反应也很快。

张学良：那周恩来的死也是气滞而殁，你懂吗？他就是受"四人帮"④、江青⑤的争权，他很难过。

访　一：周恩来很有政治手腕。您可知道孙铭九把王以哲将军杀死后，结果当时西安比较混乱，少壮派与老一辈之间有了冲突，听说是周恩来把孙铭九带到中共那一方去的⑥。孙铭九以前跟中共有什么关系吗？

---

① 陈豨，汉初功臣侯。公元前207年6月刘邦率军抵达宛城（今河南省南阳市）时，陈豨率500人投军。后随刘邦入关中、定三秦、灭项羽，屡战有功。西汉建立，封阳夏侯。前197年以赵相国职务监代、赵两地兵权。不久起兵叛汉，自立为代王，刘邦亲征至邯郸，督兵进讨，前195年冬，兵败被杀。

② 吕后，名吕雉，汉高祖刘邦之妻。刘邦称帝，封吕雉为皇后。刘邦去世，惠帝立，吕后掌权，野心勃勃。惠帝死后，她先后选立刘恭、刘弘为帝，自己掌握实权，又大封吕氏家族。

③ 萧何，汉初丞相。早年为沛县文史，后升为主吏掾，秦末佐刘邦起兵。刘邦被项羽封为汉王后，他推荐韩信为大将，后略定三秦，他以丞相身份留守关中，为前方输送士卒粮饷。汉初封鄼侯，号称"功臣第一"。后任丞相，为西汉制定律令制度，协助高祖诛灭异姓诸侯王。

④ "四人帮"，"文化大革命"时期（1966—1976）的一个政治集团的名称，成员为江青、张春桥、姚文元和王洪文，当时分别担任中共中央副主席、中共中央政治局常委和政治局委员等职。"四人帮"这一名称最先由毛泽东于1974年1月初在对江青等人借"批林批孔"之机把矛头指向周恩来的批评中提出。1976年10月6日，"四人帮"被粉碎，"文化大革命"十年内乱结束。1981年1月25日，最高人民法院特别法庭对他们进行了宣判。

⑤ 江青，曾任中共中央政治局委员，是江青反革命集团首要分子。

⑥ 孙铭九，曾任张学良警卫营营长，是张学良信赖的少壮派人士之一。西安事变时参与临潼抓蒋。西安事变前，叶剑英在西安就住在孙铭九家里。"二二"事件后，为避免东北军继续分裂恶斗，周恩来将孙及另两位少壮派应德田、苗剑秋送到陕北云阳镇彭德怀的司令部，不久他们先后离骈。孙铭九后来在抗战期间曾在汪伪政府中任职。

张学良：那不是这样的。因为我不在了，才出了这样的变故呀，我手下的少壮派是因为我走的时候，把这个事情交给王以哲了①。他们怀疑王以哲跟中央勾结，明白？事实上，他是不是跟中央勾结我也不敢说，不但把他打死了，把我的参谋长、交通处处长都打死了。

访　二：哦，不止一个人。

张学良：不止一个人，我的参谋长是个湖北人②，他们认为他跟中央有关系。我的交通处长是个福建人。③ 换句话说，那些少壮的就是乱来了。

访　二：急了。

张学良：也不是这样，因为我在南京没回来，他们就火了。不光孙铭九，另外还有好几个人，都是年轻的。

访　一：不过也难怪，他们很希望您回去，可是所有把您接回去的道儿都堵了。另外，在西安的时候，有人说流亡三部曲，就是音乐，《义勇军进行曲》还有……这些都是中共故意扰乱东北军士气的。

张学良：这个我不敢说，他这里头，你刚才说的，有一个人姓高④，是他在里头，他后来是共产党了，嗯，这个我也不敢说他是不是共产党，主要是他在里头鼓动东北军不要和中央合作。这是他的内心，我知道。

访　一：不过他真是也很聪明。

张学良：不是很聪明，他在东北有点号召力啊，不是在军队里头。是在民间有点号召力了。

访　一：您知道上海有七个人，号称"七君子"⑤吗？

张学良：知道。

访　一：您认识这些人吗？

张学良：我认识，我跟他们有关系。

访　一：他们的力量怎么样？

---

① 张学良记忆有误，他离开西安时，是把东北军的指挥权交给了杨虎城和于学忠，留有手谕。1936年12月25日，张学良登机离开西安前交给杨虎城一个手谕："弟离陕之际，万一发生事故，切请诸兄听从虎成、孝侯（即于学忠）指挥。此致何（柱国）、王（以哲）、缪（徵流）、董（英斌）各军长。"（详见《张学良年谱》，第901页）

② 指徐方。徐为湖南嘉鱼鱼岳镇人，曾任"西北剿匪总司令部"第一处（参谋处）处长，西安事变后为代理参谋长。

③ 指蒋斌。蒋为福建长乐县古槐乡屿头村人，曾任"西北剿匪总司令部"交通处处长，西安事变后任西北抗日联军军事委员会交通委员会主任。

④ 指高福源。

⑤ "七君子"，即1936年七君子事件中被南京国民政府逮捕的沈钧儒、王造时、李公朴、沙千里、章乃器、邹韬奋、史良等七人。

张学良：我当年暗中和他们有关系。现在我可以公开说，那时中央并不知道。

访　一：不过他们的确是很有思想的人。

张学良：那当然，我很佩服他们，杜重远是这里，第一个。我认识他们，主要是杜重远的关系。沈钧儒①，还有那个女的（史良②），我都认识。

访　一：如果没有事情发生的话，您认为他们是一个智囊团性质的，是不是？

张学良：不是智囊团，可以说他们在社会上都有号召力的，年轻人多数都是拥护他们的，政府不会运用，蒋先生反对得了不得。

访　一：如果运用，可以把年轻一代的人心都拢过来了。

张学良：这一点上，我跟蒋先生是不同的看法。

赵一荻：政府在蒋先生手里，当然蒋先生实力雄厚啊。

张学良：而且军队也是他最多呀。

赵一荻：军队他也多呀。

张学良：蒋先生后来军队差不多有上百万呐。

访　二：真的有百万军队呀？

张学良：真的。

访　二：那时候都是直系了？直接控制的？

赵一荻：都代表中华民国，那时候他的力量大了。

张学良：那不能说直系了，他有那个威望，这威望不是随便造成的。

访　一：可是他的威望之所以造成，很多人是主要因素啊，造成他的威望并不是一个人的力量。

张学良：那是，这威望也不是自己想造就造的。他得有那个事情在那，那时他有这个力量能够把中国统一了。

访　二：所以我觉得时机也是，比如说抗日那么艰苦，后来胜利了，应该好好利用才对嘛。

张学良：什么？

赵一荻：那是他（蒋介石）的事了，之宇讲了，抗战完了是蒋先生很好的机会了，怎么把大陆丢了呢？

张学良：这是我的批评，那时候蒋先生很想把中国完全统一了，他要消灭共产党。我跟蒋先生不同意的就是这点，他认为他的力量够了，我说你消灭不了。

---

① 沈钧儒，爱国民主人士。曾任民盟中央主席。
② 史良，爱国民主人士。曾任民盟中央副主席、主席。

访 二：所以这一点他的估计错误。

张学良：蒋先生这个人啊，他把民众的力量看得不高，估得低。我跟蒋先生说，我们最大的问题是共产党他有民众支持，可支持我们的不多。蒋先生不同意，说我失败主义，对共产党估计这么高。我说你消灭不了他，应联合他。蒋先生说你要联合他，就等于把他做大，这一点，蒋先生估计对了。可是后来，蒋先生抗日，不联合他不行啊。

访 二：抗日以后，刚好应该做内政的时候，又开始［打仗了］。

张学良：这话说回来，那是共产党的野心。那时共产党想夺取政权，这个蒋先生是估计对了，认为不能跟他们合作，他说"你不认识共产党，我认识得最清楚"。结果，共产党打下来了。

访 二：不过后来您说的，他忽略了人民的力量，他不照顾老百姓，他打的都是硬仗，结果……

张学良：蒋先生就是这样，认为自己的武力够了。

赵一荻：他认为把日本都打败了，还不能打败共产党？他这么想。

访 二：不过那时日本也不是我们真正打败的。

张学良：那时候蒋先生手里有好多的军队，包括重武器啊，像杜聿明①，全部美式装备呀。

赵一荻：拿我的美式装备把你共产党消灭。第二次世界大战后都是美式装备呀。

张学良：问题是这样，共产党大起来的原因，也是因为他拿下东北的时候，也拿下大部分军火呀。我忘了这部分军火是怎么来的，在日本人手里怎么到共产党手里。我想能够装备百万人的。

赵一荻：大概日本人撤退的时候，［把装备都留下了］。

张学良：苏联把日本的军队缴械，军火都给共产党了，所以共产党从那时候壮大起来了。

赵一荻：［共产党的军队］是日本的军队［留给他们的装备，才强起来的］。

张学良：不光是枪呀，所有的装备全给共产党了，差不多能装备一百万人。

赵一荻：他们的目的就是夺取政权，不夺取政权干什么？

张学良：是，共产党起来还是受苏联［帮助］。那时斯大林帮着他。

访 一：您说起军队来，除去武装之外，还有训练。您在西安的时候，组织了一

---

① 杜聿明，国民党黄埔系骨干将领。毕业于黄埔军校第一期。曾任中国远征军第一路副司令长官、徐州"剿匪"总司令部副总司令等职。

个王曲军官学校①，也是希望像东北您整军的时候［那样训练军队］？

张学良：那是，军队必须有训练。那时不光东北的，还有西北的，我都［向他们］输入抗日的思想。

访 一：那是不是也引起中央对您的怀疑？

张学良：没有什么怀疑，那蒋先生也去了。我那个训练团蒋先生是首领，我是副的。

访 一：有人说您在"九一八"［五周年］的一个纪念会上，您说我们不久就会披甲还乡，就是打回东北老家。

张学良：那是我们东北军的口号。我在西北做了很多的事啊，很可惜啊，那时阎锡山就问我，因为我没后方了，我做的飞机场，做的地，我盖了好多房子，医院什么都准备好了。那时我预备在那做后方了。

访 一：您那会儿信心怎么样？

张学良：那打仗有什么信心？打仗就是拼命，非打不成的事情。不打就等于投降了。

访 二：那会儿学生也很积极嘛？因为抗日。

张学良：是啊。

访 一：说起学生来，在西安，学生有一次想要做什么事，您去安稳他们，您记得吗？

张学良：这件事情……

（录音中断）

赵一荻：历史你们自己去看嘛，这是事实，在那儿摆着，你们自己去看。

张学良：我说的是事实，不要臭表功。我不像人家，自我宣传我不做。

访 一：我们很希望了解的还有，您在外交上啊，虽然您说您不做，其实您所做的事与外交有关系。这一段给我们后代人有很多的启发，各个国家交往的情况，这是很要紧的历史参考。而且您做人，有许多领导军人的时候，应该怎么做，您在那个环境是怎么做的？这些话我们都希望留下来。您是个长者，能让他们知道，以后做人处事应该学习的地方有很多。

张学良：我说要紧的一句话：个人做事情啊，你不要自私，要凭你良心做。各人作风不同，各人想法不同，各人受的教育不同，各人环境也不同。总而言之，你不要自私。我对我亲信的部下常说，你不要怕是

---

① 王曲军官学校，即长安军官训练团。

把你自个儿算不到，你自个儿算到你自己，那就不得了了，你不会把自己扔下。你无论做什么事，哎呀，我不能不为自己打算。我说，那可就了不得了，你不为自己打算，你也把自己事丢不掉的。

访 一：对，对，绝对不会把自己忘了的。

访 二：实际上，您说不说，外面也都知道这回事。

9. 我多次要求抗日蒋先生就是不答应

访 一：大家老是说，张学良将军抗日，但是他忘了"张学良将军抗日为国家"后面这［"为国家"］没说。

赵一荻：不光抗日为了国家，他一切都是为了国家，他不是为了自己。要为了自己，何必今天呢？

访 一：您曾经说过，您后来要求抗日，可没有把抗日的工作交给您。说实话，"九一八"以后、西安事变以前您一直提倡抗日。西安事变以后呢，您也提出要出来帮中央抗日吗？

张学良：不是帮中央，是我要抗日啊，蒋先生不答应。

访 一：后来您提过这事？

张学良：提过，好几回。还给蒋先生写过信。写的信里面，我还记得这句话，你不要叫一个人一志不伸呐。我说我想抗日，我也明白蒋先生不让我抗日，我一直想抗日①。

访 二：他怕？

张学良：不是怕。那时全国都是知道我是主张抗日的，假如我出来抗日，而不管抗日成功与否，等于这抗日是我领导的，那领导权就跑到我手

---

① 张学良幽居期间多次向蒋介石请缨抗日，均被拒绝。1937年1月18日，张学良致函蒋介石，函称："卢桥冲突，日渐扩大，日本军人之凶焰，肆行无厌，真令人发指！良知钧座鸿谟，早有成竹，万一不幸，中日问题，必须以兵，俯乞钧座赐良杀敌之机，任何职务，任何等级，皆所不辞。能使我之血，得染敌襟，死得其所矣。如蒙钧座之允诺，良生当陨首，死当结草。钧座俯临华夏，决不令匹夫一志之不得伸。临书惶悚，不知所云，俯乞鉴宥。""七七"事变后，宋子文积极向蒋介石进言，要求释放张学良，使之为抗日效力。同年7月30日，致函张学良，内称："国难如此，正一致御侮之时，弟已切请委座恢复吾兄自由，俾为国家效力。"蒋曾同意宋的进言，后又反悔。1938年6月1日，张治中前往湖南凤凰山看望张学良，张向其表示："只要能出去，做点什么都行！"他将写好的请缨书交给张治中，托他转呈蒋介石，同时另抄一份给看守自己的军统特务刘乙光，请刘转交戴笠，请其帮忙。此请缨仍无回音。11月9日，张学良交给前去看他的戴笠一封写给蒋介石的信。内称："……唯一念及我同志、同胞们在抗战中各能尽其天职，罪孽深重如学良者反安居后方，每一念及，衷心如焚。学良非有所希及，为良心所驱使，谨为陈述。"这封信同样没有得到回音。

里了。你明白？这是我的分析了，我想判断是对的。假如我出来抗日，蒋先生的领导权差不多我给拿过来大半呐。不但是老百姓，甚至中央军队我也会影响他们啊。

访 一：当然这是每个人的心里都压着这么一个——

张学良：我不敢说，这是我判断。换句话，蒋先生不像我父亲大路开阔的，蒋先生不是这样的人。我常说南方人北方人的性情不同，这句话他们听见很不高兴的。

访 一：我的古书念得也很少，有一句话"能下人者，方能上人"。我是很希望多了解了解老帅，我觉得老帅有很多很多的地方，只有从您这了解。

张学良：我父亲就是能牺牲自己。有一段事情我不知道，是莫德惠告诉我的，我父亲比较迷信啊，每年都要去烧纸、告天。有一年，他叫莫德惠做证人，他向天祷告，说社会这么动乱，都是我们这些人造成的，我们这些人大概都是魔鬼，如果能减轻百姓的痛苦，请上天把我第一个收去。可见我父亲这个人的胸怀呀，他不让老百姓受那个苦了。

访 一：说个题外的话。如果我要写一个很有影响力的历史剧的话，那我们要以老帅和少帅做主题，充分表达出传统"忠"、"节"、"义"这些事情。也许少帅您自个儿写吧。（笑声）

张学良：不能那样，臭表功啦。

赵一荻：《圣经》上讲的话，爱就是牺牲。

访 二：您说基督教，我就想起来蒋夫人怎么提议您——

赵一荻：他那时研究佛教，一天到晚打坐啊。在高雄啊。

张学良：我对佛教很有研究。那时候我在高雄住，夫人来了，我就告诉夫人我现在研究佛教很［深入］。夫人没吱声坐了半天，她看清了，［说］你又走错了路。

访 二：呵呵，真的？不让您研究佛学。

张学良：她不赞成佛学，"你要不愿意研究研究基督"？那当然我愿意，基督教我也了解，过去。可是我跟谁研究呢？那时我研究佛教，跟管我们事情的人，他就研究佛教。

赵一荻：就是政府派来的人。

张学良：后来她说那好了，你要［说研究］我想到了曾约农曾老先生。后来说哎呀，曾约农先生血压高，很不好。她说——

赵一荻：董显光。

张学良：她说董显光，我给他打电话。

赵一荻：美国大使不当了，回来了。

张学良：她当时给他打电话。董大使很愿意帮她。后来就教我念英文。

赵一荻：拿那书当课本，一边翻一边念英文。

访　一：他也是基督徒？

赵一荻：是。他们老夫妇俩本来要在台中开养老院，当然在美国大使卸职之后。

访　一：您刚才说什么话都跟我们说，连喜欢女孩子的事都跟我们说。我问您另外一个话，看您可不可以。您说蒋先生跟您吵嘴时连粗话都说，他说什么粗话了？（笑声）

赵一荻：那就不要录了。

（录音中断）

访　一：一个是奉天话，一个是奉化话。

张学良：各省言语不同啊，历史上弄出很多误会。

访　一：蒋夫人讲什么话呀？

赵一荻：讲上海国语。

访　二：我没有听过蒋夫人说话。

赵一荻：她国语讲得不错的。

张学良：不错，可是，那时候有三位太太打电话我是怕的，一是蒋夫人，一是王云鹏的太太——

赵一荻：一个是张群的夫人。

张学良：她们都是讲上海话的。我跟蒋夫人说，虽然我英文不好，但请你讲英文，比讲这个［上海话］强。（众人笑声）

赵一荻：给你们讲个笑话。有一天到夫人那儿，夫人请喝茶，夫人养条狗，夫人的狗懂英文，也懂上海话。他说，你的狗比我还能干呢。（众人笑）

访　二：那是什么狗哇？

张学良：一条大狗，那狗真聪明！

赵一荻：什么狗我不懂得。

张学良：真聪明，让它干什么就干什么。

访　一：这狗一直跟着她吗？

赵一荻：现在没有了。

张学良：现在不晓得。

赵一荻：好多年了。

张学良：我跟她说笑，你这狗比我都强。

访　一：西安这事情发生到终了，您（指赵一荻）都一直在西安。那张将军跑到南京不回来了，您心里怎么——

赵一荻：我们家常便饭呐。我那会儿不在西安，在外国。

访　二：那他们这些个事情在经过的时候，您都不知道，或者您就不管了？

赵一荻：我知道，我知道。

访　二：您就没管了？

赵一荻：我怎么可以管？我还没留下，还说我美国派的。

访　二：美国派实际上也不管。

赵一荻：汪精卫不喜欢我，我们就得不闻不问呐，你的公事啊。

访　一：不过那会您也够焦心的。

赵一荻：习惯了。

访　一：不过您经过这种事也很多了。那张将军到了南京之后，出了乱子，您还在那儿？

赵一荻：我还在那儿。后来他们议论好了，来接你了。完了我就走了。

访　二：您后来出国了？

赵一荻：没有，到南京、到上海。

访　一：唉，我就在想，您很伟大。

赵一荻：没什么伟大不伟大。人呐，到什么时候说什么话。

访　一：您这人这哲学真是很可以让我们借鉴的。

赵一荻：你到那个环境就得那样。

访　二：我要向张先生讨教一下，蒋先生不也是留日的吗？在日本学的军事吗？

张学良：是呀，他是士官学校的。

访　二：双十二的时候，在西安他那种态度是不是也有点日本军官的色彩？

张学良：是啊，他态度很强硬啊。

访　二：不会像其他军官……有谁说一次打汪精卫的时候钻到厕所。

张学良：不，不，那还是军人气概。他甚至还说，你把我枪毙就算了。他是满不在乎。

访 一：我记得有一个在报界很有名的人，曾经到美国去讲学。在饭桌上就说蒋总统多么爱护人呐，您猜我说了句什么，"你们所说的蒋总统和我所了解的蒋总统完全不一样"。我们所知道的蒋总统是个画像，在墙上，离我们十万八千里，是绝不可侵犯、冷酷无情的一个人。所以，我想问您，除去一个将领之外，他有人情味的作风吗？

张学良：那倒也是有，人嘛，人能没有人情味吗？你也不跟他接触，[你不了解他]。

访 二：可是作为一国的领袖啊，他一点儿也没有亲切的感觉。

张学良：他这个人是这个样子，唯我独尊的思想太高。我就解释蒋先生对我，你就讲这两句话，一个我送他从西安出来的时候，在洛阳一下飞机，他头一句话就说，你们好好照顾张副司令。那意思怕那些人对我不利。第二样，那天晚上，他睡在里屋，让我睡在外头。就是送他回南京，一下飞机，他也是头一句话说"你们好好照顾副司令"。我不是说过嘛，他死了我作了副对联，"关怀之殷情同骨肉，政见之争宛若仇雠"。

赵一荻：我说呀，你们也没什么秘密。我在厕所里也听得清清楚楚。要是外头有个录音机，就都给录了去。

张学良：那也没什么可怕的。

访 一：可能我们在美国待得太久了一点，我们觉得一个国家的总统，不能够就是[唯我独尊]。

赵一荻：那是你们的思想。

10. 蒋经国很平民化

访 一：现在这个总统和蒋经国①呀，我们在外头觉得不一样。

赵一荻：时代也不同了。

张学良：什么？

赵一荻：说经国呀，跟李登辉，时代也不同，受的教育也不同，环境也不同。所以看人不能就是大家都一样。

张学良：对，看人不能这么讲。时代不同，他受的教育不同，个人的思想也

---

① 蒋经国，蒋介石之子，曾任台湾地区领导人。

不同。那蒋经国有他的作风。

赵一荻： 五年了，死了都四年了。

访　二： 今天我们去给他拜墓去了。

张学良： 那这话得说，台湾这一段能够安定，经国的功劳不小。这个人很可惜，他死掉了。他要多活几年，还可以好得多。李登辉有李登辉的好处，但他没蒋经国的影响力。不过感谢上帝，李登辉能与郝柏村合作，郝柏村①这个人很能干的。总的还是不如蒋经国。

访　二： 您知道很奇怪的，有时候到一个地方去，跟开计程车的聊天呀，你真的可以了解很多的情况。

赵一荻： 民声啊。

张学良： 他就是很平民化，他也不是什么做派。他确是这么一个人，很容易接近。

赵一荻： 因为他在苏联待过这么长时间，他受了很多的苦。

访　二： 他还是有很多新思想。在我看来，您年轻时有那么多新思想是个很奇怪的事。简直是不可能的事。

赵一荻： 就是接触的人嘛，那在奉天是不太可能了，可我们在上海，那人家[就不一样了]。

访　二： 南方还是不一样。

张学良： 我接触的人也不同。主要的是我父亲有一个医务处长。他是苏格兰长老会的教友。可以说他是一个受过相当外国教育的人，我受他影响很大。我年轻时吐血，身体不好，有病。那时他给我看病，所以我得到他的关心很大。因为我当时很悲观呐，不但对我自己的事情悲观，东北呀，二十一条②啊，等于半个亡国奴了。他引导我，让我去听演说，后来我就跟青年会来往，这都与他的关系很大。

赵一荻： 所以环境太重要了，就像你们在美国这么多年了，无形之中就会受到影响。

张学良： 像你们在美国多少年，对中国的社会已经有好多的脱离了。同时，中国这几年变化太大，尤其思想的变化。我就给你说个最简单的，我年轻时女人大门不出，二门不迈的。现在你看看。

---

① 郝柏村，国民党军上将，曾任台湾当局"行政院长"。
② 二十一条，即"中日二十一条"，是1915年日本帝国主义以吞并中国为目的而强加于中国的条约。

11. 我和胡若愚、宋子文无话不说

访　二：说了好多都是您主动交朋友，别的朋友怎么得到您的帮忙。不管西安事变也罢，中原大战也罢，每一次出去，都不知道是否回来。像戏里说的，我这都是从京戏里学的，您有没有像托妻寄子这样的好朋友？

张学良：我也没这样的思想啊，死就死了。

赵一荻：他也没想到"托"。

访　二：您比如说老帅让您出去打仗去，您也没想到家，是不是？

张学良：我那时跟我内人有几句话，我说你嫁错人了，你没法子，我不知道这个贤妻良母，我也不是这样子。我走了，我也毫不关心，我死后有什么事，像西安事变以后到南京，等我给她们［留下遗言］，我有什么事了，你们愿意也可以改嫁。

赵一荻：他对这些事情根本不关心。

访　一：这么说吧，您这一生最好最好的朋友，可以无话不谈的，他是谁？

张学良：那这有两个方面。同事最好的当然是郭松龄啊，后来一个叫韩麟春。那是我最好的两个人，无话不讲的。那么我私人朋友还有一个叫胡若愚，这个你也知道。其余再有就是宋子文。其实，宋子文是蒋先生派他招呼我，结果，我跟他俩人最好，换句话，无话不说。

访　一：那么后来他到美国去了，一去就没回来？

张学良：宋子文回来两次。

赵一荻：回来一次，我记得回台湾一次。

张学良：两次，你都忘了，他大哭啊。

赵一荻：我不记得了，我就记得回来一次。

访　二：他，他为什么哭啊？

张学良：有说不出来的话，哭。我那时不能说完全自由啊，也不是完全没有自由。他是不赞成蒋先生这种办法的，我们俩是最好的，无话不讲啊。甚至他喜欢女人，让我去给他讲话。

访　一：您很喜欢写诗，他来看您，您有没有写诗呀？

张学良：没有，高兴时候就写，他不是我写诗的朋友。

访　一：后来他到了西海岸，怎么跟您联系啊？

赵一荻：他住纽约，不大联系。

张学良：平时没有什么联系。

访　一：但是好朋友［应该是］来来往往的。

赵一荻：我们也没那个必要。

访　二：您认为张治中①这个人怎么样？

张学良：张治中这个人也不错。

访　二：他可是变得很厉害，后来去和谈，不是倾向共产党了吗？

张学良：他原来多少有点，就是上海战争就是他去的，那时他的思想都是左倾。后来他到西北——

访　二：后来调到甘肃做西北行辕主任嘛！

张学良：后来在新疆——

访　二：对，是新疆。

张学良：这个人相当的前进。不过他也没有太……我那四弟就是他的学生，他是黄埔学校的教务长，校长是蒋先生。我问我这四弟说你们教务长怎样？他说很好，很像我们校长。我说不错，他说咳嗽像我们校长，他说话就要咳嗽两声。

访　二：杜重远您觉得呢？

张学良：那杜重远他是这样一个人，他是学做瓷器的，那时在日本，奉天的留学生，两个会长，他是副的。我到日本认识他的，很有才干，很有思想见地的一个人。

访　二：杜重远好像很可惜呀。

12. 我这嘴，当年刻薄极了

访　一：我们在家里谈了很多，您说这"表"，以前男的戴的那个怀表，我说这是一"个"表，是北方话说一"个"表？

赵一荻：一"块"表。

张学良：一"块"表，不能说一"个"，表不能说"个"。

赵一荻：你们奉天不是就叫"一块表"？

---

① 张治中，曾为国民党陆军二级上将。1949年任南京国民政府和平谈判代表团首席代表，赴北平同中国共产党谈判。谈判破裂后，留在北平并宣布脱离国民党。是中国国民党革命委员会领导人之一。

访 二：我以为只有山东这么说。

赵一荻：你们奉天说一"块"表，我们这儿叫一"个"表。

访 一：现在全中国，中国大陆都说"一块表"。

赵一荻：现在台湾也有好多，一来就"帅"，"帅"是什么呀？

访 二：应该有"英俊"的意思。

赵一荻：现在台湾连吃的东西都说"帅"。

张学良：它这意思是说"棒"。

赵一荻：胡用。好吃的也说"棒"，那你吃得动？（笑声）

张学良：语言这玩意儿是变的。我这人是研究。二三百年前骂人的话今天变成好话。方言呐，各省也不同。

赵一荻：台湾这儿小学教员，福建人多，闽南人多。

张学良：语言呢，不但是各省变化，甚至外国语言也掺进去。不但日本的、英文的，东北的土话里有俄国话在里边。这话用那个字都明白了。

访 一：日本就有 football。

赵一荻：国语也有点日本味道，重音在后边。

张学良：你现在年轻人临走说 bye-bye、goodbye，这是英文呐，哪是中国话？慢慢就变成中国话了，有的慢慢就写成中国字。比如说我这成了世界，Young marshal，打两个括弧，变成是我了。这词怎么来的？从前，父亲是帅，大帅，他的儿子一定叫少帅。那个时候有个人呐，在铁路上，会一点英文，他就管我叫 young marshal，少帅，那时候 young marshal 是"少帅"的意思。外国人都管我喊 young marshal。那后来我真当了 young marshal，18 岁就当了，就变成 young marshal 了。研究一句话，很有意思。

访 二：有它的发展史。

访 一：再过一两年，中国政治词典，英翻中，会有 young marshal 张学良将军，变成世界性的。

张学良：打一括弧，都是我的，甚至不写"张学良"。

访 一：您在乎不在乎？

张学良：我不在乎。我跟他们开玩笑，您能算多就多，少算（少帅）就少算（少帅）吧。（笑声）

张学良：我这人嘴非常刻薄的，现在已经学会不刻薄了。我年轻时说话很刻薄的，一不高兴就说人，说得很刻薄。跟你讲，我那会儿最烦人家说我年轻。我到吉林去，我老姨亲做吉林主席，他告诉我吉林省会议长是首领反对我们奉天的，那时候吉林好像是我们奉天征服的一样。这个人在地方很有势力，那天他过生日，本来我不想去，他们说既然你来了，去一趟他一定很高兴的。你听我这个嘴巴子不留情啊。我去了，去晚了，人家也特为我开的席，大家吃饭，他陪着我吃饭，当然还有旁人。我就说我最烦人说我年轻，他问我贵庚啊，我就告诉他。然后他说哎呀，你那么年轻啊。我说，我像你那么大岁数早就该死了！（笑声）

访　二： 那人家怎么下台啊？

张学良： 哎呀，我这嘴当年刻薄极了。我要不高兴了，什么话都说得出来刻薄人。我有一个朋友太太，她姓李，也是美国留学生，她一着急嘴巴就往这边。我说我告你一句话，她说："我不听，你就没好话。"我说："得了，我劝你好话你不听拉倒。"她说："你说，你说！"我说："我说了。我说了，你别生气，你再生气嘴往这边歪好不好？往那边咧嘴多难看。"（笑声）我的好朋友，他的太太，她人很好。

赵一荻： 一会儿就八点了，[要是]再讲这些故事——

张学良： 嗯，她人很好。就我一句话，差点儿给她气死。我跟她开玩笑。那时候北平有两个黄小姐，一个黄大，一个黄二，这个不讲了。她的母亲是西班牙人，父亲是中国人。我的朋友胡若愚当北门的城门官监督，他跟我讲，黄大小姐好还是黄二小姐好？我说："当然黄大小姐好。"他说："怪不得你老在那儿跟她周旋。"他说："你看这女人多坏……"我们在一块堆儿吃饭，我说："黄大，我告诉你个消息。"她说："我才不要听你，你就没好话。"我说："你胡大哥跟你不错，但你不会说外国话，不会跳舞，他人爱交际，所以他跟黄二，他俩通信你知道吗？"她说："他俩通信我都看了。"我说："得了，你看个屁，人家拿外国文写的，你又不懂英文。"她说："噢，怪不得有好多外国信。"在饭桌上吃饭，她一气，把筷子"啪"地掉地上了。

访　二： 真生气了。

赵一荻： 他专会造谣。

13. 东北的军便礼服是我发明的

张学良： 我专会造谣？她病了好几个月。

访　一：哟！那时候出席正式的舞会您去吗？

张学良：去啊。

赵一荻：马马虎虎，就是走走。

访　一：您喜欢吗？

张学良：我喜是喜欢，但我不会跳哇。我不会跳舞。

访　一：您又会打高尔夫球，又会骑马，又会开飞机，不会跳舞？

张学良：我会跳，跳得不好，开步走啊。

访　一：那会儿最时兴什么舞？

赵一荻：他也没有学过跳舞。自己跳，那会儿跳舞也有很多样的嘛。华尔兹、……伦巴。

张学良：华尔兹我就不会跳，还有探戈。

访　一：比较难。

张学良：那时候我有一个副官，叫王承志①，他会跳舞，我去舞会一般带他去。还有那个——

赵一荻：麻省工学院？

张学良：是，那他学得很好，他跳舞跳得很好，那是我的参谋。

访　一：顾维钧会跳舞吧？

张学良：他是外交官，当然会跳舞。不过我没见过他跳。

赵一荻：我没跟他跳过舞。

张学良：顾维钧陪她打高尔夫。他打高尔夫打得不好。

赵一荻：我俩都打得不好。

访　一：以您的身份，那会儿跳舞您顶多就只用跳前两三步，就 tuǒ（应付敷衍）过去了。

张学良：也不是 tuǒ。我给你讲个笑话，那时外国公使团请人吃饭，跳舞，玩桥牌。为跳舞，我爸爸骂我一大顿。我说，爸爸，那家伙是挑拨是非。她是法国公使的太太，跟你（张作霖）一样，是犹太人。（笑声）很有钱，大概是个寡妇，嫁给法国公使的。她跟我父亲告状，你儿子来了，尽跟年轻的跳，他不理我。我骂，我说她扯淡。（笑声）

---

① 王承志，浙江杭州人，1916 年考取公费留美资格，先后就读麻省理工学院、哈佛大学和西点军校。1922 年 6 月毕业后回到上海，先于交通大学任教，后赴北京任铁路护路局局长，并兼教北京工学院。1924 年服务于东北军，两年后返回上海，此后活动情况不详。

访 一：像张先生这身份，也许就两三步就［可以下来了］。

赵一荻：噢，那也不能跳两三步下来，也得把一个曲子跳完才能下来。

张学良：有时这样的，男女好朋友，［中途］可以拍拍肩膀，换换，下来了。

赵一荻：那还不是正式的。

张学良：那时候咱们跳舞，都是要记下来。

赵一荻：每个人有一小本啊，比如某某某要请我跳舞，先一鞠躬，完了我记我这上头。我跳哪个我跟你跳，我跳这个我跟你跳。

张学良：现在没有那一套，那时都穿礼服。

赵一荻：比现在电影都好看呐。使馆的人呐、武官呐，都是 uniform（制服）、军章啊，都戴起来。

张学良：现在跳得没有了，我说美国人这个跳得好，简单得很。

赵一荻：现在都野蛮人了，都梆、梆、梆、梆地敲鼓。

访 二：现在跳舞谁还——

赵一荻：现在在美国的大的饭店还有正式的舞会。

张学良：晚一点，差不多都不穿军服了。

赵一荻：不过他那个使馆的武官——

张学良：武官穿的不是军服，是武官的礼服。我们那时军礼服不能穿的。

访 二：为什么？

张学良：好家伙。帽子那么高。

访 二：西点军校的那个——

张学良：那不是。后来我发明的，［穿］军便礼服。那个大礼服是［不穿的］。我跟你说个笑话。那时丁云鹏老太太办生日，来了这么一位老爷先生趴地就磕头。人家趴地磕头，他不能不趴地磕头啊，他得赔礼啊，穿个大礼服，戴着勋章，噼里啪啦。

赵一荻：那会儿你过生日。他那些个副官呐、部下呐，都穿得好漂亮，黑裤子红条，上头蓝衣服。

张学良：我那时候带着我的［部下］到上海，一下火车，他们都说把上海的火车站照得光亮，穿着很讲究的礼服。都是年轻的，所以后来把小姐给拐了好多。（众人笑声）

访 一：说实话，军人不管在任何场合，任何军服都是特别帅的。

访 二：您那时候穿的军服还是大［礼服］？

张学良：不是不是。不是中央，是我在东北，那是我发明的。

访 一：您发明的，还有照片吗？

张学良：不是我发明，是照着北京总统府，我当年是北京总统府的卫士武官，照着卫士武官的衣服［做的］。穿着礼服裤子，上身穿个军服样，系着带子。

访 二：那您那会儿还戴着腰刀啊？

张学良：戴刀，刀是可以摘下来的。

访 一：您哪天给我们讲讲您三十岁过生日的事情。

赵一荻：你过三十岁生日是在北平还是在奉天？

张学良：在奉天。很简单啊。

赵一荻：没有什么，很简单。

访 一：您哪天给我们讲讲那时候的礼节和仪式。

赵一荻：没什么礼节。

张学良：唱戏。

赵一荻：从前都是唱戏。

张学良：嗯，唱戏。我三弟会唱戏，他跟他们一块儿唱。那唱戏跑龙套，外国人跑龙套。

访 一：伊雅格。

张学良：跑龙套，大家看得笑得呀。（笑声）

14. 我家先辈姓李　我家人都很强悍

访 一：有两个小事。琳达①跟我说过，她说，有人说我们原来的姓是姓李，有这回事儿吗？老帅本来姓李？

张学良：嗯，我姓李，我们家是姓李②。是这么回事，是我们张家的姑娘嫁到姓李的人家，张家没有后人了，没有男孩子，又将张家姑娘的儿子抱一个回来，姓张。

访 二：承继香火。

张学良：过继一个姓张，是这么样来的。

访 一：从您这代？

---

① 琳达，张学良六妹的女儿。
② 张家本为李姓，祖籍河北省大成县，高祖时代，张家与李家结亲，后因张家无子，领养李家之子，以继香火，李家之子改姓张。到张学良时已是第六代了。

张学良：不，不，已经六七代了。我父亲还在的时候，李家也没后人了，只有一个，我们管他叫"李大爷"，又运动我，想把我过继到李家去。要娶个太太，生的儿子姓李，算李家的。

访 一：还有一个小事。您说那时候您要偷着到美国去念书去，好不容易凑了九十块钱。那您怎么不从老帅那儿要点钱，还要自己东拼西凑？

张学良：他不让我去。

赵一荻：那时候他没有钱。而且也没有美钞。

访 一：噢，您这九十块钱是美金啊？

张学良：外国人帮我忙嘛。青年会的，普赖德很帮我忙，帮我买票，还怕我在外国孤独啊，介绍我去一个外国人家里帮人家洗洗碗什么的。

访 一：打工。

赵一荻：董显光出国去也是帮人家打工啊。

张学良：我父亲舍不得我出去，不愿意我离开。后来日本答应我到日本去照着皇族的待遇，特别地带个翻译。那我都没去，他不愿意我走开。我父亲喜欢我。我现在想起来就难过，我父亲被炸，到家里头一句话，我要快走了。就是快死了。告诉家人，不要叫小六子知道。

访 一：为什么您叫小六子啊？

张学良：这个事更奇怪了，大家都以为我排行老六或者是什么，都不是。我本来名字叫双喜，我不好养活，就是有病，帮我许愿，许了当和尚，我们那儿的这规矩，跳墙和尚①，懂吗？

访 一：懂，北京也有这样的。

张学良：我叫双喜，我跳过一板凳，然后跑到外边听，头一声叫什么，我就叫那个名。后来听见有人叫小六子，我就叫小六子了。我后来还说笑话，那时候有人叫王八蛋，我就得叫王八蛋了。后来我家人就都喊我六子。家里人就叫我"六哥"。

访 二：大帅有哥哥弟弟吗？

张学良：有，我父亲是老三。

---

① 跳墙和尚，是民间一种迷信做法。过去，有人把体弱多病，或会"克父母"的小孩许给寺庙当和尚，但并不出家修行，不受戒，只在庙里挂个名（所以又叫"记名和尚"），隔若干年，再举行"跳墙"仪式（跳过象征寺庙红墙的一条板凳）还俗。"跳墙"人在仪式时原有名字弃用，以听到的第一声响作为自己的新名字，意味着旧人已经许愿出家，新人已消灾却病、祈祥解厄了。这样的人被叫跳墙和尚。张学良乳名"双喜"，张作霖请人为其算命，说张学良命硬克父母，遂通过"跳墙和尚"的方式，更名为"小六子。"

访 二：那时候大排行您排第几啊？

张学良：大排行我也是老大。我们家人都很凶的。我父亲跟我大爷最好，尽管我没看见过他。他大概长得很漂亮。我父亲一说起这事就掉眼泪。我大爷长得很漂亮，当时他跟当地的一个人的太太有关系。他（当地那个人）后来就到我爷爷那儿告状，说你的儿子跟我［老婆］……我爷爷也很凶。我大爷还不知道，那时候一家人吃饭，北方人，在炕上吃饭。我爷爷听见人家告状很生气，回来拿着一个大棒子就朝后头给他一棒子，他正在那儿吃饭呢，把饭都吐出来，就那样死了。所以我父亲想起来，他就气，骂那个人，说王八头当不了王八他就告状，他管不了老婆。

访 一／访 二：哎哟！

张学良：叫我爷爷一棒子打死了。我父亲一说起就难过，他喜欢他哥哥。你知道我们家人都很强悍的，要不人家说我父亲是土匪。不是土匪，是这么一个事情。我的爷爷、我们家人都是这样一个脾气。正月，在一个赌场里，有个人姓王，还有一个年轻的孩子姓什么，我忘了。这个姓王的会闹鬼，那个人我们说叫"秧子"，你懂不懂？家里有钱，他赢了好多钱。那个年轻的孩子，没有钱了，他就逼他要钱。那孩子说要过年了，等过年了我还你。他说不行。那我爷爷在旁边，就说算了吧，你已经赢那么些了。就这一句话把那个人［说火了］。王说："你管这个事干什么？"那我爷爷就火了，我要说出来，那意思是说你闹鬼，我知道。

访 二：哦，对，对。

张学良：那个人就没敢吱声。完了之后，下午了，一同回家走路。那姓王的说你得向我道歉，你管这闲事干什么？要不，我打你。我爷爷说我还骂你呢，你不是个东西。就打起来了，他就打了我爷爷一大棍。我爷爷已经五十五岁了，就被打伤了。后来我爷爷回家后，因为这伤就死了。那我二大爷和我父亲就想报仇。这姓王的在地方上是个土财主啊，有点势力，他俩就预备把他打死。

访 一：报仇了。

张学良：报仇。说起来这故事很好玩。有一个姓郝的，我们管他叫郝大爷，是我父亲的朋友，我二大爷，他们说他跑得很快，跑得像白马秋风一样，会跑。我父亲就借他一头驴，预备俩人打完好跑了。那时都带着土枪啊，那时候土枪是那种扣着炮的。带着土枪就进到王家，想把他打死。这个王家是石头墙，他俩一过墙，把墙碰倒了。那个侧房啊，就住着一个老太婆，她听见了，就喊。他俩捂着这老太婆嘴不让喊，枪走火，把老太婆打死了。所以就赶快跑了。

访 一：噢，对，人死了嘛。

张学良：我父亲就骑着驴跑了，我二大爷用腿跑，结果人家把我二大爷给抓去了。说"明火执仗"，知道吗？

访 一：噢，"明火执仗"，知道。

张学良：官府还好，把这查明白了。可是你打死人啊，判我二大爷十年刑。我有一个二爷，就是二大爷的二大爷，就替他坐狱。后来那个二爷就死在狱中了。

访 一：那二大爷走掉了？

张学良：自由了。

赵一荻：你们家像西部电影一样热闹。

第十三次访谈
研究佛教　信仰基督教
不喜欢王阳明

访谈者：张之丙（简称"访一"）
　　　　张之宇（简称"访二"）
被访者：张学良
同座者：赵一荻
访问日期：1992年1月15日

访　一：现在是1月15日下午三点二十，我们在张府，今天天气特别冷，我们等一下就开始。

1. 你要存佛心救人你就可杀任何人

　　　　（录音中断）
张学良：所以我跟他谈，他跟我讲啊，他说你跟我谈宗教，我不如另外有一个人，他们西藏的，他说讲教义，他给我介绍这个人。那么我跟那个人并没谈怎样好，为什么呢？因为他说西藏话，还要翻译。
访　一：他是喇嘛？
张学良：后来我就到了溪口①，我到溪口认识了最有名的和尚，最有名的叫——
访　一：太虚法师②？

---

①　1937年1月4日，国民政府发布命令："张学良所处10年有期徒刑，本刑准予特赦，仍交军事委员会严加管束。"1月13日，张学良被转送浙江奉化溪口镇，先住武岭学校，两天后移住雪窦山中国旅行社招待所。招待所由军统局全部租用，专为软禁张学良。
②　太虚法师，著名佛教高僧。生于浙江海宁，原名吕沛林。曾任世界佛学苑苑长、中国佛教会会长、中国佛教整理委员会主任等。

张学良：太虚，我跟他很好，我跟他俩处得不错。那我就问他，他说，唉呀，你失掉了大的机会，你谈密宗，那个人他知道。我就跟他谈佛教。那么太虚这个人呐，我可以现在讲，他是个政治和尚。

访 一：对！

张学良：他跟我谈，他认为这个佛教，他虽然是和尚，他认为是一种政治跟宗教有关系。可是，就是宗教就是了。可能就是一句话：他并不信，他并不深信。那么，我就讲他，他并不深信的地方。虽然他不肯这么说了，他说四大金刚什么，那都是一种……你看，我现在不会说了，他这个佛教，他有四个字，就是叫你起一种威，叫你有一种害怕。是这么一种意思。他说那完全没有那么回事儿。那么我跟你讲，我说一句话就可以代表他。有一次，他们，我还不晓得你们南方人，有老太婆什么的都跪在地上，他在上头讲禅，后来他讲禅，干什么讲那个玩意儿，我也听不懂他的话，他们说的南方话，我不懂。我可在那听他讲，他讲了好半天，好半天。后来回来散了，完了后回屋子吃饭，我吃过饭了，我就问他你讲的什么玩意儿。哎呀，愚妇愚夫啊。他说，这没什么意思。证明他那句话了。所以我就跟他谈佛教，他是个政治和尚，他说很多的，他有很大的欲望，想用佛教传政治。后来，我对佛教最受影响，我不是跟你讲？我后来做事情了，在汉口的时候，我就碰见这个人叫诺那呼图克图①，呼图克图就是等于活佛，他们呼图克图这句话怎么翻我不知道，我跟你讲，他这人的地位是什么地位呢，就是西藏有两个活佛，他是西康的活佛。

访 一：西康。

张学良：西康。他是这样子，我是碰见他是怎么的，蒋总统那时候在四川呢，在成都，大概，召集他去，请他去。因为在那里剿匪，往西边去，大概有需要他的地方。张群做主席的时候，他就给我打个电话，他知道我要到四川去见蒋。我那时候我自己有个飞机。那么，他就跟我说，你能不能把他带去？他自己去很麻烦了，就是相当麻烦。那么，我说好吧，我把他带去，不过问题是这样子，我现在什么时候走我没定，我事情没完，我现在在家里，你让他到我家来得了。到

---

① 诺那呼图克图，西藏昌都地区藏传佛教活佛，曾任国民政府立法委员、蒙藏委员会委员、西康宣慰使等。

我家来等我，我走时候就跟我一块儿走。那么他到我家，正赶上吃中饭的时候，我就说到这儿，一步一步说近了，我就跟他说，真对不起你，我家里做素菜做不好的，随便弄点东西给你吃就是了。他说，你错了，我不吃素的。

访 一：噢？

张学良：我说你这个和尚［怎么不吃素的］？他说："我们西康没有素菜，到冬天都是肉。"

访 二：对呀，都是肉嘛。

张学良：到冬天都是肉，他说，我跟你讲，杀生以养人，那不算罪。杀生以养人，到现在我都记得他说的这话，他说你杀生为享受，那是你有罪，你享那口福。

访 一：为了好吃。

张学良：为了好吃。我说你这个和尚。他说，不但是杀生啊。他这句话可厉害！他说我是密宗的人，他说密宗是不传的。你知道密宗不传的，不公开传。

访 二：不公开传教？

张学良：不公开传教，传人的，密宗是单传，直传。他说：我看这人不够，不够资格，我也不跟他说。那么，他就说，我跟你说这话，是看你说的！这句话他指明了，他说我们密宗传教，不但是杀生，可以杀人。可以杀人，他后头这句话厉害了，他说不但可以杀人，可以杀天下人。吓我一大跳，我说这和尚！他说，我跟你说的话不是随便说的呀，因为看见你，我要跟旁人说这话，我就有罪。他说，你要是为救人，存佛心救人，你可以杀任何人。我受他影响很大，他说，你要杀人为自己私心或私事，那是有罪的。但是你为救人，那你杀人没罪。他说佛杀人的！

访 二：佛是可以杀人的。

张学良：不是可以杀人，佛是杀人的，杀人的。他说佛说一句话，他们佛教分两种，一个是菩萨①，一个是罗汉②。这个罗汉叫什么呢？罗汉是自了汉，自了汉，他不做这些事儿的，就是我自己修行；菩萨不是这样，所以菩萨有一句话，我不下地狱，谁下地狱。

---

① 菩萨，佛教指修行到一定程度、地位仅次于佛的人。
② 罗汉，佛教称断绝了一切嗜欲、解脱了烦恼的僧人。

访 一： 对。

张学良： 那这句话怎么讲呢？他说你做事情，你就会有错。

访 二： 做什么事情都会有错。

张学良： 你若有错，如你杀错了人，譬如说你杀错了人，你就要下地狱，你这下地狱，他说，并不损害他菩萨的身份。他是菩萨，下世做事，他杀错了人，比方这么讲，他杀错了人，他应该下地狱，可是他还是菩萨。那他回来了，他把应该受的罪受完了，他回来，他还是菩萨身份。你明白？他跟我讲的，我受他影响很大，他跟我讲的要紧的这句话：你要是存救世的心，真正存菩萨的心，那你随便杀人。那么他说这样杀人就会杀错，菩萨就说，我不下地狱谁下地狱。

访 一： 您说西康活佛所讲的佛道是他们一派密宗①的？跟其他派别不一样？

张学良： 不，不，佛教有很多派别，你大概对佛教不太研究，佛教有很多派。现在在台湾的一个——

访 二： 林云？他说他是密宗。

张学良： 不是。现在这人病得很厉害，我跟他谈过，他是真正佛教正宗的，他谈的就不同了，那是另外一回事。刚才讲的溪口的太虚，他不是密宗，他是禅宗②，他讲的又不同了。我跟他们谈的很多了。我一度研究佛教，不是信佛教，是研究佛教。

访 二： 研究佛教教理。

访 一： 你看，过去说实话，我老想这老帅做事，他有一次为国家为人民向天祷告，还请莫德惠见证，老帅对佛教也有研究的吗？

张学良： 不是有研究。你知道咱们中国的传统信仰，不能说佛教，就是信。对佛教，没什么，对道教也不分，他并不对宗教有研究。

访 一： 可是那时在东北，老帅在几个兄弟之间，您不说老帅有个绰号叫老疙瘩？可是几个大兄弟对他都很佩服。那么在这几个人之间，也得有一种好像宗教式的信仰。

张学良： 不是，这一点大概中国旧社会，[就是讲]义气。

访 二： 义气为重，道德观念。

张学良： 传统思想，也不能是道德，可以说是那时的道德观念。大概你们没看见过这种人，我是多少有这种脾气，我年轻时就是跟这种人在一

---

① 密宗，佛教主要派别之一。以高度组织化的咒术、仪礼、民俗信仰为其特征。
② 禅宗，佛教主要派别之一，主张修习禅定，以静坐默念为修行方法。

起。那时晚上，我就看见好几个人说："老弟，帮帮我忙好吧？"这都不是好话啊，帮帮我忙，干什么？

访 一：不知道。

张学良：我就说，简单地说，我自己亲眼看见。第二天没了，他们都不知道，我去抢劫去了，我没有钱了，你帮帮我去，我就帮帮你去，好吧，就给打死了，你明白？就拿命。

访 一：不在乎的，就说一句话。

张学良：那就完了，换句话说，那个时候我都看见他藏躲，好了，好了拍拍胸，好！你交给我了，就是一句话啊。现在这情形没有了。我都看见过。简单地说，我去替你杀头去，我杀头去吧。

访 二：把自己的生死置于度外。

张学良：我替你去，等于替你死，替你杀头都可以。

访 二：只是一句话。

张学良：那日本现在多少还有这种习惯。所谓，他们讲什么……他们日本话。

访 二：武士道？

张学良：这还不是武士道，像武士道那种。所以说到这个地方，我想到两句诗，这是谁的诗，"多见摄衣称上客，"这是那谁，吴梅村的诗，"几人刎颈谢（送）王孙……"①

访 一：自杀。

张学良：我为你不是刎颈，你知道为什么刎颈谢（送）王孙？就是你的秘密我知道。

访 二：你怕我泄露，我可以自杀。

张学良：你把这件事告诉我了，我知道这件事，现在你怕这件事说出来。这是一个故事（信陵君窃符救赵②），我现在说不出来了。他就是怕人泄露秘密。他是谁？救赵［的魏公子信陵君］。

访 二：对，对，战国的时候。

张学良：他知道这计划秘密。他父亲派的大将（晋鄙），这个是假的救赵。真是去救赵啦，但这个大将不前进，那时讲兵符哇。他策动宫中

---

① 吴梅村，明代末期诗人。他在路过河南侯方域的墓时写下的一首怀古兼凭吊的七律《怀古兼吊侯朝宗》："河洛风尘万里昏，百年心事向夷门。气倾市侠收奇用，策动宫娥报旧恩。多见摄衣称上客，几人刎颈送王孙？死生终负侯嬴诺，欲滴椒浆泪满樽。"

② 指战国时魏国公子无忌为抗击秦军解救赵国而窃取魏国兵符的故事，表现魏无忌礼贤下士、救人之困的义勇精神。

（如姬）偷出兵符把那人给杀了，带着兵去救赵去了。就是这段故事，那谁知道呢？这个人（侯嬴）知道，做这种计划的时候，"刎颈谢（送）王孙"这人叫什么名字？他（侯嬴）知道，他（信陵君）去了，也怕他（侯嬴）泄露这事情了，或这事情做不成了，那么我自己，我自己灭自己的口。

访 一：大家放心。

张学良：所以刎颈谢送王孙，王孙就是魏太子，要去救赵。

访 一：所以中国这种讲义，为国家为朋友，京戏上有许多历史故事，都是为了一个义气，能够牺牲自己，为了别人。

张学良：你回来啦！

访 一：张太太回来啦。所以这种事情，可是等到这个"义"的精神，延续到政治上面就没有那么像过去了。如果我们要是想一想的话，老帅就很讲"义"。

2. 夫人让我研究基督教

张学良：讲义气。

访 一：同时我们想，我们在想，你所说的过程里，你有很多很多的事全是"义"这字的最高表现。

张学良：这是讲义气，并不是"义"，"义"与"义气"有不同点。

访 一：历史上就像您，我们这次访问所听到的，很多很多的事情都是看到您的确是我们传统所了解的义气，可是现在政治上，这种事情太少了。

张学良：有还是有，大概多少还是有。因为我脱离开政治了。

访 一：您那些交往的朋友或政界交往的人里头，您看还有谁？能够说有一两个作风代表义气的，你还想得起来吗？

访 二：您回来了？这昨天照的相，不太理想。

访 一：我说好，她说不好。

张学良：我用一句话，王新衡他曾说，不用说什么事，有一件事我现在跟你谈。他说：现在的人不是当年了！他这句话说的，现在人，有没有不敢说了，因为我现在在政治上不是那一种情形。还有这个"义"，大概我看，这是我的看法，因为我跟社会交往也不多了，我看这北方跟南方人也不同。

访 一：您说北方跟南方人，我们就有这种感觉，我们到了南方之后，我们觉得好多地方，不是说完全，也都是中国人嘛，做事情上边——

张学良：我们说北方，有两句话，京油子，卫嘴子。换句话，这码头开发的地方，比较的人呐不能说滑头，比较就不是那么［实在］，我们为什么说京油子、卫嘴子，真正开发的地方，就没有这样的情形（讲义气）了，你明白？这种这还是，封建社会啊！他也跟外头做生意。比如说我们东北人，我们非常看不起做买卖的人。

访 二：见利忘义。

张学良：说这种做买卖的人都是奸商，就说这个。其实他是这种情形、这种环境，他做这种事情，不能不那样。我那时朋友，那上海人，告诉他儿子，你可不要信谁话。等于犹太人一样。你不要跟人说真话。

访 二：不过您说在南方的帮会，帮会组织也是讲义气。

张学良：那就不同了，也是讲义气。可是看哪个帮会，青帮①、红帮②不同。

访 一：我们顶多知道有帮会，有青帮、红帮，那么好像听说杜月笙先生那是非常讲义气的人，他也是帮会吗？

张学良：谁呀？

访 一：杜月笙，他那帮会是很有义气的了？

张学良：是，他的帮会很有义气的，不是说很有义气，他的帮会纪律是严格的，他是青帮。

访 一：红帮与青帮不一样吗？

张学良：红帮我还不太清楚。大概红帮为什么叫红帮，我还弄不清楚。

访 一：像杜月笙，听说他也信佛，是吗？

张学良：他信佛，他们都信佛，他拜什么佛，我不大清楚。

访 一：现在台湾也是信佛的人很多，你坐车什么的，看见庙多得很，开车的也都是信佛教。

张学良：那是迷信了。

访 一：您开始研究佛教，西安事变以前，您身经各个不同的战场，那时候佛学跟您［有什么关系吗］？

---

① 青帮，又称清帮。清初开始出现的民间秘密会社。初期徒众皆以运漕为业，故称粮船帮。
② 红帮，本名洪门。明末清初开始出现的民间秘密会社。初期是反抗清朝统治的组织。

张学良：没多大关系。

访 一：可是您是见到太虚法师？

张学良：不是信佛，是研究佛学。

访 一：您研究佛学，是受老帅的影响吗？谁给您提的头，研究佛学呢？

张学良：影响我不能说，不过我跟基督教的关系很大，但是佛教也是知道的。

访 二：那您跟我们比较起来这两个宗教教义最大的分别是什么？

张学良：我刚才不是说基督教比佛教［高深吗］？我说这句话是站在社会学的宗教观念上来说，不是站在宗教的地位上来说，那基督教比佛教高得太多了。

访 二：教义比较高深？

张学良：高太多了。

访 二：那您说有什么相同的地方吗？就是说两个比较接近的地方？

张学良：相同那当然说是有了，佛教也是讲救人的，他说的这些东西狭窄，不真切。换句话说，佛教的来源是因为印度那方面［的关系较大］。

赵一荻：主要是一个，我们基督教信上帝。佛教他是创造天地宇宙的，所谓佛教是人手造的，你管他是释迦牟尼是什么，他是人手造的，金银铜铁，泥塑木雕。我们所信的基督那是大自然，我们天，那就是天，所以就说上帝啊、神啊、天主啊，我们所信的是创造天地万物。

访 二：一个宗教首先说，就像刚才张太太说的，关于天的解释，那关于世界上的解释呢？您说这两个教。

张学良：我就是说它（基督教）第一。

赵一荻：它（佛教）不还是为个人吗？

张学良：我们比方说简单讲，佛教他最后求的还是自己的福。那么基督教不是，不是求自己的福，这完全不同，一个大一个小。

赵一荻：我们活着，这是为上帝而活。

访 二：不是为自己？

赵一荻：不是为自己。

访 一：您到了台湾以后先是到的高雄，是不是？在那碰到夫人（宋美龄）？

赵一荻：不。那是来了很久以后了，我们先到新竹嘛。

访 二：井上温泉？

赵一荻：对，井上温泉。

访 二：那您那时候就开始信教了。

赵一荻：我们去过高雄两次啊。

张学良：她记得比较清楚，我记不太清楚了。

赵一荻：我们去过两次高雄啊。

访　一：您去那住？

赵一荻：[民国] 三十八年（1949 年）去高雄，住在要塞里头。

访　一：为什么住要塞？是为了避战？

赵一荻：不是。我们就是为了……我们刚从新竹搬到高雄嘛，完了从高雄搬回来嘛。

张学良：我都记不得了，你问我我都记不得了。

赵一荻：搬回新竹，搬回新竹又去高雄。高雄又再回来，回来就住在北投①嘛，招待所。

访　一：您住要塞是为了躲避那个 [轰炸]？

赵一荻：不晓得为什么，反正就到要塞那边住了②。

张学良：那是找不到地方，就是找一个地方住。

访　一：要塞是什么？

赵一荻：要塞就是一个港口。

访　二：那您那时候怎么就接触到基督教义呢？您那时候已经信教了？

赵一荻：也不是。这是这样。他来了，我们就住在要塞里头，总统（蒋介石）有个别墅也在要塞里头，总统跟夫人（宋美龄）来了，说来看他，看他就谈起来了，他告诉夫人他研究佛学，夫人说你又走错路了。他说我想研究——

张学良：不是不是，夫人让我研究基督教。

赵一荻：研究基督教，后来蒋夫人就介绍曾约农，曾约农血压高不能来，那么就说到董显光不刚从美国回来吗？他大使不当了，刚从美国回来。

张学良：他想传教。

赵一荻：不是传教，他想在台中办个养老院。她（蒋夫人）就打电话给他，打电话给董显光，董显光就说好啊，他说他愿意来，就来了。后来董显光请吃饭，也不是讲基督教，是给他（张学良）一本书。

---

① 张学良 1961 年 9 月搬进台北市郊北投复兴三路 70 号新建住宅。
② 1949 年 1 月，蒋介石下野，李宗仁代总统后，立即下令释放张学良和杨虎城，并派程思远专程去台北找陈诚商量此事。蒋介石为不让李宗仁知道，则把张学良送到高雄寿山要塞居住，严格保密不让一个宪兵跟随。1949 年 9 月杨虎城全家则在四川重庆被杀害。

张学良：不是给我，借他的。

赵一荻：马丁·路德的本传。他看这个书很感动，那么董先生是一个礼拜来一次还是两次，反正就到我们这来，跟他俩谈谈呐，念念英文呐，那时还没有翻这个书呢。那么他太太呢……既然我们俩都在那，我也跟你去，她就跟她先生来。他们俩谈话，他太太把我们都集合在一起呢，她就给我们讲道，什么祷告啊，唱诗啊，就这样。

访　一：董显光的夫人信基督教很深的。

赵一荻：对，她就过来跟我们传道，还有她女儿，就来了。来了之后我们搬这儿了，搬到北投这个招待所了。

访　一：您刚才说这个是在高雄还是在［什么地方］？

赵一荻：在高雄。

访　一：您那会儿在高雄前后住了多久？

赵一荻：那我记不得了。

访　一：那董显光先生来跟您介绍基督教介绍多久啊？

赵一荻：多久不知道了。

张学良：这说不出来了。

赵一荻：我得慢慢查也许还能查出来。

访　二：他特为这到高雄去的吗？

赵一荻：对啊。夫人（宋美龄）叫他去的，他说他愿意来嘛。因为高雄要塞里面也有很多栋房子，他也住那栋房子，另外一栋房子，也在高雄要塞里头。

访　一：那您也开始翻书了？

赵一荻：没有，我到了这才翻的。

访　一：您到这才翻的，那您在来这之前第一本看的是［什么书］？

赵一荻：《马丁·路德传》①。

访　一：您很受感动，您觉得哪点感动您？

张学良：我当年我对宗教，我对马丁·路德那是很佩服的，所以我就看看他。

访　一：我不懂马丁·路德哪点值得佩服，您觉得佩服的是什么地方？

张学良：你知道这个基督教的改教？

赵一荻：就是这个改革，过去都是天主教嘛。

---

① 《马丁·路德传》，德国宗教改革运动领袖马丁·路德的传记。

张学良：是他改教。那么我就简单说，当时那个时候，改教另外有一个人呐，那个时候你知道改教他们都是犯罪的，犯很大罪，就把那人烧死了。当时他去的时候，他的朋友拦他不让去，说他去是死路一条啊，他笑了，他说为正业，为道，他说火我敢走过去，用不着烧我。就是说这种精神。

访 二：大无畏精神。

赵一荻：信仰的精神。

访 一：那这一个精神，那要这么说起来，您为了抗日，从小时说起，为老帅作这战役，您也把死置之度外，这也是有信仰啊。

张学良：这不是。

赵一荻：那跟信仰不是一回事。

张学良：不是信仰，我那是军人精神，死生置之度外了。像这话，好像你问过我，你问我这句话我都有点奇怪，我们干我们的这玩意儿，没有死生这一事，没这观念。

访 一：没这观念。还是不做军人的人，死生老是挂在心上？

张学良：我们的军队，多少也受日本教育，日本武士道，出门回来不回来不知道了。

赵一荻：基督教死是为了他们信仰而死，不是为他个人，为他国家，不是，他是为了他的信仰。

访 一：夫人当初希望您研究基督教，她认为您研究佛教又走错了路，我这个混沌不开了，您能不能讲一讲为什么信佛教是走错了，信基督教是走对了呢？

张学良：这么讲，现在我是信基督教的，那看佛教是不对的，根本就不对。你知道，我们看佛教就是一种拜偶像的。

访 一：那现在台湾这么多人，好像信佛的人很多。

张学良：你不能说多人信就是对的。那是各人的信仰，你也不能说别人的信仰对不对，不能这么讲，我们认为他是错的，人家认为自己是对的。我们分不同的点，就是佛教这个求啊，还是求福自己。

访 二：基督教是为上帝。那您说这个基督教，比如说佛教研究到了什么程度了，好像他多少有一个区分，那基督教是不是也有一个……

赵一荻：我们对基督教这东西没有说研究，基督教就是信，你多大学问没有用。

张学良：你要是研究的话，你根本就不会信。

访　二：和信仰不是一回事。

张学良：不是信仰，假如你研究这件事啊，你就或是不信的也会。

赵一荻：有好多神学家，他研究研究，最后就不信了。

访　二：那为什么呢？

赵一荻：那是他把自己搁里头了。信上帝是你要听他的，你要把自己交出来，现在活的不再是我，乃是基督活在我里面，他爱我为我而死。就《圣经》里头这几句话，你得记得吗？

3. 你问宗教的事情我给你解释一下

张学良：简单这么说，宗教的这种事情啊是信仰的事情，你要是研究的人就没有信仰。

访　二：反而没有信仰？

张学良：当然没信仰。不过无论哪件事情，我说个很俗的话吧，男女两个有爱情，那研究爱情干什么呢，那时候就没有爱情了。

访　二：哈，非常容易懂。

赵一荻：我们能研究研究怎么爱吗？

访　二：哈，没有用。

张学良：所以研究起来你是为钱呢还是为什么，这不是爱情。

访　二：您这解释实在是深。

访　一：不过呢，夫人（宋美龄）从小就是信基督教的吗？

赵一荻：不说了嘛，她父亲（宋耀如）是牧师，她母亲（倪桂珍）是［基督徒］。

访　一：那么蒋先生信基督教也是受夫人的影响吗？

张学良：那是夫人的影响，完全是夫人的影响。

访　一：他以前信什么？

张学良：那我不知道，我不敢说。

赵一荻：不知道他信什么。都说他信佛教，事实上都不知道佛教是什么，都是拜、拜、拜。谁家都这样。

访　二：而且中国那佛教，道教也掺在里面。

张学良：不是，佛教、道教分开了。有信道教的，但是，你像一般所说的愚夫愚妇了，他也不知道佛教跟道教有什么联系。

访　二：那您看办丧事不是又有喇嘛教，又有——

张学良：换句话，你要是问宗教的事，我多少给你解释一下，道教没有这么回事。

访　二：道教没这么回事？

张学良：没道教这么回事，他老子并没传教。那是有一故事，唐朝有一部分人，要跟佛斗争，制造出了一个道教，老子他并不［传教］。老子这个《道德经》是非常的深啊，他一开始就说得很深，道可言，非道也，就是这种，中国这句话，玄呢。

访　二：噢，玄学。

张学良：玄呢，他很深呢，那跟道教毫无关系。人就拿老子来说，老子并没传教。

访　一：在中国政治上或者军事上，大家不管信也罢，或不信也罢，这三个不同的哲学思想，哪个影响最大，在军事上或者是在政治上？

张学良：这个东西你就把我给问住了。差不多冯玉祥就拿基督教来说，唐生智就拿佛教来传，这都没什么。

访　二：你说会对军事上有影响吗？

张学良：那军队一般的兵，他知道什么？我认为没什么。要讲军事，现在跟从前不同，那我带兵就简单说就是张家的兵，我就跟着你。那么现在传宗教的事不能，这是国家的事，军人干什么呢？军人就是报效国家，没有旁的。

访　二：那时说冯玉祥是基督将军，他并不是真的［信］基督教？

张学良：那，冯玉祥这人，他除了说假话，没旁的。

赵一荻：他信不信咱们不敢说。

访　二：您成为基督徒，有没有领洗，有个什么仪式吗？

张学良：嗯？

访　一：是领洗啊还是？

赵一荻：对啊，领洗啊，一定要领洗啊，所谓受洗、悔改嘛，基督徒是最要紧的，不但要洗，而且要悔，不但要悔，而且要改。

张学良：基督教有一派人比如曾约农，他们那派不领洗。

访　一：不领洗？

赵一荻：基督教我跟你们讲，跟天主教早不一样了。简单明了地讲，我们基督教是民主的，天主教是独裁的。天主教的教皇他说什么你们都得听，我们基督教不然，我各掌各派，你愿意这么敬拜上帝，你愿意那么敬拜上帝也可以。你愿意祷告也可以，你愿意过圣诞节也可以，你不过圣诞节也可以。我们是自由的，各掌各派啊，连上帝都给我们自由的，上帝也不强迫我们，说一定要信上帝，你不信也可以呀。信是怎么样，不信怎么样，那说得很清楚。你不信也可以。

张学良：我说一个简单的不同的点，我们做礼拜是礼拜天做礼拜，另外有一派是礼拜六做礼拜。

赵一荻：你礼拜五做也有。

张学良：那不同的点多了。

赵一荻：你有牧师也可以，没牧师也可以。

张学良：有的教会没牧师的。

访　一：没牧师？

张学良：没牧师。

赵一荻：自己兄弟姐妹随便去讲也可以。有的在里头哭啊叫啊也可以。不管什么形式，总而言之，你心里有一个创造天地的主，那就是上帝。

访　一：《圣经》是一样的？

赵一荻：《圣经》是一样的，不过现在说《圣经》不是一样的。

访　一：不一样？

赵一荻：因为翻译得不同，原来是亚来文、希伯来文、希腊文，完了翻译成英文，又翻成我们中文。

张学良：他们另外有一派，很小的一派，他们有他们的《圣经》，那叫什么那派？

赵一荻：摩门①，他们说他们自己有《圣经》，上帝另外给他们一本《圣经》。

张学良：传教的那个人，他说上帝给他一本《圣经》。

访　二：那也就是说他自己分成一派。

张学良：他是最大的一派了，真正的宗教管他叫异端。我们对礼拜六会的，我们也称他为异端。

赵一荻：他们那叫安息日会②。

---

① 摩门（Mormons），1830年在美国建立的一个教派。创始人约瑟·斯密自称得天书《摩门经》，而设定"耶稣基督后期圣徒教会"，初期行多妻制，遭反对而停止。一般流行于美国西部。

② 安息日会，是"基督复临安息日会"（Seventh-day Adventist Church）的简称。

访　一：噢，安息日会。

访　一：您是属于哪一会？

赵一荻：我们是美南浸信会①。

访　一：美国南方浸信会，其实你是北京的浸信会。

访　二：是吗？不是，其实我是公理会②，叫什么我不知道。

张学良：很小一派，也是浸信会里分出来的。大概是，我也不太清楚。

赵一荻：张议长（张群）那叫什么会？

张学良：张议长是英国分出来的圣公会③。

访　二：那天津有很大的圣公会的。

张学良：所谓圣公会，它是因为英国皇帝的关系，从英国传出来的。我们是浸信会，我们基督教有两种派头，我们并没有浸信。我们两个都没受浸礼。浸信会④是要受浸礼。

访　二：那我受了浸礼呀，整个身子泡在水里。

张学良：那是浸信。我们是受的洗礼。

赵一荻：我们还是属于中华基督教。

访　二：我记得我要走到一个水池子里面，然后他告诉你把气憋住，因为怕呛嘛，刚好我进去之后就喝一大口水。

赵一荻：你没在里头游泳？

访　二：他托你的头嘛，往下淹，整个身子都在里头。

张学良：在什么河里头？

赵一荻：约旦河嘛，他们一定要整个浸在水里头。

访　二：在哈尔滨说冬天还要举行这种浸礼。

张学良：不知道。

访　二：说把冰凿开，看谁有这个［胆量敢下去］。

赵一荻：所以说基督教就是自由嘛。

---

① 美南浸信会（Southern Baptist Convention，SBC），是美国最大的一个基督教新教派。1841 年在美国成立，总部位于田纳西州的首府纳什维尔。1845 年分裂为美南浸信会和美北浸信会。

② 公理会（Congregational Church），基督教新教主要宗派之一。16 世纪产生于英国，由勃朗等人创立。主张教堂独立自主，由教徒公众管理。

③ 圣公会（Anglican Church），基督教新教主要宗派之一。16 世纪产生于英国，英王亨利八世以教皇不准他废黜王后离婚重娶为因，禁止英国教会向罗马教廷缴付贡金。1534 年促使国会通过成为国教，不再受治于教皇，以英王为最高之首，即英国圣公会。

④ 浸信会，基督新教主要宗派之一。17 世纪上半叶产生于英国以及在荷兰的英国流亡者中。当时属清教徒中的独立派。反对给儿童行洗礼，主张教徒成年后方可受洗，且受洗者须全身浸入水中，称为"浸礼"，故名。

张学良：你愿意怎么就怎么的，那是你各派的事。

4. 我为什么叫曾显华

访　一：董显光先生来了以后，你就跟他研究这个，你就翻译那本书，在翻译完了以后，你的笔名是曾显华①，是纪念？

赵一荻：是为他们三个人嘛。

访　一：后来这本书出来了，1991年10月，您正式宣布这曾显华是谁。是不是？

赵一荻：你告诉世人这曾显华是谁。

张学良：我不是为这本书，后来人家很奇怪为什么，问我你为什么叫曾显华，我就告诉你为什么叫曾显华。

访　一：那么您那本书正式是去年10月2号，您证道时向外边介绍？

张学良：早就出来了，好久了，好几年了。

访　一：不过这次10月2号——

赵一荻：是他们出版书的人那儿卖。

张学良：是这样的，周牧师（周联华②）有一个出版社。

赵一荻：借这机会他就在这儿卖。

张学良：现在那本书他就印了，我也没有版权，我们也没有什么版权，他就印，他就卖。那天干什么玩意儿？

赵一荻：你在那证道嘛！

张学良：证道，他就卖那本书卖了很多。

访　一：您在作证道，实际上很受大家瞩目，就是因为您很少出来讲话什么的。

赵一荻：中华民国八十年（1991年）感恩礼拜。

张学良：感恩礼拜。

访　一：您能跟我们说那天的经过吗？

赵一荻：也没什么，就是去了，他到那儿去了，还有别人，很多人证道。

张学良：主要是谁，他已死掉了，是他发起的。

---

① 曾显华：张学良信仰基督教的教名，也是他写文章的笔名。为感谢、纪念引领他信教的曾约农、董显光和周联华牧师，特从三位的名字中各取一字，作为自己的笔名。

② 周联华，神学家。曾任台北市浸信会怀恩堂主任牧师、亚洲浸信会神学研究院院长等职。

赵一荻：吴嵩庆①！他没等到这会开幕他就死了。

张学良/赵一荻：吴嵩庆。

访 一：那么这位吴先生为什么要发起这个？

赵一荻：他是老基督徒，台北很多基督教的事，都由他主持。

张学良：他很有名，并且他也有力量，他是副司令，他是很有地位的人。

访 一：他也是一位政界名人。

张学良：他很有地位，蒋先生，蒋总统对他很尊敬。他们有什么关系我说不出来，蒋先生对他很器重。

访 一：他年纪很大。

赵一荻：他对基督教贡献也很大。

访 二：他不是台湾人吗？

张学良：不是，是你们南方人。

赵一荻：不是，是南方人。

访 二：从前有一个牧师，在士林这边。

赵一荻：庐奇 wu（？）

访 二：不是。在他以前，还有一位老牧师姓陈。

赵一荻：陈老牧师，我们受洗就是他，陈维屏②。

访 一：那么在您受洗之前，您一直跟陈维屏陈老牧师学习。

赵一荻：后来董显光去了美国，就周牧师来了，我们就开始念神学。

访 一：周牧师他到这儿来是董显光先生介绍的？

赵一荻：不是，不是，后来他就到总统这礼堂，做礼拜，周牧师就是礼堂的牧师。

访 一：那么说起来，他那时很年轻了？

赵一荻：也不是很年轻，现在也七十岁了，那时三四十岁。

访 一：他有七十岁吗？

张学良：七十多岁了。

访 二：那曾约农先生跟您谈过宗教的问题？

赵一荻：那时我们常常来往，也不是专门谈宗教的问题，随便谈谈，他是百科全书。

张学良：我们管他叫百科全书，这人我最佩服了。那他可什么事都知道，他

---

① 吴嵩庆，曾任国民党军联勤总部副总司令，是台湾钢铁业元老。
② 陈维屏，曾为蒋介石、宋美龄的牧师。1964 年 7 月，张学良与赵一荻结婚，由陈证婚。

本来是学矿冶的。

赵一荻：学矿冶的。

张学良：他家庭，家教这么深，中文那么好，英文好得很。

赵一荻：他姐姐也是啊。他姐姐每个礼拜看一本书哇。

访　二：曾宝荪①。

访　一：那么大年纪还是那样？

赵一荻：她也鼓励我了，本来我也没念神学，我就看看，我就很佩服了，她眼睛就这么近在这儿看，一礼拜看一本。我跟他说，人家眼睛那样，一礼拜看一本书，我们眼睛比她好多了，怎么就不能看书呢？

访　一：他们姐弟都没有结婚？

赵一荻：没有，她讲得很有道理，她说你要为人类服务，在她那个时候，不是你们现在这时候，你要嫁给人家当媳妇，你就不能够做［为人类服务的事］。

访　一：对，这倒是真的。那时候的家庭，不按她旨意去做。

张学良：所以她办学了。

赵一荻：我要办学校就牺牲我自己。这还是基督教的［思想］。我并不一定要读教义。

张学良：那也是这样的，那她也是受一个人感动。

赵一荻：她是受一个外国传教士感动。那时她家里也是非常开明的，把她送到英国去念书，不放心了，就跟着英国的传教士去，去了念书，她还没毕业，这英国传教士呐。哦！不是英国传教士，是美国传教士，好像。那个教会，派他去的教会就说，你要退休了，到这年龄要退休了，你要回来了。老教士就自己想，我要回去，这孩子你看，书也没念完，我心里一定很难过，很难过，但是呢，我要不回去，将来养老金什么的都没有了。一宿老教士祷告祷告，半夜就敲曾宝荪的门，他说我决定了，我不回去，我把我一切都牺牲了，我陪你在这，等你念完了书。所以她很感动，我陪你在这儿，我把我自己牺牲。

访　一：这教会不是中国人的。

赵一荻：外国人，所以基督教牺牲要有牺牲精神。什么叫牺牲呢？就是爱，

---

① 曾宝荪，教育家，曾约农的堂姐。

他实在爱这女孩子，他愿意这女孩子成功，他看她是一块很好的材料嘛！所以曾宝荪后来在湖南办学校办得很好，就是，她每一个学生，品行怎么样，性情怎么样，她都知道，她拿他们当她女儿一样。也是了不起的人。

访 二：后来曾先生不是在东海大学做校长吗？

张学良：当校长。

访 二：这都是很了不起的伟人。

张学良：那当然。

访 一：所以有的时候有人做很多的事很符合，现在我们知道了，像你所说的传福音，是为了上帝，那些人也未必知道有所谓上帝，也未必知道有所谓基督教，他们也这样做。

赵一荻：那不一样。

张学良：那他有他的信仰，不一样。

访 二：您给我们说说，真的不了解，你说它不一样的基础是什么？

赵一荻：他没有他自己。你就说史瑞则，他又是音乐家，又是科学家，又是什么，他要救人，主要是救人，他到非洲去就是救人呐，基督徒就是要你去做这个事啊，所以他才能伟大。为什么他能伟大，心胸宽大，不是在小圈子里头了，不是为我自己，一个人要为自己就把自己圈在小圈子里，一切都为自己，你要把你的眼光，你们不了解现代的教育，不让你往宽理解。你比如像他吧，他不为自己的名利上看，他往国家看，再往上为上帝看，眼光要放到远，放到宽。所以你信了上帝，你的眼光才能跟着他，因为你知道这个真理。所以耶稣说，我就是道路、真理、生命。你知道真理了，你才自由。

张学良：你跟他们解释一下，怎么叫真理，怎么叫自由。

访 一：您跟我们说说。

赵一荻：你知道真理，你说怎么自由？You shall know the truth and the truth shall make you free. 你懂这句话吗？

张学良：你给她解释解释。

赵一荻：你知道是真理了，你才知道你应该做什么。

张学良：所谓自由就是，你不为你那个私心拘束了。

赵一荻：什么叫爱，爱就是牺牲，你为真理你就牺牲。耶稣也是，上帝让他自己儿子到世界上来就是为了救人啊。你不信，你不信我没办法。所以主要是得信，普通的人他不了解。

张学良：《圣经》有一句话，说得救，我们讲得救啊，说得救啊，本无上帝之心，本无上帝的人，你才能得救，但是你要信，你不信你不能得救。

访　二：你不信就没法跟上帝交通。

张学良：我们说这个信，也是上帝的恩典，有上帝的恩典你才能信，有的人他不能信就是没得上帝的恩典。

赵一荻：还有这样，我就说为什么有学问的人不信，为什么不信？因为他肚子里头东西太多了，他自己的，他不能接受旁的东西，你拿去旁的东西，他要比较，他有私心。那时候那个莫德惠，他就拿基督教的教理要和《四书》去比，因为他一肚子《四书》。对不对？

访　一：噢，他真这样比过？

赵一荻：他就讲嘛，他常常比，他老研究嘛，有学问的人就是这样的，胡适为什么不信啊？

张学良：你说那个王新衡《圣经》念了多少遍！

赵一荻：说《圣经》看了多少遍我都能背出来，你背出来也没用，反正就是不信。

张学良：他不信。

5. 什么叫死？不过是搬家而已

访　二：我还是不懂，您再给我们解释解释。

赵一荻：信上帝才有自由啊。

访　一：您跟我们讲讲，信过上帝之后的自由和我们所理解的自由不是一回事吗？

赵一荻：那不是一回事。

访　一：您跟我们讲讲信过基督的自由。

赵一荻：你就没有你自己了，就是这点不同啊。你平常自由了，你说你不为自己打算，弄来弄去你还是为你自己打算。

张学良：也不是，你说那个自由和这个自由不同。所谓自由，什么叫自由？就是你心里没有拘束了，没有说怕这个怕那个，更加自由了。我就简单跟你解释，一般人怕死，你像我们两个，一般的基督徒，没有死的思想。我给你解释，我们死的思想是什么，不过是我们搬搬家就是。那不但搬搬家，我们现在很快活的，因为我们搬到好处去了。

赵一荻：搬的地方比这儿好。

张学良：我们所怕的就是我们搬家还搬到倒霉的地方去了，那个倒霉的地方是我们自个儿求的，是我们自个造出来的。

赵一荻：你胡作非为，你就上那倒霉地方去了。

张学良：大多数基督徒都没有死的思想。

赵一荻：我们也不是说信上帝是为了上天堂，不是这个意思。我们在这儿要做他让我们做的事。

访　一：那我离信教和信上帝远得很。那我以不信教非常俗气的人来问，比如说，您今天给我们讲口述历史，也等于说，因为您信教，您很自由，您认为您把这历史留下来，还是等于传给人真的东西，是不是这个意思？

赵一荻：他把他的经验告诉人，就是这么一句话。你要讲这口述历史，所以过去他不要讲，他认为没有讲自己事的必要。

张学良：什么事？

赵一荻：人家让你写自传呐，写这些呀。他不写呀，上帝知道，上帝那儿有份账，你批评我好坏，我不在乎，我不让世界上人批评我是好是坏，你说我坏也没有关系。

张学良：根本没关系。

赵一荻：不影响我呀。所以你们不信［教］的人，总想不一样，你们说我好也好，说我坏也好，不影响我，对不对？

访　二：与我没关系。

访　一：这个自由，这个是真的自由。

张学良：为什么写自传，干什么？

访　一/访　二：表白。

张学良：丑表功。

赵一荻：丑表功。你说我不好也没关系呀，有什么关系呢？

张学良：换句话，不但那个，我又算了个什么呢？

赵一荻：在上帝眼里我不过是个仆人。

张学良：我不过是上帝一个仆人、一个工具，我们算不了什么。

访　二：还有我不懂，我能不能这么解释，就是说我信上帝以后，我的自由就是说没有伤害人家的意思了，比如说我的自由，现在我们要求言论自由，那我这自由，就是说我自己得按着规矩，说我的自由，可是我这自由足以伤害任何人，因为我言论自由嘛。

赵一荻：不能说伤害别人的事。

访　二：你说任何话都会伤害到别人嘛。

张学良：不能那么讲，这个你讲大错了。言论自由，是的，我随便。你随便，不是伤害到旁人，你说真理，你伤害的人，换句话说我认识的一个朋友，他不敢去听道，因为听道他净骂我，谁骂他呢？他是心里有愧。那你说真理，当然要得罪人。

赵一荻：《圣经》上告诉你很清楚，你不可以去论断人。所以我不喜欢他去批评人，一讲到批评我就说不让你录了。上帝不让你去论断人。

张学良：那（论断人）是上帝的事情，《圣经》上说一句话，你是什么人？你怎么可以去论断人？

赵一荻：你总说言论自由，你是把上帝的真理讲述给别人听了，所以你不许我传基督教，就是妨碍我自由了。所以过去的基督徒，他宁可去死，他也要说，你明白吗？那罗马人，上头走过火，给狮子吃，就是不许你讲基督教。

张学良：罗马那个时候，我就说说罗马人。我受的感动很大，我看的这本书。那个时候罗马的皇帝，称他为主啊。你要说我是主，那你就没事；你要不承认我是主，基督是主，那你就是，送到火里就给烧死。我跟你说，有一部分人，他说你不用问我，那火我走进去，我情愿死。

赵一荻：我不承认你是主，我承认上帝是主。

张学良：上帝是主，我承认基督是主，你不用问我，我走就是了，我不在乎死。

赵一荻：我为上帝的道，拿自己的生命不是看得那么严重。

张学良：我信了上帝的教，信了上帝的道，我认为那个死是很光荣的。不是光荣，是很快活的。代替我的话，就是好高兴。

赵一荻：所谓自由，我就讲个好笑的。我的孙子，他看他邻居小孩都骑脚踏车去Supermarket（超市），他也要去，他妈妈说你太小，他那时才不过六岁，妈妈说太小，路上走十字路口，好危险你不要去。他说你妨害我自由。这就是你们美国的小孩儿。（笑声）这更不能叫自

由，因为你妈妈得爱护你，你不懂他是小孩吗？（录音不清）

访 二：也许您这次证道，我们也不在这儿，也没办法听得到，我想如果以一个没有信教的人，对教义很远的人来说，您也许可以再作证道时，讲一讲这个信道之后所享受到的自由。因为，现在自由已经平常人都——要求很滥。您所谓享受到的自由，很难让一个普通人理会、体会到这个自由。而且，我觉得，我们觉着你老俩儿在我们的生活上，我们就想到你们的生活是那么纯，那么愉快，我们想象不出来。现在就想，可能就是这自由的观念。

赵一荻：信仰的观念。

张学良：对！信仰的观念。

赵一荻：所以我说你要是信上帝的话，你就有喜乐平安。

张学良：你要是真信你就知道。

赵一荻：无论什么环境，你不一定都在好的环境中。在好的环境里头，你也不一定能得到平安。

访 二：对。那您就说，什么好的环境，有钱的是好？还是有好事是好呢？

赵一荻：心灵上才能得平安，物质上填不了你心灵的空虚，你心灵上的痛苦，物质填不满。

访 二：你真应该写文章发表，因为大家认为好和自由这两个解释——

赵一荻：如果我们不出东三省，我们就是王啊！什么都有哇，对不对呢？我们就不需要上帝，那我们就没有这个福了。我们是经过这几十年，过了这几十年，我们需要上帝呀，只有上帝永远与你同在，什么人能与你永远同在啊？

张学良：这句话说得，我跟你解释一下。我说人呢，到了最难过的时候就喊天、喊妈妈，人啊，不到苦痛的时候不懂伤悲。

赵一荻：所以说在痛苦中你才会认识上帝。你们现在也不需要。

张学良：你不需要，你到了苦痛的时候，你那个时候才体会到这个事情。不是说需要，你才体会到这个。当然你在快活的时候，很富庶的时候，我不是夸耀，这句话我不愿意你录啊，我不是夸我自己，还能够想到这个事情，那个人也就不容易。

6. 我受日本军人影响那就是为成功拼命

访 一：刚才说得很有道理，就是说，到了极端的困苦，不一定是生活上的，精神上压迫，多一半是精神困苦时，才能叫老天爷了。比如您刚才说的这个战役，在那个时候，已经是等于说被敌兵所包围，而您要以一个人的力量抵三个人的力量，那是相当艰苦的，在那个时候您有没有叫老天爷？

张学良：打仗时，你知道我们当军人绝不是你们想到的，那个时候就是以死拼了。

访 一：您这个观念，在我们这不是做军人的，可以很理解，到了那时候，军人不去想生死，完全是拼命。您要让我说什么是拼命，我想不出来，我不会体会拼命是怎么回事。

赵一荻：这么说吧，你要看你的孩子掉到水里，你是不是要拼命？你不会游泳也会跳进去，这个是比方。你了解？如果你孩子要掉到水里头，你就是不会游泳你也会跳进去，那就是拼命了，就是把你自己命拼了。

张学良："拼命"，就是不要命，不在乎了。

赵一荻：我爱他吗？我爱他吗？

张学良："拼命"的解释，是拿命来换了。

赵一荻：着火了，你去救，那就是拼命了。

张学良：我是军人，我不是跟你解释了吗，我们受的训练，多少受影响，可以说，大部分受日本军人影响，那就是我为成功，我就拼命了。

访 二：不在乎自己的生命。

张学良：不是，没有了，不是不在乎，不在乎还是第二步。我们就说日本军人炸那个〔铁丝网〕，我不是跟你说过吗，他自己身上带炸药往那儿一躺，什么是叫拼命，拿命去争这件事。

访 二：那基督教里也有像圣女贞德。

赵一荻：她就是信仰的关系。

访 一：那现在还是想到，您以前不信教，虽然您受了基督教的影响，您身经百战，经过这种困难的情况多一些。会不会是这些困难积攒起来，让您觉得信仰基督是很有道理的，还是某一两件事，让您觉得，啊，我的确要信仰这个基督？

张学良：这个信仰基督，也不是有什么，是一步一步演变出来的。

赵一荻：上帝安排，我们所谓上帝安排。你不是说某一件事情促进你这种思想，不是某一件事情。你无论多好的讲道的人，无论你是讲得多好，人家也不会相信。

张学良：我跟她不同，我根本原来就有基督教的影响在我身上。

赵一荻：所以我们就讲当年基督教在中国，在我们学生心中撒了种子，连你（张学良）都算上，他把种子撒在你的心里，生长发芽是慢慢来的。你等到那时候，那东西也就会活了，在你心里活了。你要是没听过，你一点也不知道。

访 一：说实话，张先生，您的种子种得最早，您从小就跟基督教的朋友在一块儿，您也是在基督教的学校［学习过］，到现在为止。

赵一荻：你们还没发芽呢。

访 一：我们还早呢，我们刚接近您一些。

赵一荻：我们没这力量，只给你施施肥，浇点水，主要是要靠你自己。

访 一：在您这生活过程中，哪一点说成是那种子的施肥、灌水，促成您生根发芽，您有没有一个回想？

赵一荻：没有想出来，是哪一天说不出来。

张学良：蒋夫人对我们影响很大。

赵一荻：董夫人也有影响。我的小书你没看，我献给三个人，一个董夫人董兆香，董夫人也有关系。

访 一：那很虔诚的人。

张学良：董夫人也有影响。

访 一：这几天谈话，我们也觉得很有传福音的需要，那传福音是以按着在自己个人的岗位上来做。是不是？

赵一荻：用不着说你神学院毕业，你有几个博士头衔，那没有用。当然了，不能说没有用，确实你要不懂，不是瞎子领瞎子吗？我们为什么要念神学呢？你不能跟人胡说八道，你总得知道是怎么回事呀。

访 一：那您每个礼拜去做礼拜，那叫什么，证道吗？

张学良：不是，我们做礼拜，等于基督徒每个礼拜一定要做的。

赵一荻：不是说牧师讲得多好，我们不是听演讲去。

张学良：不是听演讲，我们这是说礼拜堂是我们的家，是我们的天家，那么我们每礼拜是我们要回家去。

赵一荻：要跟兄弟姐妹大家有团契①。

---

① 团契（英文 fellowship），源自《圣经》中的"相交"一词，指上帝与人之间的相交和基督徒之间相交的亲密关系。广义也指基督徒的聚会。

张学良：主要是跟上帝有团契。

赵一荻：跟上帝"接触"，教友是"团契"，跟上帝不叫"团契"。

张学良：也是，也是。

赵一荻：不用"团契"这两个字。

张学良：那用什么字？

访 一：您去的地方是凯歌堂①，是吧？那是很小的，因为以前是夫人（宋美龄）去的地方，那么就由周牧师［主持］。

赵一荻：它可以说就是当年总统的私人教堂。

张学良：总统的私人教堂。

访 一：那么，所以你这团契也是很有限度的。

张学良：有限度。

赵一荻：跟普通教会不一样。

张学良：不一样，就是我们小圈子的人。

访 一：那么现在夫人也走了，老总统故去了，那么现在所留下来的在那里——

赵一荻：教友还是那些教友，还是那几个教友。

张学良：新的有几个人，年轻的也有。

访 二：至少这些教友的家庭都有关系。

张学良：都有关系。

赵一荻：教友还是过去那些，有些个年轻的是儿子啦，媳妇啦。

张学良：都有关系，普通老百姓不能进去。

访 一：还有您认为有人要不能上教堂的，还有就是你所传福音的那些——

赵一荻：那不是，很多人不能上教堂，那是另外一回事了。

访 一：我现在想的就是说，您除去每个礼拜到教堂去，就是说要跟回到自己的家——

赵一荻：敬拜上帝。

访 一：敬拜上帝。回来之后，每一个人在每一个人的岗位，您要替主行道了，所以在自己的工作上，自己的岗位上，自己的生活上，能尽量体会到——

赵一荻：普通教会有一定的规矩，礼拜几查经，礼拜几祷告，礼拜几干嘛，

---

① 是蒋介石夫妇在台湾居住的士林官邸的一个小教堂。是蒋介石夫妇和党政要员做礼拜的地方，蒋家第三代成员都在此受洗。

有一定的。我们的教堂没有。
张学良：我们教堂，不像人家那么好。
赵一荻：我们的教堂自由得不像一般标准教堂了。
访　二：标准教堂比如说星期四晚上有什么事……
张学良：这也不能说那么讲，我年轻的时候就与基督教有关系，不过是机会的问题。
赵一荻：所以我们说，这都是上帝的安排。

7. 我是个怪人，我的生活是上帝的安排

访　一：那么能不能说，从双十二，从西安事变以后到现在，因为这环境，等于说上帝给你一个环境，让您在这环境里对他的了解和对于自己的信仰加深了，是不是可以这么说？
赵一荻：是，是。我们念神学，念了十九年。他要一天到晚打仗，怎么能念神学？
张学良：嗯？
赵一荻：我说，如果你当年一天到晚打仗，怎么能念神学十九年呢，不可能嘛，这不是上帝的安排吗？
张学良：我说说我的生活。我本来，原来没去当军人之前，我已经差不多信教了，差不多。我跟你说过。我一当军人这生活就非常的野了，放荡了，放荡的生活。当军人明天就死去了，今天晚上还管它那些个？当了军人之后，可以说把宗教，完全像抹掉了一样，当了这些年军人，[就常常]打仗。
赵一荻：也没有工夫去思考。
张学良：不但没有思考，根本跟这个完全脱开了。后来我说我自己，跟她没关系，我的生活完全是上帝的安排。我这人自己想，早就应该死了，我自己没想到我能活这么大岁数，我想五六十，五十多。比如说抗日的事，如果让我去打仗，我知道我一定被打死，可是没让我去。
赵一荻：没有这机会去打。
张学良：不能说谁没让我去，就是上帝没让我去，为什么？所以我自己，跟你们讲，我这人自己现在九十多岁了，我常常想我自己，我是很奇怪的人，怪人。这是怎么回事？这是上帝的安排。我的性情举动、

我的作为、我一切的经过，假如真是谁要写我一个传记，可以说是多彩多姿。怪人，假如我自己写自己，我自己是研究历史的，但我客观研究我自己，我是非常怪的一个人，很奇怪的一个脾气，人家想不到的那事情，绝对想不到那事情是我干的。那就是我，我做的，很奇怪。你比如说很简单的一个事情，我们跟直军打仗，跟英国人在船上，那说起来有意思，这事完了以后，本来是我们在山海关作战，秦皇岛在山海关后头，你知道？那么我就说没洗澡，多少日子没洗澡。英国兵舰上的人，他说好吧，到秦皇岛，你敢去吗？我说那我怎么不敢去？到秦皇岛去洗洗澡，完了在那儿还打网球，就是跟他们在打。他们回来，送我回来，坐小船回来，他们说，得把你眼睛给你蒙上，你不能看人家战场，我从人家战场后边来的嘛。也是开玩笑。我就说我这人，就是这样一个人，跑到敌人的后头去打网球了。

访 二： 您没想到危险？

张学良： 那不能说危险，没有什么危险不危险呀，在英国的军营里。那不管了，我就说我这人就是这么一个人。

访 一： 而且在作战期间就脱节了。

张学良： 我这人，简单地说，我的行为非常放荡，不管什么，就是这样。

访 一： 所以您因为作战什么的，您说您很怪、行为放荡、您与信教脱节了。后来就等于上帝特别的安排，那么从西安回来之后，您倒反而给您安定下来了。

张学良： 是。也可以这么讲，同时我那信教，与蒋夫人有很大关系，她领导很大关系。我不是跟你讲过蒋夫人去看我嘛，她就让我研究研究。这有很大的关系，这事情是一步一步变化来的。

访 一： 10月2日，您做了一次证道，是不是我们请您做一次证道，不是我们请了，就是如果此地人请您，您是不是愿意再做一次？

张学良： 事情不能说一定，我看看环境，请我的人什么意思，有的是在那宣传，我不一定去。

访 一： 关于这个证道和信教，您信了教，信仰深了，才能证道，证道是把您自己的体验说出来。那么现在我们这口述历史，无形中就是您做历史上的一种证道，见证一下当时的情形。

张学良： 所谓证道是怎么样，我给你解释解释。所谓证道，就是你给那件事作个证，明白？我们叫证道。

访 一： 您可不可以给我们作个证，就是很多人都是很欣赏您，不只欣赏，也需要能够学一些，并不一定能做成基督徒，也不能够像您有这么高深的信仰，但是如果能听到您一点的话，至少对他们生活上有一些影响，这也无形中等于传福音。就是您过去这五十年，分两三阶段，您是怎么样能够把您的生活安排得这么合于……第一，我们看到您所谓的自由，而且您做事情心情又是相当愉快。这件事情不是一般人能做好。当然，您会说这是上帝旨意，但是上帝也要看人呐，上帝能把这恩典给您，希望您做，您能给其他外世的人，讲一讲您自己，做一做见证，您这五十年来，尤其是在过去这几年［是怎么过来的］。

张学良： 我这人是这样，你说这五十年，没有什么，我也不是说我自己装假或是怎么的，也不是。不但是这五十年，你看我的厉害，我从来没有说人家，埋汰人家，不是，人家是处人家地位，那人家是对的，不能说人家不对。我这人是这样的，我的立旨就是这样。我跟你说不客气的话，我对女人非常喜欢的，我有很多女朋友，但是主要的是我不伤害他人，换句话，人家愿意。我绝不强迫他人、损害他人为我自己，你明白？不但为我自己的利益，为我自己的愿望，我要想干这件事，好像说，那块肉我想吃，那是你的肉，我抢过来就吃，我没有这个事情！我就跟你们两个什么话都讲，……我只有她（指赵一荻），只有她是我的……因为她是小姐，所以我娶她，是因为她是小姐，所以后来我不跟人家小姐接触，就因为这个原因。

访 二： 责任感。

张学良： 我这人是这样，我绝不是去想法去引诱，是你愿意，换句话，两情愿意的事。那我对这事是看得很清，我对男女的事看得很清。我这人是这样。总之简单一句话，我绝不愿损害他人，我一直守这原则。虽然我杀很多人，在我手底下，被我杀的人很多，枪毙的人，我并不是跟他有什么私怨私仇，就是为公。我有时心中很难过，我自己很喜欢的人，那时我当军人的时候，我的团长他打仗打败了，回来我就判他死刑，他是我的学生，我很喜欢，我为公事我没法子。你明白？我为这件事情，非这样做不可。所以对军人的生活，我非常的恨，军人的生活，我不是跟你说，我愿意当医生，军人的生活完全是杀人的生活，打仗也是杀人。让他干什么？让他把人给杀死，他没做到，那不行，回来就把他杀了。简单地说，当军人就是一种不讲理的事。

访　二：您怎么说不讲理呢？

赵一荻：看你目的是什么，你要为的是抗日〔那是对的〕。

张学良：不是你说的，不是那个道理。当军人怎么叫不讲理呢？人家，我不是跟你说了嘛，那还是皇帝的兄弟呢，来求援，我不行，那就给你扣了，写了个死，这叫讲理吗？你会死，你就去死吧，你不能问问，你为什么要我死呢？那没有理讲，对不对？我跟你讲，那个现在很有名的叫邹作华，原来我的炮兵营长，我原来就是学炮兵的。给我打仗，他来跟我请示，我炮弹没有了，那怎么办？

访　一：退却。

张学良：他就是想退却，我就跟他说，邹作华，你忘了操典说什么啦？啊！是！他骑着马就走了。

赵一荻：所以美国的仗打不赢，就是因为这个。

张学良：操典说什么？就是与火炮同行，一块堆儿死去吧。

赵一荻：为什么韩国没法打仗？为什么死？为什么我们中国抗日能够抗？你们为什么而死，为救你的国家而死，那有道理！

张学良：也不管那个说，你说这话太高了。我们那时候打仗是干什么呢？

赵一荻：为自己争权夺利，那时候。

张学良：也不是争权夺利，你是我的部下，你就得听我的命令。那时候带兵，可以说等于私人的军队，那兵带得好坏，怎么能带好坏呢，你跟他同甘苦，你顾虑他，想得到他，他有为难的地方，你待他像自己手足亲兄弟一样，完全是一种感情，没什么国家，他为什么爱国家，说不到那件事。所以那时候带军队叛变过来过去的太多了。

访　一：您喜欢吃糖啊？

张学良：不是喜欢吃糖，我要是说话累了就要吃块糖。

访　一：您要累了就告诉我们，休息休息。您刚才说得很有道理，就是"情义"这两个字。我就在想，其实您是现在信教了，我觉得过去您讲的故事里好多很符合张太太所讲的宗教的这种信念。

张学良：那是个人的行为了。我这人做人啊，不是遵照这个遵照那个，就是遵照我自己。

访 一：您自己的做人方法。

张学良：我这人可以这么讲，就是善变得很。

8. 养兰花像考博士那么难　讲忍耐就是钓鱼的哲学

张学良：我一直没说花，你没看看我这个，我原来养兰花。

访 二：我刚才在外边闻到您那花香了。

张学良：刚才摆的，红的。

访 二：紫的，紫色的那个，那是中国的兰花吗？

张学良：都是中国的，不是大的花。

访 二：就是小的，很香。您说这种花在中国是不是叫荟，还是叫兰？

张学良：这话很难说，在中国，管宽叶的那个叫荟。

赵一荻：大一点、宽一点的叫荟。

访 二：听说您养兰花很有心得。

张学良：是，我现在不养了。

访 二：刚才我在那儿，外头很冷，我闻着香极了。有一个白的，您刚刚放出去的。那天我看是红的。画中国画的那兰花，兰总是在很矮的地方。

张学良：不是，不是，那叫春兰，春兰是短的，在叶子底下。

访 二：这种是长着高"箭子"的。

张学良：这个一般的我们叫它"抱岁"。兰花里有很多的区分。我现在也没那个精神，我当年养兰花，是一个人传授我的，他说你想养兰花就等于你考一个博士那么难。

访 一：大概比博士还难，没有这个博士。

访 二：那个短的叫春兰，那开的季节一样吗？

张学良：那是春天开。

访 二：噢，这种兰花也不怕冷的？

张学良：这种叫抱岁，怎么叫抱岁呢？它每年过年的时候开。还有寒兰，也是冬天开的。

访 二：也是这样的吗？

张学良：比这个高一点。我不喜欢养寒兰。

访 二：那在国画里入画的是不是这种？

张学良：那不知道画的哪种。我墙上挂的是夫人（宋美龄）画的，她画的是春兰。

访 二：抱岁一般是什么颜色的花？

张学良：啊，那可多了，绿的都有。

访 二：是您这个浅绿的吗？

张学良：我这个不是顶好的，绿的可贵了，连花都是绿的。那多了，讲抱岁兰都是专门的一本书。当年兰花在日本最高价钱大概到了50万日币以上，一棵啊，一个芽。

访 一：那您大概有多少年养兰花的兴致？

张学良：大概有二十年。

赵一荻：我不喜欢这个。

张学良：她根本就不管，我就喜欢小猫，她连我小猫看都不看。

访 二：小猫不常在家啊，有时候叫，有时候也听不见啊。

张学良：它自个出去玩去了。

访 一：听说您还有一个嗜好是钓鱼啊？

张学良：钓鱼，我有一个时候最喜欢钓鱼，在大陆的时候我喜欢钓鱼。现在钓鱼我不太喜欢，因为在台湾钓鱼啊，都是到塘里钓，人家养的鱼去钓。我很喜欢到河里钓。

赵一荻：都污染了，都没有鱼。

张学良：现在没有鱼了，原来我在淡水河边钓鱼，那时候还能钓。

访 二：淡水河的鱼都没了？

赵一荻：没了，工业的水污染嘛。

访 二：噢，淡水河都没鱼了，这儿离海边那么近。

张学良：这位先生（即赵一荻）不许我钓，我要出海去，她怕我出海淹死了。

赵一荻：好多人就淹死了。

访 一：那是很危险的。

赵一荻：海边不是有那种防波堤嘛，浪一来，就把人卷走了。有一次把他买鱼竿鱼食的那个铺子的老板卷走了。

张学良：我去看了，老板呢？他儿子告我爸爸去钓鱼没回来。

张学良：现在到海边还可以钓，我也不愿意去，那大竿子得甩出去很远，得站在水里，我也不愿意去。

访　一：您钓鱼用的中国的鱼竿还是美国的？

张学良：没有，你没看过我那个房子里有一个箱子都是鱼竿。

访　二：你为什么不上美国钓鱼？他们有很多好的钓鱼的地方。

赵一荻：他总看美国的钓鱼杂志。

访　二：您应该上美国去钓鱼。

赵一荻：美国人不让鱼死啊。

访　二：它有规定的，可是——

张学良：也不是规定。我一个外甥——

访　二：甚至您坐船到海里可以钓。

张学良：她不让我去。

访　二：那您应该让张先生到他们的国家公园去钓。

赵一荻：他也不上国家公园啊，他都坐在麻将桌上。（笑声）

访　二：去那钓鱼您一定喜欢。

赵一荻：美国钓鱼风景好，环境好。

张学良：钓鱼我很有兴趣的。我跟年轻人讲过，钓鱼这个事情有很大的哲学在里面。费了一天的工夫，你到哪儿去了，把鱼竿放下去了，鱼竿掉了，好几回，那还有什么收成？一天的事白费了，所以我就解释这句话，什么事情你都要谨谨慎慎，你要做这件事情你就得谨慎。有一种钓鱼法你得走着来，你不走也不行，那种钓法你也不能急，所以就得忍耐。你坐得辛辛苦苦，唉，鱼来了。这就是钓鱼的哲学。

赵一荻：所以《圣经》的真理——忍耐，等待。

访　二：有花堪折需折之，您再等待，花谢了，怎么办？

赵一荻：她说，有花折的时候就得折，莫等花谢了。

张学良：养兰花主要三句话：水，怎么浇水。肥，怎么施肥。晒，风晒。我那养兰花，用架子，高高地搁那个架子，你知道它为什么？

访　二：通风？

张学良：不是。早晨架子这么样翻开，让那盆呐，冲着外头，让那太阳晒那盆，不要晒花，晒进那根。那好的兰花呢，要费很大的事。让它开花也不是简单就开啊。我那门口那个兰花随便开，换句话说，不名贵的乱七八糟也就开了，是越名贵越要娇养。

访 一：是不是越娇养所以也就越名贵？

张学良：不是，反过来，是越名贵越娇养。

赵一荻：没有了，少了就名贵了。

张学良：也不是少。很难养，养不好它就死了。

访 二：不开花？

张学良：不但不开花，它死掉了。弄肥、弄水，换它里边那材料。我现在是不看了。假如你看我养兰花，你就很笑了。那材料都堆成山了。

访 二：那土也得换？

张学良：不是土，不是小石子，是砖，买的专门烧好的砖。养兰花用的，有大的、小的。

访 二：假如您弄不合适，它就不开花？

张学良：养不好就不开花。不但不开花，还死掉了。我从前很喜欢，一度时间。

赵一荻：他什么都喜欢，一会儿喜欢这个，一会儿喜欢那个。又是照相机、又是钓鱼、又是养兰花……

张学良：我什么都干。

访 一：您也喜欢过照相啊？

张学良：我很喜欢照相。

赵一荻：照相机不知道有多少个了。

张学良：她跟我说，我跟我儿子一样，我们不是——

赵一荻：他们不是照相的人，

访 二：是玩照相机的人。

赵一荻：哎！

张学良：现在，今天报纸报出一个很好的照相机出来。

赵一荻：你看，一看有新的照相机就买，买了就搁在那儿。

张学良：她跟我儿子，她说你们俩不是照相，是研究照相机的人。

赵一荻：结果照的相一个也不好。

张学良：她贬我呢。

访 二：研究相机就不容易照好相，因为总觉得自己的相机不好。就跟您说的研究基督教义，研究完就不信教了。

张学良：她骂我们不是照相，是研究照相机的人。

赵一荻：就是买照相机。

访 一：我先生就有这个癖。

赵一荻：哎，你们问他收集不收集古董照相机？

张学良：我收集了很多古董照相机呢。我儿子说，你要拿到美国卖，得卖不少钱，都一套一套的。

访 一：这是一种嗜好，跟收古玩差不多。

（录音中断）

9. 念十几年神学是因为我们有这个时间

访 一：因为我们今天的主题就是讲宗教……

赵一荻：你要不要给她们讲讲你怎么念神学啊，翻那个，中文写出来，中文又翻成英文，一本书翻来翻去好几次，还得用录音带。还得译成中文，中文译成英文。翻十九年，为什么？英文翻成中文，中文又翻成英文。

访 一：这样读经真是对我们有好大的启发，inspiration。

赵一荻：也是因为我们的中英文都不灵。

张学良：主要是我们有这个时间。

赵一荻：承蒙上帝的安排，谁有这么长时间啊？一个礼拜一次，也不是每天，每个礼拜四。

访 二：大约是从哪年开始的？

张学良：那我忘了。十几年的工夫。

访 一：您是搬到北投才开始的？

赵一荻：不是，搬到这儿来了，还没有开始。我们要找到咱们头一本功课才能找出时间来。

赵一荻：一开始念的《马太福音》，系统文学。买了本中文译的，根本就看不懂，乱七八糟译的，后来周牧师介绍这个。

张学良：我录音带都留着呢，转盘的录音，将来都是古董。转盘非得那种录音机，录音机没有了。

赵一荻：他书房有一个，楼上放着。

张学良：我不晓得在哪里。我很多那个转盘的东西，都是周牧师讲话，好多的。

访 一：不要扔吧，您说的那些东西将来可以存到口述历史的珍藏馆去。您千万别扔。

赵一荻：她说人家要的。

张学良：那不是我们俩说的，都是周牧师说的。他讲哪一个名词，这《圣经》上的一个名词怎么讲。

赵一荻：要是研究《圣经》的就可以。

访 一：您有没有自己讲的？

张学良：没有，没有我。

赵一荻：将来可以捐到周牧师他们基金会去。

张学良：是可以，捐到他基金会去。

访 一：您说当初用了十几年的工夫啊，这十几年本身就是一个很令人敬佩的事情。另外您所学的这东西又是说从英文翻成中文。

张学良：是！是！我现在说不出，我给你看看去，你把这个拿下去。

访 一：好，我给您拿下去。

张学良：我给你拿一本，不是，现在我们不念了，我们最后一本还在那摆着呢。

访 一：您也跟着一块念吗？您也帮着翻译吗？

赵一荻：我念我的，他念他的，我自己去翻，每看一篇就翻六回字典，不简单的。

访 二：也有时遇到专名词，大概也会，[去查字典]。

赵一荻：不光是专名词，我拿英文，我也没进过大学。

访 一：进大学英文不见得好。

赵一荻：你不进大学念什么神学呀。

访 一：这是神学院的课。

赵一荻：这就是给大学生念的，不是大学生念什么神学啊，小学生怎么念神学院呢？没有的。（笑声）

访 一：您用的是什么字典？您认为比较好。

赵一荻：就是用的小字典，有时也查大字典，有时也用 Oxford（《牛津英汉词典》），有时用 Webster（《韦氏词典》），普通用，你用那么重[的字典]多麻烦呢，我有本小的很好。

访 一：您说的是英汉词典，是吧？

赵一荻：英汉，小的就很 practical，小的很方便。

访　二：那您开始的时候，就是真的按字逐句地一步一步地念。

赵一荻：一点一点啃，嚼啊。

访　二：那实在是很好的训练。您哪天拿出来给我们看看。

赵一荻：你们走了，下回了。这是他寄来的功课。

访　一：这是寄来的功课？

赵一荻：他的功课，寄来的。

访　一：Study guide（学习指南）。

赵一荻：他还有一个 test book（测验书），他让你看哪本书哪本书。

访　一：然后有考试？Introduction suggest。

赵一荻：美国人做的简明，我们买了一本中国的《系统神学》，根本翻得一塌糊涂，你不知道它说的是什么东西。

访　二：哟，这还有笔记，这将来可以存在哥伦比亚大学口述历史珍藏室里。

赵一荻：珍藏室要吗？

访　二：要，就是这些才要嘛，旧信啦，旧文章啦，都存在那儿。

赵一荻：它有多大房子？

访　二：哎呀，我跟您说，它的珍藏室［很大了］。

赵一荻：她说，哥伦比亚口述历史部分，你这些东西它都要，这些资料它都要，别扔，将来都给它。你看，你费多大劲，这捐给他们可以。

访　一：您这红笔与黑笔有什么不同吗？

张学良：我有时候特别记点，更注意点的。后添的。

访　一："这里有一个悲剧……本身慢慢地脱离这个运动，耶稣。"您看这儿还有一个红叉子，"撒迦……""撒迦"英文是谁呀？Zachariah。

赵一荻：Zachariah，撒迦是先知，你是念《旧约》的，是吧？这是讲《旧约》的，撒迦利亚。

张学良：我看。

访　一：你看看。

赵一荻：他看不见。

访　一：你看那个黑字"迦"？

赵一荻：还有红叉叉，我看你看的什么？God……"上帝的应许啊"……你说的撒迦利亚，是《旧约》里的先知啊，你这写着"基督徒在外邦人中间发达是犹太教核心中兴起的"，撒迦利亚嘛，撒迦利亚夫妇。这个撒迦利亚是谁，是约翰的爸爸妈妈，不是指先知撒迦利亚。

张学良：不是那个。

访　一：那我请教您，您这个是您自己的注解，不是翻译，红的加重。

张学良：等于笔记了，是我写的。

赵一荻：笔记了，不是翻译。

访　一：这有点像我父亲念书的时候，就是如果要是说看一段古文，他有些什么心得什么的拿红笔圈上。

张学良：都是这样，我有一本书很可惜，我写的很小的字，我看书就像记笔记一样。

访　一：自己的心得都〔写在上面〕。

张学良：当时讲书，我的记载。

赵一荻：周牧师有时候讲，他就写。

张学良：一边讲一边写。

访　一：您这些东西真是别扔，您打个电话，我们过来捡。

张学良：这是考试。

访　一：哦，可不是，这不是 Lesson Three（第三节）？这还是 Learning goal（学习目的）。哦，对对，multiple choice（多种选择）。

赵一荻：这人家做得非常好，简明，非常好。

访　一：您这一共多少个 unit（单元），这么一本？哟，好多哟！这儿还夹一封信是怎么回事？

张学良：这不知道，随便夹的。

（录音中断）

访　一：一本、两本、三本，您继续写作吧，您有那么多东西可以传福音呢。您这怎么还有一个绿笔呀？

赵一荻：他喜欢绿笔。

张学良：我个人笔写的颜色，我有我的意思。

访　一：是吗？您是不是可以把秘密告诉我们。

张学良：说实话，有时候是我自己的意见。

访　一：您可千万别扔，您扔的时候我们来捡。

张学良：哼哼，我扔了好多了。

访　一：您别扔，我们来捡。彼得（Peter）这名字不是您小时不就用过吗？

张学良：不是不是，我当基督徒的。

访　一：您记得您年轻时，在东北的时候，有人给您一个什么英文名字来着？

张学良：那没有，不是叫Peter，那时没有英文名字。

访　一：您这是受洗之后，这将来存在哥伦比亚大学的珍藏室。

张学良：哼哼哼。

访　一：您不要，还是要给我们吧。

张学良：乱七八糟东西多少，还有我的笔记，不晓得哪儿去了。我那时看明史，我写了好多东西。

访　一：您的明史笔记？

张学良：后来我就不大写了，我能写很小很小的字。

访　一：万一您要找到些什么笔记，您给我们留着。

张学良：我没有了，我写了四部笔记，一个朋友说很好，你别扔，给我拿去吧，他拿去了。

访　一：您就搁在哥伦比亚去嘛，您什么也别扔。

张学良：现在笔记还有，我旧笔记也很多。

赵一荻：东西多了。

张学良：乱七八糟多了。

访　一：那我们捡点走？

赵一荻：你们早不说嘛，现在现找，我上哪儿找去，找不出来了。

访　一：我们3月里来，帮您整理整理，随时您看到，您就给收着，到时候送给我们。

张学良：我那时眼睛好，我没事就在那儿写。

赵一荻：最近这几年是不行了，能活着就不错了。从前他那书啊，我都给他做目录，他的书不晓得有多少啊。

张学良：都做目录。

访　二：那您老早跟我们一行啊，图书馆。（笑声）

赵一荻：他的书多了，书我们都想捐到东海大学去了。

访　一：您是不是捐点给哥伦比亚大学？

赵一荻：那你们怎么运去呀？

访　一：那您放心。

赵一荻：那你说书啊，是笔记啊？

访　一：书和笔记。

赵一荻：哎，他就买这种神学书啊，就不晓得有多少。

访　一：神学可能是应该给周牧师。

赵一荻：我本来想给周牧师。

张学良：我跟你说，还有我上头书好多，我那时看的杂志，在杂志上头写，我不是天天写，有什么感想就写。

10. 蒋要我读《明儒学案》我就得研究明史

访　一：我有两个题目，我自己准备的。一个题目就照张太太所说，您能不能大概给我们讲，您学习这个神学的困难的经过，给我们年轻人一个启发。第二个问题我想问的就是，这个宗教的信仰和您一生的过程，您认为哪一段宗教对您的影响最深，最深的是哪一点。就这么两个题目，您要想不起来，我再给你提个头。先说这笔记，我们很希望接受您的一些笔记存在哥伦比亚大学。至于您为什么要这么辛苦地念神学，[也请讲一讲好吗]？

张学良：我这人是这样，我既然想学，我当然就得知道。我这人，我不想学那事，我就不学，我学我就用心学。现在是老了，我这人很喜欢研究东西，研究，我这叫考据学，你知道？我很喜欢这些事，所以我研究明史什么的，我这人有这脾气。可是我常常做了一半就没做完，就把那事情扔掉了。

访　一：就照刚才您们所说的吧，您对于弄兰花，也是很聚精会神的，也是很考究的。您第二就是照相机，还有钓鱼，那么您每一次做这些，您都是非常认真的。

张学良：我要是干那件事，在那一段时间，那我就尽我的力量去做。

访　一：尽您的力量去做，我们可不可以说是格物致知？

张学良：也不能那么说，我喜欢那事，就要研究。

赵一荻：他就喜欢研究，什么东西他都要研究研究，到底是怎么回事。

访　一：您读那个《明儒学案》①，也是这样，也是这个态度？

张学良：是，是。我研读明史，就因为读《明儒学案》。我读《明儒学案》，不是我要读，是蒋先生要我读《明儒学案》，我不知道怎么入门，那怎么回事我都不知道，我研究《明儒学案》，所以就非得研究明史不可了。

---

① 《明儒学案》，明清之际，黄宗羲所著，62卷，内容据明代学者文集语录，为中国最早的有系统的学术著作。

访 一：没有研究《明儒学案》以前您就改学明史了？

张学良：不是，当时同时研究。

访 二：我跟您讨教一下，蒋先生为什么就挑一本《明儒学案》让您去研究啊？

张学良：蒋先生内心里，蒋先生叫理学家，他是宋儒的理学。所谓《明儒学案》那里头主要是什么呢，主要是讲那明儒的理学家，那么明儒，儒家的一派，所以是这样。

访 一：在那时候，西安事变之后了，这《明儒学案》与您西安事变有关系吗？

张学良：那没关系，没关系。

访 一：那我就觉得，他为什么，他不挑请您念《圣经》呢？

张学良：不是，他也让我念《圣经》里的一个东西，你看，我说不出来了。我忘记了有一个，蒋先生有一本，他研究《圣经》，这一本不是《圣经》之外的，你看我嘴边说不出来了，一本小册子，他把那东西给我看，后来这东西到张岳军（张群）手里，不知道到哪儿去了。

赵一荻：好像英文名叫 Daily light，中文是《圣光日影》，是不是？好像《圣光日影》。

张学良：我说不出来了，不是，不是，都不是，也不是你说的那个 Daily light。

赵一荻：每天有一篇，每天有一篇。

张学良：不是每天有一篇，不是，不是，这东西是从那个青年进步杂志里出的，从余日章那儿来的。

赵一荻：是不是那个《荒漠甘泉》？

张学良：不是，不是，也都不是，你都没看见过的，一本小册子，可惜，我都说不出来啦。他这本小册子，他有手批的，后来这小册子到张岳军手里，他那上面手批很多，那个叫什么玩意儿？这个是跟那个青年进步杂志有关系出来的，你不懂。

访 一：那么您所谓的手批，是什么意思呀？

张学良：蒋先生念书，他都写上，他很用功的。

访 二：噢，读书心得。

访 一：他自己又是笔记，又是书，他给了您是吧？

张学良：他不是给我，后来这东西到张群手里。

访　二：这也是研究基督教教义的。

访　一：他那时读基督教的东西是英文的，还是中文的？

张学良：中文的，他英文不行。

访　二：那是因为仗着夫人。

访　一：您对《明儒学案》、明史和那本基督教的东西对您都是同时进行的？

张学良：那时候我就是，对蒋先生，我当然我很客气，不是客气，我就问了问他，你要我？他就让我读这两本书，与明史没关系，他没说读明史。

访　一：《明儒学案》。

张学良：还有这本书，这本书就是关乎基督教的。

访　一：也就是说，因为他一生也是读《明儒学案》、理学和基督——

张学良：不，不，他的一生，他是宋儒。他要我看《明儒学案》，主要是他喜欢阳明学①。

访　二：所以，阳明山。

张学良：不是阳明山，阳明，他是王阳明的学问，我对王阳明开始是很喜欢，我后来对王阳明，我不喜欢，不喜欢。

访　一：您能给我们说一说，先比较喜欢后来比较不喜欢，您当然有理由和过程了。

张学良：那简单说，王阳明这种限制，后来我的思想不对了，我对这些书，《明儒学案》也好，理学书也好，这都是心学。比如王阳明，我批评王阳明，蒋先生看了他又该骂我啦。王阳明当时啊，这就说佛教啦，佛教说，两人在那辩，那个幡在那儿风吹，一个说幡动，一个说不是，是风动。另外一个说你们两位都不对，也不是幡动，也不是风动，是你心动。那么王阳明他就说，像这种话，我看花花在，我不看花花不在，明白？这就是讲心学了。但是我说他不对了，我就批评他，你不看花，花也在，你看花，花也在，花实在是在。换句话，我这有点唯物论了。所以说我对王阳明，这蒋先生看了，骂

---

① 阳明学，又称王学、心学，明代大儒王守仁（又名王阳明）发展的儒家理学。王守仁继承宋代陆九渊的"心即是理"（即最高的道理不需外求，从自己心里即可得到）学说，提倡"知行合一"和"致良知"。王守仁的主张为其学生所继承并发扬光大，以讲会的形式传播到民间，形成思想学术领域中的著名流派——阳明学派，成为明朝中晚期的主流学说之一，后传于日本，对日本及东亚都有较大影响。

我了，该骂我了。你看花花在，你不看花，花不在。活该，你不看花，花也是在，这是我说的。王阳明他自己说当年他在阳明洞①，当年，一朝觉悟，不能无悟是全才，这是谁给他写的，人家疑惑是我写的，不是，那是原来贵州有个巡抚，云贵总督，这个人叫什么名字，他写的②。那王阳明这主要的一句话，我简单说，王阳明这都是属于心学，对心学我是反对的，我不赞成心学的，那么心学换句话近于佛家。那么当年我是对佛教研究，那六祖跟五祖两个，一个就说，身是菩提树，心如明镜台，……我忘了怎么说的，就是说，自己要在那儿勤拂拭，不叫它惹尘埃。③

访　二：六祖。

张学良：六祖成名就在这句话，身非菩提树，心也不是明镜台，既然无一物——这句话厉害了——既然无一物，何处惹尘埃。④ 这就真空了，这就更厉害了。所以在我们现在看，这都是没意思的事。

访　二：那您说，拿基督教义来说，您想解释这个问题的话，您怎么说呢？

张学良：这没有意思，心学。

访　一：是不是，这个无尘埃就是说我已经得到真的自由，谈不上尘埃了？

赵一荻：也不能说，尘埃还是东西嘛。

张学良：真空，这是空啊，佛教最高境界，空，没有啦，什么都没有。

赵一荻：基督教也是这么讲，你把自己的那一套都倒空了，基督才能把它填起来。

张学良：这句话，有很多人不懂的，空即是色，色即是空。他这字，不知道佛教的人，外行的人说错了，那个色，不是酒色的色，那个色是物，空就是物，物就是空，明白？佛教就是物也是空的，明白？是这么讲，所以一般把这事情给解释错了。

访　二：您说这是不是也是因为翻译上的错误？

张学良：不是翻译错了。不明了的错误，不是真正研究这个的人，不是翻译

---

① 阳明洞，位于贵州修文县城东的栖霞山上，因明代著名哲学家、教育家王守仁（即王阳明）谪为龙场（今修文县城）驿丞时，曾居于此洞三年，在此招徒讲学，后人称阳明洞。洞内宽敞明亮，可坐百余人，是一绝妙天然溶洞。1938年11月至1941年5月张学良曾被幽禁于此。

② 明代贵州宣慰使安国享在王阳明遭谪贬时居住的洞口题刻"阳明先生遗爱处"七个大字。

③ 五祖，即唐代僧人弘忍，是东山法门开创者，被尊为禅宗五祖。其著名弟子有神秀、惠能。神秀偈语："身是菩提树，心如明镜台，时时勤拂拭，勿使惹尘埃。"

④ 六祖，即唐代僧人慧能，是禅宗南宗创始人。佛教史上称为禅宗六组。六祖偈云："菩提本无树，明镜亦非台，本来无一物，何处惹尘埃。"

的错误。

访　一：会不会是梵文翻译的问题？

张学良：不是翻译的问题，是传授的人，传授的错了，他说错了，换句话，他没了解，没真正知道这件事。

11. 我翻译的那本书讲得有道理

访　二：那我现在问关于您翻译的那东西，您必须先懂得这句话基督教的教义，您才能翻译，对不对？所以那就是很难了。

张学良：也不是很难。

赵一荻：基督教也是很简单，他就说了，世界一切都要过去，只有上帝的道是永恒。你辩论辩论，辩论辩论那些这东西有什么用？只有真理是永远存在的，上帝永远是存在的。

张学良：那个上帝不是，那个书也不是说基督教的，那书是讲——

赵一荻：蒋夫人送给他一本书，他就拿那个当课本了。

张学良：那本书并不是讲，那本书，我主要跟你说，那人讲得不错，他就讲你别认为基督教徒都是好人。

赵一荻：现在一来就说哪个牧师不好，哪个牧师不好。

张学良：你别认为基督教徒都是好人，基督徒也是人，他也有野心。他说你也别认为牧师把那黑道袍穿上，他一样有野心，他一样的犯罪，他说不犯罪只有耶稣基督一个人。他讲得很好，主要的那个人是讲书，那完全是讲书的。他有几件事，我非常赞成。他就说……我们得研究，这就不是基督教了，不管，他就说，我们看那上山的一个，他在山底下住，他看上山的缆车上去，他说坐缆车上山那人，他根本什么他也不知道，他坐缆车就上到山顶去了；他说那开缆车的那个人呐，他多少得知道缆车的性能，他才好开；他说管理那缆车的人更得研究了，他就知道；那他说知道缆车的人更……他的意思就说，我们一个信的人，他原来也讲基督教了，那你信就是了，你就信了！你信！你也得到这个福气。

访　一：这是坐缆车的人。

张学良：就是坐缆车的人，你也能上山。他说，但是我就记不住了，你讲这个的人，你就得懂得这道理，你给人解释，一个开缆车的一样。最后我就说，你当牧师，你就不能不好好研究这个话，怎么道理，他就这个意思。那个人很会。他自己他说我躺在床上看缆车走，我就想到。你做什么的做什么，你当传道人，你不能不把基督教说明白。

访　二：当然，他的任务是这个。

张学良：你当老师，你不能不把这事研究明白，你胡给人讲怎么行啊！

访　二：哈，我混饭吃。

访　一：您刚才说，他那里有几件事情，您比较赞成，一个就是拿这缆车比喻，您还记得其他吗？听得津津有味。

张学良：他里头还说什么，他那人所说的我都忘记了，我翻的，那人说的是很有道理的事情。

访　一：您说的那本书，就是这么翻的？

赵一荻：就是这本。

访　二：您那原文原稿还有吗？

张学良：不是，那有原书。

访　二：书有？您那原稿还有没有？您那译稿，翻那个时候写的东西、笔记了什么的？

张学良：那个原稿，那个原稿要有很有意思了，那原稿哪儿去了不晓得。

赵一荻：是不是周牧师拿去印去了？

访　一：您既然拿他不当重要的，你可以顺手摸脚①地打听。

赵一荻：我们什么版权呐，稿费呀，从来没有想过这个。

访　一：这个东西，我们珍藏室认为是珍贵的东西。

赵一荻：可以问问周牧师，他也许知道，我们不记得。

张学良：将来你要……那个东西，我的日记。

赵一荻：什么日记？

访　二：噢，你的日记可以搁在里边。

张学良：过去我的日记，搁大本子记的。

赵一荻：那你要？

张学良：在我那大箱子里，当年我作日记。

赵一荻：慢慢找，是不是虫子咬掉了，不晓得。

访　二：而且现在搁那儿，现在也不要人看了，是吧？

---

① 顺手摸脚：东北方言，拐弯抹角的意思。

赵一荻： 我说是不是给虫子咬了，我也不知道，多少年我也不打开一回。

张学良： 不是他问我，不是他。我那时作日记，我那时没事情，我有时今天写，写今天晴天，有时发疯一写，发发议论。

访　二： 所以那太珍贵了。

张学良： 我后来，我记得有两篇长论，那时候苏联对中东路的问题，我解释，那东西我自己还想留着看，到底苏联是帮着中国，还是——

赵一荻： 等你们3月来，你们给他整理吗？

访　一： 好哇。

赵一荻： 我实在没那精神。

张学良： 还有另外，我忽然对于这个——

访　二： 外交。

张学良： 不是外交。国语，白话文——

访　一： 那我得学学呀。

张学良： 白话文这里头有几句话，那得诊断。

赵一荻： 问张之丙嘛，她教中文。

访　一： 我可得跟您请教了。

张学良： 我可以写这玩意儿，现在说不出来了。

访　一： 您是多方面的兴趣，可是每样都想钻得很精。

张学良： 是，我现在说不出来了，我作论有一大篇，专门写的就是白话文的，白话文的。旨意可以说。

访　二： 那我们3月来了，您告诉在哪儿，我去找，白蚂蚁我不怕，我给您治。那我们3月来啦。

张学良： 我就说白话文行不通，白话文不是行不通，白话文你那句话你就没法说。

赵一荻： 你问她，就说出来了。

张学良： 说不出来的，我就说一个怎么的。

访　一： 那我找您的笔记。

张学良： 我怎么也，就这一句话，你怎么也写不出来。

访　一： 就这句"带手摸脚的"，您给我们问问。

赵一荻： 有的他也是东北的土话。

张学良： 不是土话，我忘了。关于这句话，我写了好多，到底是哪个字，到底怎么讲。

访　一：我真的要跟您讨教这个，因为现在有很多，像前天咱们提起热热地喝一口茶，有很多国语上说不出来。

张学良：我有一个箱子，乱七八糟的都在那箱子里。

访　二：那您先别动，您等回来，第一先帮您治白蚂蚁。

张学良：我的乱七八糟，你看我那日记。

赵一荻：我过去常常帮他整理，后来我就不整理了，整理了还挨骂，我不管了，书房我不进去。

访　一：怎么还挨骂呀？（笑声）

赵一荻：他找不着东西就骂我。我弄得整整齐齐的，他找不着了。

访　二：您把大的搁一块，小的搁一块。

赵一荻：我都给他弄得整整齐齐，［他找不着］。

张学良：她干什么都得整整齐齐，规规矩矩摆着，我这是东一把，西一把，昨天来客人，昨天，前两天吃饭，你要找我桌上堆着什么玩意儿，听的戏，这边写东西，我自己知道。

访　一：可是您一拿就拿着了。

张学良：我自己记得，我很少把东西忘了，我现在老了，［记不住了］。

访　一：那您真是有办法。我们对您的记忆力，实在是感到惊讶。

张学良：现在老了。我跟你说，人家说一点儿不错，人老了，近事忘。

访　二：怎么样，越近的事越忘？

张学良：老的事情还记得。

访　一：反而是记近的东西不容易。

赵一荻：马上的事马上忘，我楼上到楼底下，我干什么来了我都忘了。

张学良：这个是，说笑话，她常常搁楼上下来了，我来干什么，下来忘了，我来干什么？我说我知道你干什么？

赵一荻：我这几年真不行了。

访　二：那您要写一个条才能下来。

赵一荻：是啊，我出去了，说一个笑话，我今天要上台北，我这条儿搁在要出门钱包旁边，一天出去钱包拿了，条没拿，我去干嘛去了，都忘了。你不记这个条，心里还记着。

张学良：有一个笑话，有一个人买肉买菜，回家做饺子。不会做，人家教给他，他写了一个条儿，搁手拿着，回家想做饺子照着条儿。来了个狗，一下子把他肉叼跑了，他说你活该叼跑了，你没有条儿。

（笑声）

赵一荻：你们到这来怎么不会胖，一天笑怎么不胖，吃不会胖，一笑就会胖。

访 一：心里高兴，我们是作口述历史。

赵一荻：你五十几岁？

访 一：我五十七。

访 二：我五十八，快五十九了。

张学良：你这口述历史当笑话就可以。

访 二：要不是您这口述历史，我要把您这笑话都写出来，现在我什么都不能写，因为这都是您的口述历史，我就不能写，不然我真要把您……我从来没有听您说过这么多笑话。

赵一荻：那写不完，你下回来，把这事告一段落。你们来，他天天没事，就是他演说，谈话是来回谈的，他就是演说呀，你们记录就是了。

访 一：您说这谈话，您（赵一荻）也很幽默。

赵一荻：我还幽默？

访 一：有的时候，您（张学良）在睡觉的时候，我们来早一点，我们叫张太太把我们逗得……您没这种感觉呀？

赵一荻：我没觉我自己怎么样。

访 二：您说的笑话好极了，恰当极了，有时你说一两个故事——

访 一：当然有时您是说社会上的问题，我回去我就说，到美国去以您这态度来说说社会问题，大家一定很［感兴趣］。（笑声）

赵一荻：上电视去，上美国。

访 一：您知道为什么，您可以把一个事情说得很轻松很幽默，把这事情说得很尖端。

访 二：所以您这应该写下来。我们上这儿来，不但很开心，而且学了很多。

赵一荻：你们一天到晚，嘎嘎地笑。

访 一：人家说，侯宝林是说相声的。他说："笑一笑，十年少。"

张学良：那是张群说的。

赵一荻：他跟张群学来的。张群也有副对联，笑一笑，什么？

张学良：笑一笑，少一少。

赵一荻：还有怎么呢？

张学良：什么老，他有一副对联。

赵一荻：什么永远不会老不怎么的，他有一副对联。

张学良：张群也很有意思。

访　一：结果那个侯宝林捧哏的说那不对，笑一笑，少一少，侯宝林说笑一笑，十年少。你这一笑啊，年轻十年。捧哏的说，我听你一场相声，我来的时候五十多岁，听完了，我就上幼稚园了。（笑声）

赵一荻：人是要愉快，你们家庭也是很快活的家庭。

访　二：我们也是念书了，孩子大了都走了。

赵一荻：现在的家庭就是吵架。

访　一：所以这就不是家庭了，我总觉这样没有意思。

张学良：在家吵架，两个孩子吵架，他妈妈说，"不要吵了，咱们家不是立法院。"（笑声）

访　一：这只能在台湾才懂呢，美国立法院没有这样。日本现在也可以说了。

赵一荻：现在你台湾家庭，你就听太太骂先生，你这没用的家伙，你看看人家先生。

访　二：人家有钱。

赵一荻：那孩子们听着怎么能尊敬他的爸爸，你不尊敬自己，那孩子将来[怎么能尊敬你]？

张学良：所以家庭教育实在是重要，原来给我做事，管我们的事的那个人姓刘①。他的姑娘，简直就不想出嫁，后来嫁给一个美国人了。

赵一荻：她说结婚干什么，一天就是吵架，一天到晚看她爸爸妈妈吵架。

张学良：后来她嫁人了。

赵一荻：快乐的家庭才能出快乐的小孩。

张学良：说家庭呀，对儿女无形中影响很大。

访　二：当然了，尤其现在又是小家庭，大家庭还好。

张学良：我给你讲那个，有人误会，孩子可不，聪明！小孩眼睛亮的。

访　一：就是。他不会说话呀，他可能可以看见了。

赵一荻：你看我跟你们讲我孙子的事。我到美国去我到他们家去，车子走过卖糖的，卖巧克力的，我就买了一盒带去，到他们家了。拿去了，他妈妈就教育他："我告诉你，这糖一天只能吃一块，吃多了会肚子疼，不要乱吃。"妈妈教育孩子很好吧，对不对？小孩不要乱吃东西。第二天小孩跑到我屋来，他说奶奶，我的爸爸妈妈偷我的糖

---

① 指刘乙光。刘 1937 年被蒋介石委派为看管张学良的特务队队长，与张学良朝夕共处 25 年。1962 年在台湾结束看管张学良的工作，调回"安全局"任特勤室主任。

吃。我说你怎么知道,他说看见垃圾篓里有纸啊。你说小孩鬼不鬼,你想骗骗他,不能骗他,绝对不能!

张学良:所以不要骗孩子,动不动就说警察来了,这个那个的。

赵一荻:现在好多人就说,你不要做,一会警察就来了。

张学良:所以我那个［外甥女就很有意思］。

赵一荻:他的那个外甥女啊,小的时候,他六妹的母亲喜欢打牌,她就喜欢这个外婆。她就让外婆陪她,不让她打牌!外婆就要打牌,她去叫警察,抓赌。（众人大笑）她老拿警察吓唬她嘛,所以你不能跟小孩胡说八道。

张学良:你别以为小孩傻瓜,他一点儿不傻,有时候小孩说话听起来很幽默,很高兴。

访　一:所以我觉得这教育［就得从自身做起］。

赵一荻:小孩他就不尊敬你,不尊敬你,你说话他就不听。

张学良:你说小孩他看见那事,他看见奇怪了,他就问你。

赵一荻:现在她已经结婚了。

张学良:谁啊?

赵一荻:海蒂（外甥女）啊,跟端纳做事,美国去了好几次。她现在做品管呐,你们英文叫什么?就品质,进货呐。

访　一:Quality Control。

赵一荻:她做得很好,很聪明。讲她小的时候,叫警察抓赌。

访　一:我们小时候都说,不要这么做,"不好介",北方有一句土话。

赵一荻:这句话我都没听过。

张学良:你目的是对什么说?

访　一:您比如说我们小时候学这个大人,也把两手背在后头走,觉得好像挺自在,……背着手走当然容易来个大马趴,奶奶就说:"别背着手走,不好介。"我们就不懂得这句话。

张学良:这句话意思我懂得。

访　一:就是说不要这样做,或者是不规矩,或者是不对,或者是有什么坏的影响。

赵一荻:"不好"容易理解,"不好介","介"字怎么讲?

访　二:您比如说门槛,咱们房子不是都有那门槛吗?小孩子都喜欢站在门槛上,那绝对是不可以的,一说站门槛,"不好介",我想是怕挨摔。

赵一荻：就是不要那样做。

访　二：还有"别介"。

张学良：你比如我研究出来了，我们说这件事情差不多，我们说不大离，不即不离。

赵一荻：那不是，不即不离那是要跟你保持距离。意思不一样。

张学良：不大离，什么意思？

赵一荻：不太离题。

访　一：我想那是京戏上的"八九不离十"。

赵一荻：您说的那个，我希望您以后别说。

访　一：哪个？

赵一荻：您刚才说，什么也罢，唱戏的戏词。你去也罢，不去也罢，这两"也罢"的字，很不文雅，唱戏的人说的。周牧师也学会了，他从哪儿学会的？打杜太太那儿学会的，杜太太唱戏嘛。

第十四次访谈
民初混战　苦心建设东北
山海关之役

访谈者：张之丙（简称"访一"）
　　　　张之宇（简称"访二"）
被访者：张学良
同座者：赵一荻
访问日期：1992年1月16日

访　一：今天是元月16号，星期四，现在是下午三点十五分，我们这一个段落是最后一次到张府上来访问。我们今天做一个简单的总结。

1. 民国初年的历史是混战的时代

访　一：我们今天希望张将军给我们介绍一下，在对未来的中国学习历史的人士之中，张先生愿意给我们说一些他心里什么样的指示。张先生，在张太太没来，她那个没弄好之前，我们这次来访问您，后天就走了，这是个比较初步的结束。

张学良：嗯。

访　一：主要的，我们这次是为了将来学习历史的人，能够从口述历史，听到您所经过的这一过程和真实记录。所以，如果是对青年学生们，他们想学习有关于中国民初历史，在这段，您希望提醒他们最需要注意的是什么？

张学良：我想，你说是民国初年的历史？

访　一：是，就是您所经历的了，学习中国的历史。

张学良：这个我实在说不出来了，民国初年的历史可以说是混战的时代。

访　一：混战的时代。

张学良：我，这是我的批评。那个时候，民国初年，我也没有，个人没有，没有参加，因为我什么，你所问民初的历史啊，你是哪年到哪年？

访　一：这样吧，我们说，就是比如现在大家想学习历史，您把您所经过的历史，您想，这段历史当然很长了。如果有外国的学生想学习的话，您认为让他们应该读这段历史的时候，或者听您说，口述这段历史的时候，心目中应该着重的是哪几点？您刚才说民初有点混战，是不是可以，嗯，跟战国的时期相比呢？

张学良：噢，这个这个——

访　一：不一定。

张学良：差不多，也可以，不能说……那个时候，地方上的诸侯各霸一方。那个时候，地方上势力很大。

访　一：是呀，是呀。

张学良：那个中央没能统一，那个所谓混战，也不是跟中央的战争，都是地方和地方的战争。

访　一：对。

张学良：比方说，直奉的战争①。我所说的是北方的事情，那个南方也是一样，差不多，都是没能统一的情景。

访　一：嗯。

张学良：那么你所说的学习历史的重点呢，就是本来中国现在相当的有地位了。本来中国也是个有地位的国家，没有地位的原因，就是因为地方自己很混战。

访　一：对。

张学良：我就说，学习历史，所以我的眼光，认为一个国家呀，要是能够强盛，要一个国家强盛，你必须统一。

访　一：是。

张学良：如果分裂，这个混战不断，……也不但中国，世界上像德国，也是一样。

访　一：当然，当然。比如说，过去我们口述历史所提到这些，您能不

---

① 史学界通称直奉战争。

能……在您的心目中，如果这个学生，只有很短的时间来学习您所讲述的这段历史，您让他应该是怎么样的一个顺序，或者挑哪一段，让他特别注意一下。在您的心目中，是对中国这个国家的政治演变上有这个映照的这个功效的也可以。

张学良：你问过的这句话，我自己说过的事情，我差不多都忘掉了。不过是，我现在回想你说中国，中国近代，就是民国史，可以说这一段事情，那你就可以显然看得出来，中国在世界上站得有地位的时候，就是中国统一的时候。

访　一：对。

张学良：很显然叫人看得出来，一个国家呀，有地位有力量的时候，是国家非统一不可。

访　一：是。

张学良：没有内战，一个国家自己，现在不但是中国，世界现在旁的国家［也同样了］，南斯拉夫，还哪个国家，有内战，它就不能对外有力量。

访　一：当然了，有内战的话就等于给外人一个机会。

张学良：也不是给外面一个机会，就是削弱自己的力量。

访　一：对。

张学良：所以中国有一句话，"兄弟阋于墙"①。你兄弟阋于墙，就不能外面起屋棚。

2. 建设东北，父亲经营很苦心

访　一：一点儿不错。那么我们把目标缩小一点儿，如果我们说在中国各个地区，也就是在没有统一之前，他希望读到关于东北的这个区域［的历史］，如果这段过程从老帅开始，您认为他应该注重的，现在大家都认为注重军事方面的，在您心目中，他们是不是只应该注重军事的，还是有其他方面，他们也应该去探讨的？

张学良：你的意思是现在人探讨东北问题的？

访　一：对。

---

① 兄弟阋于墙：出自《诗经·小雅·常棣》："兄弟阋于墙，外御其侮。"阋：争吵；墙：门屏。意为兄弟在家争吵，但对外来的入侵和侮辱却共同抵御。后以"兄弟阋墙"比喻内部不和。

张学良：那不是看军事的，应该看看东北怎么样建设的。

访 一：嗯。

张学良：东北那个时候，我可以说，我父亲也是经营很苦心呢！在这日本势力侵略之下，自己还要站立起来。日本反对我父亲反对我，反对的主要原因，主要是我们要建设东北。因为我们建设东北，就等于是把日本的力量给推出去了。

访 一：对。

张学良：你刚才问我这句话，我希望人家注意，不是注意东北的军事扩张，而是注意东北怎能起来，有经济的力量。有地方，有经济的力量，自己怎么样来建设地方经济力量。比如说，自己修两条铁路，那么这都是建设。那么自己修两条铁路虽然拿出点钱，简单地说，还是为了挣钱。有铁路，才更能够经营，更有收入。

访 一：是。那么，我们再把范围缩小一点儿。关于东北建设上的研究，同时是不是也应该注意一下除去建设的各种不同的方案，也要注重一下当初怎么样能够利用、运用东三省的天然资源、人力以及做这些建设的目的是什么？

张学良：做这些建设，那很简单，还是为了建设。拿钱，简单地说，做生意，很容易挣钱，建设，还是为了使地方上更能强盛。

访 一：对。

张学良：那么，这很简单，在政治上，地方上你要想干什么，你就得有建设。你比方说，你可以看得出来，台湾，这个小小的台湾，能够有今天，还不是因为有建设，才有经济，有经济才有力量。

访 一：是呀。在这方面，在经济建设方面，我想老帅跟您周遭的那一些很有力量的协助您做这些事情的人，他们都有一种思想，有一种做事情的方法。同时，我觉得，是不是也要让他们，让学习的人注意到您那时候的方法、您那时候的政策、那时候的主要思想，还是为了当时在东北的人民的问题。

张学良：当然了，你要是为了建设，无论建设，无论做什么事情，无论做大事，做小事，你要想把这件事相当的有一个成果，你就得用人呐，这里用人是很要紧的。人，人，还是建设，这些经济的事情，还是政治的事情，都是人的事情。那么，现在不但是我们过去，就是台湾能够有今天，有几个人才，经济人才，那么有经济人才，这些经济人才能够得到当局有力量[的支持]，政治的，蒋副总统经国先生，他能用他，那你不用他也是不行。

访 一：也就是说，您过去这些天，两句话，一个是知人而用。

张学良：也不能说我知人而用，我用的这些人，可以说，大多数还是我父亲留下来的，我并没什么。我个人用人还是我父亲留下这些人。比方说，这种建设，不应由我，而是我父亲搞起来的。

访 一：对。但是在军事方面，您用人，是您自己用的人，也是用了很多得心应手的人。

张学良：但是在军事方面，这么可以说……军事方面，后来我们奉天改革，……我们算是新式军事了，与过去我父亲的军事是不同的。我负责任以后，就是把军事改善得[很好]，那是我负责的。至于经济、政治上的事情我负责任很少。

访 一：对，我是不是可以套用另外一句话，就是我们把这一段的叙述做一个简单的总结。当然，以后要补充的还有很多，而且有些个您所做的事情，每一件事情都值得很深刻地研究。是不是可以这样说，您是遵守了取之于民，用之于民，所以东北的富庶，东北的资源、东北的人力，都是充分地利用了，最终的还是要归回到东北的人民。

张学良：所谓建设，当然是人民，要归回人民的。

访 一：所以这是一个从老帅到您一直遵守的这么一个原则，这么一个精神，可不可这样说？

赵一荻：也可以说老帅有着远大的眼光。一般的人就是建立自己的力量啊，怎么样弄钱啊，怎么样享受啊。他有着远大的眼光，他要建设东北啊。

张学良：这个话还得更深一步说。我父亲这个人呐，我们自己当然是父子了，我佩服我父亲这个人，他是个穷苦出身，那么他是一直就没有把穷苦人忘掉，怎样使穷苦人不要那么穷苦。所以他不但是对东北，他过去的事情，好多人，外面的人，陕西的，隔壁有灾，他都愿意去赈济。换句话说，他自个儿出身于贫苦啊，他对于贫苦人深深地同情。

访 一：那么，关于这一点呢，我们希望以后找一个机会，能够请您把老帅的这段历史也能给我们讲一讲，因为说实话，照您说的，以前很多基础都是老帅打下来的，而且您也是继续了、也发扬了老帅建国的精神。总而言之，老帅的最基本的观点还是要富民、富国了。

张学良：那么我父亲这个人呢，当然我们是父子关系了。我对我父亲这个人很佩服，当然，我父亲出身于草莽了，虽然读书读得很少，也不多，但是他这个人非常机警，做什么事情非常的敏感，不是做什么事情，我这句用错了，他看什么事情十分敏感。他甚至，他没有什么科学知识，也没什么，他对外交啊，科学啊，他有敏感，虽然他不懂，他看出来了。比如说，奉天这次修航空处①啊，发展航空这都是很新的东西，那么这些个事情，他都很敏感。虽然都是我去执行，去做了，可是还是他要我这么做的。所以，我对我父亲，除去父子之外，我来评论他，他非常的机警、聪明。所以一般的人都说我聪明，我说我没我父亲聪明。还有呢，你做的事情，你很难骗得了他。你稍微一干什么，他就知道你这句话是干什么来的。

访 一：啊，看得非常透彻。

张学良：透彻。你可以说，好像你跟他说话……所以那个时候，大概一般的大人物都是如此。他是最不喜欢人家和他啰唆一大套。简单明了，就是在那个时候。所以，大家那个时候很是奇怪，我父亲说很喜欢我，因为我知道他。那么，同时我也知道他今天要做什么事情或什么人见他了，那么我就跟他……每天除去我自己的公事，我先要知道他有什么事情要我做。那么好处也是这样。当然，这是我自己的家了，当然要问今天谁见他了，他跟什么人谈话。所以他们有的时候问，你怎么［都知道］？……那当然我特别知道了。有人说，他们说些什么玩意儿？你们两个人？那么我父亲说，那什么事怎么样了？那他说什么事呀，你怎么知道的？当然这是，所以我父亲喜欢我，不是喜欢我给他办事。很了解他，有时不是我职内的事，他也告诉我，那这是特殊的原因。所以有时候蒋先生问我，我说我不是。我拿你当我自己的父亲一样，也是这样。可是，我不是这样的情形啊，这个情形不同。我不是说我不办，或者我办不了，是我没有，没有那个……我不是那情形，所以一般不了解这个事情。这里头——

访 一：不了解，就有很多东西［很难说了］。

---

① 1920年7月，张作霖在东三省巡阅使公署内，首次成立航空处。

张学良：那么还有，不但我父亲，我想一个做大事的，他不愿意[人家]跟他啰唆。他说一句话，他说那个事情办好没有，什么，什么。你就得简单地回答他。我怎么怎么处理的。那么说，我就得看，我就说，不是我了，就是张群呐。那么在蒋先生的手里，张群就是非常的……得力啊。那个时候，我们都在做事。那张群才厉害呢！他无论一件什么事情，他"立三"啊——这个事情你这样办，我判断就是怎么样一个结果；你不这样办，你那样办，我就判断是什么结果；你总得应该怎样办。所以，我给你三个政策，你自个儿取去。所以给人当幕僚啊，当谋臣，不是做主的。

访 一／赵一荻：那对。

张学良：我给你划个策，那这件事怎么做，那自个做去，你自个儿去挑去。那么你自个儿不愿意这样，你自个儿想想，左、右、中这三个策略。所以才够个谋士，诸葛亮啊！

3. 我最得意的就是山海关之役

访 一：了解您对中国这段历史所做的贡献，就这几次访问似乎是，可以说是亏了您对国家的贡献。但是，我们想，以一个简单的问题，请您做一个暂时的总结。您呢，可不可以给我们描绘，不只是讲述，而是描绘一个您这一生最得意的一次战役。您哪次带兵，做哪一个战役。您打仗，您觉得这个经验是对您来说是很难忘掉的，或者您认为比较得意的，或者您认为年轻人应该了解的，您能不能给我们详细解释一下、介绍一下？

张学良：中国现在的，这地方[上的人物]，就是冯啊，阎啊，那么吴佩孚，直系啦，甚至国民党啊，我都打过，都做过战。那么，你就说哪个战役我最得意，那么我最得意的就是山海关第二次战役①。我最得意什么呢？那个时候，可以说我得意一个人得意啊就是自己出了名了，那时候吴佩孚在中国是有名的大将之一啊，甚至大家都很怕他。其实我最看不起吴佩孚。第二次奉直战役，整个就是我跟吴佩孚打的。不但把他打没了，整个儿可以说是把整个北洋军阀[都打垮

---

① 指第二次直奉战争中的山海关大捷。张学良以直奉两军冲突最激烈的山海关为据点，运用巧妙的战术消灭了直军主力。

了]。吴佩孚可以说接受的是北洋的最后[力量]。整个把北洋给消灭了，这是我个人最得意的。那么同时，还是得意在这个地方，那个时候……可惜我没看见，日本参谋本部，日本有一个评论，对于我们这次战役，第二次直奉战争，我很想看，但是他们日本没有拿出来。不过，我们知道。那么我们得意在哪儿呢？那个时候，我们听说呀，这个真正是吴佩孚确实来了有21万军人。那么我们出兵，只出7万，不但出7万，我们还拿着攻势。

访 一：拿着什么？

赵一荻：往前攻。

张学良：攻啊，不是守啊。

访 一：攻势。

张学良：那么，我们不但是攻势，我们整个把他打完了。那么，山海关二次战役，差不多，我可以说它要简单地说，他是全军覆没，他一个没拿走啊！那么逃出去一部分人去，那是后部分，后头队伍，他在山海关的人一个都没走啊。那要说起，我山海关战役以后，我和张作相来看，我的眼泪都掉出来了。

访 一：为什么呢？

张学良：眼泪，哭了。

访 一：为什么呢？

张学良：两件事情，第一件事情，看着死伤之惨。那它有三，四……几列火车我说不出来了，都互相撞，把人都撞死在里面，那是一个；第二个是，看看我们俘虏的那个军队呀。我不能随便说，一两万人总有了，俘虏的军队。那个兵，不是没有枪，手里都拿着枪呢，那我们的那个兵就告诉他们：转过脸，架枪！架枪，你知道？

访 一：把枪摆上。

张学良：那他就把枪摆上。转过脸去！他就转过脸。靠墙，不许往外看！我就掉眼泪啊，一个兵败如山倒啊，军人到了这个程度——

赵一荻：不打了。

张学良：可难过了。可是这样，那个彭寿莘的军，那个师很好啊，他两个旅长都姓郭，那他到最后说——我回过头来说——不是架枪，他最后还喊呢，让那个兵上刺刀啊。你知道上刺刀？

访 一：上刺刀，是冲锋啊。

张学良：可兵不理了。那两个旅长很好，我们把他们俘虏了，我们没管他们，那么，他们自个儿走了。所以我就掉眼泪，带军队的人到了这个时候［真是可怜啊］。

赵一荻：没用，挺可怜的。

张学良：说实在的，那你这个长官对着部下，就是这点威严，你这点威严没有了，他不听你命令有什么办法。

访　一：对。

张学良：换句话说，这种事情要说起来，你们想，比方说我们带兵，立正！都站起来。他不站起来你有什么法子。所以你要说起军队啊，这种平日训练啊，平日的威严啊，平日的感情啊，种种，能够贯彻到。

访　一：能贯彻到那里。

张学良：那你到了这个时候还有什么法子？一点儿法子没有。所以好多人，我自个儿想啊，我今天还看张自忠这个事情，他自杀，他不一定是这样的。有的军人、指挥官他自杀啊，他也心里难过啊。他到了失败了，心里很痛苦啊。是不是这样我不敢说，好多人也是这样，他不光是失败他才难过。他看，他这个失败，你知道一个人到失败的时候，我的这个也是一个旅的旅长自杀了。他跟俄国打仗，他这个旅全被灭了，他自己自杀了。那么，他到那打不过人家，打不了啦。一样的军队怎么整的，换句话说，我们的军队没人家强。一样的军队，不然火器人家好一点。他打不了，换句话说，兵没有那样厉害啊，没有那么凶。像那个，日本我当然恨得了不得，可是我佩服他们，他剩下一个人，他还打。那你要是有这样的精神，这是我们讲的军人。那么，不像你们美国人的思想，好了，子弹也没有了，没法子了，不是那么讲。

访　二：呵呵。

张学良：我不是跟你讲过死嘛，我们打仗的时候，我们炮兵有个营长问我来说，我说，到最后的时候，炮兵不像步兵拿枪，炮兵炮弹没有怎么样呢？我们那个操典说，与火炮同生命啊。就是你那个炮叫人俘虏了，你也就死了。

访　二：那您和我们说说您指挥山海关的时候，您是怎么指挥的？我们一点儿也不知道。所以我们想给他们介绍一下，您怎么指挥，大约根据是什么？

张学良：大约根据什么，这也不是根据什么，指挥军队都是一套。山海关这个作战的时候，那么自然是，我也可以说是我指挥的，我那个时候，最初的，最得力的有两个人，一个是郭松龄，这个大家都知道。一个是韩麟春，这个韩麟春，差不多是和我同等的人，是我父亲的人，不是我的人。他原来是北京的，不是奉天嫡系的人，他是奉天人，他原来是北京政府陆军部的次长，那么他后来回到奉天。那，那可以说，力量还是他们两个人的，他们打的，我不过在后方进行，我并没有站在前线。

访 一：那么，这个战役布局啊，怎样攻啊，怎样侦察，这都是这两位将军听了，受了您的命令后去做的，是吧？

张学良：那他在前线上呢，那他们两个打仗都在前线上呢。那这话，真正［是他们两位］在前线上指挥人打呢。

赵一荻：执行的人嘛。那参谋嘛，计划是参谋。他得有计划啊，按着计划去做。

张学良：那是得有计划呀。

赵一荻：他不能自个儿决定去打啊，还得有计划啊，去做啊。

张学良：我们都是指挥，军队是两头，一样。军队做事情是这样，我们打仗，那个主要的是你那个计划啊，很关键。

赵一荻：作战计划。

张学良：我们现在是讲军事呢，军事主要一个是战略，一个是战术。所谓战术就是在前线上怎么打，怎样攻，这是我们所谓之战术，简单说。战略是你先计划怎么打，我先把主力搁这儿，把我重要的搁这边儿，还是搁那边儿，那叫战略，我们取什么法子打他。所以这里头战略是后面的参谋，是那个主官，是他们的事情；那个战术是前面打仗那个人的事情。这里头呢，我俨然给你分析啊。

访 二：当时您在哪儿，您就在山海关？

张学良：我就在山海关。

访 二：您还记得——

张学良：我的司令部在什么地方，我都忘了，反正离山海关相当有一定距离。

访 二：您还记得日本那批评是怎么说的吗？

张学良：不知道，他不给人看。

访 一：您说是他报纸的批评还是他国家的批评啊？

张学良：我知道，不是报纸，他的参谋本部。那是他很有价值的批评。我们知道它有这样一件事，我们有日本的顾问，我们甚至得到日本顾问的好处。因为那个日本顾问他到我们前头来参观来啦，来看来。他拿着地图，我们一看他的地图，比我们地图要好，要我们把它偷来啦，给它扣下了。他就说，我的地图呢？就不理他。他说，哎呀，你要，我就给你好啦。那人家日本人呐，那地图，尤其山海关附近，他驻着军队呢，那时他们日本、德国都有。那他们地图比我们都好，我们得到他这个益处。他地图上有一条小路，我们地图上的呢，那条小路没有那么清楚。我们就使用这条小路，军队搁后面迂回上去了，所以说，这作战地图很要紧呢！

赵一荻：那很要紧，他们日本人专门画地图，跟美国人打仗，那海岸线的地图都要画的。

张学良：他不是，这个问题在这儿。一般的地图啊，你们大概不是军人，你也不会看地图，我们用的地图是五万分之一的。

访　一：噢，那么详细呀。

张学良：那详细呀，那么你们平时，那就不说，市面上买的是三十万分之一的，那是最好的地图啦。那么五万分之一的地图啊，现在政府大概还是不许卖。

赵一荻：当然了。

张学良：有没有，我现在不敢说。那，日本那人家是有的，是公开有的。日本国家是有，但是他那个重要的地方，比如说要塞的地方、军事的地方、画得很不详细，很荒。那你一看，他标明了，比如说着色的，不着色的，他那个都是画黑的。道路是有了，详细的情形，比如说小道啊，那个村庄啊，怎么走啊。那我们拿着五万分之一的地图，那个好的地图，那看得很清楚。那你知道房屋有几间啊，大的房子。还有地，所谓地形，就是高低呀。

访　一：我们，至少我的感觉，虽然是说作战，也许现在实际上没有这个可能，而且我们也不会去作战。但是战略、战策——

张学良：战术。

访　一：战术。这两者之间的关系，我相信在人生上，处世上，解决问题上，都还有，虽然不是战争，但是也是一个策略，一个技术。所以，我们也许从这些上得到很多关于这方面的常识。军事上的情况引用到社会、人、政治、经济、人文上，您说可以吧？

张学良：这个，你说的，我回答不出来。我先说地图的问题，现在地图的问题，不成问题了。

访 一：现在不成问题了。

访 二：有那个太空照。

张学良：不是，他那个照相立刻就出来。他现在精确了。目前到什么精度，不能说了。我所知道的还是十年前，他照了地图，立刻就给你画出来。

访 二：对。

张学良：那个机械，我看到那个机械，他立刻照那个地图，他就完全画成我们要看的那种。

访 一：就跟这次中东战争一样。

张学良：那不但是这样，现在我想还有更精确的。

访 二：您想，他们可以把月球的地形，都可以［照下来］。

张学良：是啊，那现在，精度那是［很高的］。

访 一：我想，您还要不要给我们做一个暂时的总结，这一个阶段，您要不要给我们说两句。

张学良：说什么呢？这是随便说，乱说，我也没什么总结。

（以下访谈者与张学良、赵一荻讨论与哥伦比亚大学签订口述历史协议等，约1小时）

第十五次访谈
哥大韦慕廷　查抄苏联大使馆
父亲的统御力　东北土匪

访谈者：张之宇（简称"访者"）
被访者：张学良
同座者：赵一荻
访问日期：1992年3月13日

1. 口述历史计划是韦慕廷开创的

（录音自此开始）
访　者：就是做这个节目的顾问，我们的顾问，叫作韦慕廷①，〔英文名〕叫作 Robert（罗伯特），这个人您大概知道。
赵一荻：我先写下来
访　者：日程。
赵一荻：那个谁呀——
访　者：之丙十六号到，十六号早晨。
赵一荻：这是今年，八十一年（1992年）。
访　者：我有一个小册子。她十六号到，她是二十一号走。
赵一荻：你几时走的？
访　者：我是，我原则上，因为现在这边的机票我买不到，很难买。因为从汉城，他们这边旅行的很多，所以他们现在给我订的是二十三号。

---

① 韦慕廷（Clarence Martin Wilbur），美国历史学家、哥伦比亚大学教授。是研究中国现代史的著名学者。曾任哥伦比亚大学东亚研究所主任、美国亚洲学会会长。是哥伦比亚大学口述史研究中心的创建人，1958年倡议并启动了中国口述史研究项目。1997年逝世。著有《孙中山：壮志未酬的爱国者》等。

赵一荻：二十三号。

访　者：礼拜一，给您一个这个？您要不要这个？

赵一荻：我就写个这个。

访　者：我的时间比较有伸缩性，就是我得跟这航空公司去 confirm（确认）一下。我先跟您说的就是张先生的事。那个桂励呀，接到您那个签字的东西，他特别有一个，还照了相，给您写一封回信，谢谢您。同时他把他自己写的书呀，送了您一本，然后让之丙也跟着签名，他让之丙给带来，挺慎重的。同时有一件我们没有想到的事情，这是好消息。因为我们一直觉得呀，一直觉得这个大帅很，对中国很有贡献，我们一直想做一点大帅的事情、事迹呀和故事什么的。

张学良：嗯。

访　者：没有人说，也没有人讲。您要不说就没人说了，而且还有外边的说法，这个那个的，反正很多很多。所以这回刚好做这个节目，最觉得我们做得好的是韦慕廷，这以前口述历史计划整个是他开创的。您知道那个……对，对，这个老先生呀，对中国事情知道的很多，他的研究是孙中山。

赵一荻：知道。

张学良：嗯，嗯。

访　者：他，特别这回很欣赏我们做的。他说我们没有到这儿嚷说我们要做什么。好像我们都住在一个很蹩脚的地方，跟您谈，您也跟我们，好像对我们很好，他觉得很感谢。他说，他对您对中国的贡献，他说不要像大家追究什么事件、什么事件呀。他说你要了解一个伟人，他的个人心性，他的欣赏、还那什么，他就说你们好像谈一些家常嘛！我说，我们很欣赏老先生那个幽默，跟养兰花，我说，我们这次回去我们还要再去讨教一下这个。他说你们做得很好，我们希望得到一个伟人的这个生活的态度，并不是说他做一件事，因为这件事可能错可能不错，但是，那都是一个事情，不是说这一个人的性情。他说我们现在要了解，要让人了解的是这个，所以他很欣赏我们做。

赵一荻：你们的任务达到了。

访　者：而且他说他想到几点，因为他到这儿来做事情的时候，所有东西都拿不出去。

赵一荻：他来做过事？

访　　者：他来过。就是说找些资料。

赵一荻：当年呀？

访　　者：对，当年。没有一件东西拿出去，最末后还是经过美国大使馆的外交邮件给拿出去的。他说你们的东西里头都找了一保险箱，我们说桂励本来还不愿意，说你们那个还什么，还拿钱租保险箱干嘛，后来他就打电话给桂励，他说你不了解台湾的情境，他说她们想得很周到。他说我们想得很周到，他说第一也有保障。他说现在情形可能不一样，但还会有什么超过学术上面、政治上面的我们不知道什么的。他特别欣赏您。之丙又见了我们哥伦比亚珍藏室的负责人，他对中国［的历史很感兴趣］。

赵一荻：你听得见吗？珍藏室。

张学良：珍藏室。

访　　者：珍藏室。这个人呢，他更欣赏您，他拿了一本这个书啊，叫我先给您带来。这是他曾经收藏的顾维钧……这是顾维钧的太太，这是他女儿，这本书留在您这儿好了。他就讲您有什么东西想存在那儿，他说叫我们不能拿出去印，不要再请人来照相，因照相的话，好像说人家会把底版拿走了，会怎么着。要是老先生有什么东西要送到这里珍藏的话，交给我们。他还写一封信给之丙，他说你去，就说这封信，您有什么东西想用什么方式给都行。

赵一荻：只要有什么东西可以拿到哥伦比亚大学去，他们给你保存。

访　　者：对。

赵一荻：保存。

访　　者：还有上次我们不是跟您说了吗，您翻译的那个书，那个稿，［能给我们看看吗］？

张学良：那个稿我也找不着了。

访　　者：您也找不着了，就是反正说您找到了——

赵一荻：你愿意，自己要愿意留着的话——

访　　者：您愿意留着的话放在那儿去，那他说最好是我们自己带过去。同时呢，他还写了一封信，他让我们跟您斟酌。

张学良：嗯。

访　　者：就是本来他有一个格式，就是跟那桂励的格式似的，说好像您给我们什么东西，收到什么东西。他说你现在还可以和老先生商量，愿意用什么样方式。他让之丙来跟您再研究。

张学良：嗯，嗯。

访　者：假如您想把您的某一个文件或者什么啦，说他收到的东西怎么样了，您再斟酌您的意思。所以他觉得……就是说，我们碰到了内行，（自己笑）那就是说他们知道您的重要。

赵一荻：他了解。

访　者：知道我们中国的这个风俗习惯，所以他们两位先生真的很好，等之丙来了话，还跟您详细说点更那个什么的事情。那么现在呢，就是说，一个就是我们想能够再多知道一点大帅方面的事情，因为您上回跟我们说什么扩充版图。

张学良：嗯，嗯。

访　者：而且这个人，这个韦慕廷奇怪极了，他刚好，您知道大帅在北京大使馆抄出的一些东西。

张学良：噢，噢。

访　者：就是李大钊，这些东西就是他翻译的。

张学良：噢？

访　者：他用了一个中国的小姐姓何，她把它翻成英文，照着这个资料翻成英文，然后成了这么一个专门的珍藏家，还很有名，在国内很有名。所以他一提起来说，哎呀！说你们最好能够跟老先生问一问，因为现在没人知道，也没人说了。

张学良：嗯嗯嗯。

访　者：所以说看看您能不能尽量地想一下大帅的事情（自己笑）。

赵一荻：大元帅，大元帅过去的事情。

访　者：对，对。因为什么？

赵一荻：因为很少见。

访　者：是很少见，而且还有就是说，您说口述历史，那大帅自己没办法跟您口述（自己笑），那可能说是，是搁到那儿你这个项目就不属于口述历史了，是吧？那您写论文就是另外一回事了。所以说希望假如您知道的话，您想到什么，您愿意说什么就随便说一点。

张学良：我现在，你说话，我不愿意加进去。他说那个什么文件，现在我有一点东西，可以说我的家中，我的信。

赵一荻：信，对！信、日记，从溪口到，到那个［时候的日记］。

访　者：什么时候？

赵一荻：在溪口那时候的那些信？

张学良：不是，我粘好的信……我好多的信，都在那箱子里头。

赵一荻：我说他们要的，喜欢要的可能是，你这个西安事变后来往的信。

访　者：我跟您说不是，所以他，韦慕廷这个老先生，他说，他说很多人都在想写一篇论文，他写一篇张学良先生的博士学位（论文），他说他们所追求的问题，都不是真的历史追求的问题，他们追求你每天说什么话，对面人说什么话，您又怎么样了，他说这些事情都是可能会有的变化。他说我就听您讲笑话，这个高兴极了，听了许多做人的道理，还有养花呀、钓鱼呀，他说这实在是很好的。

赵一荻：就是说他生活的条件。

访　者：对。就是说我们要了解的是一个人，并不是您要——

赵一荻：这个东西也是很重要的文件。

访　者：您这个东西也是跟这个一样，就是我要什么时候给您看，什么时候不给您看。

赵一荻：那都是很重要的文件。

访　者：您自己斟酌，将来还有——

赵一荻：哪天你有工夫，我给你拿出来自己选。

访　者：自己愿意的话——

赵一荻：那都愿意这保藏起来。

张学良：我现在说那里头有信，都是跟人来往的，我信很多，我都扔掉了，我倒愿意留下。

访　者：所以您说改的那个，《圣经》的那个，您翻译的《圣经》那个什么，他说要您一本，要您送给他，就您翻译的那个，用笔名翻译的那个，所以您要是看看，如果原稿还有的话，就更珍贵了。所以我就告诉您一下，大约他们的意向是这样，那么我觉得我们做呢，我们觉得很高兴，认识您，听您说话觉得很高兴。

赵一荻：现在我就是想要知道您跟之丙这次来，上次和之丙来，你们所录的，是不是里头还有的要补充？

访　者：对，有一些需要补充。

赵一荻：那么要多少时间，这个事情要结束一下。然后才可以和大帅的事情再说，我的意思不要都先一齐来了，先把这个事情，上次来访问的事情先结束一下。

访　者：对。

赵一荻：你们还需要什么，你们跟他讲。

访　者：第一我们就需要，如果您有什么文件的话，我们这次来的话，您可以挑选一下，您也不一定说现在就要都找出来，您慢慢地弄，反正我这个来来往往也方便。

赵一荻：不过你可以多住点日子。

访　者：对。

赵一荻：之丙……

访　者：就是这个意思，您知道本来还……本来是她系主任答应她给她一年的假期，我这回来才跟您说。

赵一荻：她不是在这还要教书吗？

访　者：是呀，这个礼拜里还要教书啊，本来给她一年的假期，专门做张先生这个［口述史］，因为这不是很简单的事，访问完了以后，您比如说，我们现在就没有办法拿这个computer（电脑）打中文，那我就得把它抄成［文字］，待会儿我给您看看。

赵一荻：你们美国没有［一些基金吗］？

访　者：有，但是他这个基金，中间还有一些过节，之丙的系主任答应她出来一年，休假一年，这一年就专门做您这事，也是他们的光荣嘛，因为你在外面找到这种给学校争光荣的事情，也是他们的光荣，如果再找到基金会支持，这好像是一件很好的事。

赵一荻：替哥大做了很多事啊。

访　者：对，而且系主任也是一个面子嘛，结果桂励对这个黎安友①非常不满意。

赵一荻：桂励应该帮助之丙，系主任不就是桂励吗？

访　者：之丙的系主任是中日文系主任，东方语文系。

赵一荻：噢，噢，另外一个。

访　者：这个是口述历史，口述历史比系主任高，所以他就很火，这黎安友，这人脑筋……美国人啦，他因为这事情做不成呀，就写一封信给桂励，说我们要做，你们怎么做了？这桂励说口述历史是我们的事，我们老早就做了，张先生答应了，跟我们做了，你们现在又想做。他说

---

① 黎安友（Andrew J. Nathan），美国汉学家，哥伦比亚大学政治学教授、东亚研究所主任。

你们要做的话可以，你们参加，还要问一问张先生同意不同意，结果他更气了，写一封信。将来等之丙来了给您看。韦慕廷当初是管这口述历史的事情。

赵一荻：他现在退休了？

访　者：他退休了，可是他还有影响力，所以他这回非常支持之丙。

赵一荻：有人支持之丙就好。

访　者：是啊。后来他们也没法对她，我就不让你走。

赵一荻：不给你假。

访　者：我不给你假，你这平常不能做，你只能放假做，那，那这Graly就说，我不正面地跟他那个，那个系主任，系主任没什么，跟那黎安友冲突，所以……而且他写了一封信很不客气，他，他跟黎安友说，他说你说我们做不了，他说桂励做不了，桂励说你怎么知道？我们做口述历史，为什么我们做不了？（访者笑）

赵一荻：桂励是做口述历史的。

访　者：是嘛！所以他这仗打错了。

赵一荻：我听人家说，人家就骂这个马持礼，说马持礼抢人家的生意。

访　者：就是。我说我们做到现在没有拿到，没有拿哥大的钱，我们也没有出去跟人化缘，我说我们就是把这事情弄的……对我们自己也有交代，因为又不是指着这吃饭。

赵一荻：你冷不冷？我们这个房子里头阴呀，你们那个冷不一样，你们那个是干冷呀。

访　者：（笑着）我们那下雪呢。

赵一荻：你们那儿干冷，我们这儿湿冷。

2. 俄国使馆里藏有共产党

访　者：没有想到，没有想到他（韦慕廷）这么有兴趣，他说，他说你们都不知道吗？我就是翻译那个——后来我们一瞧，果然是——他是那个计划的主持人。他把那个整个都翻译出来了。所以他，他们觉得怎么会，大帅有那种魄力去，去大使馆去抄这些人。

张学良：这个问题，这个问题是很秘密的，我跟你说，你最好不要发表。

访　者：政争？

张学良：那个时候［东］交民巷我们不能进去。

访　者：对呀，对呀。尤其军队更不能进去。

张学良：那是他们公使团暗中帮助。

访　者：您说公使团就包括各个国家的。

张学良：尤其是英国公使、法国公使，连着日本都是。

访　者：都怕俄国①？

张学良：不是。他们当时都帮助呀，暗中帮助呀。

访　者：就是说，说大帅问了所有的公使？

张学良：啊？

访　者：都问了这个各国的公使？

张学良：不是，不是这个问过，是我们，我们主动要去。

访　者：啊！

张学良：你听着，这个是很秘密的呀。

访　者：是。

张学良：是他们说呀，他们的公使那个，俄国公使馆里藏着有中国共产党。

访　者：那真是吗？

张学良：那共产党，那中国共产党的那个大本营，就在俄国大使馆里面，这都是他们告诉我们的。都把这秘密告诉我们，那么他［们就］说，你们要去抓人。［抓人］那个事情我没有参与。

访　者：您没参与？

张学良：我不是参与那个事情的人，我是在外的人，我知道，我对于那个事情，就是杀那个那个，就是把那个枪毙②，我还帮她③忙，我为什么帮那个女孩子忙？因为她……我有一个朋友，我有一个朋友，也是我们东北人，他认识那个女孩子。他那个时候，我这个朋友那个时候跟她熟，国民党的，她是国民党的。李石曾你晓得吗？

访　者：我晓得。

张学良：她是李石曾的大门徒。

访　者：噢。

---

① 此处俄国是指"苏维埃社会主义共和国联盟"，简称"苏联"。
② 指共产党员李大钊。1927年4月6日张作霖下令查抄北京苏联驻华大使馆，捕去苏联使馆工作人员16人，逮捕共产党人及国民党左派等35人。28日，李大钊被杀害。
③ 指与李大钊一同被捕牺牲的国民党北京市党部妇女部长张挹兰。

张学良：所以他帮助她的，所以我在这里……他跟国民党［是一起的］。

访　者：国共合作的，是吗？

张学良：他跟他们有联络的，他跟我俩是好朋友。所以他，他把这事情……我都知道，可是我……那时候我，那个时候连我父亲呀，都怀疑我左倾。

访　者：（笑声）您太新了，您的脑子太新了。

张学良：所以很左倾，所以我跟我父亲说的话，他还骂我。

访　者：他不让您管？

张学良：他不让我管，甚至那个时候，这件事情我父亲都告诉我部下。

访　者：不要告诉您。您大概是很新颖，而且您的想法什么的，很多地方都很新。

张学良：是呀，所以那个时候我［没参与那事］。

访　者：所以也都配得很巧。我跟之丙呀，我们两人说，跟您学了很多东西。我们要送您一个玩意儿，（自己笑）要送您一个玩意儿。

赵一荻：送你一个什么玩意儿？

访　者：但是不知道您能够看多大，您比如说呀，我要问您，您比如看那字儿，那个写的那字，您这样看得清楚吗？

张学良：看不见。

访　者：看不见。那您看——

张学良：我不但这，连你是谁我也看不见。

访　者：就说您整个的没有焦点。

张学良：哦？

访　者：就好像照相一样，没有焦点。

张学良：不是没有焦点，就是看模模糊糊的就是。模模糊糊。

访　者：那您戴眼镜呢？

赵一荻：也是，眼镜没用呀。

张学良：跟眼镜没关系。

访　者：您这什么眼镜？是花镜呀？

赵一荻：根本就是挡挡光。

张学良：挡挡光，不过也对付着，往远处看有点儿用，有点儿用处。

访　者：像是放大镜似的。

张学良：是呀，多少有点。

访　者：您看这个，因为我回去这个跟之丙讲，您看字很，很盲，您不是拿那个小放大镜，还要对。

赵一荻：对。

访　者：那您等于是每次只能看一些。

张学良：不是，不是，放大镜那玩意儿，人家送我多少。

赵一荻：人家也许有什么新闻，听她讲呀，听她讲。

张学良：嗯。

访　者：他这个机器呀，本来有一个机器，在他们的实验室都用，这机器比较大，就是您这儿有什么东西，您往这儿一放，那边儿就出来了。

赵一荻：他那就是嘛。

访　者：可是您那是，您还要转动，对不对？

赵一荻：要不要转？

张学良：要什么？（对讲）它是这样……

赵一荻：还能用不能用？坏了吗？

张学良：能用，我也不用不行，字搁在底下，你开开，字就反在那上头。你要多大——

赵一荻：都在银幕上面了吗？

访　者：可是就是说……就说您放这么大张的话，它是整张都进去吗？

张学良：嗯？

访　者：整张都在那上头吗？

张学良：你可以看看，现在我也不用它。

赵一荻：恐怕都锈了，多少年了。

访　者：（笑声）您会不会开它？放大镜，不是用放大镜，只能看一个字吗？

张学良：放在这儿。

访　者：放在底下。

张学良：一开开就开，我现在也不用，把纸放在底下。

访　者：您要看的东西搁在这儿。

张学良：（录音不清）

访　者：你这还能开吗？

张学良：能开，能开，我现在也不用它，它在这儿出来，出来，让它多大就多大，和一般的……这么大都行。

访　者：可是您让它走，所以您会晕？

张学良：它，它是左右的……

访　者：噢，用它看英文，对吗？对。

张学良：上下走，我晕是这个的，所以我看一个字——

访　者：就得转一行。

张学良：所以我就不大用。我不用，我现在也不用它了，我现在就是完全用这个。

……（聊花眼、眼镜等，约10分钟）

赵一荻：五老太太？

访　者：五老太太。

赵一荻：琳达（Linda）的母亲是五老太太，她是六老太太。

张学良：我父亲有六个，六个太太。

张学良：我母亲早死了，我11岁的时候她就死了，我母亲是大太太，原配的。

访　者：您知道我看了一个故事啊，说大帅有一次跟谁一块走，回到……坐火车啊，好像往北京走……

3. 我父亲特别机警，他有统御的能力

张学良：我父亲这个人呀，我跟你说，我父亲的老师，就是后来教我启蒙的老师，我这个先生不好意思说他……我也受他好处。

访　者：就是师爷。

张学良：讲到我父亲这个人，他机警呀，我小时候念书，认字呀，他一个字一个字在那儿教，有一个姓姜的，比我父亲长一辈的，他就说你爸爸那个人呀，小时候，他好聪明呀，所以我父亲这些地方我应该说一下。

访　者：应该说，对。

张学良：他年轻的时候呀，他有特别的表现。那个教一个字一个字地，他教那个"祸"，认识字呀认识"祸"。第二字的时候，那个姓姜的在旁边，就没说那是"福"，他就告诉他那是"祸"的反面，他都念出来那是"福"。

访　者：那就说，平常大概是非常非常聪明。

张学良：聪明！

访　者：就是说他注意很多事情。

张学良：不但注意，他聪明呀，他小孩才十几岁的时候，我跟你说那是他聪明的地方。他凶的地方，我跟你讲过。

访　者：您说哪个？

张学良：我们那个看家的，不是有一个叫，那个木头棒子，他带着搁在门后头，老师发现了，"墙后头谁的东西？""我的。"他说。"你带这干什么？"他说："我昨天看到你打那个学生，他说你要打我，我就给你来一下子。"就这一句话，老师说："我不教了，我不教了，你这家伙可了不得了，他给我一下子我就完了。"就说我父亲这个人很凶。

访　者：也是很不服输的人呀。

张学良：我说，我说，他这人呀，这个人呀，个人呀，根本就是天生福相，他有统御的能力。

访　者：就是 Leadership（领导统御）。

张学良：他能统御呀。

访　者：管，就是管人的能力。

张学良：那时候他们一群人，他们十几个人，他是最年轻的，可是结果他当了首领。

访　者：大家也服啊。

张学良：啊？大家对他，都服他。他有办法，他统御他们，怎么个详情我不能说了，那他怎么把他们统御，后来这些人都起来了，死的，有打死的就不说了，剩下像张作相、汤玉麟啊，这都是他的人，还有张景惠。

访　者：张景惠跟大帅的关系怎么样？

张学良：嗯？

访　者：张景惠？

张学良：怎么？

访　者：他跟大帅的关系好不好？

张学良：一样，年轻起来的，都是年轻起来的，那跟张作相他们同时起来……张景惠，事实张景惠——

访　者：还早一点是不是？

张学良：不是早一点，张景惠的岁数大一点。

张学良：我这个外祖父呀，这个人很厉害，我们东北人都相当凶呀，眼睛厉害，人也厉害，我外祖父叫人给打死的。

赵一荻：就是跟美国西部一样。

访　者：对。

张学良：叫土匪给打死的，他家里晚上来土匪，来土匪要叫他们开门，他不开，那土匪说，不开门我烧你的房子。

访　者：唉哟！

张学良：要烧你的房子。他墙上挂了一个枪，他把枪拿出来，他一开门就用那枪要打那土匪，那土匪也很厉害，一手就把那枪给它推开了，那土匪就"叭"给他一枪，给打死了，在肚子上打了一枪，当时就打死了。很凶呀。

访　者：那后来大帅不是去报仇去了吗？是不是？

张学良：后来把那土匪抓回来了，那个土匪原来是我父亲的部下，跟我父亲做过事，不是做事，是当兵的。他知道我那外祖父的家。唉，他死得可怜，饿死的。

访　者：饿死的呀？

张学良：那时候县政府［办案］呀——

访　者：把他捉起来了。

张学良：送县政府，他被搁在一个笼子里头，搁一个木头架子，不过另外还有一个［别的］案子，开始什么也不给他吃。

访　者：这真饿。

张学良：那人呢，有一个……那人活了八天。他……真是七天死，那可怜呀，叫呀。那人叫得使看的人看着怪可怜的，后来看的人难受，为什么他怎么不死？他给他块西瓜皮吃。

访　者：那也有用呀？

张学良：多活了一天，那个人，吃一块西瓜皮。那个人也是个土匪，大概情况我不知道，两个。那，那不是说送到县政府，县政府判的罪，把他活活饿死呀。那大概他被判很重的罪。

访　者：我觉得这是当时地域的关系。

张学良：我们不但那样，晚上黑的［时候都不敢上路］。

赵一荻：不厉害的人不敢上关外去，谁敢上关外去？

张学良：晚上男人睡觉，女人上炮台，炮台就是现在的碉堡。

访　者：就是那个好像一个村子外头有〔土匪〕。

张学良：那样的，我们叫青纱帐起。

访　者：就是高粱长起来了。

张学良：谁家那家比较有钱，〔他们的防备就好一些〕。

访　者：〔有钱就是〕阔吧。

张学良：这个村庄，不是阔，他的警备好一点儿。我们奉城①没大门的，门就是拿三木头〔做的〕。

访　者：挡着。

张学良：挡着牲口。那晚上黑呀，男人睡觉，女人都上炮台，炮台就是现在碉堡。

访　者：要巡逻？

张学良：大家这个村子，这家大一点，晚上黑，女人什么都到那儿他们的家住。怕，那时候我们最怕热河来的土匪，这附近没有土匪。

访　者：还有远道来的？

张学良：远道都是五六、七八十里地远，一晚上冲进来。

访　者：那骑马啰？

张学良：那来抢呀。我们讲，好狗不吃家乡屎，不抢附近的人，大的抢的都是热河来的。

访　者：那得走很远才能到？

张学良：八九十、一百里地的样子。差不多那时候都是附近，从那边来的。那晚上黑啊，我就说都是女人上炮台，女人拿枪。

访　者：守夜。

张学良：守卫，男人睡觉，要看着匪徒，一听枪响男人就起来，就开枪。我们东北那个女的，一般的不能说都是都会打枪，因为白天我们男人要做事，女人没事，那东北〔就是那样子〕。

赵一荻：跟美国西部一样。

张学良：不那样他活不了。

访　者：那是河北，我先生他并不是北京人，他是河北的人，他们家也是有，有枪呀有碉堡。

张学良：是呀，河北、河南都有，看哪个地方比较偏僻一点儿，没有东北那

---

① 此处指沈阳一带。

么凶，东北那时候，所以一般人管土匪叫红胡子。什么叫红胡子？真是红胡子呀，他戴上个假胡子。

访　者：就是，就是假的［胡子］。

张学良：他不要你看见他的真面目。

访　者：就是怕看出来他是谁？

张学良：是，是。

访　者：那他就出来抢这一次，他也不见得都能回去，让人打死怎么办？

赵一荻：他不一定回得去，打死就拉倒了。

张学良：大家彼此不吱声的，不说的。我跟你说，我小孩子的时候，我妈妈的父亲，就是我外公的那个地方，那个地方有一个人呀，他姓什么我都忘了，姓孟呀姓什么？他挑着两个大箱子，就卖什么女人用的一些杂货，就是杂货。他有时候，有糖呀，小孩都跟他很好，我们小孩那么大他都不说，后来才知道，他呀，到了冬天就做这个生意。

访　者：抢人家去？

张学良：不是，做生意，就卖东西。

访　者：就卖这个？

张学良：他夏天就去当土匪去了，青纱帐起啊。

访　者：哈，对，还可以有掩蔽的地方。

张学良：土匪，他叫人给打死了，叫人给打死了，死在外头了，不知道哪去了。

赵一荻：人没有了。

张学良：没有了，大家就不说了，我们那边是差不多，那个人怎么没有了？他们都不吱声，就当土匪死了，打死了。

访　者：那就是说，根本就真的是很难说，那出去打不一定是［能回来］。

张学良：当小孩的时候，我就看见，那什么事呀，他说，老弟，我赌钱输了，没钱了，意思是没钱了，你帮帮忙做个生意做笔生意，就今晚出去抢去。

访　者：说这就走了？

张学良：这就打死了。我就说这个人，他，他跟着陪他去，就被打死了，没了。

访　者：那会儿也一句话就走了。

赵一荻：帮帮忙，大家讲义气，朋友帮忙。

张学良：帮个忙，去抢，抢好了。那个时候，那个军队里面，也就是大家都抢，后来那就不同了。

访　者：那个谁，……朱季卿您认识是不是呀？朱季卿？

张学良：朱季卿他我认识，朱季卿①是国民党的。

访　者：他是国民党的呀？他好像还有后人，后人在美国。上回您在美国的时候，他朱季卿我知道他，可是他在这儿的时候，我父亲那时候不在这儿。他生病了，后来朱季卿呀病了，就在这儿一个省立医院，好像那是什么病呀，中风吧还是怎么的，家里没有人管他呀，我就觉得奇怪了，他住在那个省立医院里，好像没有人管他，我父亲那个时候不在这儿。

张学良：怎么奇怪？

赵一荻：没有人管他。

访　者：没有人管，奇怪，我父亲说，还让我去，我还告诉他好几次。

张学良：他，他是，他在党部。他是这样，他和我不是一派的，他反对我的。

访　者：他有一个什么会，是不是？国民党的什么？

张学良：他是，他是那个，那个时候东北的那个，他叫什么名字？齐世英呀，那他（指齐世英）不会不给他一点儿钱。

访　者：可是后来就没人管，住在省立医院，那真的没有人管，也没有家人看他。我最近因为看了您那个……您到美国访问，他们出了一本书，您知道吗？您看过那本书吗？

张学良：什么书？

访　者：就是说都谁去了，都什么人上那儿去看您了。

赵一荻：她说有一本书，都是说什么人去看你了，你这会儿在纽约。

访　者：您看过那本书了吗？

张学良：我没看见，在美国？

访　者：他们出了一个薄册子，还有他们相片，结果我一看，他的女儿、外孙子好像都在美国。您知道我怎么会想起他来了？他在我们家他说一个故事，他把自己的儿子打死了，您知道吗？

赵一荻：他把他自己的儿子打死了。

---

① 朱季卿，沈阳广宁人（今辽宁北镇）。又名朱霁青。原名国陞，字纪卿。早年在日本学习军事，并加入中国同盟会。1906年回国，从事反清武装斗争。1912年在沈阳，成立国民党奉天支部，创办东三省《民报》。1924年助郭松龄倒奉失败后，逃往广东。后参加北伐战争。"九一八"事变后出关抗日，参与组织东北抗日救国军。1934年后专事经济工作，任正太铁路局局长等职。1949年去台湾，任"总统府"国策顾问。

张学良：我不知道。

访　者：他说他也是，老是身上有枪的嘛，他儿子偷着出去，不知道干嘛去了，晚上回来跳墙回来，他从屋里开枪，他以为是土匪，把他儿子打死了。

张学良：我不知道，这我不知道。

访　者：您不知道呀，结果他太太跟他好像就分开了，为了这件事。

张学良：我不知道。

访　者：所以我就想起那时候，大概是大家最防范这个，这个来的抢匪大概也很厉害。

赵一荻：都是这样，他们东北当年，我说东北啊，那土匪跟老百姓有时也交往得很客气哟。就是呀，你不是讲嘛，家里有很多好的枪，他就会来呀，来了，家里的人还招待他呀。

访　者：哟！还应付他们呀？

赵一荻：还招待他，你跟她讲。

张学良：我家，我家有窝棚①，你懂不懂？

访　者：窝棚我懂。

赵一荻：就是我的庄头。

访　者：对，对，对。

张学良：墙后头上挂着枪，土匪在那儿过，看见那枪，他（庄头）就请他（土匪）吃饭，就吃饭。他就看那枪，他没拿，他不拿，但是他说，他说我们子弹很缺乏，想——

访　者：要点子弹？

张学良：想借点。……"给你拿走"，就送他点儿子弹。土匪［就走了］。

赵一荻：那女人都招呼了嘛。

张学良：他招呼。

赵一荻：女人都是要给他们做饭。

张学良：不但招呼他，你听我讲，我说的真事儿。他是谁，是谁我忘了，反正也是在我们那儿。他有个小孩，十几岁的孩子伺候他们。那土匪很喜欢小孩，他说你喜欢他，那认他（土匪）作干老子，做干爸。他说你把他带去，后来就把那孩子带了当土匪去了。他说你把他带去。

---

① 窝棚，庄稼地头搭的简易棚子。

4. 我从前会说好多黑话　土匪是这么起来的

赵一荻：他们有好多东北乡下的女人都会讲土匪的黑话。

访　者：暗语，是吧？

张学良：我们都会说。

访　者：很多，很多行话，是吧？

张学良：暗话。吃东西呀，干什么打死了……我会说一点，不太完全。

访　者：您还记得吗？现在？

张学良：比方说，那这句话很容易明白，那个人给打毙了，毙了，现在说枪毙了。

访　者：对。毙了就是说枪毙了。

张学良：毙了，我们说毙了，是"闭了，闭了"。

赵一荻：倒闭了那个"闭"字儿。

访　者：就是枪毙了。

张学良：不是枪毙了，死了，就是打死了。那么，比方我现在还会吃饺子叫……吃饺子……我现在不会了那个行话，我从前会说好多好多的黑话，那外边都听不明白。

访　者：他们是每次说话都说那个，还是说有别的人［在场］，他们？

张学良：他俩要说秘密话的时候，旁人听不懂的，有时候。差不多我们那边人都能，都懂，咱们叫黑话。

访　者：黑话，对，对。

张学良：那就他们自己打暗语，打暗号。有的他们自己说，我们也不懂。他们自己用暗号说，不叫人懂的。

访　者：噢，他怕人家听见。

张学良：那我们那时候，土匪都是很客气的，临走还给钱呢。（笑声）

访　者：你们也不得罪他们，大概是不是？

赵一荻：互相要生存。

张学良：我的伯父，我的二伯父，被土匪打死的，他那时候他在地方算是，像民团似的。

访　者：噢，民团。

张学良：民团的首领，土匪来，去打，叫土匪一枪把他打死了。那个土匪，那个土匪当时就告诉……跟旁边的土匪说，说咱们今天可惹祸了，把他打死了不得了，他的弟弟就是张作霖。那他来了——

访　者：那咱们就活不了。（笑声）

张学良：就告诉他说，我们惹祸了。那后来——

访　者：他不知道呀？他知道是谁吗？

张学良：知道是谁。他们打死他（二伯父），这个土匪告诉那个旁边的土匪，说咱们今天可惹了大祸。后来这几个土匪都抓起来，都死了。他说那我们打死他（张作霖）的弟弟可不得了，他说他不会饶我们。……我遇见过土匪。

访　者：您遇见过？您是什么情况下遇见？

张学良：我当旅长的时候，我出去出巡访去。

赵一荻：一个人呀？

张学良：有。温哈熊①，你晓得不？

访　者：我知道。

张学良：他的爸爸②，那个时候给我当参谋，有他。我们坐一个汽车，四个人坐一个汽车，碰到土匪，碰见十几个土匪，我们不知道，我们一点儿不知道。这土匪趴在那儿，有沟呀，趴在那儿没敢动。

访　者：知道是您吗？

张学良：知道。那个土匪呀后来被抓，有一个土匪他说出来，那个土匪就告诉他，咱们千万，这可千万别动，这动惹祸了可就了不得。我们一点儿不知道那个，我们也带着枪，那当然要打起来。后来有一个土匪被捕了，他才说出来的，他说某年某月某日，那他说的不假了，我们碰见某人，我们没敢动，我们没敢动，我们就因为怕惹祸。我们不知道那儿有土匪。

访　者：那您，您会不知道那边有这个？

张学良：那在我们那边，我们这种十几个土匪到处都有，到处流窜。青纱帐③起，一天他可以走好多地方。所以我们那个，东北那个时候那个土匪不算什么，当时说土匪来就来。

---

① 温哈熊，广东台山人，国民党陆军二级上将。曾任国民党联勤总司令，台湾"总统府"国策顾问等。

② 温哈熊之父是温应星。温应星，为中国首批入学西点军校的二人之一。1909年毕业回国，任广东讲武堂教习、孙中山的英文秘书等。1921年进入奉系，曾任保定军警执法处处长。

③ 青纱帐，指大片茂生的高粱、玉米等高杆植物，其茂生时季，人可藏身其中。

访　者：那武器都从哪儿来呢？武器呢？枪？

张学良：武器，他有枪。

访　者：是买的？

张学良：那枪到处都有，那我们那个时候，枪，谁家都有枪。那差不多乡里谁家都有枪。

访　者：都有多种类的，是吧？

张学良：那奉天，那河南也是，河南女人出嫁，陪嫁，讲的是长的多少，短的多少。就是把枪当陪嫁，长枪是长枪，短枪就是手枪。

访　者：那陪嫁是干嘛？去打仗去？

赵一荻：也是财产呐。

访　者：那时候生活很有意思。

张学良：那都是自卫嘛，你不自卫也不成呀。那我就说，这么一个地方，那个地方在吉林在哪，这可不是人家，是个铺子，当铺，他做酒。

访　者：那赚钱呀。

张学良：做枪，做酒，烧锅，卖酒。他这个铺子，这个地方我们到那剿匪剿到他那儿，他那个铺子里头有八十多支枪，来土匪他就可以打，那时候做生意也是不容易呀。

访　者：真是不容易。

张学良：那么，有的土匪他过境时就很客气，不进他那里，要点子弹啊，不是钱呀，吃的都可以。大家要是动手，那大家就打。

访　者：不过他大概也知道这个土匪。

张学良：他的伙计什么都能打。那完全是武装自卫，那在东北，那好像，简单说美国西部一样，完全是。

访　者：不过在当时假如没有那种自卫力量，也没办法。

张学良：没办法，那实在是没办法。

访　者：真的是没办法。

张学良：那你不能说，我到那剿匪，到吉林去，我说的是吉林，不是奉天。到了吉林剿匪以后，回来我说这个也不怪他们，不怨他们。那么他第一样，出产都很丰富，没有交通。

访　者：运输不了。

张学良：运输不了。那么干什么呢？

赵一荻：你冷不冷？

访　者：我不冷。

张学良：那你活着干什么呢？

访　者：那他们不打麻将？（笑）

张学良：有一部分地方的人，把这黄豆种好了，他要吃，拿出来，用的。其余剩的，他一把火烧了。

访　者：那么富有？

张学良：黄豆没用呀，往哪儿送？我们北方不是烧炕吗？我说这炕里头你这烧的什么玩意儿？怎么这么香？他说我烧的黄豆。

访　者：反正也运不出去。

张学良：他说我没有用，我把它烧了，肥我的田。

访　者：灰。

张学良：肥。除了我自个儿用之外我没有什么旁的用途。我跟你说咱们吃的那什么？红菜头？

访　者：红萝卜。

张学良：反正是红的，我很喜欢吃那个东西。就说红萝卜吧，红萝卜都这么粗，这么大。

访　者：嚇！有那么大的？

张学良：那么大的我很喜欢吃，白水煮了就吃。

访　者：那就是说地下，地是很肥的。

张学良：现在是，后来就交通有了，那个时候没有交通，没有交通的。

访　者：但是就是说，您说这个土匪的形成呀，他不是说生活不了，他生活应该够，够他生活，吃饭应该够吧？

张学良：做完了他就不做了。

赵一荻：她说土匪怎么会形成呢？

访　者：并不是因为他穷啊？

赵一荻：不是因为穷。

张学良：土匪形成是很［多原因的］。

赵一荻：有理由的。

张学良：有理由的。它是这样的，那个大小股土匪不说了，大股的，好家伙大股的你知道多少？七百多人呀！

访　者：嚇！那简直不得了。那可以攻进一个城。

张学良：他主要那边最要紧的问题，是这么起来的。那我到吉林后，我写篇东西，吉林剿不了的，剿不了，就调奉军，奉天那时候……奉天的军队，还有黑龙江的都来了，汇总。奉天就把我派去了。主要是种鸦片烟。

访　　者： 哦？

张学良： 它没旁的种。

赵一荻： 好带呀。

张学良： 好带。那种鸦片烟怎么办呢？种鸦片烟三分。

访　　者： 怎么叫三分，谁跟谁分？

张学良： 地主、种的人、军队。

访　　者： 军队也要？

张学良： 给军队一份，军队不要他得给他钱养这军队，它问题就是这么起来的，我剿的土匪就是这么起来的。这个人叫作田家豪，不叫田家豪，他叫什么来着？这个人是个大地主，这个土匪头呀，他种的鸦片烟呀，那么分好了，都分好了，军队来又被他们把鸦片烟都给拿走了。

访　　者： 那就不公平喽。

张学良： 所以他们就起来当土匪。那么鸦片烟，种鸦片烟这个农人呀，他自己就起来，他就当土匪头。好家伙，闹得好厉害，我要杀他时，他说，"张少帅，我不是土匪。"我说，"你不要讲，你的情形我完全知道，我是真的没办法，你就这样情形，我是来剿匪的。"他说："我知道，你杀我，我并不冤；我把这种情形我要说一下。"我说，"你不必说，你不用说，我知道。"我说，"我一定都报告上去。"那没有办法的，那等于是兵逼民反，那不讲理了，分完了还来抓人。

赵一荻： 他们抓烟毒嘛。

访　　者： 噢。

张学良： 所以那时他属两股土匪，他一股，另外一股土匪，这两个人都让我给逮住了。那个土匪都厉害得很，我跟你说，那个人是一个山东人，他来当土匪，为什么呢？为什么那拨土匪闹得厉害呢？他在那个延吉呀，延吉的日本的副领事给杀了，所以闹得厉害。那时日本凶呀，日本要自己派兵，那我们去剿匪，把这匪剿了。他很有意思，我楼底下有一个副官，认识他，我都不知道他俩是朋友，我那个副官跟土匪有过联络。他说你怎么晓得我今天死，你给我买棺材？他（副官）说我经常来抓你……他说，"你给我儿子写封信，你告诉我儿子他爸爸没有了，我儿子在，在青岛青年会当伙夫。"他说，"你给他写封信告诉他，告诉他爸爸没有了。"那对死满不在乎。我就说，这个土匪我真是佩服他，我真是不能救他命，我真想救他，他这个能耐大了，当然他又不懂得科学，他是用这个左轮手枪就像现在，那时不是左轮，我们那时叫"七星"，七个子弹。

访　者：哟，现在是六个。

张学良：他能够隔着人把那个人打死。

访　者：隔着人？

张学良：那时候都坐爬犁啊。

赵一荻：爬犁你懂吗？

张学良：他能隔着很远把那人打死。他知道那弹道情况。

赵一荻：爬犁就是在冰上走的车。

访　者：没有轮子吗？

张学良：爬犁你不懂得？

访　者：爬犁我知道，北京不叫爬犁，叫什么来着？没有轱辘。

张学良：他能够隔着这个，他要把哪儿的人打死了，就给打死了。

访　者：就说他可以知道那个［弹道］。

赵一荻：弹道。

访　者：弹道。那真是，那真是不得了。

张学良：那他家伙我很想救他，那，那他一点儿［也不怕］。

访　者：一点儿都不在乎。

张学良：另外还有一个，我跟你说，一个土匪，我收降。后来他闹事情，要枪毙时，他们那时都管我叫少帅，他说，少帅，你等一会儿，让我把裹腿系一系，死了好走路呢。

访　者：呵呵，还要系裹腿呢。

张学良："等会再枪毙，你稍微等一会儿。"我真想来救他都救不了，那真是事实。不过这种人也没办法，你留下也是一个祸害，他也不在乎，他又去，很难改。

访　者：这真是草莽，很难控制呀。不过，他们都很义气嘛。

张学良：很讲义气。我跟你说那土匪呢，我收降一部分土匪，那土匪来我们家告诉我，都说那笑话讲，我在那，在那司令部门口，来一个人，他们告诉我，在门口来了一个人"很怪"，说这个人要见你。很怪一个年轻人他要见你。我说，你问问他干什么的？你看看。他说我是土匪。

访　　者：哟，自个儿说自己是土匪。

张学良：他说我是土匪来投降。我说你看看他身上带着武器没有，再看看他穿的那个衣服怪怪实实的，穿的缎的套裤，穿着马褂，穿得很漂亮的衣服。不是漂亮，好衣服。我说你怎么穿得这么？他说我来了我不知道回不回得去，你也许把我枪毙了。我说你好大胆，他说我想你不会把我枪毙。他说你也许把我枪毙了，他说穿好的衣服准备死，来投降代表——

访　　者：来，来谈投降的，是吧？

张学良：来谈投降的！我就说这个土匪也很有意思，你说这土匪胆子大不大？这个土匪投降了，我把他收服了，收降了，后来把他编成三个警卫队。这个人，这个土匪头呀，两个，有一个他说我认识你。我说你怎么认识我？我说你知我住哪儿？我说我不知道你在哪儿。他说你的司令部旁边那个第三个门就是我家。

访　　者：嚇！

张学良：我说你好大胆！

访　　者：他当土匪时就住在那儿？

张学良：他说我住在你那儿保险呀。谁也没想到我住在那边，他说你出来干什么干什么，我都看见了，看见过你好多回。他说的一点儿不差，他说你出来走路，你下午出来散步带着人，我都看到了。我说你好大胆，他说我住这儿保险呀。

访　　者：没人敢动。

张学良：谁也没想到呀。

访　　者：没想到他胆子这么大。

张学良：所以他们这种土匪，[跟一般的土匪不一样]。

访　　者：也蛮有心眼的嘛。

张学良：你大概后来也知道，这个人叫秦家宝，给我手底下，后来当师长。他原来是个土匪，后来他在我身边，我们俩同学，讲武堂，后来他当讲武堂学生。他在外边当土匪。他自己的家乡我去了，就是我去到他的家乡，他的家乡开很大的当铺。他，他姓王叫王永勤，真正名字叫王永勤，他说谁也不知道我是土匪。我回来都叫我王掌柜。①

访　者：王掌柜的。

张学良：他开的铺子。

访　者：东家来了。

张学良：他说谁也不知道我在外边当土匪。他是土匪，当那么些年，他不是一年，当了好多年的土匪，在外头。所以东北呢，东北那个时候真像，像美国西部一样。不知道他是土匪。不过那个土匪呀，我就跟你说，说我父亲当过土匪，其实不是。他们不是打劫，我父亲是做保险队。

访　者：不是去劫那个〔那个人家〕。

张学良：不是打劫，是给人家保险②。

访　者：就好像保镖的那样是不是？

张学良：不是保镖。他是这样子的，我父亲他就这样。那个地方，我好像生在那个地方。他是这样子，这村庄我负责任保护，那个时候什么道理呢？那就是那个义和团③、日俄战争之后呀，那个地方政府没有〔能力保护地方〕。

访　者：没力量。

张学良：不能保护，都地方自个儿自卫。

访　者：对，对，对。

张学良：那么他就保护这地方，保护这个地方。后来就他这伙子人呀，差不多十几条枪的样子，十几个人，我父亲起来、出名就这么起来的。他保护这个地方，来了一个人呀，这人姓海，叫海沙子，他大概有二十多枝枪，汤玉麟呀，就是他的部下。他来到这个地方，要向这

---

① 秦家宝，查无此人，可能张学良记忆有误。查东北军史，军、师、旅长系列中也没有叫"王永勤"的师长，而有叫王永清的，曾任东北陆军第十四师骑兵第七旅旅长。第二次直奉战争后，奉军部队迅速增加，1925 年 9 月，东北军将所有各旅改为师制（见张德良、周毅：《东北军史》第 57 页，辽宁大学出版社，1987 年版）。"王永勤"，可能是"王永清"的误听。还有一位叫王永胜的，1932 年长城抗战时任东北军第五十三军第一二九师师长。

② 清末东北辽宁一带，地主豪绅们为了保全财产，雇人建立所谓"保险队"之类的地主武装。张作霖即是靠成立"保险队"起家的。"保险队"名义上是维持地方治安，实则是为有钱有势的人充当保镖。

③ 义和团，又称义和拳，是 19 世纪末中国发生的一场以"扶清灭洋"为号召，针对西方在华人士包括在华传教士和中国基督教徒所进行的大规模群众暴力运动。

个村庄要钱，那么我父亲就出头了，就说咱俩别打，我在这儿负责保护人家，人家给我拿钱，那么咱们俩一打，就会伤及这村庄很厉害，要打咱俩出去对打。

访　者：那决斗？

张学良：对打，就是拿枪打，战斗。我把你打死呢，那你就完了，是不是？你把我打死，这个村庄就归你。

访　者：就归他了。

张学良：就归你。两人打了，后来我父亲把那人打死了，我父亲身上中一枪。两人对打，部下在旁边看着，他俩对打，后来那个人叫我父亲给打死了，我父亲身上有枪伤。我那年轻时，我父亲常常给我看他身上的枪伤。那打死了，他部下就归我父亲，我父亲就搁那儿起来了，他本来十几条枪。

访　者：增加了。

张学良：就搁那儿起来了。他的部下就投归我父亲了。那，那个时候很讲这个。

访　者：很讲这个这个义气。

张学良：也不能是讲义气。

访　者：就是说一句话就算一句话，不像现在写条约，写半天还是没用。

张学良：我说我父亲这个人呀，两种事情，一个他有这个统御的能力，那个时候他这帮人里他岁数最小，像张景惠、张作相呀〔都比他岁数大〕。

访　者：都比他大。对，对，对。

张学良：但是他能统御他们。这是很奇怪的。我不明白，他有统御的能力，还有他们都很怕他。

访　者：大概是很威严，也很公正。

张学良：他，他有时火了就骂人，他就骂他们，这是一种；还有一种他机警得很，机警。

访　者：机警，反应快。

张学良：反应快，反应非常快。就是后来，你跟他说话，你想骗他，很难骗。你来什么目的说的话，他都清楚。

访　者：他已经知道了。

张学良：你，你说得不对，你说的话是假话。

访　者：所以那就很厉害了。

5. 我到现在不明白日本什么意思

张学良：他说话很简单，很简单！他不愿意跟人家多说话，多说。所以他们大家都很怕他。所以他喜欢我，就是我能知道他的事，也是因为我在内部的关系，刚才谁来见他了，我找谁来见他了，他就进来问我那个事怎么样？那我就可以说，我知道他见谁，他一定说的那事。所以后来也是我父子的关系，我给他做事很容易，打仗也给他打，所以我跟我爸爸有条件的，我说："爸爸，我有几个条件，一个就是我好赌、好嫖、好找女人。找不到我，就是赌钱去了，再不就是找女人去了。我说这两件事儿你别管我，你不要管我，你不要管我！二呀，我绝不在我的军队里做事抠一个铜板，我绝对不拿，不过我没钱我管你要钱，你给我钱。"不过我说，你要干什么，厉害的是打仗干什么……训练军队我负责，所以那时打硬仗都是我去打，那旁人都说，我不是我爸爸的亲儿子。

访　者：那时候不应该把您放在危险的地方。

张学良：打凶仗都是我去给打。所以我们父子俩也是不同一般。所以我父亲被炸死的时候，到家了头一句话，告诉［身边人］说，他［受重伤］的消息，不让我知道。

访　者：怕您［知道后因悲痛而影响指挥撤军］。

张学良：我在前线①，我在河北。头一句话告诉她（指五姨太），你千万不要告诉他（指张学良）［我的情况］。

访　者：那大帅已经知道自己不成了，是吗？

张学良：啊？

赵一荻：已经自己知道不行了。

张学良：知道不行了。头一句话。

访　者：就是五母亲，是不是？

张学良：对，五母亲。

访　者：不是她在台湾过世的？

张学良：他头一句话就告诉她，我要走了。他告诉她，知道他自己要走了，

---

① 张学良接到父亲被炸的消息，即把司令部转移到河北滦县，指挥奉军撤退。

我要走了。

赵一荻：那是从前，要是现在，能输血不会死，当年的时候［没那条件］。

张学良：现在的情形，输血，我想他不会［死］。把肠子压坏了，出血，流血过多，同时把肠子压坏了。那时候也没有［很好的抢救手段］。

访　者：医学不是那么好，而且好像是从受伤的地方再拉回家里去，是不是？好像有一段很长的路程，从皇姑屯［到大帅府］。

赵一荻：从受伤的地方运回家里去时间太长了。

张学良：到家才死的。

访　者：是呀。

赵一荻：从受伤的地方到家里［还有一段距离］。

访　者：很远嘛。

张学良：坐汽车。

访　者：是嘛。

赵一荻：皇姑屯到家里差不多有［很远的距离］。

访　者：我看了地图，不是很近的地方嘛。

张学良：也不很近，皇姑屯到我家里，坐汽车得一个多钟头。

访　者：你想那，那失血［那么多，一定很危险了］。

张学良：出血不多，流血不多，我想流血不多，那时也不像现在医学这么好。

访　者：也不知道怎么样止血。

张学良：不知道。

访　者：那个吴俊陞就死在那儿，是吗？

赵一荻：吴俊陞，吴大帅就死在那儿了。

张学良：也一样，他。

访　者：他也是炸，炸死的。

张学良：他那更奇怪了，他怎么死不知道，到家时，在火车上被一个钉子打在脑袋上，你看那个巧不巧？炸的火车，火车有钉子。

访　者：炸片，炸片。

张学良：那你说的那个人呀，谶语呀，谶语，他那吴大帅就是，我现在这个五弟呀，是五弟的干爸爸。

访　者：外号叫什么吴大舌头。

张学良：嗯，吴大舌头，他是他（五弟）干爸爸。他就跟我那五弟说，我跟你爸爸不能同生，但是可以同死。

访　者：这没想到说了这个话成为事实。
赵一荻：这车没死几个人。
张学良：嗯？
访　者：那个谁不也在车上吗？莫德惠也在车上？
赵一荻：车上就死了三个人嘛。
张学良：理发的不算。
赵一荻：你说怎么那么巧，钉子给钉在脑袋上。
张学良：我现在六妹的妈妈，我六姨妈，她也在车上，火车炸的时候，把她压住了，要没人管她就死了，有人管，就把她拉出来。那个人，死的那个人就没人管了。
访　者：噢。
张学良：那是一个理发的。
访　者：噢，就没人救。
张学良：要是有人把他拽出来拉出来［也许不会死］。
访　者：还可以，还可以救。
张学良：可以保护。那时候还管他呢！就把这个六姨，就是现在已经死了，就是我的六妹她妈妈，把她救出来了，把她救出来。我到现在还记得，那个时候，她陪着我爸爸的，她没有多的钱，我父亲给了一部分钱，那个钱在火车上都给烧了，烧成灰了，那票子一沓一沓的都烧成灰了。
访　者：您说那是不是也是疏忽，好像走的时候并没有太秘密嘛，好像很公开。
赵一荻：大元帅呀，大元帅回奉天，路上没有太秘密，给日本人知道了。
张学良：哎呀，那个时候也没有，其实那个时候躲避的，那个时候没想到日本人会［那样做］。
访　者：会做这事。
张学良：我到现在不明白日本什么意思，一点儿意思也没有。

（录音中断）

6. 跟中国脱离开，自个儿站不住，一定叫人吞并

张学良：也是失掉一块大的力量，但是东北你别跟中国脱离开了，那你自个儿也站不住，一定叫人给吞并。

访　者：那当然是，就是说，

张学良：现在台湾上还这么糊涂，你台湾上没有国力，你站不住，叫美国吞并也不一定，叫日本吞并也不一定，你自己没有站得住的、独立的这么大的能力。你外面有那么些个敌人，当然，你要没那么些敌人，你可以站得住。你不晓得外头，你处的环境是这样，人都是一样。你处的环境，外头有这么些人对你，那你自己要小心了。我处的环境，我没有外边这些人对我这样，明白？比方说，电影明星也好，唱戏也好，大家对你那么样瞩目，那你自己就得注意啊。

访　者：就要小心了，成了众矢之的。

张学良：那么我在东北起来，这件事情我是看明白了。所以我为什么一定要跟中国统一？我自己在东北可以做王啊，我实在可以做王啊。

访　者：就是。

张学良：但是我要是做王啊，换句话，我就是［亡国奴了］。

访　者：您就是一个外国人。

张学良：我宁可在中国做奴隶，我不愿意，我这个人向来这样。我也是当时对［东北的认识］，所以我对这种情形［有认识］。我自个儿年轻的时候，我这人思想特别，假如说我思想，我不愿意说我自个儿，我这人思想跟旁人不同，我是个特别怪的人啊，我自己承认我自己是个怪人，我有好多的事情非常怪。

访　者：您想的很多地方我觉得是［有道理的］。我有时候跟之丙讲，我说到今天为止，我发现您的思想到现在还很新。您比如说——

张学良：不能说新。

访　者：不是，您比如说，我这是跟您说得很熟的话了，您比如说您对语言上，您认为语言是要变化的，是要有进步的，这个在您这岁数［很难得］。像我，我就不喜欢变化，我觉得我应该保持我从前语言的那个样子，我不喜欢他们现在说的奇形怪状的话。可是您就觉得语言是要变得，所以我就觉得您，您年纪比我大这么多，您很新，您到现在还很新。所以我由这件事情推到从前您年轻的时候，您一定想得很新。

张学良：什么？新呐？

访　者：思想很新。

赵一荻：不守旧啊。

张学良：我这个人思想很怪，我实在思想很怪，我很怪。

赵一荻：他是不愿当这亡国奴。

访　者：真的，我觉得［您的爱国精神］实在是［值得中国人学习］。

赵一荻：你是不是不要做亡国奴啊？跟苏联联上也行，跟日本关系［在当时那种情况下，实在是无法和谐］。

张学良：我这人相当的迷信啊，相当的迷信在这上——我说天下事情也是上帝的旨意，我当年要是，有几个环境的时候，要是变成那个环境，那也［说不定］，我就会到日本去，到日本陆军大学去念书啊。

赵一荻：日本那个什么人的女儿要嫁给你嘛。

张学良：是。

赵一荻：把他女儿嫁给他。

访　者：那他也是国际阴谋了。

赵一荻：谁的女儿要给你当太太？

张学良：那就是儿玉①。

访　者：哦，儿玉大将。

赵一荻：儿玉大将的女儿。

张学良：不是儿玉大将的女儿是儿玉大将的孙女。

访　者：孙女？

张学良：孙女。他的儿子叫儿玉秀雄②，做关东的［长官］。

访　者：关东军的［长官］。

张学良：不是关东军，关东的长官。关东军是关东军，关东有一个……他是那儿的长官。我是这样的，我早就看明白了，假如那时候我到日本陆军大学，也许我有很大的变化。我就没去了，那时候日本答应了，我日文不好啊，到陆军大学我可以带着一个人。

访　者：翻译。

张学良：那时候在旁边，待遇我就像他们那贵族啊，混的一样，我几乎就去了，要不是奉直战争起来，我大概可能就去了，我愿意去，我愿意到日本陆军大学，我很愿意求学啊。那时候我对日本陆军大学③，很新啊，所以没去了，要去了也许很大的一个变化，也许我去了，

---

① 儿玉，即儿玉源太郎。日俄战争时日本陆军大将，满洲军总参谋长，大将。

② 儿玉秀雄，儿玉源太郎的长子。1923年至1927年任驻大连的日本殖民机构——关东厅长官，并兼中日文化协会总裁。

③ 日本陆军大学，创立于1883年，是日本帝国陆军培养参谋军官及日军高阶军官及军事研究的教育机构。

真是娶了一个日本太太也不一定。那时候日本对我很重视。

访　　者：我想大概他们很拉拢您，他们很用心的。

张学良：日本也发现了我，当时，后来日本发现我这个人是一个［不好驯服的人］。

访　　者：不大听话。

张学良：这个人是个厉害的人。

访　　者：难驯服的人。

赵一荻：不能让他当傀儡。

访　　者：对，对，对。

7. 本庄繁不是那么凶的人，他的部下有几个大坏蛋

张学良：那时候，他们看我这个人［也很厉害］。所以日本人也是很厉害，那本庄繁［就是其中之一］。

访　　者：本庄繁很厉害，在一些记录上面说，说他的外交做得也很好。

张学良：谁啊？

访　　者：本庄繁。

赵一荻：说本庄繁的外交做得很好。

张学良：什么？

赵一荻：做外交。

张学良：不是，他是这样，本庄繁是，那时候奉天政府啊跟日本订条约的时候，日本政府有两个顾问，一个少校，一个上校或上尉，他就是，不是头一个，头一个叫松井①，他给我父亲当顾问，就是高等顾问，本庄繁。那么他当顾问的时候……我到日本去，就是他陪我去的，他对我很照顾，我跟他很好，两个人。

访　　者：去阅兵去了？

赵一荻：到日本观秋操啊。

---

① 即松井石根。松井石根，日本陆军大将。1904 年到东北参加日俄战争。后曾任驻北京公使馆副武官、驻上海武官、驻哈尔滨特务机关长等职。1937 年侵华战争中任上海派遣军司令官、华中方面司令官。对日军的南京大屠杀负有重大责任。1945 年日本投降后被定为甲级战犯，被远东国际军事法庭判处死刑，1948 年 12 月 23 日被绞死。

张学良：他很招呼我，他也很讨厌我。那时候还有我姐夫，两个人，非常讨厌。开玩笑，那时候小，实在不懂事情，开玩笑，整他。我们到日本那个靖国神社，他让我们行礼，我说，我们为什么给你行礼？他说，我们都是军人啊，我们都应该……那么结果……后来，到了朝鲜，那时候朝鲜也是跟日本打仗，有一个地方纪念，我们都趴在地上磕头，非让他磕头，我们成心啊，他说，那磕头，磕头。

访　者：是您报复他。

张学良：成心啊，捣乱，你让我们到靖国神社行礼，你到我们这儿，你不行礼？我们也可以鞠躬啊，我们不鞠躬，我们趴地上磕头，我们磕头，你就磕头。（笑声）我们那年轻的时候……他回来他跟我父亲说，你这个儿子要不得，太捣乱，到处捣乱。我听人说，我长得很像日本死掉那天皇①。

访　者：就是现在这个天皇的父亲。

张学良：他的父亲。我们两人同岁，我到日本去见他，那时候他的母亲啊，他的母亲长得漂亮。后来我们出来了，我姐夫也跟着捣乱，把本庄繁气死了。我们出来了，在门口，她从宫内传出来，她就问第四名那人是谁？

访　者：您站在第四名？

张学良：对。她说第四名是谁，我那姐夫，他顶会捣乱，他说赶快走吧，这可了不得。他说，我们中国西太后啊，喜欢人啊，看中了，完了就给弄死，他说这可危险得很，咱们赶快跑吧。把本庄繁气死了。我那姐夫也会捣乱。

访　者：像本庄繁什么的，这些人，对中国研究都很透彻。

张学良：不过本庄繁后来也是，最后他还跟我有一段事情，我很记念他。他，国联调查团来的时候，大概是。

访　者：调查东北"九一八"事变？

张学良：就是那个事情。那个时候顾维钧啊，是中国代表，那么他约顾维钧到一个地方，是日本一个很有名的地方。顾维钧说，我不能跟你谈话，我是中国的代表，咱俩要在一块儿谈话，人家外头注意了。他（本庄繁）说，我不是，我找你不是公事，我有私事。我是张某人的朋友，我要你给张某人带几句话。那顾维钧说，好，我不来，我

---

① 指日本昭和天皇。

派我的副代表，你愿意跟他说话，什么都可以说，你可以随便跟他说。他是那时候外交部的次长吧，大概是。那么他（本庄繁）去，他就是告诉他，他（本庄繁）说这"九一八"事变是怎么怎么个事情，我是怎么处置，我怎么个事情。那就简单说，完全我不知道。

访　　者：他表达一下。

张学良：表达一下，他说我表达的意思我没旁的意思，因为我们俩是私人的交情。

访　　者：哦，他……那也还满够朋友的。

张学良：他说这个事情我实在是不知道。我不知道的原因，他说出来，他那晚上怎么请客，喝醉了，我等到奉天看，我的部下都做了。他说我到奉天我不知道怎么处置，我两三天处置不出来，我不知道怎么处置，我自己想了想，这个怎么处置，已经把事情弄成这样了，确实两三天没什么动静，他要抓人干什么的，两三天没动静，他处置不了了。本庄这个人不是那么凶的人，不像日本那么凶的人。所以我对他，我说我要到日本去，头一个我要到他墓上行个礼。这个人是很温柔的一个人，不是像日本那么凶的，那么都是他部下啊，那些个，那时候那几个坏蛋，土肥原，一个他，一个，后来都处死了。

赵一荻：本庄繁后来怎么了？

张学良：切腹，日本投降的时候他切腹了。

访　　者：那时候岁数应该不小了吧？

张学良：啊？

访　　者：他应该岁数不小了吧？

张学良：怎么的？

访　　者：他有多大岁数？

张学良：他那时候就当了皇帝的宫内省的好像侍从武官长得那么一个职务，很高的，但是没有多大权力。那么日本投降了，他自己切腹了。日本都是讲切腹，他还是日本那个旧的思想。

访　　者：那您说西园寺公望①这个人［怎么样］？

---

① 西园寺公望，日本在明治到大正时期、第二次世界大战前的政治元老。出身于贵族名门。曾留学法国，后开设明治法律学校，并与中江兆民等人合办《东洋自由新闻》。1882年随伊藤博文旅欧进行宪法调查。历任驻奥、德等国公使。曾任枢密顾问官、伊藤内阁文相、立宪政友会总裁等职，1906年和1911年二次出任首相，后为元老，有向天皇推荐首相之权。1937年隐退。

张学良：啊？

访　者：西园寺公望这个人，日本的那个元老。

张学良：西园寺啊。

访　者：西园寺。

张学良：那他是很厉害，很好的。

访　者：他好像也很有眼光，他认为东北的事做得不对。

张学良：他就说那个，说"九一八"事变，说日本人吃了一颗炸弹。

访　者：他知道这个不对。

张学良：他就说日本吃了一颗炸弹。

访　者：吃了一颗炸弹。

（访者去打电话。之后，访者与张学良、赵一荻聊家事约半小时）

第十六次访谈
我的原则是要真实　武装进交民巷

访谈者：张之丙（简称"访一"）
　　　　　张之宇（简称"访二"）
被访者：张学良
同座者：赵一荻
访问日期：1992年3月16日

访　二：3月16号，不作什么正式的访问录音，只是讨论关于信的事情。

1. 我要写耳听的、眼见的、亲身经历的事

（访者与张学良、赵一荻谈关于在哥伦比亚大学图书馆建立珍藏室等问题，约30分钟）

访　一：我认为是这样，我们希望还有些时候再跟您继续谈，您知道的东西那么多，而且您关于您自己的事情想留下来的也很多。谈话的时候您尽管不受任何拘束。
赵一荻：他向来不管。
访　一：然后完了的时候，我们可以把录音翻成文字，然后从文字再把它整理，这一段时间，您要找靠得住的人，而且要把您的原则体会清楚。
赵一荻：她们要知道你的原则是什么，她们好去给你整理呀。
张学良：我的原则是要真实，我这人满不在乎。
赵一荻：不要自我宣传去骗人。
张学良：不骗人，我这人性情就这样。所以我这人的原则，我跟她俩还不同。

我这人是这样，什么事我也不在乎的，那件事就是那样，我一点儿不在乎。我也不愿掩饰，我这人从来是这样的。换句话，我自己能够做事情的时候我就这个样，我认为这事不可对人言，我绝不做。

赵一荻：我自己的事，那是另外一回事儿。人家的事儿，人家的短处可以不提。

张学良：人家的事儿是这样，换句话，我说人家……所以原来我要写东西我就不写了。我原来写东西我就是分三种，一种是我耳朵听见的，旁人说的，真假我不知道，这句话不用解释；一个是我亲眼看见的；一个是我亲身经过的。我不主张这件事情不可以说，人家事情不可以说，那我也不主张。那件事是他做的嘛，是我看见的，那我说他也［不为错］。那比如说，我说一件事你们不知道，我认为徐永昌这个人……这我手底下有一个部下，原来我不知道，我最近才知道这件事情，我手底下有一个部下，姓荣叫荣臻①，我这是随便说历史的事情，这连她都不知道。这荣臻原来是李景林的人，我父亲手下有两个大将，一个是李景林，是他的重要的部下，后来李景林失败了以后，这荣臻就到了我手底下，那么我就对他很器重。我这人用人就是这样，我如果对他有点怀疑我就不用；我用了，就是完完全全交给他。这件事我全不知道，最近才知道。

2. 李景林品行那么低　荣臻对我很忠诚

访　一：最近，是今年？

赵一荻：你所谓最近，是什么时候？

张学良：我最近是在什么书上，从什么上传说到我耳朵，我才知道荣臻这个人这么厉害。徐永昌说荣臻这个人好像太对不起人啦，完了再说这个故事。这李景林这人实在是……我不晓得李景林这人品性掉得那么低。他呀，后来我们敌对，最近几年的事，他跑到山西去，我想他一定表示荣臻是他的部下，原来是他的大部下。那时我们跟山西敌对呢②，他就想能够说说，好像帮着山西来勾结这个荣臻，你明

---

① 荣臻，东北军将领。曾任东北边防军司令长官公署参谋长。抗日战争时期参加日伪政权。
② 1927年6月，阎锡山通电服从三民主义，自任北方革命军总司令，阎部第三集团军9月开始对奉军作战。

白这个意思吗？这事情我都不知道，荣臻也没把这事情告诉我，我最近才知道。怎么知道？是从徐永昌方面知道的，那么这事情就经过徐永昌。徐永昌派了一个代表，派了他一个副官，派他副官送信，就送李景林一封信给荣臻，那荣臻在前线的时候，你想荣臻怎么处置这件事。我现在知道了，就觉得他对我［还是特别忠诚的］。

访 一：荣臻在那时是在李景林手下，还是在您手下？

张学良：已经是我的手下了，是我的一个军长，给他派一个军，作战时当一个军长，带着很多兵，大概他都不知道。这徐永昌就派一个副官来，送李景林这封信给荣臻，你晓得荣臻怎样处置的？

访 一：没有转过去。

张学良：来了就把这人给枪毙了，把送信这人枪毙了。

访 一：啊！

访 二：他连信也没看？

张学良：不管信看不看，就表示他对李景林不满。

访 二：不同意他。

张学良：那徐永昌说："哎呀！你为什么把我副官给我枪毙啦。不但不看信，还把送信人都枪毙了。"那表示，叫李景林不能再活动啊。

访 二：噢，百分之百的，当刀立断的。

张学良：不但百分之百，你送信的人我都给枪毙了，不管谁送的信，你拿来信我都给你枪毙了。这李景林怎么还在山西待着，李景林没法子就走开了。

访 二：荣臻？怎么听起来这么熟，是不是在北京做过什么事？是胜利以后。

张学良：谁？荣臻，后来是我手底下做事，在北京我那个副司令部当参谋长。

访 二：不过我听着很熟啊。

张学良：你说那个弄错了，共产党里有一个叫聂荣臻。

访 二：不是聂荣臻，是两个字的名字。

张学良：他是我手下的几个大将之一。

访 二：后来您什么时候才知道这事？

张学良：我最近才知道。最近是因为徐永昌，因为我跟徐永昌是很好的朋友。

赵一荻：你最近也没见过徐永昌。

张学良：不是，我最近半年，一年两年。徐永昌表示出来说，这个荣臻呐，真缺德，怎么把我的副官给枪毙了。

访 一：您才想起这件事。

张学良：所以，"我这副官是送信的，你怎么［把他枪毙了］？"
赵一荻：他副官也不是给他送信，他不是给那个谁送信的吗？
访　二：是给李景林送信的。
张学良：你这大事看不清楚，李景林到山西去活动，所以我说荣臻的办法比我都想得高，他有厉害的手段。
赵一荻：李景林自己没有人送信，怎么用人家的副官送信？
访　二：他想拉拢徐永昌。
张学良：他啊，写封信表示他能够勾结荣臻，你知道吧。勾结荣臻，他把这封信……他在山西那嘛，那么就是徐永昌跟我们对着呢吗？那么徐永昌派一个副官来，来送这封信。你都不知道，他这个手段太厉害了。他做这一下子，李景林就在山西待不了啦，他不能再活动了。
访　一：也拒绝其他人，想要再有这种企图的话，［会有同样的下场］。
张学良：你送信的人我都枪毙了，你还勾结我什么。不枪毙［送信人］，我把信收到了，那好像我跟你有关系。现在是连送信人我都枪毙了。
访　一：您说我们可不可以说，这件事做得非常的绝，而且很厉害。
张学良：这事当时我都不知道，他也没报告我。前几年我在徐永昌那儿，他说你这个荣臻真缺德，把我的副官枪毙了。这件事荣臻也没报告我。他也没夸过这件事。他说荣臻真缺德。我明白了荣臻是什么意思，我明白他这厉害的意思就是，你不能拿我作［策反对象］。李景林还想活动，他的大部下，他两军人，两个军长，奇怪得很，天下的事情，他两个军长，后来他失败了，都归我了，一个荣臻，一个叫胡毓坤①。这个胡毓坤是我们东北人，荣臻是他们河北人，是他们同乡。但荣臻到我手底下，这胡毓坤也到我手底下，这胡毓坤后来到南京［被］枪毙了。胡毓坤就不大规矩，就不像荣臻那样。那荣臻到我手底下那是忠心耿耿。我这人待人是［真诚的］，他感觉我对［他十分信任］。我把全权交给他，我不在家的时候，我不在东北时，后方事都由他处理。
访　一：我们随便为了别的人的事情跟您谈，发现了有很多很多这种情况，就是您手下用很多人，这些人从前也许不是忠于您的，后来到了您手下之后，您认为这个人值得用，就给他全权，这个有很多这种情

---

① 胡毓坤，东北军将领。曾任安国军第十六军军长，东北边防军司令长官公署中将军事参议官，防俄第二军军长等职。抗战期间，投靠汪伪政权，任汪伪总参谋长。后以叛国罪被枪决。

况。也许哪一天我们想找个时候，您回想回想还有多少人是这样，因为这正是一个做将领的人应该［具备的］。

张学良：现在有名的于学忠，那是吴佩孚的人。那后来，于学忠完全过来了。

访 二：还有宋哲元也是吧？

张学良：宋哲元不是。宋哲元没有归我，跟我是朋友地位，可是归我指挥是指挥，朋友地位，不是部下。

访 二：傅作义呢？

张学良：傅作义也是。傅作义是这个样子，傅作义我们俩可以说是朋友。傅作义在打涿州时被困在涿州，后来没法子就投降了。我父亲的意思是把他枪毙了，打电话［给我］，我没把他枪毙。我也很为难，那么我就把他放到他的一个朋友家里头，也是我的参谋长，放到他家里头，他后来就逃走了，等于——

访 一：您等于放了他了。

张学良：等于默许叫他逃走，否则他的命也就没有了。他就逃走了，回到山西去了，到山西做事去了。我对这些人都是，他也知道我有意把他放走，他也知道我父亲要枪毙他，我没枪毙他。我父亲比我厉害。我们还俘虏一个姓马的，他也要枪毙，我没枪毙他。

访 一：后来这姓马的怎么样了？

张学良：后来这姓马的当军长，怎样我不知道。这姓马的与这事情无关，是另外的作战，我把他俘虏了。

访 一：像这一代军事上的将领，还有哪些是这样的情况？在您的手下您给——

张学良：还有一个我现在说不出来了，就跟这姓马的同时俘虏的，我都放了。后来在中央里头当师长当什么，我不知道了。

访 一：这些在军事上成功的比较知名的有这么多。在这个行政方面、在文官方面有没有人也是这样。

张学良：文官？

访 一：不是将领了，像于学忠啦。

张学良：那时候接触文官……现在我也说不出来了。除了跟吴铁城[①]，那他

[①] 吴铁城，曾任国民政府行政院副院长兼外交部部长。1927年支持蒋介石"清党"反共，同年任广东省政府委员兼建设厅厅长。1928年奉命赴东北游说张学良易帜。

是代表，张岳军①啦。

3. 武装进东交民巷我没参与这件事

访 一：您知道这口述历史，在哥伦比亚大学口述历史，有一个中文的口述历史，本来不是哥伦比亚大学正统的口述历史，可是因为我们有一个中国的朋友，他是个美国人，他是在上海出生的，他的父亲，刚才我们跟张太太研究他可能是牧师。他在上海出生的，对中国有另外的感情。除去在学术上有研究之外，对中国还有一种很心连心的感情。所以他呢就是作中国的一些学术研究。上次您曾经提过，老帅曾经到苏联大使馆，我们能够抢救出一些有关于……那些文件。在纽约的时候我记得我曾经跟您说，这些文件，就是由哥伦比亚大学的一个教授，把它整理了，出了一本书，变成关于这一阵子历史研究上非常要紧的参考资料，这个人就是韦慕廷，韦慕廷就是上海出生的这个人，同时他也是首创这个口述历史，首当其冲的。

张学良：他叫什么名字？

访 一：韦慕廷，英文叫 Wilbur。

张学良：不知道这个人。我觉得是谁的儿子，不是。

访 一：他开创的就是顾维钧先生的口述历史。所以韦慕廷在主办这件事情。由顾维钧先生做第一位口述历史的首创者。那么做下来之后，韦慕廷因为他对中国如此关心，而且有这感情，他又有声望，跟福特基金、国家基金，拿了差不多有五十万美金的样子。做了很多，其中也有李宗仁的，也有胡适的，也有陈立夫的等等，孔祥熙的，后来他就退休了。您上次到纽约的时候，我们不是跟您提这个口述历史吗？我们就是想请韦慕廷韦教授协助。那时为什么找他呢？第一，他是研究孙中山先生的权威。第二，他从一开始就提过张作霖将军。我那时没把这与口述历史联在一起，我们就想请他到纽约来跟您见见面，可是他的身体没有您好。

访 二：他也九十多岁了，八十九。

访 一：所以他说你代我问候，他说我实在没法跑。本来我们说开车去接，

---

① 张岳军，即张群，字岳军。

老先生也是太辛苦，那么就没成功。这次回去他是做我们顾问。因为卢斯基金会组织这么一个工作小组，同时又组织顾问团，他是首席顾问。这次我说我们要去看张先生、张太太，他说关于老帅的事情，你是不是能够跟少帅请示请示。那么一开始就是从这些文件说起，就是老帅从苏联大使馆拿的那些文件。他这本书这么厚，我实在［拿不了］，太沉了。我还想拿来以后给您翻译怎么，他里面有二十多份。那时的文件由他和另外一个人翻成英文，把它整理出来。前边还证明这些东西是不是可靠的，有人说不可靠，有人说别人故意栽赃什么，很多的谣传，他都对每一种谣言都分析了，然后作结论。反正他是非常珍惜这个，而且这个也是中国历史，跟中苏关系上的外交关系，您说吧，反正那都是非常要紧的东西。他希望能够跟您多讨教讨教，一个就是想知道，您是怎么样一个因素让老帅觉得一定要到苏联大使馆［搜查］。他的了解是外边有很多公使馆都暗暗地给老帅很多的帮忙。完了之后，因为又都是俄文的，所以我们自己的人不够，没有那么多人马上把那么多东西都翻出来，所以美国的公使馆、英国公使馆都私自派人来，帮着老帅把那些文件都整理整理。

张学良：那没有。

访　一：完了之后，说两个礼拜以后才开始公布。他说这些事情是不是请您说一说您的记忆。

张学良：这件事详细我不知道。头一样是，我没参与这件事；二一样，我不在，我不在北京，我大概那个时候在保定在哪儿。这个问题，我所知道不是真正彻底的百分之百［的具体情况］。我所知道这个事情是，我想这个主动还是英国大使馆。英国那个时候是蓝普森，你知道这个人，大概是他。不过日本方面大概也知道，那时候叫公使团了。因为公使团要不允许，我们不能进东交民巷。那么武装进东交民巷，那我父亲主要的是要抓共产党，就是李大钊。把李大钊抓住了，那一下杀了好多人呐，那共产党受了很大打击。他是那时共产党的人活动的，那时我父亲主要的大概是要抓共产党。那时候共产党的活动都在俄国大使馆里头包庇着，住在俄国大使馆里。那么我们不能进去抓。所以主要是要抓人，抓他们，把他们一网打尽，差不多，那一下子差不多有十几个重要的人，我就知道有一个女的，因为这女的跟我一个朋友认识，我的朋友想帮忙救她一命，后来没［有救成］。因为处置这案子，不是军法上处置，完全交给司法机关，是司法机关判决的，判决死刑也都是照法律上的死刑，也不是枪毙，都是吊死。

访 二：绞刑。

张学良：不是绞刑。那时候，那个绞刑很奇怪，就是把那人挂上完了一扎，掉下去就死了。

赵一荻：就跟从前法国路易十几的［那个行刑一样］。

张学良：站在板子上，板子一抽开人就掉下去了，都吊死了。我不在，大概我当时在保定。

访 一：您回想一下，最原始的主意是谁的主意，是谁的主动呢？

张学良：我父亲那时主动的是抓共产党，但是原始是谁我不知道，这好像他们公使团出来的。

访 一：告诉我们，影射给老帅，这些东西在哪儿？

张学良：不是让，就是纵容，你去抓，我们可以放。那么我判断，那时行动上是宪兵。那么我判断，我们也很愿意做这个事情，一个是不但抓共产党，我们也可以开创我们的军队进入东交民巷①［这一先例］。

赵一荻：我们中国人不能进东交民巷。

访 一：军人更不能进去了。

张学良：那时叫交民巷，我们都不能带军火进交民巷，都不能去。

访 一：我们那时候的交民巷已经不是那么回事了。

张学良：所以交民巷，历史上我们都不能进的，不但不能进，那交民巷我们［跟他们是］有条约的。

赵一荻：他有兵啊。保护他的。

访 一：他那个介绍上也说了，那天晚上很多其他的公使馆因为都有这种默契，也就都有武装的部队拿着枪，站着岗，好像都准备好了。但是，不是，是准备营救，万一什么事情发生了，他们想办法准备营救。

赵一荻：维持那里的治安。

张学良：那是他们有默契，换句话，详细我不知道。我想这个事情是蓝普森，是英国使馆。

---

① 东交民巷，北京市东城区的一条胡同，原称"江米巷"。1860年后西方列强的公使陆续入驻，成为西方各国使馆自行管理的使馆区，中国政府无权过问。1949年后，方结束这一屈辱历史。

访　一：这些东西，您可知道？

张学良：这东西多了。

访　一：是不是带回东北？

张学良：没有带回东北，这些东西，有一个俄国人翻译，可惜这些东西烧了一部分。

访　一：他们自己开始烧了。

张学良：他们自己开始烧了，大概烧的是重要的。

访　一：还有人说呢，这些是谣言了。你看真可惜那本书我带不来，我带来一份印的东西，明天或后天我再来，我把那个带来。他说你看很奇怪，他说怎么烧的？正好就是把中间烧了，要让你知道的东西在这里，其他烧的都是边上的，他说可能又是故造的。

张学良：不是，不是。他们已经知道进去了，他们开始就烧了。

赵一荻：把要紧的先烧了。

张学良：把要紧的先烧了，那时候那里有一个最重要的，那苏联给蒋先生三千支枪，给六千万块钱，那都有。

访　一：这东西宣布了没有？

张学良：在那里头，在那文字里头。这里头很有意思的，那蒋先生到俄国去，那上都有。

访　一：连枪带钱。

张学良：多少钱我说不出来了，换句话，国民党那时候跟俄国勾结，那事，那上有一部分。

访　一：那不是孙中山先生开始希望苏联帮忙。

张学良：是，孙中山先生。那孙先生，平等待我之国家，就是苏联。后来孙中山去世了，就是蒋先生。

4. 百岁功名刚一半，八方云雨会中州

赵一荻：那时候大元帅和蒋先生还没有合作吧？

张学良：不是。你听我说，在这以前对曹锟时代，所谓三角同盟，就是孙先生国民党孙先生，东北奉系，还有就是段祺瑞皖系，三角同盟，那是开始。三角同盟那是对谁呢？目标就是对曹锟。我自己夸奖我自己，第二次奉直战争，叫我整个把吴佩孚打败了。

访 一：直系没有了。

张学良：整个打没了，他全军覆没，在山海关，那可打得厉害，整个吴佩孚［的军队］就没有了。那时他有二十一万呐，我们奉天军队七万，我们取攻势。所以我不愿你录了，好像我吹似的。

访 一：您就说吧。

张学良：对吴佩孚，我向来对他不佩服，大家那时候都［说他怎么样怎么样］，这人不是个军人，我可以这么讲。

访 一：有人管他叫作［吴大帅］。

张学良：我看他神经，会吹。不是吹，他有点神经。

访 一：虚晃一招。

张学良：也不是。神神经经，他到后来在北平等于我照顾他了，那中央有命令让我照顾他，他还是那么样神神经经。他说，那飞机来了，我一指它就会掉下来，他还吹呢。

访 一：他是不是喜欢喝酒？

访 二：喝醉了吧。

张学良：也许他喝醉了，不过他神经。也不是那样，他也常常请我们吃饭呐，他字写得很好。我看这个人呐，我的判断他有时大概就来了，神经不大正常。我判断他，这是我的判断。那在山海关作战，那他太糊涂了，叫我整个给打败了，他太糊涂了。

访 二：指挥不对。

访 一：您别那么说呀，您要说因为他糊涂，实际上是您打得好。

张学良：也不是那么说。

访 一：布局？

张学良：也不是那布局，那可不是那么讲。我们为什么敢那么做？我们看透了他这指挥军队。你知道简单地说，你们都是女人了，指挥军队这事，你得活用。我们看着他指挥军队的法子太死，我跟你说，我不跟你说过了吗？这东西我可惜在奉天丢掉啦，叫日［本给弄去了］。

访 二：您说他写一个［什么东西］。

张学良：骂我张学良是黄口孺子什么东西。那，人家是求援去了，人家那个是陕西第一师，叫张治公①，叫我们给打得要死了，打得人家求援

---

① 张治公，豫西军阀、镇嵩军统领刘镇华部下。曾任镇嵩军第二师师长，1924年率部随吴佩孚到山海关同奉军作战。张学良认为其是"陕西第一师"有误。

去，你回来你这援军派不派，你来一个这玩意儿。这叫什么玩意儿，哪有指挥军队干这个的呢？

访 一：所答非所问。

张学良：你想想这不像唱大鼓书了嘛。所以我就看不起他们这种情形。后来，我再跟你讲，这又拉到后来了。张宗昌你晓得了，那么他在四川，中央让我们招呼他，那让我们把他接来。我跟你说，这都是小故事了。我到车站接他去，那中央派我把我部下带着，于学忠什么大部下也去接他去。我脑子常常想，没有一个人这样，就像我爸爸再活了。他那时候那人那态度，那情形，我想"是我爸爸再活了"，没有一个人像这样。那么我带了全体的人去接他，我想，他当然应该说客客气气的。他站在火车上，火车到了，我们到那儿站着去。他头一句话，你猜他跟我说什么，他也没谢谢，他问"于学忠呢"？我说那不是吗？我让他跟我一同走，我脑子想，"这我爸爸活了，大概。"

访 二：派头很大。

张学良：没有一个人对我能这样子。

访 二：于学忠本来是他的部下。

张学良：原来于学忠是他的部下，后来就是我的大将了。

访 一：那您很大方。

张学良：我不是很大方，我就说他有些神经。换句话，往另外一方面说，他这种动作失仪呀！

访 二：对，对对。您接他去，怎么也应该［说谢谢的话］。

张学良：我再跟你说，那时候我们去见他（吴佩孚）了，那时候我们还作战呢，跟冯玉祥作战呢。他说话总是这样的，是，是，是。我跟张宗昌两人去见他的时候，他说是，是，是，没关系，我来了，我到那儿打他三炮，你看他就逃跑了，我从来没打过败仗。他自己说，我从来没打过败仗。那张宗昌扑哧就笑了。他（吴佩孚）知道张宗昌笑他什么了。他说是，是，是，那不是我打败了，是你们打胜了。（笑声）你就说这些人可笑，这哪像个大人物的作风。所以我说我看不起他们。

访 二：他（吴佩孚）是个秀才呀，他真的是秀才？

张学良：他是真秀才[①]，他不是正式军人。他是个测量学校的学生，学测量

---

① 真秀才，指吴佩孚。

的，不是真的。

访　二：不是真的。

张学良：不是军事学校出来的。不过测量学校也学点军事就是了。他是学测量的。旁的不管，他这个人的人性咱们中国过去说这么一句话，西蜀无大将，廖化为先锋①。因为什么他出来，因为那个时候军人没有读书的人。

访　二：他字写得不错。

张学良：他（即吴佩孚）不但字[好]，他书读得很好。他的出名在哪儿呢？是在湖南，那时北方跟湖南作战，他跟谭延闿[对阵]。

张学良：那时候他（即吴佩孚）五十岁办生日。

访　二：扩大办生日。

张学良：在洛阳办生日。康有为②送他一副对联，这副对联很有名嘛。是"百岁功名刚一半，八方云雨会中州"。那时他[很厉害]。

访　二：权力很大。

张学良：名望啊，不是权威。名望，"八方云雨会中州"。

访　一：那您三十岁生日的时候也是八方云雨会中州。您三十，他五十。

（以下闲谈，吃巧克力，冰淇淋并谈论饮食等，约15分钟）

5. 我的活动都是她（赵一荻）整

访　一：您一边吃，我们一边跟您说，好不好？明天下午，我们可以来是吧？

赵一荻：明天是礼拜二。

访　一：您说怎么样，两点半是吧？

赵一荻：可以。

访　二：明天是几号？

访　一：18号。

赵一荻：你们不是说有事吗？

访　一：不对，不对，17号。

访　二：17号，明天。

---

① "西蜀无大将，廖化为先锋"，说的是三国后期，蜀国因没有好的将才，而导致只能用能力不强的廖化担当先锋的尴尬局面。

② 康有为，广东南海人，清末戊戌变法领袖之一。

访 一：明天 17 号，礼拜二。

赵一荻：你们明天有事不是？

访 二：18 号有事。

赵一荻：18 号是礼拜三。

访 二：18 号我们五点钟就完事了。

访 一：我这给您写下来了。

张学良：礼拜三啊？礼拜三不在家。

赵一荻：怎么会不在家？她礼拜五就要走了。

张学良：那礼拜三怎么办？

赵一荻：他们来，与你没关系，我出去一会儿就回来。你们是礼拜三什么时候有事？

访 一：礼拜三我们四点以后来，五点钟后您就回来了。

赵一荻：五点钟我到不了，我到家得六点啊。

张学良：我在家，我不出去。

赵一荻：我得到六点才能到家。

访 一：我们以前以为您礼拜三会进城，所以我们就定了个约会。

张学良：那你去吧，没关系。

访 一：我们五点钟就完事了。

张学良：那可以，我在家。她礼拜三出去，我就到我弟弟家去，我有事，我就不出去。

赵一荻：他去一个钟头、两个钟头干什么去了，路上走三个钟头。

张学良：我到我弟弟家①就是打牌去了，玩去了，没事。

访 一：您六点钟就回来了是吧？我们也差不多那会儿［就到了］。

赵一荻：你们也得到六点啊？你们到哪儿去？我们俩到台北市。回来到哪儿给你们带来就完了。

访 一：不行，我不知道他在哪儿住，有一个人去接我们去，到我们旅馆去接我们，两点半去接我们。

访 二：他没说在哪儿。

访 一：他没告诉我说他家在哪儿。

赵一荻：不是，我就说你们问问嘛。

---

① 五弟，张学森。住台北近郊公寓。

访 二：我们可以问一问，明天问一问。

访 二：对。

赵一荻：五点三刻，六点钟的时候你们能不能回到彩虹啊？回到彩虹，一接你们就来了。

访 一：对，您顺路吗？

赵一荻：我走中山北路回来。

张学良：有我们自己的车，方便得很。

访 一：咱们问一下，那是十八号。明天没有问题，是吧？

张学良：明天礼拜二，不出去，没事。明天晚上有事没有？我不知道。

赵一荻：让我想想。

张学良：我的活动都是她整。

赵一荻：礼拜二没事。

张学良：大概没事。

访 一：我们是下午。

赵一荻：下午，还是两点钟。

访 一：好。十九号是礼拜四，您怎么样？

张学良：礼拜四没事，你有事吗？

赵一荻：礼拜四晚上请客。

张学良：晚上请客。

访 一：您晚上请客？

赵一荻：礼拜四中午我出去吃饭。

张学良：中午啊，我记不得了。

赵一荻：礼拜四我有事，没有你的事啊。

张学良：是，是，你来吧，没关系。

访 一：您说我们几点钟来，您睡好了觉？

张学良：我在家待着。礼拜四，你告诉我一下。

赵一荻：礼拜四我要出去。

张学良：我知道你有事，我不出去，我在家等着就行。

访 一：您说还是三点来？

张学良：三点半以后。

赵一荻：他要睡觉，三点半好了。

张学良：三点半以后。

访 一：以后，好的。

张学良：顶好你四点钟来好了。

访 一：我们要来得早点，我们就把这东西弄好。

张学良：你四点钟来好一点，为什么啊，家里没人，我还得起来［接你们］。

访 一：好的。那是十九号，礼拜五呢？您打牌。

张学良：礼拜五没关系，你要有事你来，打牌小事。

访 一：那得争取您的意见。那我们还是四点，反正您中午睡觉。

赵一荻：礼拜五就可以早一点来，我就在家。

访 一：对。

赵一荻：你不打牌我就在家。

访 一：那我们两点半，您看怎么样？

赵一荻：两点半好了。那礼拜六你就走了。

访 一：礼拜六我走了。那我再跟您说一下，17号礼拜二，我们两点来。18号，我们问好了，差不多五点多，还是六点多，我们在彩虹。

赵一荻：彩虹方便嘛，我们走中山北路。我五点钟散会，要是不塞车呢，半个钟头可以到彩虹，我是在总统府那边嘛，那就半个钟头嘛。

访 一：哦，好。

张学良：你不一定，看车子塞车什么的。

赵一荻：是啊，所以我要预备三刻钟啊。

访 一：19号我们是四点钟来，您不在家，我们四点钟来。

张学良：你们四点钟来就好了。

访 一：礼拜五是两点半。

张学良：我大概四点钟会起来。

赵一荻：我们可以电话联络嘛，你给我写一个条在这儿。

访 一：我把这也给您写下来。

6. 端纳有个日记，你们好好找

访 二：您现在喝不喝酒啊？

张学良：喝酒啊，我酒鬼，我能喝很多。

访 二：是啊，我知道您酒量很好。

张学良：我原来是不喝酒的人。

访 二：那您现在能喝？

张学良：现在扯淡，闹着玩，我这人好跟人闹。没人喝酒也不喝，有人要喝酒［我也就喝］。

访 一：您酒量怎么样？要有很多人跟您拼酒吧。

赵一荻：年纪大了，不能拼酒了。

张学良：跟我拼酒，谁喝咱就喝，我这人，喝醉就喝醉。

访 一：您喝醉过吗？

张学良：喝个三杯五杯白兰地酒也不会醉。

访 二：不会醉的。

张学良：也不能说不醉，不过糊涂了就不吱声了。

访 二：您年轻的时候醉过没有？

张学良：不喝酒。

访 二：不喝啊？

张学良：我到欧洲去以后才喝的。

访 二：那是因为到欧洲去，您应酬，您非得喝是不是？

访 一：那是欧洲的礼节嘛，老得喝酒。

访 二：那应酬，您不喝不行啊？

张学良：那不是应酬，我到欧洲去……我现在说我的故事，我跟墨索里尼小姐①是最好的朋友，一天就在一块儿喝酒啊，玩啊什么的，还有她一个嫂嫂，在一块堆儿，就打那个意大利的什么，就打牌玩儿，喝酒。

（录音中断）

访 一：贝太太摔了一跤，她跟您说了吗？

张学良：她打电话告诉了，摔了。

访 一：缝了这么大一个口子。

访 二：好像老年人一摔［就不得了］。

张学良：摔了一跤就不得了。

访 二：一摔就是骨折。

张学良：她跟她（赵一荻）同岁嘛。

（录音中断）

---

① 墨索里尼小姐，意大利首相墨索里尼的女儿。她的丈夫齐亚诺是意大利驻华公使。

访 一：那个我找到那本书，就是您记得我曾经跟您请教过的，端纳。您跟我说他是在上海故去的。我说我怎么知道是夏威夷。您对了，他是病得生命垂危的时候，他是在夏威夷奄奄一息的时候，想办法找夫人（宋美龄）。是他们的朋友给他联系了夫人，夫人派了咱们海军的飞机直接把他从夏威夷接到上海。在上海有一个地方叫作 Country Hospital（国家医院）。

张学良：我不知道。

访 一：他是死在上海了。

张学良：他死在上海，这我知道。

访 一：是夫人给他接过来的。

张学良：那一段，夫人没跟我说过这事。

访 一：他病在夏威夷，病得很厉害，先说是养病！后来愈来愈不行了，于是夫人就把他用［海军的飞机接到上海］。

张学良：你搁哪儿听到这消息？

访 一：我明天把这本书拿来，今天我带的乱七八糟东西太多。

张学良：那我不敢说，我也不能说没有。写这本书那人呐，他写端纳的书啊，这个人有点胡说。是不是那个人我不知道，有一个人写端纳传，没那么回事情。

访 一：没那么回事。

张学良：不是没那么回事，有好多事［写得不对］。

访 一：曲解了。

张学良：不是这样，不但曲解，他根本就胡造，不能说曲解。是不是那个人我不知道，他是写不出来端纳。中国好多事情，端纳都参加了。

访 一：对。

张学良：那就是这个人。我想他为卖这本书，端纳根本不是那么一个人，换句话，中国的事情，他有的是参加了。比如西安事变呐。有的事情他是参加了，端纳最要紧的一件事情，这件事情［的资料］你们好好找。端纳有个日记，他是一直写日记的人。那时端纳这人不是顶有学问的一个人，他怎么出名呢，他是伦敦《泰晤士报》记者。那时中国还是袁世凯时代，所以他写了很多东西。他的日记很有意思的，不能说很值钱。不过他现在日记可以发表，他说我死了五十年就可以发表。

访 一：得要 1996 年，五十年。他是 1946 年故去的，得 1996。不过这人他说，他给了一个人，叫，那个人好像是姓李。

张学良：这人姓李，我知道。在他手里头，那时候是叫［李什么，记不得了］。

访 一：Ansie 李。

张学良：他是一个公司，是一个进出口商。他的公司名字我还记得，在奉天也有公司。他把这东西交给他了，是他太太还是他，交给他了。但是交给他，他是有条件的，他说我死后五十年你才能发表，这东西可公开。那么现在这个人还在吗？还是死了，还是怎么样？那就不知道了，没法知道。

第十七次访谈
郭松龄　杨宇霆　父亲做大元帅　西安事变　端纳的评价

访谈者：张之丙（简称"访一"）
　　　　张之宇（简称"访二"）
被访者：张学良
同座者：赵一荻
访问日期：1992 年 3 月 17 日

1. 慈禧、光绪死时不许人们剃头披戴　国孝要七十二天

（录音自此开始）

赵一荻：那时候什么她都会。
访　二：那实在是，那时候好像就是做女人的。
赵一荻：大家闺秀应当都会啊，三天下厨房，都得会啊。我小的时候学梳头啊。
访　二：对，梳辫子，梳头，都得会。
赵一荻：不是。一个小姐，你嫁出去，就得给你婆婆梳头。
访　一：对，对，对。
赵一荻：我那天给你讲嘛，我那嫂子给我母亲梳几十年头。
访　一：那时候讲梳头还有一种［什么东西］，那叫什么啊，那东西很黏的。
赵一荻：刨花。
访　一：刨花，对，蘸着用，然后弄得光光亮亮的。
赵一荻：你有长头发，哪天我给你梳头。
访　二：哈哈，少的梳不了。

赵一荻：现在长头发不好找。

访 二：我就是懒。说起来那时候也应该有［时间梳头］。

赵一荻：平常也很忙，事情也很忙啊。好了，你们开始吧。你（指张学良）下来了，你开始你们的功课吧。

访 一：我们这个也是功课。真的，您说这些事［也是给我们上课啊］。

张学良：我就跟她们随便乱扯，讲故事。

访 一：您说您的故事，您真应该讲一下，反正我们来了，您讲一点，就录一点。录起来您就收着，将来您什么时候再写书的时候这已经都有了，多好！

访 二：您知道，外边的人对您，写您的东西也是很多的。

赵一荻：乱七八糟，根本没人去争它。他们都不知道，我这人不像其他人，我不跟人扯淡的。有的人好，我才讲，外人我不讲。

访 一：因为我在那教书，工作中接触好多年轻人，为什么我们要组织一个这个社会调查呢？就是因为我体会到这个年轻人——比如您刚才说这几句话，的确对年轻人有很大的影响——他们现在真的需要，我这样说，倒不是故意跟您在这儿说，因为我体会到他们年轻人的需要。

赵一荻：我觉得现在人呐，都是心灵上没有东西，心灵上空虚。

访 一：你知道现在人都在 Looking for roots，Looking for their own identity。你比如说现在吧，大家伙［都这样］，你给他倒茶，他就给你（当当，用手指敲桌子的声音）。这是什么？人家男的呀，在吃饭的时候，广东有这么一种习惯，他这样就表示给你"磕头"①。结果现在不管男的女的，人家给他倒茶，他就会给人"磕头"。这个文化呀，因为现在我们要体会他，要学一点过去已经丧失的文化，所以，除去福音之外，中国文化上的东西是您亲自体会的，说一点，让他们学一点，真的。

赵一荻：现在的人不要学，你们都是开倒车了。

访 一：不对，不是这样。

访 二：是有一点往回走的［倾向］。

赵一荻：那不如给他们传福音了。那天我跟周牧师说了，我是拿这个来传福

---

① 一种用手指扣桌子的风俗。源于清代皇帝外出微服私访，随员、太监等人与皇帝同桌吃饭、喝茶，为避免暴露皇帝的身份，均将手指弯曲扣于桌面，表示磕头请安之意。

音，不是炫耀我自己。我绝不是写自传来宣传我自己，我是借着这个来传福音。

访　二：我觉得您应该说，这个我可以跟您说，我帮您写，不跟您要钱。（笑）

张学良：刚才你们在这说［写书的事］。

访　二：我说我帮您写书，我不要钱，我觉得钱并不能解决问题。

赵一荻：现在的人啊，先得谈钱，你给我多少钱，不给我多少钱我不给你写。

访　二：您给我们茶喝就够了。

张学良：我年轻的时候，我小孩的时候，我那时候大概十几岁，我 11 岁母亲就死了，那时候我是八九岁，看见一个太太姓洪，她丈夫跟我父亲是好朋友，大概，怎么回事我不知道，我那时候是小孩。她不能走路的，因为裹脚造成的。

访　一：哟，没有脚？

张学良：脚太小不能走路，平时在屋里能走走。我家院子很长，那时候都坐轿子，我们的院子很长，人家把她背去。

访　二：那时候裹脚真的可以裹那么小啊？

张学良：把脚裹得很小很小。

访　一：所以是不能走路。

张学良：不能走路，她不能走，走不了。我母亲也裹脚的，不过她也能走路，走路很难，不能走太多的路。那到我姐姐那时候就开始不裹脚了，开始放脚了。

赵一荻：这是橄榄，她们怕胖，不敢吃糖。

张学良：你给我拿个，我要吃。

访　一：您要吃什么，你吃糖？

张学良：就是那个……

赵一荻：今天拿来的？尝尝那个，我去拿去。她们昨天告诉我，怕胖，我给你拿点不胖的。

张学良：五爷（五弟）拿的那种糖我（爱）吃。

赵一荻：那楼上呢……

访　者：您喜欢吃甜的？

张学良：不是，刚才吃的那什么也行……夹馅的。

访　一：你什么时候说点［年轻时的事啊］。谢谢您。

张学良：年轻的故事，大概现在没人知道了，我已经九十多岁了。

访 一：赶快说，那您赶快说。

张学良：我自个说我是三朝元老，那个前清的事情我都看见了，那个西太后（慈禧太后）死了，宣统登基，光绪死了，那时候的事，都不许剃头，都得戴国孝，好像是戴七十二天吧，七十多天，什么唱戏，什么都没有，叫戴国孝。

访 一：那他们说相声的说，我舅舅是酒糟鼻，鼻子是红的。他出去，那卫队就说，回去，不能出来。说为什么不能出来？说大家都戴国孝，你这鼻子是红的，因为他不是喝酒喝的就是酒糟鼻，说回去把鼻子染蓝了再出来。这是笑话了。

张学良：那时候我父亲当管带，那兵什么的天天都得要哭一下。

访 一：噢！真的啊！

张学良：哦，就都坐下坐下，就"嗷嗷"，就这样哭。

访 一：表演一番。

张学良：所以说那个时候的事情，好多事现在的人都不知道。

访 一：您比如说戴国孝的时候不能听戏。

张学良：没有戏，什么都没有。

访 二：不能有娱乐。

访 一：那为什么不能剃头啊，剃头有什么关系啊？

张学良：那时候戴孝都不能剃头。

赵一荻：父亲死了都不许剃头。

张学良：不但不能剃头，也不能刮胡子。

访 二：不能刮胡子。

赵一荻：有罪嘛。

访 一：那时候要有外国人到中国来［怎么办］？

张学良：不但这样，那女人都不许戴金首饰。银的可以，金的都不许。她们把金首饰都染了，搁水银啊。

访 二：哦，镀一下。

张学良：镀一下，就白了。

访 一：还有什么不能做的？

张学良：好多事都不能做。

访 二：不能娶媳妇？

张学良：那，那结婚那根本都没有了。

访 二：不能办生日。

访 一：那考试呢？念书考举人什么的呢？

张学良：那，都停，都停。

访 一：那，全国都停顿了，我想象不了那该是什么样。那我要去饭馆吃饭行不行啊？

张学良：那没有饭馆啊。

访 二：不能有娱乐。

访 一：哎？那人家，人家仗着开饭馆活着的人［该怎么办］？

张学良：那不管，都得关门，那了不得。

访 者：这糖果是哪儿的呀？

赵一荻：人家今天从香港带来给他的。

访 二：您说那时候女的也够受气的。

赵一荻：也看呐，也享福。不像你们，早晨五六点钟就得起来。

（众人大笑）

访 一：哈哈。我要提倡复古。

张学良：这糖果不是那种软的。

赵一荻：这就是那种啊。

张学良：不是。

访 者：这里头有东西。

张学良：我说那种软的像吃冰淇淋。

赵一荻：这就是那种啊。

张学良：不是，那种软的。

赵一荻：厚的？

张学良：是。

赵一荻：这是薄的。

张学良：这是薄的，这不……这是脆脆的。

赵一荻：这有名的嘛，哪国的那皇帝吃的。

张学良：那时候，那时候军队出操那很有意思，那就跟唱戏一样，因为都没有枪，不是使枪那时候。我当小孩的时候，我父亲已经有一队带枪的兵了，那叫洋枪队。我到现在还会唱，"洋枪队，活受罪，白天不得安，夜晚不得睡"。那时候来的教官，大概是德国人，到处教。

访 一： 就是现在所谓的仪仗队了？

张学良： 啊？

赵一荻： 也是军队。

张学良： 军队呀！带枪的，那时候军队都是拿刀啊，不是拿枪，就跟那唱戏的拿的那种［刀一样］。他们把那种刀叫"双手带"，就是两个手拿的一种大刀，很长的刀。唱戏的时候还有看见呢。谁都没看见过那个刀，两手拿着，很长的刀，叫"双手带"。一个手拿不了，拿两手拿。后来我父亲不久就把那个都取消了。

访 二： 没有用啊。

张学良： 后来就都变了，都变成那带枪的，都是得训练啊，训练这枪怎么用。这洋枪队，我小时候这歌："洋枪队，活受罪，白天不得安，夜晚不得睡。"

访 一： 一天二十四小时。那时候您说让那军队的兵，每天做一次演习，还得哭一次，就是所有的军队都这样？

张学良： 什么？

访 一： 就表示哀悼啊，你要哭。

张学良： 啊，那是啊，天天哭，那我父亲带的部队，就是天天在那儿哭。哎呀，我们说就是拉屎，蹲在那［也得哭］，就是哭。小孩子就看热闹。

赵一荻： 他经常讲，跟 icecream 一块吃好得很。

访 一： 那您这十磅掉不了啦。

赵一荻： 你带这么多东西来给他吃。

访 一： 都是甜的。

赵一荻： 再尝一个这个。

张学良： 这什么玩意儿？

赵一荻： 就是跟我们买的一样，东西一样不一样不知道。跟五爷买的是一种东西。

访 一： 您那个大概不好弄。

赵一荻： 我拿剪刀。

访 一： 不用，我给您试试我这指甲怎么样。

赵一荻： 你别把手弄坏了。

访 一： 不会，不会。您看怎么样？

张学良： 不知道有这机会没有，有机会我很想把我父亲的事情告诉你们。

访 一：哎！有机会！您现在说嘛！

赵一荻：你现在讲，她就要走了，没几天了。

访 一：我走不走没关系，我姐姐还在这儿。

赵一荻：你礼拜几走？

访 二：我礼拜一走。

赵一荻：礼拜一啊。你（指访一）是礼拜六，差几天啊，就多了个礼拜天就是。礼拜天我们也没有工夫啊。

访 二：您得上课。

赵一荻：礼拜一你是早上还是下午走，礼拜一你也不能来了，你要走了也不能来了。

访 二：我礼拜一几点钟走我也不知道。

赵一荻：你尝尝看这是什么东西。

访 一：这个？甜的。

张学良：巧克力。

赵一荻：里头也是软的。

访 二：你知道我今天早上我给您瞧了……上回我说的那玩意儿……

2. 郭松龄到最后没有英雄气概了

张学良：我大概可以说说我父亲这个人。我父亲这个人呐，可以说是机警，聪明绝顶。他没念过多少年书啊。不过呢，他后来更厉害，那个时候，比方说打电报啊，他把我骂过好几回，有一回把我骂得好厉害。他火了，他骂我，完了再说这个故事。他看电报啊，他本来没读多少书，那个电报、文章，他能看出来不好，那个文字啊，他说不出来怎么改，他说不好。我跟你说个故事，来了个电报，半夜三更他把我叫起来了，没人啊，人家都下班了。我跟他解释，我说爸爸，你别火呀，人家秘书都下班了。他把我叫起来了，让我拟个复电，我说老爷这个文章做不出来了。平常有时候他叫我给他复个电报，简单的我就复了。可这半夜三更的，我困得了不得，我这人睡觉最厉害了，所以我写不出来了。他火了，他说我叫你，你不愿意了。我后来再跟他解释，我说不是的，我脑袋里想不出来了。

访 一：还没醒呢。

张学良：我就说我父亲这个脾气很大。

访　二：您还记得您有几篇很好的电文啊？是人家拟好了，给您看您同意了，才发出来是不是？

张学良：不是，有时候电文我自己拟。

访　一：那我们找出几篇电文，您给我们瞧瞧？因为我们觉得非常好。

张学良：最近我看见一个东西出来，有我一篇东西，我不晓得，那是我一个小秘书……那有的电文……有的是谁拟的，不晓得。

访　二：您不记得？

张学良：不记得，那我一天［拟的电文］太多了。

访　一：不过您有几篇［很好的电文］。

访　二：那个"巧电"，是您［拟的吧］？

张学良：那不是我个人拟的。

访　二：还有，您知道郭松龄有一篇，到最末后的时候他写的一篇东西。

张学良：谁写的？

访　二：郭松龄。

张学良：他自己写的？

访　二：好像是说他的一篇东西，据说是他自己写的，写得非常有感情。

张学良：写的信给我？

访　二：不是，好像觉得他自己失败了，做这个事情［连累了他人］。

张学良：没有，没有。

访　二：好像他还发给他部下的兵啊，他太太还拿来读，还哭了什么的。

张学良：没，没有。

访　二：他的学问不错吧？

张学良：他是陆军大学的学生，他文章很好。他能写东西。那在外头后来写的，他失败后，不久他就死了。

访　二：您看，您怎么不去救他去啊？您跟他那么好。

张学良：啊？

赵一荻：他（张作霖）不准他去救他。

张学良：他要是不跑，他要不逃，他到我手里头，我把他放了。郭松龄到最后的时候，我看出来，他也有点没有英雄气概了。

访　二：您怎么说他没有英雄气概，就说他应该自杀？

张学良：他逃走了，也是他太太连累他。他一个人，恐怕他就逃了。他太太不能骑马了，他们坐一个东北的大车逃的。我认为，我认为他到最后啊，不要走，自己自杀就算了，何必拖拖拉拉的这么个样子，或是干或是不干。到后来，他主要的问题是这个样子，我想，他心里很难过了。我跟你说他这个失败啊，他并没有打。

访 二：他知道他——

张学良：因为我，那时我的部下一直不知道是怎么个事情，不清楚，除非最高层的几个人知道。底下的人不知道这是怎么个事情。我一直是总司令，我是头，他是副的。那么等到了新民府，要交战了，不是交战。换句话说，他倒戈，回来的时候是一路顺风，当时东北的军队，就是我的军队最厉害了，差不多哪儿的军队都不能抵抗啊。等到了新民府，我出来了，他也是该失败了。他要不宣布，我部下还不知道呢，他到了新民府，我想，他想着他自己成功了，那时他不但带着军队，政治上很有名的，什么林长民①啊，姚汉祥啊，很有名的，跟他很多人呐，还有后来当外交部长的王正廷，都跟着他。怎么把姚汉祥打死了呢？后来他失败了，这些人跑了，没处跑了，那些文人可怜啊，他们都跑了。我判断他想他成功了，他宣布出来了，把我这个总司令给免职了，他是头了。那么同时他跟我就对敌了，就是我了，我出来了，军队的人就很奇怪呀。

访 一：跟您打起来了？

张学良：我就说根本就没打。他下命令，那旅长啊，有一部分人就不收了。那时我们军队的单位是旅。他就直下命令给团长，可团长差不多百分之九十把这个命令都退回了，他看大势已去了。他们就说："我们怎么能跟他（即张学良）打呢？"就是大家不打了，他也心里明白大势已去。所以他最后被捕的时候，给我写了个小纸条，我赶快把这小纸条，我看完我就撕掉了。因为抓到他的那个人啊，是我的一个部下，一个骑兵团长，也是他的学生，也是讲武堂的学生，不但是学生，而且是他挺得意的一个学生。他把这个纸条给他了，我到现在还记得几句话呢，头一句话，他从来不称我汉卿弟的，他那信说：汉卿弟，我现在只求速死！他说：我在想啊，我家里的事情，我还得托给你。

---

① 林长民，曾任段祺瑞内阁司法总长。1925年11月参与郭松龄反奉，被流弹击中身亡。

访　一：托妻寄子，还是说把您当作真心的朋友。

张学良：我家里的事情，后事啊，只有托给你吧。

访　二：那捉住他的人就直接把他处置啦？

张学良：没，没有。因为这个问题，是我对杨宇霆最不喜欢，不高兴的一件事。当时把他夫妇两个捉住了，我给我父亲打了个电话，我父亲还骂我两句，一个是给他太太求情，我就说她一个女人，留她一条命得了。我是主张开军法会审，你问他，为什么叛变？让他把所有要说的话都说出来。那我父亲对这个事情大体上是赞成了。那么杨宇霆这个坏蛋，我就知道这个事情是他干出来的。执行的人现在这个人还在呢，同时与他有关系的人，执行的人还在世呢，姓王。

访　一：您说在台北呀？

张学良：在台北，也算我们东北人的首领，王铁汉①，与他有关，不过他不是执行人。我认为是杨宇霆造了一个谣言，他说不能把他[送到奉天]。那时我们有个南满铁路知道不？他说日本预备抢他，所以中途就把他枪毙了。

访　一：噢！要把他抢去，所有的消息都跑到日本人那去了，是不是这个意思？

张学良：他说日本人要抢他，其实日本人哪有抢他意思，没那个意思。我知道，杨宇霆这个意思不让他说出来。

赵一荻：他（杨宇霆）就是不愿意他（张学良）救他（郭松龄），因为杨宇霆的关系。

张学良：不让他把杨宇霆的问题都说出来。

3. 杨宇霆用心很深谋士就是常荫槐

访　二：他们两人不合嘛？

张学良：杨宇霆在我父亲底下是头一把交椅。不光是有权，我父亲非常喜爱他，很听他话。但这个人是跋扈万分，而且他也不廉洁。

访　二：那他在老帅手下就如此？

张学良：他当时是兵工厂厂长啊，那兵工厂好大的开销啊。那个时候，他的

---

① 王铁汉，东北军将领。"九一八"事变时任驻守北大营的东北军团长。

野心，我自己还没看出来，后来我看出来。他那时他就培养了［自己的势力］。

访 一：培养自己的力量。

张学良：他的这个人啊，他自己也是不好好说话，说出好多事情来，自己说话露出来了。我这是讲故事了，等我父亲在奉天被炸死了，我们都在前线呢，他们没告诉我，只是说老师受伤了。等张作相都来了，我们在滦州呢，就开了一个会议，张作相才把这话告诉我了。说，汉卿，我告诉你个事情，你别难过啊，大元帅早就死了。那么就开会议应该谁回去呀？怎么办呢？这个事情怎么解决呢？那个时候，我呀，就主张让他（杨宇霆）回去。因为什么让他先回去呢？我并不是害怕，不是这个意思。因为我一直是在外边，奉天的好多事情我不大接头，我也没这个野心，对政治的事情从来不问，不问这些事情，那么我回去怎么处置呢？那么奉天那些人，都是他的部下，这个姓臧［的也是他的人］。

访 二：张作相？

张学良：不是张作相，张作相是我父亲的大部下。那人叫臧式毅啊，是跟他（杨宇霆）最接近的人，我就想叫他回去。他再三说，不，还是你得回去。那么我想他不回去了，就把军队交给他了。所以这人呐，做事就露尾巴。他呀，不但没回去，他出去出巡一下子，因为我回奉天了。他把我所有的军队……原来我们俩啊，名义上是共同的，我向来是总有两个人啊。他就把我的军队……他带我的军队总是帮着我处理事，军队的事他不大知道。他把所有的军队都看了一下子，那么这个我也没有动心呐，那么他要看一看也可以，本来我让他回奉天，趁这个时机看我的军队干什么？我想他了解了解也好嘛。等奉天……两件事，我心里就起了事情了。第一件事情啊，不是第一件事情，这个事情以前啊，回到奉天，张宗昌起变。怎么起变化呢？张宗昌带着他那个直鲁联军呐，要回到奉天，到了滦河那个地方，我们不让他走，不让他回奉天。我说你这个破烂的军队带回奉天可了不得，他有十几万人呐。我说这样子，你占滦河边，这可以，我给你钱也可以。但是我不让你回奉天，不让你过滦河。那么谁去挡呢，就得于学忠了，我的大部下。那么后来打起来了，怎么打起来了？后来那个白崇禧呀，从后面来了，他非得过……他要想过来……就跟军队冲突了，那么我不能到前线去啊，谁指挥去呢？那就开会议，奉天的文武官员都［参加了]，[那是个]很要紧的会议，那么谁去，决定他去了。

访 一：您说的他是谁？

张学良：杨宇霆，就决定杨宇霆去了。那么当时我们奉天有个人，给我父亲当过秘书长来的。杨宇霆他问我一句话，不问倒好了。他问我这句话，他说我要把张宗昌俘虏了可怎么办？我要把他逮住怎么办？他问我这句话，这句话我回答不出来了，我就等了一下。我父亲那个秘书长，姓袁①，他就在旁边说，像这样的人，你抓着，就枪毙得了，像这种人还留他干什么。他就问，汉卿，你什么意思？

访 一：他就问您的意思，他不负责任的意思。

张学良：这人他用心很深。他问我，我也没回答，就点点头。那么这件事，他去了，真把那个张宗昌俘虏了。他告诉张宗昌，说汉卿要把你枪毙了，让我把你枪毙了。他把张宗昌放走了。那么张宗昌跟我还是有联络，张宗昌的部下褚玉璞②，用钱呐，还是我给他钱。那么张宗昌就说，汉卿，你真不够朋友，你还要把我枪毙了，倒是杨宇霆把我放了。我听见这个，我想杨宇霆这个人是什么用心呐？这是头一样事情。二一样事情，我回到奉天去了，我刚才说了，他不回去，他不但不回去，我回奉天了，就希望[把事情处理完]，我说你早点回来，帮我把这个事情好料理啊，那时我困难啊，可以说是内外交迫啊，日本也逼我，身上还带着父亲死的难过。他不但没回来，还把我军队都看了一下。刚才说了，我也没有什么动心。这话短说了，那么到后来，这事情已经安顿下来了，就分配职位这个问题呀，我就跟他说，你要做什么呢？他当年在奉天没有职位的，他就是个总参议、兵工厂厂长，并不是哪个主席什么什么的，他没有。事实上，他是在后面操纵的。那么他什么都不干，我就问他，你当奉天主席？这句话，他说出来了。我心想啊，我就说，你要愿意带军队，我现在是不能[带军队了]。军队的事情我已经[不怎么管了]。[我已经]担任这么多职务了，那么你去。他就说，哎呀，你那军队没人可以带，你的军队拿你当圣人。

---

① 即袁金铠。
② 褚玉璞，字蕴山，山东汶上人。曾任江苏陆军第三师张宗昌部营长、团长，1921年至东北任第三混成旅第五十五团团长。第二次直奉战争后，任张宗昌部师长，直隶督办、直隶省省长。后任安国军第七方面军团司令、第十五军军长。1929年与张宗昌去胶东被旧部刘珍年逮捕活埋。

访　二：他看了您的军队。

访　一：他已经研究过了。

张学良：不是研究，他巡查我的军队。他说你那些军队看你是圣人，谁也不能碰的，谁也不能带啊。那就是说他有那个野心呐，他看看我的军队不行啊，他带不了啊。那么这样子，问题来了。后来越来越迫切了。那么那个总参议名字还是他了，他还是用这个法子。后来他啊，拉拢我的部下。我的部下有好多失意的，我说句实在话，我这个人啊，现在还有几个部下，假设你要访问你可以访问他们去。虽然他们失意，可对我没有怨言呐。他想我的部下失意了，他可以怎么样。其实他跟我部下说的话，部下都告诉我了。

访　一：他去挑拨离间去了？

张学良：他不是挑拨离间，你听我讲。他说，"他（指张学良）现在身体不好"，说我。"你看他那个样子，身体不好。"那时我部下最担心我活了活不了了，活多长不知道。

访　一：您那时身体那么不好？

张学良：我那时又打针，又有嗜好①，种种。他说，"你要钱呐，跟我说，我去替你要。你们要有什么事就找我，我去替你们讲。"

访　一：哦！收买人心。

张学良：收买人心，他就没想到我的部下就告诉我，"他这是什么意思啊？"

访　一：他要取而代之了。

张学良：我就说，你不能这样，他也是好意，他没有坏的，我说没关系。我就……心里啊，动心他了。那么我后来……我简单说，他一件事把我惹出问题来了。他这个背后的谋士就是常荫槐，他实际上还没有那么样的野心，这还是在常荫槐身上起来的。我本来那个时候对常荫槐是要处决的，我对他（杨宇霆）不想处决他。可是，简单说，我的老婆说了一句话，你不处决他，将来你怎么办？同时我也怕他勾结日本人。他们买了一批枪，买了三万支吧，我忘了几万支，后来我的军队就用的这些枪。这枪很便宜，但这枪也得有护照啊，没护照不能买啊。那发护照的人是我的一个科长了，军械科管这个。那么他就跟发护照的人讲，说你不要跟副司令讲这个事。这句话倒

---

① 此时张学良因为染上毒瘾，身体十分虚弱，经常靠打吗啡提精神。

说坏了,他不说呢,那人也许不跟我讲。那发护照的人很奇怪,怎么不让跟我讲呢?就问我,说副司令,您知道这事情不?我回答,我说我知道,我知道。

访 二: 哦,您说您知道?

张学良: 我点点头,我知道。

访 二: 实际上您不知道。

张学良: 我不知道,那我说我知道。我知道他这个用心来了。这个问题一步一步地来了,这个常荫槐啊,他是黑龙江的主席,就是省长了。是奉天的交通委员会(委员长),整个铁路他都管,就是交通部长。那么,因为这个,我们俩最后冲突了。他一定要常荫槐做中东路的督办。为什么呢?因为中东铁路督办是最拿钱的一个机构,我跟他这天晚上差不多几乎就冲突了。我说这个常荫槐能耐也太大了,黑龙江的主席,奉天的交通委员会的委员长,现在要做吉林中东铁路的督办,他三省就干遍了,难道我们东三省就没有另外一个人吗?我们俩差不多言语冲突了。他说不是那样,这个事情还是他来办好。他推荐的人我向来,我就没允许,这就是我们冲突的两个来由了,就没允许。那么后来我就发现他买枪的问题了,我就公开问他了,我说你买枪干什么?他说是黑龙江买的,我说黑龙江买的怎么买这么些个?他说黑龙江买,为了办民团。我说办民团也用不了这么些枝枪啊。他说这样子,他预备把这枪买了,卖一半,挣些钱呐,所以这个问题就来了。

访 一: 那个时候,他有没有体会到您大概知道了?

张学良: 他呀,我跟你说,我现在已经老啦,我才说。当时不但是他,就连日本都看我是个小孩子。

访 一: 噢,这样的。

访 二: 所以没有把您[放在眼里]。

张学良: 没把我看在眼里头!你知道,我占这个便宜占得很大。换句话,谁也没防着我,防备我拿出撒手锏这一手。明白吗?

访 一: 比如说,您刚才说,那个人问您说,谁谁谁要发护照买枪,您知道吗?您说您知道,这一点也没有——

访 二: 他们也没想到。

访 一: 就是普通人来说,您那么年轻就[很有主见了]。

张学良: 我要说我不知道,这个事不好办啊,那大家都明白这是怎么一个事情。

访　一：这个端纳说得对，他认为少帅的智慧是超人的。那您说姓常的和姓杨的都把您当成小孩了？

张学良：那当然他们不能看我［是那么成熟的人］。

赵一荻：他们没想到。没想到他会这么办，他们认为可以玩弄他。

访　一：没想到他会这么深沉。

张学良：后来我也怕他跟日本勾结，我看他有跟日本勾结的样子出来了，这个事我动了心了。

赵一荻：他们认为他（即张学良）没有办法了，也许他们去勾日本人啊。

访　一：我们往回兜一兜啊，他拿一个理由来搪塞，您问他干嘛买这么多枝枪？他说要办民团，办民团也用不了这么多，然后他说卖一半，好把这钱都赚回来。

张学良：他是这样子。他呀，他没了解东北这些人呐，他认为他可以操纵，有些人啊，我给你点好处，你就怎么［听我的］。他呀，买这个枪，他预备［训练军队］。在黑龙江的一个警务处长，姓窦①，这个人，他让他来训练军队。他不曾想这个人就暗中告诉我，说常荫槐让我练军队，有两个师的人，一个军长了，训练两师人，问我，这个事情是不是你的意思？所以说这种事情我跟你讲，他们都［自作聪明］，连常荫槐、杨宇霆都没［想到会有人告诉我］。所以，他们说东北军队没人能带，拿你当圣人，这话他是说出来了。可他不知道，他想给点利益，他没想到这个［人会告诉我］。所以旁人他不敢勾结，他想这个窦啊，这个人是失意的，因为当警务处长去了，原来也是我底下一个军长。所以这个人啊，做事情啊，我常常说，利令智昏。

访　二：对，对，有时是这样。

张学良：那么聪明的人，他就糊涂了。最后我有一个姓富的，叫富双英②，是我手底下一个军长，给我当旅长，一直当，在我手底下起来的。后来因为打仗失败被南方俘虏了，他放回来不太得意，放回来我没

---

① 应指黑龙江省全省警务处处长窦联芳。
② 富双英，字耀天，满族，辽宁辽阳人。先后毕业于日本陆军士官学校和保定军官学校。后任东北陆军第五师十二旅六十四团团长等职。1925年郭松龄反奉时，富率本团背叛郭松龄投归东北军，富升任步兵第十二旅旅长，后兼任奉军第十一军副军长。1927年5月，北伐军进攻击上蔡，富率部投降，所部被改编为国民革命军第四军第二十一师，富任师长。宁汉分裂后，富双英部被解散。富只身回奉。后任奉军预备军军长、东北边防军司令长官公署军事参议官。1928后任井陉矿务局局长兼沈阳关监督。1940年，任汪伪军事委员会委员，陆军编练总监公署中将参谋长，汪伪军事参议院副院长，汪伪政府参军处参军长等职。1952年以汉奸罪处死。

给他什么事情。那么他（指杨宇霆）勾结这个富双英，因为富双英在我军队里头。那么他跟富双英说的话，富双英都告诉我了。

访 一：他以为这些失意的人，会跟您作对。

张学良：那么他背后就说啊。不但是失意，富双英是我手底下一个大部下了，很有力量的，不是很有力量，很有号召力的。所以人呐做事情啊，这些地方他都不明智。杨宇霆这个人啊聪明是聪明，可他始终没和军队接触过，没有实际带过军队，我认为他对带军队的事情不是内行。他出身是日本士官学校，他不了解中国这个武人呐，尤其那些粗人呐，那个义气呀，他不了解，他不了解。换句话说，我怎么能带军队带得对我这样，我小孩子的时候我差不多跟他们打成一片，同时对那军队的情形都了解。我除了当团长，我十九岁、二十岁就当团长了，就当旅长了，他们叫我黄豆芽子团长，我跟他们打成一片，我一点儿不跟他们客气。我那团里有个营长，姓赵，这个人很可惜，现在想起来都难过。他原来是我父亲底下一个号兵，我小孩时他都抱过我。后来我当团长了，他是我手底下第二营营长。他总开我玩笑，不是开玩笑，我刚当团长很神气的，操场出操，我就在那站着，外边大太阳，我也在那站着。他说你回家玩玩去好不好，你不走，我们也不能走。我说，赵营长，你再说这话，我可要办你呀。后来他作战，给打死了。所以那时他们都拿我当小孩嘛。

访 二：不过您跟他们都很有感情嘛！

张学良：都有感情。

访 一：那您也可以看出蛛丝马迹，他们都想尽了办法，一来是要训练自己的军队，一来他们要勾结一些他们认为失意的军人，做他们自己的势力。

张学良：他那种野心我都看出来了。他原来是想操纵我。所以我就说人呐，不要随便说的话，我在我父亲手底下，当然我父亲信任我了。我就心里很别扭，他说的那句话。他说这个老头（张作霖），他非要干，让他干一下子，我说干可以吗？所以我父亲当那个大元帅的时候，那是大家发起的，其中没有我。①

---

① 1927年6月，张作霖为了维护北洋军阀在北京的最后统治，从6月11日开始，召集奉系将领会议讨论组织安国军政府和推举政府最高统帅。16日，在顺承王府开会，会议决定由孙传芳、张宗昌、吴俊陞、张作相、褚玉璞、汤玉麟、张学良、韩麟春等八人联名通电拥戴张作霖为陆海军大元帅，并成立安国军政府。18日张作霖在北京怀仁堂宣誓就任"中华民国陆海军大元帅"之职，特命潘复为国务总理，组成安国军政府，规定北方各省军队改称安国军。

访 一：没有您？

张学良：没有我。

访 一：您没签名？

张学良：没签名，那我是反对的。我也不能提出来反对，反正没我。

访 一：那么大元帅不生气吗？

张学良：不生气，他也知道我是他儿子，我不签名，那他不生气。他不知道这个问题在里头。

4. 我不赞成父亲做大元帅

访 一：您那时候不赞成老帅做大元帅，您认为［理由是什么］？

张学良：我不赞成，我当时也没在北京①，我在保定府呢。

访 一：您不赞成，有什么特别理由，跟大元帅说了吗？

张学良：他成不了啊，非失败不可嘛。

访 一：您那会儿怎么看出来非失败不可呢？

张学良：那个情形之下，我不愿意我父亲起来。我父亲当然自己想当大元帅，我认为我父亲不要做这个事情，何必要统治全国呢？不到时候啊，这声望种种的不是……你知道这个统御人的事情不是我要干就能干的事情。

访 一：那么那时候您认为大元帅还是应该把东北先［搞好］？

张学良：不是，不是。你应该慢慢地把你的名望搞好。那时候大家对我父亲和东北军的名望不是那么好。还有，就是北方他也没统一呀，还有山西，还有冯玉祥。

访 二：那您没有跟大元帅建议吗？

张学良：这我不能，我知道他要干。那从北京退出来，那是我建议的。② 我

---

① 此处张学良记忆有误。张学良不仅参加过在顺承王府成立安国军政府的商讨会，而且出席了6月18日张作霖在中南海怀仁堂举行的就职典礼。

② 1928年5月中下旬，国民革命军北伐全线爆发，阎锡山奉蒋介石"努力前进，速战北京"之令，晋军迅速进占正定、浑源、阜城、绥远、大同，蒋军也占领平原等地。李宗仁、白崇禧第四集团军正式成立，加入京汉线正面作战，阎锡山在清风店会战，晋军与冯玉祥军会战方顺桥，北伐军各路前线形势，对张作霖安国军极为严峻。5月30日，张学良等多数将领共同向张作霖申述前方形势，一致主张9日息争通电主旨，力求和平，顾全民生。张作霖采纳各将领劝告，决定以安国军大元帅名义下达总退却令。京汉线奉军全部退却至琉璃河、长辛店一线，然后撤至滦河一线。张作霖并退出北京。

跟我父亲说，因为我那时到河南巡查，那地方可怜得很，那老百姓。我跟我父亲说，我说这何苦呢，这什么意思，我说这些罪孽不是我们造出来的吗？因为我父亲这个人这一点好，他对老百姓的痛苦他很同情。我说算了吧，你还要打到什么程度？打完和了，好了，完了又打，这何必呢？

访　一：那么在劝老帅出关，您当然是很坚持这个想法，那个时候杨宇霆对老帅出关的想法跟您相同呢还是不同？

张学良：不过那一段杨宇霆他表现很好。他是这样的，那时候日本人反对我们出关，他同日本办交涉，他对日本很厉害，那段他表现很好，我现在说不太清楚，我不在北京啊。日本人反对出关为什么呢？他是不愿意内战停止的。

访　二：哦，互相越打越好。

访　一：当初赞成老帅做大元帅的时候，杨宇霆他参加了？

张学良：那当然了。那时就是孙传芳、张宗昌，要紧的是杨宇霆那时他不算一个首领。

访　一：那个时候张作相对老帅在关内的所要做的计划是赞成啊还是不赞成？

张学良：张作相是完全服从我父亲的，我父亲要干什么他［就干什么］。我看我父亲对他，我都毛骨悚然，那像吴俊陞什么的，比我对我爸爸都厉害。

访　一：害怕？

张学良：不是害怕，那服从啊。我不跟你说过吗？吴俊陞那么大岁数，趴在地上就磕头啊。我跟我父亲说私话，就说郭松龄那时候叛变，我说我的部下你也带不了。我爸爸说我不如你。我说不是那么讲，你那部下我也带不了。那时候像张作相、吴俊陞什么的，他们看见我父亲简直毛骨悚然。我看他们，有时候我自个儿都感到害怕。那我父亲骂张作相随便骂呀。

访　一：不过您可知道那一代的那些将领们，真跟手足之情似的，就像兄弟对大哥，好像生命都是息息相关的。

张学良：那是。你要我干什么我就干什么。

访　一：讲义气，同时也服从老帅，因为老帅的……

张学良：我父亲这个人呐，他有这个统御的能力。

赵一荻：他了解。

张学良：他很奇怪，他很年轻啊，他比那些人都年轻啊。

访 一：您说过，是叫老疙瘩嘛！①

张学良：是，他很年轻，可大家都很服从他。就是大家都拥护他呀，他有他的办法。所以我跟我父亲说，你的部下我也带不了，他就能把他统御住。那他们那些个人［就服从他］。就那个汤玉麟呐，也叛变过，回来之后也还是对他服从得了不得。

赵一荻：这你就能够了解了，就跟骑马一样，你就能够统御它。

张学良：他懂得，他确实能［领导那些人］。

赵一荻：怎么样去统御这个马。

5. 我父亲是怎么起来的

张学良：我父亲，我判断他的知识从哪儿来的？这个地方我要解释，人家都说我父亲当过土匪，不是这样的。他是这样的，他有一段在一个地方啊，跟一个马医，他甚至跟人家的小姐有关系大概。他在那学兽医，他会治马。那时候会治马病的人大多数都是江湖人士，明白？他怎么跟这些人发生关系呢？就是他当兽医的时候，他也结交了一些［江湖人士］。我想钱啊什么的都有，所以跟他们就做了朋友，也不太多人，十几个人。不久，日俄战争刚完，就兴起义和团了，那时候地方上没人管，所以人家说他当土匪。我想他也不过十个人，有几个人我能记住，张作相是一个了，张景惠，反正好几个人。那么他就把这几个人组织在一块堆儿，就是当保险。那个附近有一个村庄啊，可能我就生在那个村庄里。给人家当保险，怎么叫当保险呢？就是你养着我们，有人来攻击这个村庄时，我们负责保护你，那时名字叫保险。我想他那个时候不能过十条枪。那么这个时候来了一个海沙子，这人姓海，管这个地方要过路钱。那我父亲就出来交涉，说那不能，我是保护这儿的。咱俩要打呢？这海沙子比我父亲力量大，大概有二十多个人，那时候有点像美国西部一样，就讲条件。如果打，就把人家这地方打个乱七八糟。那么咱俩这么办好了，对打得了，决斗。你把我打死，那就不成问题。［我的人马就

---

① 老疙瘩，东北方言。一般指家中最小的孩子。

归你了］，我把你打死了，那你［的人马就归我］。那么两人［就相对着同时］开枪，我父亲身上也有枪伤，他被海沙子打的，两人对打，对开枪。不过他把海沙子打死了。那海沙子的部下就有汤玉麟，他们连人带枪就都归我父亲了。我父亲的势力就大起来了。

访 二：您还记不记得，好像在这个张作相之前，还有一个姓张的和大帅在一起？

张学良：有。张景惠。他是在这之前。

访 二：不是张景惠。好像还有一个姓张的，跟大帅在一起。本来他在一个地方，大帅去跟他联络。

张学良：不姓张，姓洪。我那时很小，我父亲大概在他手底下。我父亲起来，这个事情，我还不是真正的百分之百了解。那个时候我父亲的势力相当的大，大概［也有点］名望。我父亲那个时候他有一个别号叫北霸天。

访 二：好像这个人以前是力量比大帅大，后来他就服了大帅，推举大帅做了他们的首领。

张学良：不是，不是，没这样。那就是张景惠、张作相。我说那个姓洪的，我还弄不太清楚，我是小孩子时，我只知道他有一个姨太太到我家，我父亲对她很恭敬的，很客气的。我父亲的起来，是他把一个叫杜天义的，力量比我父亲大，［被我父亲］给消灭了。我父亲搁这儿就发展起来了。我想那时候政府也很奇怪，我对这个不明白，那个时候我父亲没有多少人啊，就有点枪，那么政府就给他一部分军队。

访 一：那大概觉得他有这个能力。

张学良：有个孙烈臣①啊，后来当吉林督军，听说过这个人吗？那部分军队是公家的，就是孙烈臣带的那个军队归我父亲了。为什么这个军队给［我父亲了］。我这个不明白，我不明白，大概有人也看见了，给我父亲编了个管带啊，那时候管带就像营长一样。那时我是小孩子。

访 一：这部分您不太清楚，可不可以在清史［记载上找找］？

张学良：找不出来。

赵一荻：大元帅原来在这以前，是跟哪个军队［有关系］啊？

张学良：我父亲是这样的。

---

① 孙烈臣，奉系将领。曾任黑龙江省督军兼省长、吉林省督军兼省长。

赵一荻：一开始，她们应当知道这事。
张学良：一开始啊，我父亲起来是怎么样起来的？这也是天意，天下事情就是这样。就是我的祖父啊，是被人家打死的。
访　一：嗯，这段您说了一点儿。
张学良：打伤而死，那我父亲跟我的二伯父［就要为祖父报仇］。我的大伯父啊，［是被我祖父打死的］。
访　二：您说过您的大伯父有个女朋友，结果让老太爷把［您大伯父打死了］。
张学良：让我祖父一棒子打死了。我的父亲和二伯父啊要去——我祖父是被人打伤而死的，这个人姓王——要到人家去报仇，想把这个姓王的打死。这个姓王的，在地方上是个小土绅士，在地方有点地位。那天我父亲和我二伯父，他们讲我二伯父啊，比白马追风都跑得快，他们俩就去了，那时都拿的是火枪啊。他俩一去，那家啊是石头砌的墙，他那厢房里住一个老太婆，他们过墙时不小心，把墙给碰倒了，哗的一下，这老太婆喊了一声，说有人。他们捂着这个老太婆［的嘴］不让她喊，一捂着枪响了，把老太婆给打死了。没法子，他俩就跑了，这个［报仇的］事情做不到了，枪响了，把人打死了，就跑了。我父亲骑着一头驴，这个驴啊，是从我父亲一个好朋友姓郝［那里借来］的，后来我管他叫郝大爷，后来我多大岁数，我已经做事情了，我父亲已经死了，他来看我，他说"你爸爸还拐过我一头驴呢"（众人笑），跟我开玩笑。我父亲就骑着驴跑了，我伯父也跑了，就跑了，叫人给抓住了。所以怎么说我父亲是土匪，人家报的是"明火"①，"明火"知道吗？那时官府也算不错，把我伯父抓住了，我父亲跑了。官府审问，承认只是报仇，但是因为打死人了嘛，判我二伯父十年徒刑，换句话，也不算太高了。我父亲和我二伯父他们也有一个二伯父，也叫二伯父，等于我的二爷，他替我的二伯父坐狱。那时坐狱可以代呀！
访　一：噢，可以代呀！
张学良：他就死在狱里头了，坐几年我不知道，反正死在狱里头了。这样，我父亲就从那逃走了，过了鸭绿江，他就投奔了毅军②。所以我怎

---

① "明火"，一般是说"明火执仗"，指在光天化日之下抢劫他人、他家。
② 毅军，是清军将领宋庆所部。因宋庆的勇号毅勇巴图鲁，故称毅军。1894 年，张作霖因为父报仇杀人而流落营口，投驻营口田庄台的毅军，不久因表现出众被提拔为毅军统领宋庆的卫士，后升为伍长。甲午战争失败后，1895 年 3 月被遣返回到故里。

么跟于学忠那么好呢？我父亲投到毅军，那时毅军首领叫宋庆①，就给这个宋庆当卫士一样，那时叫戈什，满洲话，戈什，那个于学忠的爸爸就当戈什达，达大概是长。就在这个毅军里起来了。这个宋庆大概对我父亲还很不错，我想。他当了一个小官，现在叫准尉，懂得不？很小的小官，那官还未入流，不够资格的。后来衣锦荣归了，就骑马回家来了。刚到家不久，有人就告诉他，说那个王家到县政府报告去了，要抓你。

访 一： 这王家还记得呢。

张学良： 打死一个人嘛，那我父亲就逃走了，那叫政府抓着还了得，就跑到那马兽医那儿去了。就在那里，还和兽医的小姐发生关系了，后来我父亲发达了，小姐来找他，我还看见过这人。他就在那儿当兽医了，结交下这些英雄好汉了，就赶上日俄战争之后，义和团完了，地方都没有了，就又开始当了保险。

访 一： 您刚才说那个毅军？

赵一荻： 就在这个以前嘛，就是毅军嘛。

访 二： 您说这个马家，马家在什么地方您记得吗？

张学良： 不姓马家，是治马的一个兽医，姓什么我记不得了。大概就在黑山县②的一个交界的地方，大概在那儿，我还说不出来。我从来没打听过，你把我问住了。大概就在我们那一带，我们那一带差不多都连着，就在那一带。

6. 我性情的一半是从母亲那里来的

访 二： 那这时候〔您父亲〕还没有跟您母亲结婚吧？

张学良： 我父亲啊？结婚了。我母亲很苦啊。

赵一荻： 他（张学良）生在大车上啊。

张学良： 啊？

赵一荻： 你是生在大车上的。

---

① 宋庆，清末将领。官至四川提督，太子少保、尚书衔。曾是毅军、武卫左军首领和北洋帮办大臣。镇压过农民起义和义和团，参加过甲午之战，抵抗过八国联军。

② 黑山，是辽宁省锦州市的一个县，位于辽宁省西部，锦州市东北端。东部依绕阳河与辽中县、新民市为邻，南部与台安县搭界，西部与北宁市接壤，北部、西北部与阜新蒙古自治县为邻。

张学良：我是生在大车上。

访 二：那就是说老先生结婚第二年您生的是不是？还是第一年？

张学良：你这下把我说住了。

访 二：有的人说您是1901？

张学良：1901。

访 二：有的说您是1899？

张学良：不是，不是，我是1901。我母亲生我很受苦啊，没有饭吃啊。

赵一荻：他（张作霖）在外头跑嘛，东逃西逃。

张学良：不是东逃西逃。我父亲他走了，家里没有收入啊。

访 一：那老太太做什么呢？

张学良：他把我母亲扔下了，我的母亲［一个人在家］。你知道我的舅妈？我母亲也很凶的，很厉害的。我母亲这人很刚强。我可以说，我自己想啊，我的性情大概一半是从我母亲那来的，她很刚强的。你知道北方都有炕、炕席，我们家呢，住的那个地方，穷得没有炕席。

赵一荻：直接在炕上睡。

访 二：哎哟，没有炕席啊。

张学良：她给我看啊，她的身上啊，这个地方，都磨的，她说我没有炕席磨的，饿得没饭吃。我跟你讲，我妈不回她娘家去。我外公家还不错，但她不回去。我那舅妈呀，就回去偷些米送给她。我最不喜欢我这个舅妈，讨厌这个舅妈，我爸爸常说我，说没有你这个舅妈就没有你，把你妈饿死了还有你？所以我说我母亲很受罪，很受苦啊，就那么样苦地活着。

访 一：那您姥爷家，为什么不名正言顺地来支持［你妈啊］？

张学良：不是这么讲，我的这个姥爷也很厉害，我母亲不上她娘家去要！

访 一：她也很是有骨气。

张学良：她也不是说跟他［们有过不去的地方］。我这个姥爷很厉害，那时候一般的人呐，乡下的一般人都说，你怎么把姑娘给这个张某人了。

访 一：噢！不愿意。

张学良：不愿意，说你怎么给他呢？这个人好像说是流荡的一个人啊。我这个姥爷也很厉害，他说这个人可是非凡的人。

访 一：眼睛看中了。

张学良：他说这个人他有特别的地方，他看出他了。所以我一想到我母亲

［就很难过］，我母亲可真受苦了，我11岁时，我母亲就死掉了。

访　二：那后来就好一些吧？

张学良：没有什么好，一直也没什么好，东跑西奔。等好一点，我母亲和父亲打架，她就不理他，不跟他说话。我母亲可是［一个刚强的人］。因为我父亲娶了第五个姨太太，我母亲很有自尊心啊，那时我父亲的二姨太、三姨太晚上都站在她旁边啊。那我母亲说，好了，你们去休息去吧，她们才能走，就这么样子威风啊。

赵一荻：你讲你母亲那个时候，俄国人来、日本人来了，逃走［是怎么回事］？

张学良：那时候那很奇怪了。那时候我们在乡下呢，我父亲还没做事情呢，那时候日俄战争，我想我父亲是帮着日本兵。因为什么呢？我现在还记得，有日本的军队到我们家来，我那时候是小孩子，在我们家写了个牌子，好像是个特户，那时候日本军队嘛。那俄国兵来了，在马上就用刀劈人，人都逃走了。我母亲裹着小脚不能跑，后门有个大石头堵着那个门，她把那个大石头搬开，开门跑了，回来那个大石头，她推都推不动。

赵一荻：你还说你母亲给你几个洋钱［让你逃走］。

张学良：是啊。

访　一：那您说这是哪来的那么大劲头？

赵一荻：急了，人急了。狗急了还跳墙嘛。

访　一：您说女的缠了足，根本就没劲走路。

张学良：那奇怪的事情更怪了，不是我母亲的家，我们家有一个人，恐怕也是我们亲戚，他眼睛瞎了，眼睛看不见。我想也不是顶瞎，人家都跑了，他往哪儿跑呢？院子里头有一个水坑，他就跳进水坑里头了，等到人家回来，他眼睛好了，看见人了。

访　一：哈哈，这可是真奇怪。

赵一荻：他搁那冷水里一冰啊，［眼睛就好了］。

访　一：也许这水里有什么东西［可以治眼病］。

张学良：所以天下事情，奇怪的事情很多。你刚才说什么？

赵一荻：你说给你几块钱，让你跑。

张学良：那是又一件事，提起那事我很难过了。

赵一荻：是不是日本人来了，还是俄国人来了？

张学良：不是，不是。

访　一：您说这事是俄国人来的时候，老太太跑了，把石头推开跑了。
张学良：不是跑了，那时候我父亲跟俄国人没有什么关系，不是好不好的关系。
赵一荻：说你母亲呐，推那大石头，那是俄国人［来的时候］。
张学良：是啊，那时候我想我父亲是帮着日本人。
访　一：您说中国人多倒霉，日俄战争［在中国土地上打，中国老百姓倒霉］。
赵一荻：所以东北人［遭难啊］。
访　一：真是。
张学良：那时野地很冷啊。她刚才问我这事，我很难过了，眼泪都要掉下来。它是这么样一件事情，这件事情到现在我没能找到一个人问明白，这件事情很奇怪。我得搁头说，不搁头说，你听不明白。那个时候，前清刚完，民国刚来，奉天负责任的姓赵叫赵尔巽①，我父亲对赵尔巽是最崇拜的。我父亲起来也是赵尔巽提拔的。现在我跟赵尔巽做亲戚了，我三妹给赵尔巽［的儿子］了。他（张作霖）那一天他去见赵尔巽，赵尔巽说你来得很好，他说我今天看看你，明天也许就看不见了。他说，你怎么回事？他说，我预备要死。为什么呢？他就告诉他，那时候我们叫咨议会，就跟现在的省议会似的，这个军队呀，那时候二十镇，是一师人呐。我到现在也不明白，这个人很有名的呀，叫蓝天蔚②呀。
访　二：蓝天蔚我知道，我听说过这个人。
张学良：他那时住在北大营，他有一师人。我就很奇怪蓝天蔚这个人怎么这样无能。他呀，举赵尔巽当东三省的首领，好像保安司令似的，等于独立了，脱离政府了。那赵尔巽是不干的，他对我父亲说，我是不干的，我宁可死呀。那我父亲说你不必，你不必。我明天去看他们开会是怎么回事，我去看看，回来给你报告。你要死了，大家［怎么办］。那么后来赵尔巽说，好吧。那么在奉天城外，咨议会开会，就是省议会啦，在奉天城外。兵临城下呀，都是蓝天蔚的兵呀。开会时，那时候都像主席台似的，蓝天蔚就宣布，举这个赵尔巽当东三省的保安司令，看大家有什么意见。那我父亲就把手枪掏出来

---

① 赵尔巽，辽宁铁岭人，清末曾任四川都督、东三省总督。
② 蓝天蔚，湖北黄陂人，清末曾任驻防奉天的清军第二混成协统领。

往桌子上一摆:"我反对!"把这会给闹散了。那么这个事情很奇怪,我到现在也不明白蓝天蔚这个人怎么这么无能,这么没胆子。蓝天蔚转身就走了,退席了,就把这个会给闹散了。那我父亲想啊,那蓝天蔚回去一定〔还会回来〕。本来已经兵临城下了,他怎么说走就走开了?一定还回去调兵呀。那我父亲就赶快走,进城了,给赵尔巽报告,说我把这会给闹散了。可他走了,你赶快把城门都关上,恐怕他要调军队来袭击。那赵尔巽也很好,他说好。我把城里的军警〔都集中起来〕。我父亲说这样子,我讲武堂啊,还有三十几人,有张作相、张景惠,当时都在讲武堂当学生。他说你给我几十条枪,你库里有枪,我把我的三十几个人〔武装起来〕,我去调我的军队来啊,也要几天才到。那赵尔巽说:我把城里的军警,我的卫队都交给你,由你组织起来。那么城门就关了,这三十几个人是我父亲的砥柱了。这个蓝天蔚没有回来?!

访 一:奇怪。

张学良:不但奇怪,他就讲到这件事情了,我提起来我都要哭了。这个蓝天蔚啊,把军队带走了。

访 一:为什么呢?

张学良:不知道!你问我这句话,所以我说我不明白。这蓝天蔚回到北大营啊,他把军队带走了。这一带走啊,我就说到我们了,那么我的父亲啊在新民府,这军队走过新民府,我们离新民府一百二十里路,我家住那儿。那么这天晚上,我父亲〔的部队〕那都警戒的了不得了,就预备打啊,怕他(即蓝天蔚)来打啊。我母亲就把我找去了,那时我才八岁吧?她就给我一个袋子,里面有三十块大洋钱。她就系在我腰上,她说今天晚上要有事你赶快跑。

访 一:说如果打起来的话。

张学良:她告诉我,她说今天晚上恐怕有事。要是有事,有枪响,你就赶快跑。等平定的时候,你看见老头啊,年老的人你就给人磕头,把钱给人家,你就告诉你是谁的儿子,让他把你送到你爸爸那去。所以一说到这,我心里很难过啊。我说妈妈,你呢?她说你别管我。我说你上哪儿去,她说你不用管我,你不要问我,她就预备自杀。结果那天晚上没有事,蓝天蔚过去了,也没跟我们军队打,他就走了。我就不知道,蓝天蔚这个人很奇怪。

访 二：蓝天蔚是怎么个出身呢？

张学良：军人啊，士官学校的学生。

访 二：后来他去哪儿了？

张学良：后来他到四川去了，叫刘湘①给杀掉了。

访 二：他有多少人呐？

张学良：一师呀，那一万多人呢。

访 一：您爸爸才三十个人。

张学良：我就很奇怪呀，所以你问我这件事。我刚才跟你说，到现在我都不明白这个人，所以天下的事情不能说啊。

赵一荻：也许她们图书馆里有［记载这件事的］书。

张学良：什么啊？

赵一荻：蓝天蔚，找什么资料。

张学良：蓝天蔚这事，我想图书馆没有什么。

赵一荻：为什么他撤退？是不是国内出了问题？

张学良：没有。我说就是因为这个人胆子小。

赵一荻：那他怕你几十个人干什么？

张学良：那你不知道，我告诉你啊，同时奉天还驻着一个旅，不是他的，是另外一个混成旅。那个混成旅的旅长姓什么我现在说不出来了，跟我父亲是朋友。这都是小事，也用不着，他一师人，那么大的一师人，他怎么带着就走了，这个事情我不明白。②

访 一：他是不是看见大帅［难以对付］？

张学良：不是。我判断这个问题是这样子，这个蓝天蔚这个人呐，他是湖北人，湖北还是四川，这个人大概胆子非常小，我想啊。你知道我父亲的威风啊。

访 二：威严啊，对。可能把他镇住了。

张学良：我父亲那时也怕他，也调军队来了。那时一天军队走一百多里路啊，四百多里路四天就走来了。我想蓝天蔚这个人胆子一定很小，后来

---

① 刘湘，曾任四川省政府主席，一级陆军上将。

② 奉天原蓝天蔚的第二混成协第三标士兵在革命党人孙祥夫的鼓动下起义。第三标士兵以反对上司扣克军饷，哄然哗变，纷纷携枪出营，其他各标营也随之响应，哗变的士兵与守城部队展开激烈战斗。张作霖凭借武力镇压叛乱有功，遂被袁世凯擢升为陆军第二十七师中将师长，麾下亲信也随之提升。至此，以张作霖任第二十七师师长为标志，北洋军阀的一个分支——奉系军阀形成了雏形。

他死在四川了，这是一样。二一样是我父亲的威风呀。这件事情我始终不明白，他怎么这么无能，就走了。

访　二：您说他会不会觉得大帅既然敢这样跟他［对阵，他害怕了］。

张学良：不是，也许他为了保存实力，他不愿意打。他也知道我父亲底手下人很凶的。要打，他也［打不过我父亲］。当然他军队多。要打，他也不能说打不过，恐怕他要损失力量。

赵一荻：他为保存自己的实力。

张学良：躲避了，算了。

访　二：他有这个实力，他还可以到别的地方去发展。

张学良：他到滦州，他到滦州独立了。

访　一：您说，赵尔巽讲说活不过去，就是说他要……

张学良：自杀。

赵一荻：他忠于满清，他是那种思想啊。

张学良：他忠于满清。他好像不愿意做这个叛逆的事。那后来搁这儿就整个变化了。

访　二：那大帅这种勇气也实在是别人做不到的。

访　一：也就是说，大帅帮着赵尔巽解决了一个他最大的政治问题。老帅把枪摆在这儿，说我反对，这一举动营救了赵尔巽政治上的问题，就跟您易帜中原，营救某某某人一样。

赵一荻：反正他支持嘛，支持赵尔巽嘛。

张学良：不但支持赵尔巽，我就反对你这种［叛逆的］事情。

访　二：我想一半也是威严，你想一个人敢拿枪跟他对阵，多厉害啊。

张学良：他兵临城下呀，外头都是他的兵围着。我想这个人啊，以我军人判断，这个人胆子小，他怕一开枪打死他。

赵一荻：这个人很聪明，他不愿意损失他的实力。

张学良：他要说当时冲突的话，我父亲真会把他开枪打死，他跟他拼命，可他不要拼命。

赵一荻：他不跟他拼命啊，这个人聪明得很。

张学良：对，他不要拼命。

访　一：不要牺牲实力。

张学良：这种人完全好像是政客吧。我父亲好像是鲁莽，我就开枪打死你，咱俩就拼命，这样他没法子了。

赵一荻：这种人就怕这个，你跟我拼命，我就不来了。划不来了，我跟你拼什么命啊。

张学良：划不来，我不跟你拼命。大概是这样的情形。

赵一荻：刚才我就跟之丙她们讲，上海人呐，九江人呐，天津人呐，他们就不跟你硬干啊。

访 一：对，好汉不吃眼前亏，哈哈。

赵一荻：跟你拼什么，我们不跟你拼，等着瞧吧。

访 二：阴人可以，脚底下使绊儿。

张学良：我跟我一个朋友……我在这里插一段，我跟一个朋友我们去看戏，跟人打架，因为争座跟人吵起来了。他老人家把这个茶碗，把水倒出去了，说："我打你吧。"我说算了吧算了吧。我们奉天打人没这个打法，连茶碗带水全上去了。他这还把水倒了，说："我打你吧！"我说我要打你连茶碗茶水都过去了。换句话说，也是我们东北人粗野啊，蓝天蔚在东北他也知道［东北人的性格］。我真拼命打死你，我也不在乎。我想他是因为这个道理，我躲开你，我自个儿有这么大的实力，我——

赵一荻：干什么去不好，我跟你拼什么？我们这是上海人的办法，我不跟你拼，划不来。

访 一：您是上海人吗？

赵一荻：我是浙江人呀，南方人和北方人是不一样的，我不跟你拼命。

访 一：我以为张太太是北方人呢，您在北方长大的？

赵一荻：也不是在北方长大的，我们常常搬来搬去的。我父亲①一会儿住上海，一会儿天津，一会儿北平。东也住，西也住，不一定的。

张学良：她的父亲是交通系②的。交通系有四大金刚③。有叶恭绰④，她父亲

---

① 赵一荻的父亲是赵庆华。赵庆华，浙江兰溪人。梁士诒内阁交通部次长。1929年得知赵四与张学良私奔后，即登报声明断绝与赵四的父女关系。不久辞职，在北京郊外隐居，至死没回天津老宅。

② 交通系，北洋军阀时期的政团。交通系有新旧之分。以梁士诒为首的称"旧交通系"。梁士诒从清末起，先后任交通银行帮理、铁路总局局长等职，便开始在交通系统培植势力，为袁世凯效劳。1922年，第一次直奉战争后，交通系诸要因依附奉系，遭通缉。梁士诒逃亡日本。旧交通系逐渐瓦解。"新交通系"以曹汝霖为首。五四运动中，曹汝霖等因亲日被撤职，该势力逐渐减小。

③ 交通系四大金刚，即梁士诒、朱启钤、叶恭绰、周自齐。

④ 叶恭绰，广东番禺（今广州）人。1912年任临时政府交通部路政司长、次长，总长兼交通银行总经理。1915年参与袁世凯帝制活动被免职。1920年至1922年历任靳云鹏、梁士诒、颜惠庆内阁交通总长。1924年冬，任段祺瑞临时执政交通总长。1926年张作霖任安国军总司令，叶被聘为财政讨论会副会长。

是叶恭绰手底下的四大金刚，是交通系底下的小交通系。

访 一：四大金刚都是谁呀？

张学良：大的四大金刚啊，叶恭绰，你等会我得问问她。

赵一荻：盛宣怀嘛。

张学良：不是，不是，他们都是盛宣怀的部下。叶恭绰是他手底下一个，你看，我到嘴边说不上来了。叶恭绰……他手底下四大金刚，叶恭绰——

赵一荻：曾……曾什么。

张学良：姓郑，叫郑什么我说不出来了，他就是四大金刚。他父亲是叶恭绰手底下四大金刚。

赵一荻：我不晓得了。

张学良：还有谁，现在我说不出来了。有个姓何的，当过京汉路局长①，你那父亲……都是铁路的，交通系的。

赵一荻：津浦路啊，什么什么司啊。

张学良：都是，我现在说不出来了。

访 一：那您认识不认识，她也在北投这儿，林太太，是盛宣怀的女儿吧。

赵一荻：我们跟他们不怎么来往。

张学良：梁士诒②呀，他是从盛宣怀那下来的，前清就下来了。盛宣怀是前清的交通部长，梁士诒大概是交通部次长，这么一步步推下来的，都算是盛宣怀留下来的。

访 一：我们这个故事……我们还说呢，有人就问我们，张太太，你们这个访问工作做得完做不完啊。我们做不完啊，您瞧瞧我们有多少个故事。

赵一荻：你想想看吧，八九十年的事情了，有多少事情，怎么能一下子说完呢？

访 一：您那大门口，对门那小房子，把那年轻人轰走我们去住那儿，哈哈。

赵一荻：你们暑假来住多长时间？

访 二：暑假我们有四个月，您别嫌烦。

赵一荻：我就是想啊，你们什么时候来，我们好有准备。

访 一：大概是5月20号以后。

---

① 应指何竞武。何竞武，国民党军中将，1930年3月任平汉铁路管理局局长，后兼任平汉铁路运输司令，平汉铁路管理委员会委员长。

② 梁士诒，清末曾任邮传部铁路总局局长、邮传部副大臣署理邮传部大臣。1912年任袁世凯总统府秘书长、交通银行总经理，成为旧交通系首领。1921年曾任国务总理。

（边吃饭边谈）

张学良：[我父母亲]两个人闹别扭，我父亲对她那样，她不说话，她不理他。我母亲的脾气那更厉害，那真刚强。

访 一：您说刚强？

赵一荻：她心里很不开心嘛。

张学良：奇怪，我母亲姊妹四个，她是老二，我那三姨四姨都没她厉害。

访 一：她说这个兄弟姊妹就像一只手似的，五个指头。

赵一荻：每个人都不一样。

张学良：我那二弟，我最不喜欢他。

访 一：在北京那个？

赵一荻：跟他同母嘛。

访 一：二弟是学什么？学思？

赵一荻：张学铭啊。

访 二：是不是黄埔军校那个？

赵一荻：不是，不是，那是张学思①，那是老四。

张学良：老四在黄埔军校，弟兄中我最喜欢的是老四。

访 一：您最喜欢他是因为什么呢？喜欢他哪一点呢？

张学良：有出息。

赵一荻：这个人有骨头啊，他就喜欢这种人。

张学良：有骨头，我那四弟那可真厉害，有骨头。我三弟、四弟都是我那第四个母亲生的。我跟你说我这个四弟，我这三弟啊，我们那时候在北戴河避暑，我那三弟喜欢一个女人。

赵一荻：一半一半的，一半英国人一半中国人。

访 一：混血儿。

张学良：天津有个惠罗公司你晓得不晓得？惠罗公司一个卖东西的，一半一半的人，他喜欢她了不得。我那第四个母亲也是厉害的。

访 一：那就等于是您第四个母亲的长子。

张学良：长子。我三弟，我四弟是老二，还有我三妹，还有五妹，她生四个，两个男的两个女的。我的四母亲因为这事，用鞭子打三弟，打完了回家去，三弟说四弟："你没有手足之情，妈妈打我，你一声也不

---

① 张学思，字述卿，张学良的四弟。1933年加入中国共产党。抗日战争胜利后，曾任辽宁省政府主席、辽宁军区司令员。1961年任中国人民解放军海军参谋长。1970年逝世。

吱。"四弟说："我不吱声更好，我要是吱声还要打，打得不够。"

访 二：待会儿我还要问您，当初大帅是怎么样教育小孩？您有什么特别想到的地方要说的？

张学良：没什么特别的。

赵一荻：他也很少有时间来教育他们。

张学良：教过我们的一个老师，冬烘先生。也有好处，我跟着他把"四书""五经"都念了。

7. 我反对儒家思想，那是做官的思想

访 一：您认为，读这个"四书""五经"对做人和做事有没有用？

张学良：这话得这么讲，中国的传统思想就是儒家的思想，儒家思想深入中国人的思想之中，"四书""五经"是儒家思想，我批评呀，梁启超也有批评了，儒家思想实际上是士大夫的思想，完全是一种做官的思想，不是一种社会的思想，可是这儒家思想是深入中国民心的。那时我跟她（指赵一荻）开玩笑说，我是三教九流。她也说我是三教九流。这儒家思想对我做事有很大的关系。

赵一荻：做中国人你就得知道一点儿。

张学良：老的做官的都是［那种思想］。就拿咱们东北说，就像老莫（即莫德惠）都是儒家思想。

赵一荻：现在连蒋介石什么的思想都是儒家思想。你作为中国人多少得知道一点儿，不是说把整个"四书""五经"都念通。

访 一：那是不是因为我们统治的都是中国人，那中国人自己本身也对儒家思想有了一些吸收，所以［儒家思想在中国很有基础］。

赵一荻：这在大陆不能讲，他这四十年就没有了嘛。

张学良：可这儒家思想不能说是社会思想，完全是做官的思想。

访 一：怎么有人说儒家思想是天下大同，是为了基本的民主？

赵一荻：孙中山也是儒家思想，蒋介石也是儒家思想，老一代人，从小就知道。

张学良：老一代的人都有，不过我对儒家思想是反对的，我不赞同儒家思想，它完全是一种士大夫传统的做官用的。

张学良：我母亲绝对不让我做军人，想让我考文官呢。我母亲要在的话，奉

天有个法政学校，她就让我进那学校啦。我们奉天高等的文人差不多都上那个学校。

访 一：好像奉天在这方面是很先进吧？

张学良：相当先进，不能说像上海、江苏那么先进，因为我们还是受到日本和俄国的思想影响。

访 二：对，对，对，至少还是接触到了外国人的思想。

访 一：前两天我在《纽约时报》上看到一个东西，给放大了，传真给琳达了，您看见了吗？发展图们江，那叫什么县，延平？有这个地方吗？① 图们江口，中国、韩国和苏联交界的地方，他们要开发，做成一个国际的海港。

张学良：我不知道。

赵一荻：我记得给我们了，但我们现在很少看东西。

访 一：那我就给您说说吧。那不是现在苏联也没有了吗？大家敌对的心情越来越减少了吗？中国北方现在缺乏一个很大的海港，以前的苏联也需要一个海港，蒙古也需要一个海港，还有韩国，正好在图们江口，那地方叫什么，不叫延平，我记得张先生提起过。现在联合国给钱做初期的研究工作，看这海港是否值得开，经济效益如何，海港的维持和保养有没有什么办法，因为它相当偏北了，比营口还要北。

赵一荻：那是不是在海参崴那儿？

访 一：还要往北，这很有意思。那一块儿就是住有朝鲜农民，"九一八"事变导火线之一嘛，万宝山那边。

张学良：不是，不是，那离万宝山还远着呢。

访 一：他们花了八十多万美金先做研究，借着现在世界大家和平相处的趋势开拓发展。

张学良：我对这事情不大注意，不太了解。

赵一荻：她刚才讲这个事我们都没想到，原来美国的核子啊，飞弹啊，都是为了一个目标，一个敌人，就是苏联。现在呀，减少军备，没有敌人了，更危险了，小国都有核子弹了，防不胜防了，都乱来了。

访 二：全有，而且谁都控制不了。

---

① 应是吉林省珲春市。

访　一：而且这些国家不像美国、苏联那样有种国际的责任感。他可以说我们没有核子，到时候他自己去发展，我有核子我不会发，到时候不高兴了他 impossibly（不可能的）。

赵一荻：像伊拉克这些国家。

张学良：话也是这么说，我完全拿军人的想法说，我年轻时，没有火枪，那有火枪的军队大家都害怕。现在就说核子武器，大家都有，也算不了什么，打起来，我就给你放核子弹，再来一个大的，飞机来了，你放我也放。

赵一荻：那将来就是毁灭了。

访　一：世界末日了。

访　二：那真是可怕了，真是不得了。

张学良：换句话，这是我们《圣经》上说的，"申冤在我，我必报复，你不要为世界抱不平。"这句话常常在我脑子里转，真是这样。日本那么凶，那么野蛮，结果挨两个原子弹，老实了。他要不是那么凶，那么野蛮，他挨不着。到现在我还不明白，我只知道一段，详细情形我不知道，日本的航空母舰怎么叫美国给炸沉的①？我不知道。

访　二：您说是在哪儿啊？

张学良：就是太平洋战争②啊。

访　二：中途岛那边是不是？

张学良：结果他的飞机没处落，都落到海里去。

赵一荻：要不是他炸珍珠港，我们中国人没法打胜日本，怎么能打胜？拿什么打？

张学良：日本的军力我知道，那日本还了得，那几个大舰，那真是厉害，结果都完了，都叫美国给［炸沉了］。

赵一荻：美国国力也真是强啊，还能恢复过来。

---

① 1942 年在珊瑚岛海海战中，美军舰载飞机击沉日本第一艘航空母舰"祥凤"号。此后，日本全部 20 艘大小不同的航空母舰、五艘护航航空母舰，除了担任训练任务最老的"凤祥"号之外，其余被美国海军一网打尽。其中最大的七万吨日本航空母舰"信浓"号，下水 50 天尚未开始服役，就在日本内海被美军潜艇"射水鱼"（Archerfish）号，用四枚鱼雷击沉。日本最后一艘被击沉航空母舰是"天城"号，是在 1945 年 7 月 24 日，美国海军舰载飞机大举轰炸日本本土时，击沉于吴军港内。

② 太平洋战争是第二次世界大战期间，日本为争夺远东殖民地，独霸亚洲而发动的战争。1941 年 12 月 7 日，日本海空军突袭珍珠港，太平洋战争爆发。至 1945 年 9 月 2 日，日本签署无条件投降书，太平洋战争结束。

访　二：不过，美国在珍珠港也被打得够瞧的。

赵一荻：日本人想，你这下完了，把你海军给你毁灭了。

访　二：美国是非得受气才行，不然它才不会出兵跟日本打仗。

张学良：日本混蛋，日本要不是炸珍珠港，偷袭珍珠港，美国不会那么火。

赵一荻：中国古书上这么讲，多行不义必自毙。……上帝就叫他疯狂了。

访　二：叫希特勒疯狂，叫日本人疯狂。前些时叫卡扎菲疯狂都受到打击了，现在是侯赛因疯狂。

访　一：那会儿是叫斯大林疯狂。

赵一荻：谁能预料到苏联会一下子瓦解了？真想不到。

访　一：过去这两年来发生的很多事情都是咱们想不到的。

张学良：怎么讲？

赵一荻：苏联怎么瓦解了，谁能想得到，这么快。

张学良：苏联怎么能说瓦解了？

赵一荻：瓦解了，现在都分开了，小国与小国的，都分开了，个人归个人了，不是苏联了。

访　一：现在没有苏联了。

赵一荻：现在叫俄罗斯，不能叫俄罗斯，俄罗斯就是他的一部分。

访　一：对。还有乌克兰什么的，都分开了。

赵一荻：你现在叫什么，就叫俄国。你们叫什么？英文叫什么？

访　一：就叫 Russian Republic（俄罗斯联邦），他不是整个整体，他是一块了现在，他们现在正在研究如何做成一个联邦嘛，不然的话他那个……

赵一荻：现在还没有一个正式的名字出来。

访　一：还没有做最后决定，不还在打呢嘛。

赵一荻：是啊，我不晓得叫什么。从前叫苏联，现在你也不能叫俄罗斯，你也不能叫乌克兰。

张学良：叫俄罗斯啊。

赵一荻：整个啊，整个也没有了，个人归个人了，联合的，联邦啊。

张学良：他也没有联邦，他也没有首领，也没有什么，个人是个人的。

访　一：就变成很多独立的小国了。我跟您说很有意思啊，我们在美国，那个地图不是每年出一次吗，他们说简直忙得不得了，因为什么，刚把这改了。

赵一荻：又来了，刚改了又变了。

访　一：结果一个小国一个小国的在这儿，到现在。

赵一荻：将来就变成一个小国一个小国的。

访　一：是啊，现在已经有几个独立了。

赵一荻：现在像联邦啊。

访　一：联邦还没做好呢。

张学良：联邦他有个首领啊，他没有联邦。

赵一荻：昨天还是前天，有篇文章很好，说戈尔巴乔夫①去见教皇，他们两个谈得很好。

访　一：他还说了一句话，说苏联共产主义终结，若是没有教皇办不到，这句话在美国的报纸上有，说完全是教皇那一段在极端困难的［情况下把共产主义终结了］。

赵一荻：他们两个人有相同的观点，戈尔巴乔夫是主张和平的。

访　一：他说教皇好像是做了一些事。

赵一荻：教皇对和平也有很大的贡献，所以戈尔巴乔夫说是"我跟你俩有一个共同的思想"，这不容易啊，一个是共产党，一个是教皇。

张学良：无论如何说，戈尔巴乔夫是个人物。

访　一：真是了不起。

赵一荻：他明白了，集权是不行的。

访　一：还有，我认为这个人很勇敢，他勇于承认现在苏联内部存在的情况，我们在苏联整个瓦解之后才知道里边是多穷苦。那时候在外边还有一个铜墙铁壁，大家都以为苏联强得不得了，而他承认了"中空"。

赵一荻：他敢面对现实。

访　一：这是第一点。第二点，您想想他的位置，在全世界是两大集权之一的，他知道他要这样一做的话，他马上下台，他自己不在乎，登峰造极，我也可以变成平民，而我为的是和平，所以这个人很了不起。

赵一荻：他现在写文章拿钱，不去拿额外的钱。

访　二：说他第一篇文章就写的是共产主义，哈哈。

赵一荻：他真是了不起的人，他有这个胆量，他敢这么做。

---

① 戈尔巴乔夫，1985年至1991年任苏联共产党中央委员会总书记。在职时的政策导致了冷战的结束，为此他于1990年获得诺贝尔和平奖，但他的改革政策也使得苏联解体。1991年12月25日独立国家联合体成立后，宣布离职，苏联正式解体。

访　　一：我们要反过来说,他这样的一个人,跟您作风有好多相像的地方。为了中国统一、停止内战,您不在乎对您自己的[声誉]。"我就是为了这个",所以您才做的,就跟戈尔巴乔夫一样,我就是为了和平。

赵一荻：他也是看到苏联人民太苦了。

访　　一：您不是也看到了中国人民在内战[时的痛苦吗]？

张学良：我跟你解释这个事情。一个人得有思想,当然我也没跟他接近过,没跟他谈过话。一个人呐,他是为自己的地位呢？还是为国家人民呢？还是为他理想呢？这个问题有很大的关系。你比如说,我就批评蒋先生,蒋先生这个人啊,我跟他很接近,他这人就是为自己的。

赵一荻：他这是儒家的思想,不是基督教的思想。

张学良：他不是,他为他自己,我说这话你没有录音吧？

访　　一：哎！您等一下吧。（录音中断）

张学良：这个原因,不能说完全是这原因,后来王永江走开,就是希望我父亲不要到关里去,好好地在那治理东北。

8. 年轻时我是主战的一个

访　　一：您怎么样？

张学良：我那时是少壮派,我是要打仗,我是主战里的一个。简单说,我比较年轻。我认为东北军很好,结果我是把吴佩孚整个打垮了,一战在山海关,第二战争①那是我领导打的,我年轻,也是好逞强啊。那个时候张宗昌对我父亲说,"你大儿子给你南征北战",真的,我喜欢南征北战,表现嘛。

访　　一：我们都很喜欢听戏,我那会就忽然间想起来,假如要是有人会写京戏的话,要把您写成京戏的话,这三个人,一开始是叶盛兰做您这武小生,（众人笑）白袍小将,然后那第二个老生让谁上啊？

张学良：我跟你说一段笑话,有一个人,我话到嘴边上又说不出来了。那时候到北京来看我,他出来他批评我,我自个儿都笑了,那次我穿个袍子,他说"我看他非常像吕布②"。（众人笑）

---

① 指第二次直奉战争在山海关一战。
② 吕布,东汉末期三国人物。五原九原（今包头西北）人。董卓之义子。后因与董卓争夺美女貂蝉,与王允合谋诛董。后被曹操所败擒杀。

访 一：吕布是白袍小将啊？

赵一荻：吕布不是我们那天看戏那个，三国志那个叫什么？

访 一：那是周瑜①。

赵一荻：周瑜？不是，吕布和周瑜不一样啊？

访 一：不一样，您应该是周瑜吧？

赵一荻：吕布好还是周瑜好，我不知道。

张学良：当然是周瑜好。

访 二：两个人都是小将，年轻就不得了啊，三英战吕布②那简直……

张学良：吕布不那谁嘛，王允③利用吕布把董卓④给刺死了，就为争貂蝉嘛。

访 一：故事不一样，我是说形象，应该像叶盛兰。

赵一荻：应该是哪个好啊，是吕布好还是周瑜好？

访 一：不，是张学良好。

张学良：周瑜好，周瑜厉害，周瑜是个人物啊。

访 一：周瑜是一个军事将领。

张学良：周瑜是个人物啊，就是年轻死掉了，唱戏的有两句话，"周都督虽年少，颇有胆量"，这句话很有［概括性］。真正历史上赤壁鏖兵⑤啊，打曹操时，周瑜的水军并不多啊，曹操带来的人马比他多两到三倍。

访 一：跟您山海关一战差不了多少，您只有七万，吴佩孚有二十一万！

赵一荻：哈哈，给他做套戏装穿起来。

张学良：那时吴佩孚也带来二十一万啊。

访 二：所以您是七万。

访 一：您是七万，他二十一万。

赵一荻：夹八万，和六九万。

访 一：哈哈，咱这成打牌了。不过您这样相比的话，您是三分之一。

---

① 周瑜，字公瑾，庐江舒城县（今安徽舒城）人。三国时期吴国名将。魏曹操率兵南下，周瑜与刘备合兵破曹于赤壁。

② 三英战吕布，亦作三公战吕布。京剧武生剧目。是东汉时期，太尉、司徒、司空三人在河南温县大战吕布的故事。太尉为军政首脑、司徒是丞相、司空是御史大夫，合称三公。

③ 王允，东汉时期太原祁县人（今山西）。镇压黄巾军起义。献帝时为司马，与吕布诛杀董卓。

④ 董卓，字仲颖，东汉陇西临洮（今甘肃岷县）人。专断朝政残暴专横，纵火焚烧洛阳周围数百里。被吕布杀死。

⑤ 赤壁鏖兵，中国历史上以弱胜强的著名战例。曹操在公元208年，率兵20余万南下。孙权、刘备联军5万，共同抗曹，利用曹军远来疲惫，疾疫流行，不习水性以及后方不稳定等弱点，以火攻击败曹军，奠定了曹、刘、吴三方鼎峙的局面。

张学良：我们那比周瑜还厉害，周瑜打胜了，并没把曹操全灭呀。我们把吴佩孚全灭了，不但吴佩孚全灭了，那个所谓北洋军阀没有了。

访　一：一战而灭。

张学良：我不佩服吴佩孚，吴佩孚这人太好吹。

访　一：因为张先生喜欢余叔岩①，所以您少年的这段得要余派来唱。余叔岩太瘦弱了。

访　二：您现在听不听带子，录像带，大陆有一个老生叫李鸣盛②，现在唱得很好。

张学良：是的，我听了，我在广播里听见了，我现在不大听录音带。

访　二：他唱得真是不错，现在号召他是杨派，杨宝森③那派了。他唱的京戏都不错，我就买了，一个是《碰杯》，一个是《浔阳楼》，宋江题反诗。

张学良：《浔阳楼》是怎样个戏我不知道。

访　二：就是说宋江不是发配，他在浔阳楼上觉得他自己很难过，就题了反诗。他唱得不错。

张学良：《浔阳楼》是宋江发配，但《浔阳楼》上有一个女的是谁？

访　一：那是《坐楼杀惜》。

访　二：《浔阳楼》是他《坐楼杀惜》以后，他不是发配到江州去了吗？

张学良：浔阳楼是在江州？

访　二：对。

张学良：我弄错了。

访　二：您以为是杀阎婆惜呢是吧？

张学良：不是，我是另外听一个，叫什么楼，有个女的，跟一个男的，他在那儿写经啊还是干什么。

访　一：《望江亭》，那是新戏。

张学良：我不知道那是怎么回事。

访　二：这老生后来唱得真的是不错。

---

① 余叔岩，京剧老生演员。余在继承谭（鑫培）派艺术的基础上，进行了较大的发展与创造，成为新谭派代表人物，世称"余派"。

② 李鸣盛，京剧老生演员。李宗余派兼取马（连良）派、谭派之长。后期演唱行腔韵味接近杨（宝森）派，人皆以杨派视之。

③ 杨宝森，京剧老生演员。早年专攻余派，有"小余叔岩"之称，后创新唱法，自成一家，成为杨派艺术的创始人。

访 一：不过我喜欢《五台山》，她给我录的一个《五台山》，现在大陆一个唱花脸的，唱得很好。

访 二：《五台山》，唱得很好，就是六郎和五郎，您听过这戏了吗？

张学良：是《五台山》，那个谁唱得最好了。

访 一：裘盛戎？

张学良：裘盛戎跟马连良①，那唱得真好。

访 一：你录的这个。

访 二：这是一个新的。

访 一：一个新的花脸，唱得真是不错。

张学良：花脸，叫什么名字？

访 一：姓王，叫王什么。

张学良：大陆的？

访 一：大陆的。

张学良：我不知道。我最近听一个女的，唱得不好。

访 一：女的那个是谁？

访 二：王海波②。

访 一：不是，台湾的。

访 二：对，就是王海波，嗓子不行。

张学良：唱的那个什么呀？

访 二：《吃桑葚》。

张学良：不行，那还不如那老旦唱得好呢。

访 二：老旦是谁呀？

张学良：老旦不晓得是谁，昨天我听的广播。

访 一：那天我不跟您说了吗，我说我有一个玩意儿，今天我去问了，这儿有一个代理。

张学良：什么东西？

访 一：我说有一个机器，一照就可以看见那个，台湾有他的代理。

张学良：我以后到那儿看看。

访 一：有机会我给您……我跟您说，不用在这儿买，他这儿比国外贵一倍，他说一个要五万块钱。

---

① 马连良，京剧老生演员，是与梅兰芳齐名的艺术大师，他开创的马派艺术影响深远。
② 王海波，台湾京剧女花脸演员，尤以演包公戏著称。

张学良：要美金啊还是台币？

访　二：台币，要美金还得了。

张学良：台币我没事，我看看好不好。

访　二：您看看，我跟您说他这个地方。

赵一荻：你用过？你看见过？

访　二：本来我们看见过，都是大的。他这个很小，所以任何带颜色的不带颜色的，您往这儿一放，它那边就可以照在这个墙上。

赵一荻：那得有一个大的白墙啊。

访　一：您可以买一个荧幕挂在那儿。

张学良：我有荧幕，还有架子。

访　一：那个地方，他本来说，"我可以带去给你看"，我说："你不用带，等以后我们想看的话，我们来这看。"他也有电梯，您要有兴趣您去看看。

赵一荻：我们可以去看看。

访　一：对，他说你先给我打个电话。

赵一荻：先打个电话到那去，他给你做个样子看一看。

访　一：对，您要看什么东西。它这很有意思，比如说您把刀子放上，把橘子放上，它都可以照在上头，它不是说一定要一个平面，立体的东西也可以。

张学良：把这东西留下。

赵一荻：留下我去看一眼。

张学良：我现在想起一件小事，在她手里头。我的信件，人家给我的信件，在我那箱子里，有蒋先生的，很多人的，甚至有好多人死掉了。我脑袋记着呢，我很注意这个，一个是蒋先生给我写的信，一个是陈仪给我写的信，留着很有意思，还有孔祥熙的，都是他们亲笔的信，在历史上很有价值。

访　二：您这些东西要是愿意交给哥伦比亚［大学］保存的话，我们可以走一个手续，以后这东西都是您的。第二呢，可以用特别东西把它照相，您还可以留照相本，这些东西都可以［保存下来］。

张学良：我可以送给他们。

赵一荻：你们现在先把这个弄出来，你们哪天再来？我们好知道啊，我们有个准备，你们能待多少日子。

张学良：我还记不大清楚，我还得找一找，她也不知道详细情况。我有一个箱子，还有我的日记。

访　二：那太好了。

赵一荻：好多东西，所以我要问你能够待多少日子，大概什么时候来，什么时候离开。

张学良：我不是天天写的，我心里发点议论啊，我就写在上头。我还有好多手笔，我很可惜啊，我现在一时也找不着。还有我看的书，在我的书架上，在那书上头我都有批评的，甚至我要考察，我写的很小的小字。

赵一荻：在哪个书架上，那年白蚂蚁不是吃掉了好多吗？

张学良：不是，这都是洋装的书，白蚂蚁吃不掉的。我那上写小字，比如，"劝君更进一杯酒，西出阳关无故人"，我就考证阳关是什么地方，这阳关到底叫什么名字，都写在书上了。

访　二：不仅是您的笔迹有意义，您所研究的［更有意义］。

张学良：我当年写的字很小很小，我写小字，现在眼睛都［看不清了］。我还有一部分玩意儿还留着呢，我看书的时候我有卡片。

访　一：啊，我来跟您学学怎么念书吧。

赵一荻：我们到这儿来都住三十年了，有很多很多事，我现在想都想不起来了。你们大概5月底来？

访　二：我们不到5月底。

张学良：你们愿意收集我这些玩意儿我都给你们，没关系。

赵一荻：我们这儿不行了，再来白蚂蚁都得要吃光。

张学良：我有一部分……我写的那个……给谁了，我写的那个保罗什么的，我写四五本呢，不记得谁看见了，他喜欢，我说你拿去吧。

访　一：不是您还说有一次您写什么文章，写得自己很得意的，您年轻的时候写的，您还有没有啦？

张学良：那年轻时候的东西没有了。

赵一荻：他东西很多，我也不知道。

张学良：我这人好写，我年轻的时候作打油诗啊，那时候开人玩笑，写的文章多了。我开人玩笑，写得很好的文章，那都是年轻的时候。

访　一：您现在有什么，我们都要。

张学良：现在不晓得哪去了，乱七八糟的。我有一箱子，她也不知道，里面都是我的书，写的东西玩意儿等等，图章呀什么的。

访　二：哥伦比亚大学还给运费。

赵一荻：他们给运费，装了箱运到哥伦比亚大学，他们有珍藏室呀。

张学良：我乱七八糟东西多了，一时都想不起来，你现在说到这个地方，我就想到那了，我要紧的，我那本信稿啊。

赵一荻：她们说哥伦比亚大学珍藏室要这个东西。

张学良：是，我听明白了。我有一个本子都是人家给我来的信，我倒愿意把那个给你，有蒋先生给我的，很要紧的信，都是给我的信。

访　一：您这套信件现在需要找才找得出来，是吧？

张学良：我粘在一个本子上了。

赵一荻：是啊，你那本子放在哪儿，你也没告诉过我。

张学良：就在那铁的箱子里。

赵一荻：哪个？楼上那个？

张学良：不是，就是我一个很重的箱子。

赵一荻：皮包啊？

张学良：不是皮包，箱子，一个铁的箱子。

赵一荻：我晓得，不是整个铁的。

张学良：不是整个铁的，大概在那里头。你问我百分之百我不能说，我这人把东西随便一塞，大概是在那里头。

访　一：没关系，我的想法是这样，您这些东西，最好是能够想办法用照相照一份。因为什么，宝贵的东西永远要有副本。

赵一荻：我们自己不要［副本］。

访　一：您不要照拍，我们去给您拍照。

张学良：要紧的有一点儿东西，我那个东西是相当秘密，我本不愿意送人，既然你这样提起，我也许给你。

赵一荻：她可以给你收藏在那图书馆里头。

访　一：您一样可以不给。

9. 我有个要紧的东西经国先生给我改了

张学良：现在外头有一个东西，……蒋经国先生对我很客气的，人家给我［那个东西］起了个名字叫什么"悔改录"啊是什么，实际上不是那么回事，经国先生给我改了个名字，叫回忆录好像是，那个东西很要紧。①

访 二：您还有这个？

张学良：那东西就是我的手稿，原稿。

访 二：我想您这个东西您送过去呀，您最好是跟那个什么似的，多少年不许人看，或者是您什么时候才许人看。

张学良：得有人知道，不说呢，人家不知道是怎么个事。你知道，现在政府都把我这东西改了，不说是改了，就是变了，实在那个事不是那回事。

访 二：您知道您的弟弟在大陆上说，有一个做政协委员的弟弟，老二是吧？他说您那个东西是他们给您改过的，在外面说的。

赵一荻：他也不知道，二爷也不知道。

张学良：我那二弟（即张学铭）呀，脑子里头糊了巴涂的，我最看不起他。我给他这样评价，一看有［困难的］事赶快跑。（众人笑）我最看不起他。

赵一荻：现在大陆上很多都是道听途说的，他也不知道，谁知道啊？谁也不知道。

张学良：我最喜欢的是我的三弟（张学曾②）、我的四弟（张学思）。我三弟这个人是个人才。

赵一荻：六十年了，都没有接触，谁知道怎么回事呀，他们根本都不知道，随便一说。

访 一：这如果是手稿的话，那很宝贵。

张学良：不是手稿了，我写了，又退回来。我又修改，有一部分是她（赵一荻）缮写的。

访 一：我们那里收藏的这种东西很多，像昨天我给您带来的那本书。

赵一荻：给你看的那本书，她们有一个图书馆里专门收藏这些个东西。

访 一：那个里面有弥尔顿的、牛顿的，那都是手稿，上面有改的。您无形中就是说世界性比较那什么您要是把［珍贵的］东西交给［哥伦比亚大学保存］，那是极端保险，任何人不能改动。

---

① 指张学良写的《西安事变回忆录》，这本是应蒋介石写《苏俄在中国》之需给蒋介石的一封长信，后经蒋经国改名为《忏悔录》发表了。当张提出意见后，蒋介石命令收回。

② 张学曾，字远卿。张作霖与许夫人所生，张学良三弟。曾留学英国、日本，二战后定居美国。曾在联合国总部秘书处任职。

10. 我要发表一份东西说明西安事变真相

赵一荻：中国人翻成 Coup d'état 是什么东西？

访　一：事变。这是原来蒋夫人用的名字。①

张学良：原来她中文名字不叫 Coup d'état，蒋先生叫《西安半月记》，② 她叫西安什么玩意儿，我忘了，不是 Coup d'état，它有中文的。比较起来，蒋夫人写的，我可以说比较相当的诚实，蒋先生写的完全是——

访　一：还有夫人这个，外边已经有人批评和证实，说也是经过修饰的。因为这个是可以想象得到的，她是蒋夫人呐，她说得已经很那什么了，可是仍然是经过修饰的。

张学良：那我就不知道了。

访　一：所以我认为您那个东西，昨天我跟张夫人我们看了，这本不是了，这本是普通的了。有一本是蒋夫人自己签名给哥伦比亚大学的。我们去看，他有一个特别的东西，捧着给我捧出来。

赵一荻：怕弄坏了。

访　一：那里边还有东西。

赵一荻：夫人送给哥大的。

访　一：看那个书有什么程序，要怎么翻，所以您那东西他们会保存得非常好，而且这可以说是世世代代的，别人不能什么，也不能照相，所以保存得相当好。如果您要认为有些可贵的东西值得保存的话，那倒是一个比较保险的地方。

赵一荻：你们大概五月二十号会过来？

访　二：可能十八号来。

张学良：现在我跟你随便说，我将来总要发表一份东西，到底这个西安事变是怎么回事，西安事变谁也不知道，怎么解决的，怎么个事情，将来我会把这实在的情形写出来。

---

① 西安事变后，宋美龄写过一篇《西安事变回忆录》。（见远方编：《张学良在1936年——西安事变内幕纪实》，第290—311页；光明日报出版社，1991年版）

② 1937年2月，由中正书局发行的蒋介石《西安半月记》，全书题材以蒋介石在事变中之私人日记出之。据说该书共售出80万册，影响之大可想而知。张友坤在《伟大的爱国者张学良》一书中，对该书进行了逐日评述，称它是一部"充满谎言、不折不扣的欺世盗名之作，是留给后人的反面教材。读之令人可笑、可气、又可恨"。（见《伟大的爱国者张学良》，第117页，东北大学出版社，2006年版）

访 一：你什么时候愿意交代它？

张学良：那我不敢说。

赵一荻：不过是没关系了，照现在这种过程，你告诉他，搁这儿不发表，多少年以后发表，把这记录搁在里头。

访 二：对，我们不发表。

张学良：不是旁的，一般人，到底西安事变你们怎么会这么样解决呢？

赵一荻：都是要问这个。那天那个谁来了，傅虹霖①跟她丈夫来了，来了她就要问这个问题，我一句话就把她们顶走了。我说呀，"他要想说的，他已经都说过了；他不想说的，你们问也白问。"

访 一：傅虹霖不是那个写书的吗？

赵一荻：就是她，她又来了。她又要找点资料，因为他一句话她很得意嘛，他说"傅虹霖写的比较好"，她那里头大概百分之八九十说他不错，所以她来看他来了，还带了礼物来看他。傅虹霖没开口呢，她丈夫就问西安的事儿了，又要问了，我就给他顶回去了。我说"他要说的已经都说了，他不要说的你问也白问"，她就知道这没有用了，再来问也没有用了。

访 二：我觉得大家问的意思不对，假如说你是想去写文章，去卖文章，你再问这个问题。

赵一荻：他们就是为这个。

访 二：要不然你要是真的想听听张先生说什么，你要去参考去，你去研究历史，你可以去研究。

赵一荻：他要把这个东西留下，他就会说。

访 一：我们老是这样想，因为我们思想比较单纯，因为什么呢？不管是西安事变也罢，不管是张学良将军也罢，您现在不说话，外头给您画的是红色的、绿色的，花脸似的，但是您自己到底是什么，没有人知道，以后这世世代代都是个谜。您一会儿是黑头，一会儿是花脸，这个事情我就认为委屈您自己，也委屈了这段历史。

（录音中断）

---

① 傅虹霖，美国加州柏克莱大学教授，研究张学良的著名学者。生于重庆，长于香港，留学美国。著有《张学良的政治生涯》（王海晨、胥波译，辽宁大学出版社，1988年版）。曾追随国画大师黄君璧先生学习国画，赴美后又选攻油画及素描，亦是画家。其丈夫祖炳民博士（美国肯尼迪大学东亚研究院教授，校董）是全美双语教育的先驱。2005年丈夫病逝后，她出任祖炳民教授基金会董事会主席。

11. 盛世才人不正呀，邪门歪道多

张学良：我想，这个盛世才这个人实在该死，假若他在我手下，我一定把他枪毙。杜重远到他那儿去帮他忙。他让杜重远出去考察，回来他把杜重远枪毙了，他认为杜重远好像有意出风头。盛世才这个人坏透了，小气，尤其是变化无常，他本来投靠苏联共产党，他原来是我的副官，他的起来，一部分是我把他提拔起来的，我真是没想［到他会这样］。他很有学问呀，在我这学军事，他原来是上海南洋工学院的学生，到了广东，他是在李烈钧的手下做事情，他学问很好，他是这么一个人。可是这个人坏道多了，这个人不正呀，邪门歪道多了，从来不说真话的，骗人，我叫他骗过一下子，骗我很厉害。他曾是日本陆军大学的学生，我送他去的。郭松龄之变他参加了，郭松龄失败了，我就要求他回来，他不回来，我说你在陆大我不供你了，再不给钱。后来中央的一个人，他叫什么名儿我说不出来，他到了日本以后，中央帮他念完陆大。他毕业以后到了中央，当参谋处处长，地位很高了。他到了奉天，夜间来见我，他说我现在在中央当参谋处长，说以后有什么事情他可以告诉我，可以通信。"有什么事情我可以告诉你。"那很好哇。那么他就说"我现在想不做了，我要走"。我说"你要上哪儿去？"他说"我要上云南"，我说"你上云南干什么去？"他说唐继尧的弟弟叫唐继禹。"他找我，到云南去。"我说"你想去吗？"他说"我想去"，我说"你想去就去吧"，他说"我没有路费"。我送他五万块钱给他做路费。结果，他回去，他没有上云南，他说的假话，他上新疆了。这个家伙厉害是真厉害啊，新疆有一个姓杨的什么人①，到了他的手下。这个人傻瓜，用了他，他利用东北义勇军的李杜②从俄国回来，他把这些部下都收下了。新疆就出了变乱了，回教的一个什么人③，他就出

---

① 此人应指新疆省主席杨增新。但张学良记忆有误，杨增新于1928年7月被刺身亡。盛世才是1930年秋随新疆省秘书长鲁效祖入疆。时任新疆省主席为金树仁。

② 李杜，曾任东北军步兵独立第二十四旅旅长。"九一八"事变后，1932年1月组织吉林自卫军，任总司令，在哈尔滨等地抗击日军，1933年1月失败后，率残部从虎林退入苏联。1933年6月回到上海。1937年2月在上海就任东北抗日联军总司令。

③ 指马仲英。马仲英，甘肃临夏人。回族军阀。1933年，马率部入疆，盛世才率军抵抗。在苏联力量的帮助下，盛世才先后击败马仲英，以及南疆的马培元，从而形成独霸新疆的局面。

去剿那回教，新疆政府那姓杨的又给他补充了一下，结果他没剿这个，他回来就把那姓杨的给搞掉了、驱逐了①。结果，他就在新疆做了［头领了］。所以这个人多厉害。他现在已经死了，他的太太姓邱。当年我也是没权力，他若在我手下，我一定把他毙了，这个人可太坏了，杀了好多人，杀了好多东北人，做事完全是为了自己。

12. 谁说蒋先生上飞机前讲了长篇大论

访 一：我们回过来说这个，您两位说这本书里面有一些您认为是说得比较那什么一点的……我都给您别上了，明天再跟您聊这个。蒋夫人自己给的那本，保存在珍藏室的那本，就保存得非常好了。

赵一荻：外国装订，你何必要盒子书呢？

访 一：不，那个装订也是有点中国式的。

访 二：您知道她把这版权卖给一个北美的出版社，钱都给了在西安她的卫队的眷属。

赵一荻：卖多少钱啊？

访 一：那会儿卖了几万。

访 二：五万块啊，还是美金。

访 一：那会儿五万块钱相当值钱了。

赵一荻：她把那钱给了在西安死的侍卫的家眷了？

访 二：家眷，作小孩的教育费了。同时，大家对蒋先生最末后快要上飞机的时候跟您、跟杨将军有一段训话，大家对这个非常的［有兴趣］。

访 一：是不是很长的训话？

张学良：有，有，有这段训话。

访 二：真的有？真是他做的？

张学良：有，她这里说什么？

访 一：说的长篇大套，长的不得了。

张学良：没，没，没，没有！简单得很。

---

① 张学良记忆有误。1933年马仲英入疆时，同年4月12日，新疆省参谋处长陈中、迪化城防指挥官白受之，航空学校校长李笑天，迪化县长陶明樾等人发动军事政变，驱逐金树仁。手握重兵的盛世才被各方推举为新疆临时督办。1933年6月下旬，盛世才突然停止追击马仲英，率部返回迪化，以谋反罪名枪杀陈中、李笑天、陶明樾，进而摄取了新疆最高统治权。

访　二：那就不对了嘛。您说我们弄历史啊，我们怎么想，这里面还有一段说蒋夫人和宋子文之间好像有一段签字还是什么，然后到了上飞机，是您送蒋先生上飞机去的是不是？是您开车去的吗？

张学良：是我送的，坐我的车，不是我开车。

访　二：这中间的时间不可能长篇大套地讲这么一大段话。

赵一荻：说他没有时间啊，讲那么长篇大论的一大篇。

张学良：是很简单的话。

赵一荻：一个人啊，不要说不诚实的话。

张学良：谁说他讲长篇大论？

访　一：他自己也说啊，长极了。

张学良：谁？

访　一：蒋先生他自己说的，而且作得非常好的一大篇文章。

访　一：好像是一种很要紧的政论，毛泽东就批评说这是中国历史文献上最可笑最滑稽的一篇东西。①

张学良：蒋先生就说了几句话，很简单的几句话就走了，我们就上飞机了。他跟杨虎城说，"我回去要是对不起你，我不能再给人当长官"。就这么几句话。

访　二：这是来得及的。而且蒋夫人说上飞机，很快地希望上飞机，赶快走，那这个时候蒋先生跟您长篇大论什么。

赵一荻：给你跟杨虎城啊，来一篇训词，训诫你们一样。

张学良：是，说了几句话，大概我现在还记得，他说"我啊，回到南京啊，我要对不起你，我就不能给人做长官"。就是这么几句话。

访　二：所以您说这个［只是几句话］。

张学良：历史上的事就是［难说啊］。

赵一荻：你不能尽信历史。

---

① 此为刊于1936年12月27日《中央日报》的，蒋委员长12月26日在洛阳发表的声明，讲的是在西安登机时《对张、杨的训词》（通常称"蒋委员长对张杨的训话"）。同月28日，毛泽东对此予以深刻揭露。称："蒋介石氏十二月二十六日在洛阳发表了一个声明，即所谓《对张杨的训词》，内容含含糊糊，曲曲折折，实为中国政治文献中一篇有趣的文章。蒋氏果欲从这次事变获得深刻的教训，而为建立国民党的新生命有所努力，结束其传统的对外妥协、对内用兵、对民压迫的错误政策……以表现其诚意。十二月二十六日的声明，是不能满足中国人民大众的要求的。……蒋氏应当记忆，他之所以能够安然离开西安，除西安事变的领导者张杨二将军之外，共产党的调停实与有力。……语曰：'人而无信，不知其可。'蒋氏及其一派，必须深切注意。"（见《毛泽东选集》合订本，第237—239页，人民出版社，1966年版）

张学良：咱们中国书上有句话，尽信书不如无书。

访 一：所以要信口述历史。哈哈哈。

张学良：口述历史是这样子，话要说回来，那人说的是真话假话，你知道？

访 一：我们相信您，不管别人（众人笑）。我们没办法管那么多人，我们给您服务，就已经心满意足了。

访 一：有人说是陈布雷①后来改的。

张学良：什么？

赵一荻：蒋先生写的这个东西呀。

张学良：那可能。

访 一：陈布雷是他秘书，是吧？

张学良：很亲近的秘书。

访 二：陈布雷还写了很多东西。

张学良：陈布雷是自杀的。

访 二：陈布雷的女儿是我的老师。

张学良：你知道陈布雷自杀是他不满意啊，他不满意蒋。他说："我是心血用尽了，可是［也没用］。"可是他就没有往下说下去，大概我明白，他希望蒋先生宽大为怀，蒋先生这个人很窄小啊。

访 二：我们的感觉里也是，不是一个国家领袖应该有的豁然大度。

张学良：不但是对我，对［别人也是一样］。

访 一：找书，我给您找。您瞧哪有那么多时间，匆匆忙忙打了包上飞机，我给您看看。

访 二：这一大段，中文也许比这短一点。

张学良：顶多说了三分钟的话，大概是。

赵一荻：也许中文的少一点。

访 二：中文的少也得一句一句说啊，你想这儿……所以现在大家就把这时间算了，从开始说一直到上飞机是多少时候。

张学良：所以人家也会算得出来。

访 一：您看，从109页一直到115页，我给您拿机关枪式的速度来阅读一下。

张学良：大概说什么？

访 一：我没看。

---

① 陈布雷，曾任国民党中央党部秘书长，被称为国民党的"领袖文胆"。1948年11月，在南京服安眠药自杀。

赵一荻：她没看呢。

访　一：我不要让这个来影响我嘛。

访　二：我看了这中文，当然说得很体面了。

赵一荻：要面子，中国人就是要面子。

访　一：您瞧，这么多，怎么着你也没法看了。

张学良：所以文件这东西，到后来做出来没意思了，这不是那现实的情形。

赵一荻：所以写口述历史也好，写文章也好，得自己去说去写，旁人给你写，他跟你写得不一样嘛。

张学良：我给你说一件事，你既然研究中国历史，你说蒋先生这人的作为？

赵一荻：你不要在这儿讲那种话。

（录音中断）

13. 端纳认为中国的历史不能没有少帅

赵一荻：他十几岁就在奉天青年会……

张学良：我十几岁时，在奉天有个 Mountain Club（群山俱乐部），没有中国人，就只有我是一个中国人，在那儿都说英文，可是我那蹩脚英文，那就随便乱说。还有，我的孙子来这儿玩，晚上跟我一块堆儿睡，还叫我给他讲故事，用英文，他听得挺好，他问我"你用的是什么字眼？"我讲还能讲，你知道我英文好多字我不会用，我听我还比较能听，好多字我不知道怎么用，那个字应该用哪个我不知道。所以她说，"你跟你孙子俩人晚上还讲故事"。

赵一荻：他也是这样，他会的那几个字啊，来回来去用，他知道的那点英文的那个字啊，他会利用那几个字来解释。

访　二：不过那您说您做翻译，这是因为要写书嘛，这跟口语不一样。

赵一荻：就是口语也是端纳那种英文。

张学良：这更好玩呢，蒋先生［和端纳说话，让我当翻译］，蒋骂我，可是我还得当翻译。

访　一：您再说一遍，我没大懂。谁骂您呢？

张学良：蒋先生骂我，那时候在西安，我给他当翻译，端纳说什么我还给他当翻译，那时蒋夫人不在。

赵一荻：还没来呢，还没到。

访 二：端纳真的不懂中文吗？

张学良：不懂，他能听［一句］、半句，［再多就］听不懂了。

赵一荻：端纳他也许能听懂，他说他听不懂。

张学良：简单的话，开个玩笑啊，说正经的一套他听不懂。他自己说，他说"我也不想懂你们的说话"。

赵一荻：端纳跟你讲的英文也是跟别人讲的不一样，他简单，他用他容易了解的话跟他讲。

访 一：我很佩服他说的对少帅的看法，说得很好。他说您翻译得多好，他说第一次见到您正好是皇姑屯之后，在那大家相互争执之间，只有您一个能把它平稳下来。所以他把您看作是真正的领袖，在哪儿说的我给您找啊，这不是我说的是他说的。同时他非常欣赏您各个不同的地方，他说在东北的三省的治理上只有您真正付出了实际的力量，而且把整个东三省地区的经济改革付诸实施，在那个时期所有中国的将领和行政人员，您是走在前面的……他自己夸了夸他自己。……他第一次见到您是在"杨常事件"之后，是吗？

张学良：不是，我记不得了。

访 一：他说他在上海的时候，有一个人代表常荫槐来送给他两百万英镑，让他想办法去跟英国贷款。

张学良：这件事情是的。

访 一：他就问这人，你让我贷款，需要贷款保证什么的，你是代表谁呢？这人没说出所以然来，端纳说他了解当时中国大家做事的方式，他就有点怀疑，怎么能这么突兀地做事。后来到东北见到您之后，见到杨宇霆，杨宇霆跟他支吾其词，他就很奇怪。于是他又到了齐齐哈尔，跟姓常的说了这事，姓常的非常紧张，说话也乱了套了。端纳说按照他自己跟中国人交往的经验，知道这两人在做鬼，所以赶快给自己洗干净，写了信给他们，说你们委托的事情我不能办。这事情他跟您说了是吧？他暗含着在张先生背后找他向外面借钱而贿赂端纳，给端纳两百万，不是不是，两千英镑，英镑很值钱嘛，要他向伦敦去借1500万英镑。他说最令人惊奇的是"杨常事件"之后，您非常得体而迅速地把事情安抚解决下来，很多人当然会对您有反对意见，您都取得了妥协，把他们安抚下来，您这样做，无形中反而加强了您在东北的地位，他自己下定言说，满洲啊，东北本来好像是个点火就着的地方，这边苏联，那边日本。可是"杨常事件"之后您对那个局势的安排，让您能够安安定定地把东北治理起来。他这话是很公正的。他还说他本来想走，因为孙中山和蒋先生的事情，他觉得中国太乱了，跑到了东北，见到您之后，走的希望就越来越远了，不想走了。同时，每天都在跟您的接触中发现对您的了解又深了一步，对您的尊敬也加深了一步。我现在很奇怪，奉天为什么叫 Mukden。

赵一荻：你一会儿跟她解释为什么叫 Mukden①。

访　一：噢，他说您有一种毒品，叫什么东西？

张学良：跟吗啡一样的毒品。

访　一：他说您是他认识的这么多人里非常有前进思想的领袖，所以，他特别想对您有服务性，可是看到您有这个嗜好，有一天他就直截了当地跟您说您必须要把这个嗜好戒除。他本来想您一定生气了，但奇怪地发现您对他不但和蔼而且非常感谢他，于是他觉得这少帅不同凡响，他和您坐下来研究，您给了他好多钱，不是，是拿出好多钱，要在奉天做一个医院，可惜后来没有成功是怎么样的了。

赵一荻：这是哪个？是不是 Dr Miller（米勒）的医院？

张学良：是这样的，Dr Miller 的医院。

访　一：他继续说，他越来越欣赏您，自孙中山先生之后，您是他认为值得他欣赏的第二个人，希望每天和您在一块儿谈天，给您说一些事情，虽然您的嗜好令您的身体不够强壮，但是心理上和思想上是一天比一天灵活和健强，对治理好东北的信心加强了，把非常新颖的思想都付诸实施。后边他说，您从技术上、科学上和政治上对手下人员怎么样训练，是当时少有人能想到的，他说您拿出差不多近一千万来支持建设东北大学。同时，您的两个土地政策是中国土地改革和经济改革的重要基础，比如说军事解甲归田，让他们离开军队，给他们［安置费，让他们开垦荒地］。同时，您解决了很多中国华北和华中的旱灾的灾民，给他们重生的机会。又发现葫芦岛，来建设葫芦岛，他说少帅每天想的都是为了中国，为了国家。他说了两个笑话，一个是日本人，一个是英国人。尤其是谈那英国人叫 Simpson，是海关的主管，在巧电之后，他希望您维持他在海关的位置，如果是这样的话，先给您两百万，以后每月给您一百万。您给他回

---

① Mukden，即奉天，沈阳旧译。

电报要他去奉天见您，那人高兴得不得了，就到了奉天见您，以为您同意了他的贿赂建议，但您对那人说，"我让你来，并不是同意你的建议；我让你来，是要你现在就把海关的事情交出去"，Simpson 脸都灰了，说"难道你不支持我？你不支持我，我怎么办"？您说"你去找阎锡山呐"。他说"阎锡山跑了"。您说"他跑了，你追他去呀"。结果 Simpson 知道没法了，说"您能不能给我两个礼拜的时间，我把我这事情整顿了，结束结束？"您说"我为什么要让你再继续偷盗我们海关的钱，再偷两个礼拜，不行。现在就交出来"。您记得这事吗？

张学良：有这事情①，这个人他不是海关，有这一件事，这家伙是坏蛋。

访 一：他说"您得给我两个礼拜，我结束结束"，您说"我不能让你再偷盗海关的钱，再偷两个礼拜。我现在就给你命令，你现在就要把海关的职务交出来，应该给谁给谁"。端纳知道这件事情了，因为他不想见这个人，他知道这个人是坏蛋，他不愿意理这个人，所以您跟这个人谈话的时候他不在场。后来您就给他学舌了，端纳说您又经过了一个极大的考验，而您的处理，让他觉得在中国现在没有您这样的人。他说，中国那个时候，不要说那么多钱的贿赂了，给多少钱都要。像您一下子拒绝了两百万，先给您两百万现金，然后每月给您一百万块钱，少帅在这样的地位，能够拒绝这么多，这在中国是绝无仅有的。所以他非常敬仰您。然后端纳在这给了注脚，说，这青年的政治家可以接受别人的劝告，但他有正直的中心思想，有绝大的勇气，而且他有很高的智慧。也不是捧，是真的了，我们跟您见过，觉得您过去做事很符合他对您的评价。他说，后来您到南京去，他也很替您高兴。以后您得了伤寒，在医院里。然后奉天出事时，差不多夜里一点多的时候，您给他打了电话，告诉他，日本

---

① 此事指津海关事件。1930 年中原大战爆发，阎锡山为解决军饷，驱逐津海关原税务司，自行任命税务司接管津海关。五、六月间，蒋、阎、冯在陇海线激战，阎锡山坐镇北平，迭次电令津海关监督葛敬猷迅速接管津海关，并委派英国记者辛博森（Simpson）为津海关税务司，于 6 月 16 日率兵强行进入津海关，将原税务司贝勒驱逐出关。南京政府当即声明不予承认，并于 6 月 19 日宣告：暂时关闭津海关系；撤出津海关人员；运往天津的一切货物须在其他各口海关纳税得以放行。津海关一时无法收回，南京政府海关总税务司梅乐和只好电令奉天海关税务司向张学良说明，要求此时还置身于大战之外的张学良出面斡旋。张学良 9 月 18 日发表通电，表明支持蒋介石，遂率东北军大举入关武装调停。9 月 19 日东北军进入天津后，驱逐辛博森，10 月 3 日完成津海关的全部接管工作。

占领了奉天，后来他说 Mr. Jimmy Elder 也来了，后面就没有了。后来还有很多关于您的事儿。您看，这个人还说良心话。

赵一荻：这个人跟端纳是什么关系？就是写书的？他哪来的这些资料呢？

访　一：端纳自己要写东西，但是他忽然不舒服，到医院检查，检查的人发现他肺有毛病，呼吸不好。他有一个朋友，他不是报界很有名的嘛，就跟他说，结果就把这个人派去了，因为整个报社里只有这个人在中国住过。就把他派去，说"你赶快去访问"。

张学良：是谁派的？

访　一：是美国一个大的报社派的这个记者去的，因为这个记者也在中国住过。去了之后呢，他说，"这怎么办呢，这么一大段中国历史，而且他身体也不好，我没法……"就录了音，端纳给了他很多的文件、记录，说"我现在没法帮你，你自己去整理"，让他去整理就出来了这书。端纳是 1946 年 11 月死在上海。

访　二：那时候您在哪儿？

赵一荻：就在台湾，在新竹。

张学良：那我记不住了，蒋夫人给他葬的。

赵一荻：是啊，她在上海给他出的殡。

访　一：端纳病得奄奄一息时说"我要回家"，可是他的家，不是澳大利亚，是中国。所以我就觉得这个人真是［对中国有感情］。

赵一荻：端纳这人说的很有意思，日本人来了，有钱的人都跑了。他说："我最好，我也没有钱，什么都没有，不用跑。"

访　一：他也不要钱，有好多人说他不要钱。

赵一荻：他说有钱反而糟糕。他说："我也没有钱，我也不发愁；你们有钱你们发愁，我没钱我不发愁。"

访　一：当然前头有一段，他说好像是蒋先生做的所有的改革多半都是他先跟［夫人商量］。他这书里头有给夫人的信件。

赵一荻：当然他对中国也是有贡献了，不过外国人都喜欢编织一些故事。

访　一：不过我就说他关于张先生这段他用不着吹。

赵一荻：他对他是很好，端纳对他很好。

访　一：他这里头有一个，我忘了在哪儿了，这儿呢，这人叫作安茜李。

张学良：有件事情很要紧的，我跟你说过一次，端纳有本日记，在一个姓李的手里。

访　二：这姓李的现在还在不在呀？
赵一荻：这是什么人呢？她是香港一个商人的女儿，那时候她只有十八岁，英文很好，会速写，他觉得她是一个理想的人。
张学良：她开了一个公司，公司的名字我一下说不出来，在奉天也有这公司。端纳的东西在她手里，这个人还有没有不知道。
赵一荻：这就是他的船嘛，开着船来我家玩，我家就在海边上，开船来载我们俩出去玩，就是这个时候，他那船都起了个中国名字。
张学良：我那小宝贝跟他们好玩得来。
赵一荻：这个是他最喜欢的，老张家一辈子的钱就是花在这上头了，他就是要这个船到处玩儿。后来给日本人弄去了。
访　一：到最后，这记者问他，"你都说完了？少帅以后的情况如何？"他说，"你放心，中国的历史不能没有少帅。"这是他临终之言。他觉得，不知道给您说不说，不是说他们有那个军事法庭嘛。
赵一荻：南京军事法庭。
访　一：他说，端纳很生气是为什么呢？因为他是您最亲信的朋友，不让他去给您作证出庭什么的。

第十八次访谈
金万昌相面　在家我是老大

访谈者：张之丙（简称"访一"）
　　　　张之宇（简称"访二"）
被访者：张学良
同座者：赵一荻
访问日期：1992 年 3 月 18 日

1. 唐石霞唐舜君姊妹

（录音自此开始）
访　二： 从前真是两肋插刀为朋友。
张学良： 你们要是愿意听这种事情，我讲，我不讲扯淡的事，我要讲扯淡的事、怪事，天下事情都想不到的事情很奇怪。我跟你讲个故事，你们两个小姐，我不好意思。
访　一： 没关系，您说。
访　二： 您知道她女儿自杀了，您知道？
张学良： 知道，她那时跟日本人在一起。
访　二： 所以，她这一辈子怪可怜的嘛，经过的事很多。
张学良： 这件事情我看过报纸。大家也很猜不明白，为什么她要自杀。
访　二： 殉情嘛。
张学良： 有个男人？
访　二： 就是因为有个男朋友嘛。
张学良： 不要她，甩掉了。
访　二： 不是不要她，是怎么——
张学良： 不能结婚。
访　一： 对，自杀了，我觉得很可怜，尤其在那时候，她这女儿去自杀，实在是可惜。

张学良：她，我们管她叫溥二奶奶①。她那姐姐在台湾，是国大代表。

访　二：噢，您说是唐舜君②吗？

张学良：是，国大代表。

访　二：唐舜君还是唐什么君。那时候最年轻的国大代表嘛。

张学良：是，是，"国大之花"。

访　二：对，对，对。

张学良：那是她亲姐姐。

访　二：现在还活着呢？

张学良：活着，好像不在台湾，好像到美国去了。

访　二：唐舜君啊？

张学良：她叫唐什么我不知道。

访　二：唐舜君，就是那个尧舜的舜。

张学良：唐舜君啊。

访　二：舜君，君子的君，"国大之花"嘛，很漂亮。

张学良：溥二奶奶就是她妹妹③。她叫唐石霞。

访　二：噢，我知道唐石霞这个人。

张学良：唐石霞就是……

访　二：就是她的妹妹呀？噢，唐舜君，我就知道这个人。

张学良：我总想有机会看她一下，后来……旁人就说，"好了，我给你介绍"。

访　二：她还在这儿吗？

张学良：不，她到美国去了，她回来没回来我不知道。

访　二：噢，唐石霞，唐石霞我也知道。

张学良：唐石霞，她号叫石霞。她名字叫唐贻莹。

访　二：您说哪个贻呀？

张学良：好像言字旁，好像贝字旁一个台字。

访　二：噢，贻莹，一个贝字，一个台字。

张学良：大概是，我现在记不住，光记着她号叫唐石霞。

---

① 指唐石霞，女画家，字怡莹。满清贵族出身，清光绪帝的瑾妃和珍妃之侄女。曾为爱新觉罗·溥杰的夫人，又称溥二奶奶。后与溥杰解除婚约。

② 唐舜君，清光绪帝的瑾妃、珍妃之侄女，唐石霞的妹妹。1948年南京制宪国民大会代表，被誉为"国大之花"。

③ 张学良记忆有误，唐石霞应是唐舜君的姐姐。

访　　二：唐石霞，大家都知道这个人。

张学良：她们姊妹两个当年还没出嫁时，她父亲姓唐了，她父亲当过西藏大臣。她是因为出名怎么回事，她是因为是瑾妃的侄女，瑾妃就是她们家的，唐家的。瑾妃、珍妃姊妹两个，她也是姊妹两个，她们当年呢……她们姊妹两个，就是溥二奶奶跟她姐姐，选这个党代表。那时她们上学，好多人都去看。

访　　二：长得漂亮。

张学良：长得漂亮都去看。

访　　二：这后来做国大代表，也很漂亮吗？

张学良：是。

访　　二：她又年轻，风度又好。

张学良：那他们大家开玩笑，说她说话像鸟哨似的。

访　　二：她们是不是还有一个哥哥，也是国大代表。

张学良：哥哥，那不知道。

访　　二：好像是有一个哥哥（唐君武）。好像是叫什么，挺有名的，满洲籍的国大代表嘛。

张学良：是，从前他父亲当过西藏大臣。

访　　二：驻藏大臣。

张学良：主要是因为珍妃、瑾妃的关系，当初珍妃出在他们家。

访　　二：那时候很出风头哇。那是第一届的国大代表嘛，她是最年轻的，给她选成"国大之花"，唐舜君嘛。后来好像还在台湾。现在在哪儿，您没听说过吧？

张学良：说到美国去了，去年的时候，我说要见见她，她说她不在，现在回去了没有不知道。

访　　二：她年纪也不小了，年纪应该很大了。

张学良：是……总之八十多岁。

访　　二：有了，有了。

张学良：我想她比我，我现在九十二，比我小十几岁，可能跟她（张太太）同岁。

访　　二：差不多，那时满洲的代表里头，溥儒[①]也是吗？溥心畬也是吗？

---

　　① 溥儒，字心畬，清皇族后裔。著名书画家。1946年遴选为满族国大代表。1949年5月去台湾。

张学良：溥心畲也是，我不知道。

2. 梅花大鼓金万昌说会相面

访 二：您知道，想起溥心畲，我还想起您的一个故事，您跟张寿臣很好啊？

张学良：谁？

访 二：说相声的张寿臣①，您认识不认识，您记得不记得？

张学良：张谁？

访 二：张寿臣，说相声的，说单口相声的。

张学良：我不认识。

访 二：您不记得？

张学良：我不认识。

访 二：就是一个说相声，很有名的一个老一辈的。

张学良：不管是谁，我不认识呀。说他们艺人，说相声的那时叫万人迷张麻子。②

访 二：万人迷。

张学良：还有说大鼓的人叫刘宝全③。

访 二：刘宝全、荣剑臣④。

张学良：还有一个说梅花大鼓的，我现在说不出来。

访 二：金万昌⑤。

张学良：啊？

访 二：金万昌。

访 一：梅花大鼓是金万昌。

张学良：是。

---

① 张寿臣，艺名小双，北京人。7岁开始说相声。随父亲张诚甫在北京天桥卖艺。10岁以说相声为业，11岁拜焦德海，15岁满艺出师。首开单口相声的先例。1953年入天津曲艺工作团，专事单口相声。1970年在天津病故。

② 万人迷张麻子，原名张德泉，艺名张麻子。著名相声老艺人。留有1908年灌制的相声段子《哭封钱粮》。

③ 刘宝全，原如刘顺全，字毅民，河北深县人。著名京韵大鼓表演艺术家，刘派京韵大鼓创始人。9岁学艺，15岁拜天津名家宋玉昆为师。1910年，已被时人誉为"鼓界大王"。

④ 荣剑臣，满族，北京人。单弦演员。幼年学唱莲花落，后改唱单弦，得前辈艺人全月如、阿铁山等指点，吸收北京高腔唱法，形成自己的风格。1954年参加中央广播文工团说唱团。

⑤ 金万昌，梅花大鼓艺人。满族，北京人。曾在北京茶馆、堂会演唱"清口大鼓"，后对"清口大鼓"进行改革，排练新曲，较前人更为发展。称为金派梅花调。

访 二：唱得好听，我们听他唱的时候，他已经很老了。

张学良：金万昌这人我也很佩服他，他不认识我，他不知道。头一回在我一个朋友家，他在那儿说大鼓。我到朋友家去，我到我朋友家我进屋看一下，我就走开。他唱完了，他问我朋友，他说来的那个人很奇怪。那时候他会相面。他说来那个人很奇怪。他说是不是他就是张某人。那人说怎么的？他说我看他龙行虎步。这个人走道的样子跟旁人不一样。

访 二：大概会相面。

张学良：我就记得他说这个，他说这个人与众不同。

访 二：他们见过人多了。

张学良：我不知道我走路〔跟别人〕不一样。

访 一：他们见识多呀，所以他们看到您〔就与别人不一样〕。

访 二：你说你什么时候，看到一个相片。

访 一：啊？我在外国人写的一本书上啊，这个人叫 James Bertram，他是以前在中国做记者的，他写了本书，差不多有这么厚。他说中国的危机。

张学良：中国什么？

访 一：危机呀，危险的危。

张学良：危险，危机。

访 一：我这一翻，第一张就是您的相片。您呐，跟蒋先生，您是全部军装，他是肩披一个斗篷。您那张相片帅得不得了，您有好多相片都很帅，可是都是这样坐着的，或者有的时候，您还有一阵子留胡子，这张相片没有。

访 二：给印一个。

访 一：这本书我借不出来。

访 二：珍藏的。

访 一：第一张相片，哎呀！这一张相片真是少帅。您是稍微地站在这儿了。这是蒋先生吧，您就稍微地站在这儿，是全部的。

张学良：我的相片，我不知道。

访 一：所以我那天就想，让叶盛兰①唱您那角。（众人笑）那一张相片您大概没有，很少人有，只有他那本书上有。因为现在出了好多的书，关于

---

① 叶盛兰，京剧小生演员，京剧叶派艺术创始人。

您的书。上边有好多相片，就没瞧见过那一张，这张真是太帅了。

访 二：没说多少年？

访 一：他那儿也没说多少年，也没有说什么。就这边写的是 generalissimo，把他叫委员长。

3. 蒋连何应钦也信不过

访 二：还有我问您一件事，不是蒋先生，您把他留在西安了，那么该代替他的职位，应该是冯玉祥啊，他是委员长，冯玉祥是副委员长，对不对？

张学良：那我记不得了。

访 二：您记不住了，那反正应该是冯玉祥来，不应该吗？

张学良：何应钦。

访 二：那何应钦不是副委员长啊。

张学良：那时有另外一个副委员长，我还弄不清楚。

访 二：我在他那命令上头，他本来是说让副委员长来代，可是他把那命令写完了之后，又把那冯，冯玉祥又点了去了。

张学良：嗯？

访 二：把他这拿一个笔呀，把他点了去了，怕把这事情交给冯玉祥，所以后来才给何应钦，所以您说这——

张学良：那当然，他冯玉祥，你知道[蒋]和冯玉祥是不和的。

访 二：是啊，可是那按规矩[应该是冯玉祥]。

张学良：当然不是。那职务上是那么说，事实上不肯给。

访 二：不肯给他。

张学良：他（蒋介石）就是连何应钦也信不过，他最后认为那谁，陈诚[大概可以相信]。

访 二：可是他对胡宗南也蛮好的，对胡宗南不是也很好吗？

张学良：那胡宗南地位小了。

访 二：没有陈诚那么大。

张学良：那没有，胡宗南都没有。

访 二：后来您知道不知道，就是陈诚在东北可不怎么样。

（闲话近3分钟）

4. 兄弟中我是老大，父亲给我全权

访 二：您说您自己的母亲，是不是身体一直不好？

张学良：我母亲啊？

访 二：怎么那么年轻就［死了］。

张学良：我母亲她生我，我们还信那跳神的玩意儿。吃符，本来有胃病，她还吃那玩意儿。

访 二：吃香灰吗？那治不了病嘛。

张学良：我母亲死得很可怜。那时也没正式的医生，本来我想她是胃溃疡。也从这心中不痛快，我母亲很凶很厉害。

访 二：很坚强的。

张学良：很坚强。跟我父亲吵架，吵嘴后还不跟他说话。所以我母亲快死的时候，我父亲坐专车来，安慰她。

访 二：那会儿为什么不到医院去看看？

张学良：那时在家，那时没什么医院。所以我父亲后来对我好，也是这原因很大。

访 二：总觉得对不起那个老太太。

张学良：我母亲这人很刚烈的。

访 二：对您呢？对小孩呢？

张学良：不过对我……你知道我这个人可是叛逆呀。

访 一：为什么呢？

张学良：因为我母亲打我，我给我母亲一刀。

访 一：哎哟！真刀哇？

张学良：切菜的刀，拿过来就给她一刀。

访 二：那您更得挨打。

张学良：差点把她砍死。那我们是睡炕，给砍在板子上了。你知道我不跟你说过嘛，我父亲也是那么凶，我小时候［也凶得很］。

访 二：那不是您更得挨打了。

张学良：打得要死。

访 二：谁打呀？

张学良：她打，打屁股。

访 二：那您的弟弟什么的怕不怕您？那个弟弟怕不怕您？

张学良：我弟弟，你不是讲他们怕我不怕我？我父亲给我全权，我打过我弟弟。他错了，我父亲给我全权让我打他，教他。

访 二：那也是因为您是老大。

张学良：我是老大。

访 二：咱们那会儿家里老大就有权威。

访 一：您姐姐是大姐姐了，长姐如母了。

张学良：我姐姐我们俩不合适啊。

访 二：您跟姐姐差几岁？

张学良：我不喜欢我姐姐。

（边吃饭，边闲聊20分钟）

5. 谈老帅的事得有地图　我什么样的地图都有

访 一：我想跟您打听，我们要谈老帅的事儿，我们应当是不是找一个好一点儿的地图？您说，我们想去找一份地图，因为要看看老帅［是怎么开拓疆域的］。

赵一荻：中国地图，老地图。

访 一：老帅在主管东北的时候，那是民初哇，清末民初哇，那个时候的地图。

赵一荻：那不一样了。

访 二：我们可以找到。

赵一荻：你有一个地图，那是民国的了，中国地图，东北地图，那是民国的了。

访 一：中华民国。

赵一荻：不是中华民国地图。

张学良：早年的，差不多，没什么多大变化，没多大变化。

赵一荻：满清已经被推翻了嘛，国民政府了。

张学良：那我可以给你找，没多大变化。

访 二：您甭找。

张学良：不过现在共产党出的地图出问题了，你去看就明白了，他把地域重新规划了，这个特别区，那个特别区，他把省也给划了，那不行，那你看不清楚。

访 一：所以我就想您这儿要没有的话，我上图书馆去找。

张学良：他把蒙古自治区，这个自治区，他都给重新划分了。

访 一：要不然我到图书馆去找一个民国初年的地图。

张学良：地图啊？我这有，什么样的地图都有。

访 一：您这儿有是吧？

赵一荻：你的地图在你那儿啊，我那儿有很多的地图。

访 一：我想我们找着地图把它放大的话，您看着也方便。

张学良：不用，我搁手指哪块哪块，你们看见的我都知道。我父亲，我就简单说，他出身苦人呐。我们很苦啊，我不是跟你说我妈妈都没有饭吃，苦的那样子，所以他对老百姓［很好］。

赵一荻：同情老百姓。

张学良：他自个儿本身［也是从老百姓中出来的］。

访 一：他能体会得到人民的疾苦。

张学良：不但体会到，他个人就是嘛。那真是草莽起来的，不容易，没人拉帮，也没人提拔，就是［靠自己去闯］。

（闲话喜饼等，约10分钟）

6. 他们滥写东西，我为这事很气

张学良：明天晚上有什么事啊？

赵一荻：晚上你不请客吃饭吗？

张学良：礼拜四那是。

赵一荻：明天就礼拜四了。

张学良：明天就礼拜四啊？

访 一：时候过得太快了。

张学良：明天礼拜四，我请两个客人吃饭，一个叫金克和，一个是我的律师。

访 二：金克和？这个人很有名吗？

张学良：金克和不是，另外有个蔡六乘①。

访 二：台湾人？

---

① 蔡六乘，律师。与其父蔡中曾律师于1965年在台北成立大型法律事务所——常在国际法律事务所。

张学良：不是，很有名的大律师，最有名的律师，他的律师事务所有七八十个律师。

访　一：那是相当大的。

张学良：他是专门做国际，并不是私人的，私人的事很少做，他做的是国际商业什么的，最有名的律师，蔡六乘，我跟我太太离婚什么的都是他办的。

访　一：办国际的，他也办离婚什么的？

张学良：不是，那是因为我找他。所以我好多档案在他手里头。

访　二：他也等于您的法律顾问，是不是？

张学良：等于这样。我也特别请他，因为他们写我文章的时候，我表示我有律师，等于我的法律顾问。他们滥写东西，我非常为这事很气，所以我就［有律师］，那位先生，我警告他，我可有律师啊！

访　二：他收敛收敛。

访　一：您说是他就在外边随便乱写，是不是，文章乱写是不是？

张学良：他也不是乱写，乱写我还不管，谁乱写我也没［怎么他们］。他不能乱说。说我没跟你要律师。

访　一：这么回事啊。

张学良：你明白吗？问题在这儿。

赵一荻：人家还有两分钟了。

访　一：现在我觉得每一分钟都那么宝贵，最好慢一点，每一分钟最好有两百秒。

赵一荻：你下次来嘛，时间比较长，这次你来五天是吧？

访　一：我是比较讨厌，因为学校放假的关系。

赵一荻：她也一个礼拜多一点。

访　二：我也一个礼拜多一点。

张学良：明天她们还来，就得早走了。

访　一：是啊，明天我们早走。

赵一荻：三点半来，五点钟走，来两个钟头。

张学良：你不在家没关系。

赵一荻：我回来啊，我三点多钟就回来了。我问你，星光展览你去不去？我们在诚品吃饭，吃完饭我们看一下就完了。

张学良：你看看，有意思你告诉我，我也喜欢去看看，没什么意思我就不去了。

访　一：这本书您不要？

赵一荻：哪一本？这个我不要，你要不要？夫人写的那个西安事的书，你要不要看？

张学良：半月记吗？我有《西安半月记》。

访　一：中文叫《西安半月记》呀？

张学良：它不叫《西安半月记》，蒋先生写的叫《西安半月记》，蒋夫人写的叫什么我忘了。

访　一：它英文叫"Xi'an Coup D'état"，"coup d'état"可翻成事变、政变、军变。

张学良：它中文叫西安①什么我忘了。

访　二：它有一个中文名字好像是。

访　一：我们昨天还请张先生别忘了给我们起号。

赵一荻：你们还有几个号？

访　二：没有。

赵一荻：她们让你给她们每人起个号。

张学良：起个号你别当了吃了。

访　二：哈哈，我们拿出去卖钱。

赵一荻：起号跟名字还得有点关系。

访　一：要按您那六个原则啊，我就叫一、二、三、四，呵呵。

张学良：我跟你讲故事，讲笑话，这是真笑话。

访　一：您说。

张学良：那个时候我家是海城，我们旁边那个叫盘山县。我们那省政府，各县派代表开会议，盘山县就派了个代表。他盘山县人都没出去过，把他派去当代表，那省政府外头有个台阶，大家都在台阶上坐着。人家喊，盘山代表，盘山代表。他也不吱声，人家旁边那人问他，"你是不是代表哇？"他说，"兄弟家苦，我戴不起表哇。"（众人笑）我苦得很，买不起表。这是真事。

---

① 指宋美龄在西安事变和平解决后写的《西安事变回忆录》（见远方编：《张学良在1936年——西安事变内幕纪实》第290—311页，光明日报出版社，1991年版）

第十九次访谈
欣赏蒋经国　张宗昌带兵
生在逃难途中

访谈者：张之丙（简称"访一"）
　　　　张之宇（简称"访二"）
被访者：张学良
同座者：赵一荻
访问日期：1992年3月19日

1. 我做事我负责任不愿意牵连旁人

（录音自此开始）

访　一：那事，我想回去再查查，把前边后边都查查，然后我再给您说。不过我们昨天已跟您商量，大概他所谓的宋，大概是夫人，是吧？

张学良：我想是夫人，没旁人。她说宋，那宋子文不够资格，一定是夫人。这件事很奇怪，我不知道，一点儿也不知道。

访　一：您以前不知道，是吧？

张学良：我不知道，我不知道夫人跟蒋先生他们两个，Johnson怎么会知道这些事？我不晓得。

访　一：对了，这也是。另外还有毛，昨天跟您研究那个毛庆祥①。

张学良：毛庆祥，我知道，那是蒋先生的机要秘书。

访　二：所以假如他要证实的话，可能是。

张学良：这个问题，夫人现在还在呢，要证实。她证实没证实？她没有证实。

访　二：没有。他说是毛证实了。

---

① 毛庆祥，1926—1948年长期为蒋介石执掌机要工作，曾任总统府机要室主任等职。

张学良：毛证实？

访 二：因为也没人去问夫人嘛。

张学良：毛是蒋先生的机要秘书，后来毛庆祥大概跟蒋先生不大怎么合[得来]，走开了。他是蒋先生亲戚。

访 二：噢，毛夫人。

张学良：毛家，姓毛的都跟蒋先生有亲戚，毛邦初①他们都跟蒋先生是亲戚。怎么个亲戚，那我不说，远呐，近呐，那我不知道。

访 一：这人叫 Nelson K. Johnson。

张学良：他是驻美国公使吗？他要是驻美国公使，那就是这个人。

访 一：应该是，是那个公使。

张学良：那就是他，这个人很幽默，我跟他很熟很熟。

访 一：他是在北京，是吧？

张学良：是，那时候我们常在一块堆儿。

访 一：他也有些东西，不过我临来之前，没有查着呢。这段东西我觉得很要紧，所以我跟您说一说，这是第几卷第几期，这我都有记录，我回去再详细查一查。

张学良：在杂志上？

访 一：对，这杂志叫《外交关系》。

张学良：我知道有这么一个杂志，当年重要的事都在这上面。

访 一：这个从 1937 年，到现在还有嘛，所以这一直下来没有断，等于半官方的。这里面有好多有意思的事，我先给您一个东西，免得忘记。您以前有一个秘书？姓洪？叫洪钫。②

张学良：洪钫？有[这个人]。

访 一：对，这是他女儿给您写的信。

张学良：给我写的信？

访 一：嗯。称呼您张伯伯。

张学良：她什么意思？

访 一：就是说她想问候，她很想念您，说她父亲是 1970 年故去了，她听父亲和父亲的朋友说，早年在东北大学毕业以后，做过您的机要秘书，

---

① 毛邦初，蒋介石原配夫人毛氏的侄子。曾任国民党空军副总司令，曾代表国民政府常驻美国。20 世纪 50 年代初因涉贪污与蒋交恶。

② 洪钫，曾任张学良副司令行营秘书处机要室主任。

而且做过您和张杨联合办公室的主任，在身旁工作几年，是他终生难忘的一段经历。最近她在香港刊物上看到田雨时先生的一篇文章，想起她父亲，想起您。她说她父亲直到故去前一直很怀念您，是千真万确的，说尽管他前半生的历史和后半生经历的历史都很坎坷，可是他对您的忠诚和敬意丝毫不减。说当然了，如果有机会见到您，愿意跟您说一说什么的。她今天给您写信就是说她在父亲的影响下，多少年来一直把您当成亲人、长辈，关于您的消息，关于您的书籍，他们都是尽力地收存。为什么这样做呢？就是因为像他们的父亲一样，对您有一番难以割舍的感情。去年知道您很健康，过了九十大寿，也到了美国去看望您的子孙，全家人都很高兴，高兴得都哭了。所谓他的全家人就剩下她的弟弟了，她的父亲、母亲、姐姐都已经不在人世。她后来就告诉您，她跟她弟弟在北京做什么。她这里头有一张相片是［洪钫的旧照］。

张学良：她这信寄给谁的？

访 一：她有一个同学，她的同学是东北人，她的同学看到《中央日报》，《中央日报》上报道说我们两个来看望您。然后我这同学呢，就写信给她，说我的一个朋友要去看望张将军，这个张将军是不是就是你说的那个张将军呢？于是这个人就写了一封信说，一定是，你能不能托你这个朋友，一转、二转、三转……因为在国里头看《中央日报》不容易，根本就看不到，这个朋友是在外头看到了，看到之后又去告诉她的朋友，是这么回事，所以我不认识这个人。不过她自己说她是洪钫的女儿，而且这还有洪钫的一张相片。

访 二：您还记得吗？

张学良：记是记得这个人，详细我都［记不清了］。他是我机要秘书，跟我多年，跟我是同学。

访 一：也是东北大学毕业的学生？

张学良：详细的我就［不记得了］。

访 一：这是给您的。

张学良：这是给我的。他后来怎么的，我不知道，他跟我到南京，我在南京被扣押后，他在南京把他怎么处置了，我不知道。

访 二：噢，您去南京时，他们也去了？

张学良：我那个时候是先到南京，我带着副官，带着秘书走。

访 一：有一个人报道说，就是这本书上说的大概是，他说您到南京的时候，因为您的估计是事情很快就可以了结。

张学良：不，我不是那样估计的。

访 一：他说您要部下和一些其他要紧的人，随后坐商用飞机到南京来，结果他们也来了，后来跟您也没见到面，而且他们也被南京政府给扣押了，是这么回事吗？

张学良：不是。我到了南京，我自己想恐怕会处死刑都不一定，我自己把事情都解决了，都告诉了［他们］，都安排好了，我家的事也都安排好了，我不知道还回来不回来，是把我扣押起来给毙了都不一定。那我这个人是，我做的事我负责任，我是这样的，我也不愿意牵连旁人，明白吗？

访 一：嗯。

张学良：所以当时杨虎城非常怕。

（录音中断）

访 一：那么这个洪先生是跟您去的吗？

张学良：他是跟我去的，跟我一块儿去的，我还带了一个副官，他们后来怎么解决的我不知道。

访 一：副官是谭海吗？

张学良：谭海①。

访 一：他一直跟着您很久，是吧？

张学良：谭海是我当旅长时我的随从兵，后来他当师长，是副师长，不是真正的师长，名义是师长的名义。

访 二：您当时的［部下］比方刘多荃？

张学良：刘多荃②曾是我的卫队队长。

访 二：他后来是师长，是吧？

张学良：师长、军长都做过，这个人不太忠贞。

访 二：不过后来他好像［在共产党那边做事］。

张学良：这是我说个人的事情，他的小姐跟蒋经国有关系。蒋经国住到他家里去。

访 二：刘多荃啊，他好像对您，您在南京被扣留的时候，他好像很积极的

---

① 谭海，曾任大帅府内侍处处长，张学良的副官长，东北军第一〇五师副师长。
② 刘多荃，曾任张学良卫队副队长，东北军第一〇五师师长，国民党第四十九军军长等职。1949年8月，在香港联名通电起义。

要……因为孙铭九把王以哲杀了。

张学良：不是，我那些部下，当然为我奔走，不过这个人后来在共产党里有点地位，因为他的一个哥哥，也不是叔叔，叫刘澜波①，在共产党里是很有地位的。他（指刘多荃）的儿子是军官学校的学生毕业的，当炮兵连长。跟两个人，也是炮兵连长，他们两个人受共产党的指示，要打死蒋先生，叛变。

访 一：哟！这是什么时候？

张学良：时间我记不住。后来政府发现了，他是……有一个送信的人，好像不是泄露了，还是投降了，详细的我不知道。政府把那两个人都给毙了，刘多荃的太太再三去求情，那是做不到的，我听说刘多荃在共产党里头……他家里有块匾。就是说好像他儿子是为共产党死的。

访 一：牺牲了？

张学良：有一个奖励的，叫什么名字我忘了，好像他们家里有为共产党［做事的］。

访 一：是烈士。

张学良：所以他也不能说是怎么……

2. 台湾能有今天局面和蒋经国关系很大

访 一：那会儿蒋经国一直在苏联受训，受训了十几年才回来，他在苏联受训，您想他跟共产党这些人有没有关系？不见得他自己有关系，那共产党一定会包围他吧？

张学良：没有。他自己回来后，头一个重要声明是脱离共产党，他对共产党很厉害。

访 二：听说蒋先生有一个时期把他看起来，管起来。

张学良：不是。他是这样，详细情况我不知道，但是我那时在溪口住，他也到溪口，我本来是想跟他见见面，他说我俩见面不方便，他不见。

访 一：这是蒋经国说的？

张学良：蒋经国说的。那时他刚回来，他说我俩见面不方便。

访 二：据说那时候蒋先生对他不放心。

---

① 刘澜波，辽宁凤城人。与刘多荃是族兄弟。1928 年加入中国共产党。1949 年后，历任燃料工业部副部长、水利电力部部长、全国人大常委、全国政协常委等职。

张学良：不是，蒋先生是让他念书，跟徐树铮的儿子徐道邻①念中国书。那时候蒋经国是很刻苦的人。他天天走路到山上去，读书。

访　二：所以后来在台湾穿着很简单，时常到乡间去。

张学良：他很刻苦，这个人胆子也很大，他跟那些受刑的人在一块堆儿待着，很危险，他就是跟他们［在一起］。他很厉害，那后半段的台湾情形，他是很有功劳的。

访　一：台湾的兴建是吧？

张学良：不但那样，台湾整顿军队，政治的整顿，那都是他搞的。这个人好厉害，很可惜。不过当然他有些地方我不大赞成的，他对蒋先生非常［遵从］。可是我想他在他思想中不应该如此，可是他是如此，我想这个人也是［讲孝道］。因为他……你知道，当过共产党的人跟我们不同啊。

访　二：跟我们不一样。

张学良：不同在哪儿呢？因为我对共产党的东西很有研究，他是研究辩证法，他们都是在辩证法里出来的，他们做事就根据那玩意儿。

访　一：什么事都根据那个？

张学良：大多数，他们思想……也许那是真的还是假的？都不一定。恭维他父亲好抓权，明白？明白？他后来权力很大了，他当了总统。不过这个人呢，我相当佩服他一点，他很识人。

访　一：噢！很识人。

张学良：就是现在的总统李登辉这人是很好的②，那是他拉起来的。不但拉，他是把他举［荐出来］的，所以他选总统，他（蒋经国）当总统，他（李登辉）是副总统嘛。那李登辉跟他毫无关系，完全李登辉是做事的人，他看到了。这一点我很佩服他。可以说他相当的为国家，换句话。因为我跟他很熟，很谈话，不过这人也是很不容易对付的一个人，很识人。你知道王新衡这个人？那是他的好朋友啊，王新

---

① 徐道邻，徐树铮之子，德国柏林大学法学博士。曾在国民政府国防设计委员会、考试院铨叙部任职。蒋介石曾令蒋经国求学于徐。

② 张学良对李登辉的认识有误区，他以为是李登辉上台后，才有人公开为他举办庆祝九秩大寿大会，并批准他赴美探亲。1991年6月，他在美国与吕正操（也是他的学生、部属）会晤时，决定以看眼疾为由回大陆探亲，当提到具体日程时，他说，要回台湾征求李登辉的意见，如果李不反对的话，就告诉其具体日程。结果回到台湾后，就写信给吕正操，称：近来眼疾见好，就不回去了。显然是李登辉在其中作祟。后来李登辉台独面目充分暴露，张学良也离开台湾定居夏威夷了。

衡这个人也很……我就说他这个人厉害的一点，王新衡在俄国时，他们同时在俄国被……叫什么，发配到西伯利亚去。

访 一：那就是放逐了。

张学良：就是，他俩很好，那么我跟王新衡是当年的朋友。他当年是我的部下，在大陆上的时候，那么他知道王新衡跟我好，他就甚至托王新衡招呼我，代表他招呼我，这就不说了。那么我跟他后来越来越接近，我就跟他说，"王新衡可以做点事嘛"，他笑了。所以这个人好厉害了，后来我对王新衡看真是这样子，他说"新衡这人让他做生意弄点钱就算了"，他意思[是说]，他做事情不是一个好的做事情的人，虽然不说。那我后来看新衡这人确是这样子。我跟王新衡很接近了后来，他完全是上海那种——

访 一：生意人的样子。

张学良：他不扎实，还有好吹，所以他后来对王新衡很不大喜欢，王甚至跟外人说，"我可以跟经国立刻拿电话就打电话"，可以这样，换句话，谁都得——

访 一：买他的账。

张学良：都得拍拍他，因为这样子，我想蒋经国也听说了，所以就很疏远了。所以我说经国这人很厉害，但是他也没把他怎么样。那时候我说让王新衡做点事，蒋经国说"还是让他做点生意吧"。那时候什么司法部长啊，好多部长都缺，王新衡也想做，但他说"还是让他做点生意吧"。

访 二：那也是很难得啊。

张学良：这点我非常佩服他，现在李登辉总统，完全是他呀。

访 二：是他提拔起来的。

张学良：不但他提拔，就是他安排的，他也跟他毫无关系。那么还有这一点，我很佩服他，所以他死的时候，我很难过呀。他死的时候，我就跟他不大常接触了，他没当行政院长的时候，我常和他在一块堆儿，也常出去，像爬山或干什么的，他后来有了事情他也不常来了，我也不愿意，我这个人……他后来他心里很难过，就是台湾人骂他。

访 一：骂他什么？

张学良：你们不知道台湾人骂他呀，骂他蒋家了，骂他。他实在对台湾很想好[好地建设]，那个一般人会对这个很生气，他就说"让他们骂吧"。

访 一：宰相肚里能行船嘛。

张学良：那时候有特务，台湾人骂他，要对付他。他说"你让他们骂吧"，所以后来他吐血死的，他心里很痛苦，当然，他也有糖尿病的关系，那他心里很痛苦，想讨好也讨不到好，又想把事情做好，台湾现在能有这个局面和他关系很大，他把整个军队整顿得很好呀，整顿军队是他整顿的，他本来又不是带军的人。

访 二：对呀，他不是学军事的。

张学良：这个人是一个很有能力的人，很可惜，早死了。也是糖尿病。

访 一：您说他很痛心，我想可能是因为他为了台湾，为了中国做那么多事，可外面对他有很大的误解，是吧？

张学良：是，不是误解，就是他背着这个黑锅，拿不下去。

访 一：老是说是蒋家人，是不是？

张学良：他背着这个黑锅拿不下去。还有一点，这个人好色，好女人好得很，你知道，有心胸的人大多数都是这样。

访 一：对，咱们历史上实际上伟人都那样。

张学良：他生前我还没知道那么详细，他死后了，才知道，我不能说出谁谁，……

张学良：我想，这个事我们不谈。

访 一：您在他没做行政院长之前［是否来往多些］？

张学良：那时候做……辅导委员会，做那个事情的时候，他底下有个人叫赵聚钰①，赵聚钰跟我很好，我们开玩笑叫他赵二哥，赵二哥，我们当时常在一块堆儿玩。那时候，还有个伊夫，他很接近，到伊夫家里去玩，他喜欢玩，蒋太太很喜欢吃酒。

访 一：蒋方良②啊？

张学良：蒋方良，很喜欢吃酒，吃醉。我想这事后来被蒋先生知道了。

访 一：哦，老蒋先生。

张学良：老蒋先生，知道了，责备她。她那吃醉了，闹啊。大家在一块堆儿玩，他很喜欢玩。

访 一：在某一方面他的性情跟您差不多，因为您也喜欢户外的活动。

访 二：他喜欢爬山。

---

① 赵聚钰，湖南衡山人。曾任"行政院"国军退除役官兵辅导委员会主任委员。国民党第十一届中常委。

② 蒋方良，蒋经国夫人。俄罗斯人。

张学良：爬山，他喜欢到外面去吃吃小饭馆，就干这些个事，他很喜欢这个。后来因为地位的原因没办法了。他知道自己糖尿病，他对糖尿病很有研究，讲糖尿病的问题他讲得很详细，跟我讲的，可是他自己还是不行。

访　一：您比如说您很喜欢骑马啦，打高尔夫球啦。

张学良：那他没有。

访　二：他不，他很喜欢到乡下去，他时常到乡下去吃农民做的吃的，他很爱吃，很平民化。

张学良：他是很喜欢的，他喜欢平民化。

访　二：穿的也很简单，带着两三个人就这样下去。

访　一：我们在做学生的时候，他是青年救国团的主任。他跟我们这些年轻人都在一起，而且他告诉我们怎么做，有些时候跟我们一块儿谈什么的。所以我们老觉着好像他不应该做总统，永远和我们青年人在一起才对呢，因为对他很亲切。那个时候我们倒不觉得他是老蒋总统的儿子，所以好像应该怎么样招呼他，大家有一种亲切的感觉。

张学良：我是这么一句话，但说实在，内部的情形我也不太了解。不过我也明白了，这是王新衡说的一句话。我就说我当年呐，我的起来完全是我父亲的老部下帮我的，我父亲去世了，他们捧我。你知道这段故事了，我跟你讲的，非让我当［东北的首领］。王新衡就说，"张司令啊，现在的人不是那个样了"。大概他（蒋经国）跟何应钦他们都不大合，跟蒋先生的老部下不大合适，大概。

访　一：在外面也听说，像王叔铭①，以前的空军司令，还有老一点儿的陈诚等人。

张学良：对陈诚他是不大合，王叔铭对他很好，他俩很接近。我不知道他怎么个事情，有一回在他家吃便饭，不是大请客，有王叔铭。

访　一：这个也就是说当初您说这个，就是您年轻的时候，因为老帅的关系，和老帅那些老将领，他们对您很支持，可是蒋氏父子之间，并不跟您和老帅之间的情况一样。

张学良：这是王新衡，我就说经国啊、老总统……他说："张先生，你别弄错了，现在的人不是当年那样。"比如我那个时候，我父亲不在了，本来这事情我不应该干的，好多人都是我前辈呀，他说"不是那样

---

① 王叔铭，山东诸城人。黄埔军校一期毕业，曾任国民党空军总司令。

啊，现在的情形不是那样"，那我就知道了，他一定跟何应钦他们弄得不大合。

……

访 二：那他有糖尿病他还喝酒啊？

张学良：嗯，喝酒喝得厉害。

访 一：您听说他以前在上海"打老虎"①？哎，您（赵一荻）回来啦？

赵一荻：我刚回来。我上楼换件衣服下来。

张学良：这个人很可惜啊。

访 二：太年轻了。

张学良：要再多几年他还能有成就。

访 二：不过我们有时候在街上坐计程车啊，他们现在开车的都很喜欢跟你聊天，这些年轻人对小蒋先生还不错。

张学良：他很跟平民接近，很平民化。

访 二：对！他们认为台湾人起来，他有很大的功劳。

张学良：他这人不像老蒋先生那样，他也知道台湾的情形。他提拔台湾人，那现在李登辉，完全他扶植的。李登辉之前就是谢东闵②了，也是台湾人，他都是扶植他。

访 一：谢东闵也是台湾人，他很有……

张学良：他是省议会议长嘛，原来他当过主席。

访 一：您对这人熟悉不熟悉？

张学良：这个人我不跟他太接近，我不知道。我看这个人好像平平庸庸老老实实的，没有那么……不过这人他现在说话很有地位。那谢东闵、林洋港③，当然我判断假如下回再选总统，李登辉大概不做，他不连任。李登辉这个人我跟他相当熟悉。他这个人很淡泊的，这个人好厉害，现在目前这两个人我认为，可是他下届，他自己说，我不再竞选，我不再连任，恐怕他下届大家还是一定要［选他］。是他

---

① "打老虎"，1948年8月20日，国民政府宣布"改革币制"和"限制物价"政策。发行金圆券，限期收兑民间的黄金、白银和外国币券，禁止任何人持有。8月21日，国民政府派出经济管制督导员，到各地严厉监督执行，以暴力挽救其经济的崩溃。蒋经国时任上海经济督察处专员，在上海用暴力手段，打击投机分子，控制金融动荡。至9月底，一批违法者相继被枪决，64名工商巨头被逮捕。蒋经国的这一行动被称为"打老虎"。

② 谢东闵，台湾省彰化县人。曾任台湾"总统府资政"，曾历任台湾省议会议长、省主席，"副总统"等职。

③ 林洋港，台湾省南投县人。曾任国民党副主席，台湾当局"司法院"院长。

不是他不管，可是这两个人在台湾啊，有他们俩啊，一个是郝柏村，他俩，那台湾绝对没事，什么事情也闹不起来。

访 一：他们俩配合得很好。

张学良：这两个人配得好，一个是厉害，一个是稳健。

访 二：对。

访 一：噢！您看过多少大局势的人了，所以您这样看。

张学良：也不是那么讲了。我这人呐，年轻的时候就好评论人，不是评论人，好看人，在我父亲面前。可以说我，对这种政治场合耍的把戏，那我——

访 二：您都可以看得很清楚。

张学良：看得很清楚。换句话说，哪个人要想搞什么玩意儿，简单说，不能说一下看明白。一件事情，我现在也教给你们，无论干什么事情，你先［要知道］，"他要干什么？"

访 一：目的，目的是什么。

张学良：你得研究，比如说男朋友找你，你就想："他要干什么？"有一个女朋友，人家找你谈话，"她要干什么？"你要心里想："她干什么？"所以一个人无论干什么事，做生意也好，做买卖也好，干什么也好，"她要干什么？"比如说你们来干什么，要找我这些个资料，要写这个东西，要知道。你要知道这个人的目的是什么，是为钱啊，为事业啊，为名誉啊，为干什么，为往脸上贴金呐……张大千①他说一件事情我非常佩服他。他一个邻居，在香港，他这邻居跟他也不太熟，他要走了，他这邻居说，"请你给我画一张画。"他说，"那简单，我给你画。"后来他就问他，他说，"我给你画这画你什么意思？你要自个儿保存呢，还是换钱呢？"那个人很不客气，他说，"这两件意思我都有！"他说，"好了，我给你画两张。"他说，"你要为保存我就题上你的名字；那我画一张不题你的名字。"就说人要懂得人情啊，就讲这句话。所以一个人啊，我刚才说这句话的目的啊，就是"他要来干什么"？你要了解他，无论干什么。比如现在有人在报纸上看见你们俩了，有记者来访问你，你就要知道他干什么忽然访问你，他访问你要探听我的消息。（笑声）

---

① 张大千，著名国画艺术大师。1949 年起长期旅居海外。1976 年定居台湾后，与张学良过从甚密。

访　一：对了，一点儿也不错。

张学良：是啊，我就跟你说这个，所以天下的事情，你要知道这个，了解这个，你就好容易对付人。

访　一：您这一语道破，真的好多，后来我们都不敢说了，到这儿来。我们就说，到这儿来，我说我要教书，我要上课，我要给一个学校讲演。

张学良：是啊，那没关系。反正我教给你这句话，这是谁教给我的，[我记不清了]。他既然访问你，你不必得罪他，你说我无可奉告。换句话，我不告诉你，那他也没办法。这是记者的常技，我也不得罪你，我无可奉告，你在我嘴里问不出什么，我不说。他就明白了，记者都知道这种[规则]，这是董显光教我的，他说，你要不愿意说，你就对他很客气，说我无可奉告。

访　一：董显光说的，那当然。

访　二：对，您说这个，先要了解这人来的目的是什么，然后你才能找出你自己对付的方法。

张学良：但是有时候，你也会把这事情判断错误了，那也许有。他的目的不是这个，他另外还有个目的。所以我现在[有人要访问]，她（赵一荻）给我挡了，好多访问我都不接受，现在我不接受人家访问我。所以外头要知道你们在这儿，不是于你，于我相当的麻烦，"你怎么接受她们的访问？"我现在是说历史的事情，香港来的记者都要访问我，我说我岁数大了，我不接受。

3. 台湾搞独立"闹剧"就是台湾人自杀

访　一：您刚才说如果李、郝搭档在台湾的话，不会出事，因为您看人看多了，也就是说，对整个台湾的局势可以稳定的，是吧？

张学良：不会有什么问题，当然小小问题[也许会有]，这个事情你要说出去，他们民进党可能会骂死我，我看民进党没什么作为，至于那个台独更没[出路]。那谁说的话一点儿不错，郝柏村，他说台独的问题就是两千万台湾人自杀。我跟你说，可惜我也不在政治上活动，我要跟人解释，这是我的解释了，这一个地方能够独立，它得有很多的条件，它得有很多的背景，它得有历史的传统，台湾这些个事情都不够。简单说吧，那些不说了，就是一件事情，台湾的地位绝对没有独立的能力。换句话，你台湾今天脱离中国独立，也被旁的国家拿走，不是日本就是美国。换句话，你台湾自己这个局面没有独立的能力，而且——这句话假如台湾人听见那得气死了——台湾人啊，李登辉自己跟我说一句话，说得很有意思，这都是一年多前、两年前。我问他，他当然是台湾人了，他自己对台湾事情都晓得，他说，"台湾人啊，很幼稚，为什么呢？我今天我自己知足了。"他说实在他政治的修养不够，因为他过去没有政治的背景，他说，可是这种情形你要知道，你要利用他，他倒很好了，郝柏村，你看我小孩子，你不懂的事情，他说你不要理他。所以我认为李登辉看得很清楚，他台湾人嘛。

访　一：一个人是厉害，就郝柏村了，郝柏村是有军人管理军队的背景，是不是这样就让他做事情是斩钉截铁的？

张学良：不但这样子，郝柏村这个人我现在相当佩服他。我们常常在一块，琳达你晓得？琳达说句话，她说郝柏村好厉害。有一天我们在那吃饭，有琳达，还有［别的人］，好多人在那儿，她说郝柏村问她几件事，他怎么知道这些个事呢？问她那个公司的事。她说这个人好厉害，他做这么个样子，公司的事他都注意了。这就证明啊，你知道一个做事情的人啊，不是一个书呆子。这个人啊，我常常说笑话，你这个省份的人，他有多大的世面，他就有多大的势力。那么我就说蒋先生不如蒋经国，这是我批评他，蒋先生对他亲戚厉害，蒋经国没有这么厉害，所以他就来的大，人向来是这样。

访　一：我打个岔，也就是说您到欧洲去旅行的话，也无形中把您的视野从东北、中国，也看到了世界，所以您从欧洲回来，您的作风，您的想法又拓广了，可以这么说吗？

张学良：我不能，我没觉得。

访　一：您自个儿当然不会觉得了，不过端纳这样说过。端纳说得非常的恰当，我认为，他说您从欧洲回来之后，他认为……我一时——

张学良：端纳专门捧我，有时候他捧我。

访　一：也不是专门捧，我觉得他说的话很公正。您看，在第284页，他说您在欧洲生活的情况，到最后他说，您从欧洲回来之后，您对政治、经济、教育这些事情的看法都有了改变，同时您对整个世界事情的观感都更深刻了。还有，他说您以前有的时候想起什么事就做什么事，但是您回来之后您不是那样了，而且做事情都深思广虑，然后再做决定。后头还有几段话，我到时候有时间给您说。就刚才您提这个视野，我就忽然间想起这件事情，因为我觉得到欧洲去，您也周游了六个国家，而且您在意大利，您待的时间也很久，所以您对整个欧洲的情况［都有了解］。所以我觉得他说的很有道理。

张学良：我本来那时候要到俄国去，那时候俄国那外交部长姓李，叫李什么①，他不发我护照，他要发我护照我就去了。

（录音中断）

访　一：那是一个像，威严凛凛，不敢接近。

张学良：他也是这样的性格。

访　二：噢，他是这样性格？

张学良：他是这样性格。我批评他，这段我不愿意录下来。

访　一：那我给您停下来。

（录音中断）

4. 张宗昌这种乱七八糟的军队绝不让入境

访　二：我要跟您问一个问题，您还一直没有跟我们说过，就是张宗昌跟褚玉璞带了很多军队说要退到关外去，说是要给老帅报仇什么的。

张学良：反正退到关外去了。

访　一：您当时是根据什么理由不让他去？

张学良：那这很简单的理由，我为东北的治安，我不能让你那乱七八糟的军队进去。

访　二：他的军队真是很乱，是不是？

张学良：那——那那，他的军队没有纪律，我不让他进来。

访　二：这件事您做得很好，后来他跟您打起来了是吧？

张学良：是打起来了，后来我就跟他说，你在滦河那边待着，我给钱都可以，但是你这样子［不能进东北］。我当时给他几个条件，你要想带军队，我给你军队带，我把军队给你；你的军队我给你解散，我给你重新训练，重新来。你这种乱七八糟的军队，我绝不让你入境。我

---

① 此人即李维诺夫。M. M. 李维诺夫于 1930 年 7 月至 1939 年 5 月任苏联外交人民委员。

说你进来，我毫不客气，我打你！

访 二：那他不是很生气吗？

张学良：就后来打起来了，后来，把他剿灭了，他打败了。

访 二：他的军队不是原来也是从东北带出来的吗？

张学良：不是，不是，是他自己的军队，他不是东北军，他所谓直鲁军。那他所谓三不知，军队有多少不知道，老婆有多少不知道，钱花多少不知道。

访 二：我觉得您决定不让他进来是很［对的］。

张学良：我为东三省治安负责任，也许我父亲活着能让他进来不一定，我是绝不许的。我告诉他，我给你钱可以，但是你不能入我的境，你入境我就打你。我明告诉他，所以后来就打了。

访 二：我看一个记载，他是以给老帅报仇为名。

张学良：那他瞎说。

访 二：他就想到东北去？

张学良：他也许拿这个号召。

访 二：您后来跟他打了一次硬仗是不是？您跟他直接冲突起来了。

张学良：冲突了，白崇禧在后边来了，没打，他就失败了。

5. 褚玉璞这个人不算坏人

访 二：那褚玉璞这人是怎么回事？

张学良：褚玉璞这人啊，你说起来我心里很感叹。这个人不能算一个坏人。

访 二：他怎么个出身呢？

张学良：土匪。

访 二：真的是土匪？

张学良：也当过土匪。在江北啊，在那一带起来的。我跟你说褚玉璞这段小事，我跟你说，他死了这段事。张宗昌要到山东去活动，所谓活动就是去搞……邀褚玉璞去，那么褚玉璞在大连来见我，那时候张宗昌跟我联络都是褚玉璞联络，我问褚玉璞，我说"你去不去"？他说"我去"，我说"你看着能成功吗"？他说"一定失败"。

访 二：噢，那为什么还要去？

张学良：你听我讲，所以我就佩服褚玉璞。我说，"那么一定失败，你为什么要去啊"？他说，"张先生，我受他的提拔，他把我提拔的，那么今天他找我去，我要不去我这人也太[不讲情义了]"。那么他说，"我去了，最后他失败了，他就不会再找我了"。那么褚玉璞他去了就死掉了。

访　二：那么这也是褚玉璞可爱的地方。

张学良：所以这就是一种义气啊！他说他（张宗昌）现在倒霉了，我不帮他，我……褚玉璞到那儿去，这个人可恶透了，叫刘珍年①，刘珍年是褚玉璞的部下，不能说是直接部下，都是他们直鲁军队的。这个人真是可恶了。他（褚玉璞）想运动刘珍年帮助他，结果刘珍年把他扣了，扣留了，管他要五十万，那么褚玉璞他没有钱，他家里跟我来谈，我说，"好了，我给他拿五十万块钱。"五十万块钱是我拿的，送了五十万。结果刘珍年把五十万块钱拿了，把褚玉璞活埋了。

访　二：那后来这姓刘的怎么的了？

张学良：后来姓刘的跟山东韩复榘②几乎冲突，结果中央把他调到杭州，到了杭州把他一师人给缴械，把他枪毙了。

访　二：他还有的军队也带到那儿去了？

张学良：带到杭州，带到浙江，详细的经过我也不知道，我认为蒋先生处置得很好，把他枪毙了。

访　一：赏罚分明，不然的话，这种人做这么不道德的事。

张学良：当然蒋先生枪毙他不是为褚玉璞的事情，为他的军队不好，他的军队霸占一方，和韩复榘要打起来，中央是为调停这个。

访　一：您当时是——

张学良：我就说这一段呐，韩复榘呀，要跟刘珍年几乎打起来了，蒋先生非常地火，我就不大清楚了。我有一个秘书长叫王树翰的，你知道，蒋先生要中央军队打韩复榘，那么王树翰跟蒋先生去，那时，我等于调停

---

① 刘珍年，山东胶东地方军阀。1930年任国民革命军第十七军军长兼第二十一师师长。1932年与韩复榘争夺地盘而发生冲突。同年11月，蒋介石将该部调往浙江。1935年9月，以在胶东纵兵殃民的罪名被枪决。

② 韩复榘，字向方，曾任冯玉祥部师长、河南省政府主席。1929年，蒋冯战争爆发后，叛冯投蒋。1930年9月任山东省主席。抗战爆发后，任第五战区副司令长官兼第三集团军总司令。1937年冬，日军进攻山东时，为了保存实力，不战而放弃济南。后又与刘湘等人密谋倒蒋。1938年1月11日被蒋介石下令逮捕。1月24日在"军法会审"后，以"违抗命令"、"擅自撤退"罪名被枪决。

了，不愿意打起来。王树翰就跟蒋先生说，你为什么要打韩复榘？他说你这样做，你是不是要做第二个韩复榘，你为什么要打韩复榘？蒋先生就没打。他说你想想，你是不是要做第二个韩复榘？你既然说韩复榘不对，你这么做对吗？所以过去这些事情很……很有意思。

访　二：很多事情外头没法知道。那您说后来韩复榘为什么又被他消灭了呢？

张学良：韩复榘叫蒋先生给枪毙了，那被枪毙不是为这事了，那是日本来了，韩复榘跟土肥原勾结。那时候蒋先生下命令，让韩复榘在山东抵抗，他不抵抗。他不抵抗也是这样的，韩复榘手底下有一个师长跟中央投降。

访　二：那他在山东的时候总比张宗昌强吧？

张学良：也强不了多少。他称自己为韩青天，张宗昌是稀里糊涂的，他是另外一套。

访　一：那外面也有好多传说，说相声了，说笑话了，老是拿韩复榘开玩笑，说他怎么没有常识，没有知识。

张学良：也不能那么讲，韩复榘是冯玉祥的大将。韩复榘啊、宋哲元啊，都是。

6. 张宗昌很讲义气，带兵完全是土匪式

访　二：张宗昌他带兵还可以吗？最初的时候他跟着老帅一块打仗他还蛮[厉害]？

张学良：他，张宗昌这人是这样，可以说张宗昌带兵，他这个带兵的法子完全是土匪式的，他是这么样个家伙。他这人很讲义气，他完全是那种……那种上海杜月笙那种派头的人。我跟你说，他也没有太多的钱，可是，打个比方，你要是向他借点钱，他就是没有钱，他会把太太的裤子给当了他都会借给你，他都不会拒绝你，是这么一个人。交朋友，讲义气，是这种人。我跟你们两位小姐说的话，我们两个在一块堆儿总是……我父亲多少授意给我让我好好敷衍他，那时候他在关内的时候。我们住在一个房间里头，两个人，那边是他的床，这边是我的床，他两个姨太太来找他，他说，"把那个送给你，你去……"我说"去你妈的"。他真是这样，我说"去你妈的，扯什么淡。"我说我会找人的，不用管。他就这么一个人，完全是这种草莽的作风。所以，他怎么起来的？他有他的办法。他个子很大，很魁伟，能说几句

俄国话,他在海参崴学会的俄国话,不过不是正式的那种,随便说说。他干什么呢,是在一个赌场给人当保镖,怎么叫保镖呢?就在是在赌场门口坐着,因为赌场怕有打架啊,闹啊,他就在赌场门口做保镖。当然到赌场去,尤其是海参崴,什么样的人都有,他也有几个钱,他怎么来的钱我给你讲,他的笑话多了。他什么事都告诉我,所以这些个人啊,有时候输钱,没钱了,他就……他这种江湖派啊,那么他就认识了好多人。他怎么来的钱呢?你听我给你讲,他给我们讲,他说有一天啊,有个犹太人跟他说:"我那工厂啊,你去给我放把火。""你叫我放把火?"他(犹太人)说:"我给你钱。"他(张宗昌)说:"我把你工厂放把火,还给钱?我不信,你这是什么意思?"他说:"我告诉你是什么意思,我是上了保险的,放把火,着火了,损失保险公司赔,但是我自己放火那可不行。"他说:"那好了,这生意好做!"他(张宗昌)说:"我就做这个生意,做了好几笔,弄了好多钱。放火拿钱,这玩意儿好。"他后来就在海参崴边上买了一块地,很大一块地,搁这块地他就发了,江湖人马在那里头发展了,他养了好多人在那块儿。我父亲很喜欢他,他跟我父亲本来过去没关系,他怎么认识我父亲的,很好玩。这再说回来。他那时候在江西啊,他是冯国璋①的人。冯国璋那时候要打湖南,那不是冯国璋打湖南,北方政府打湖南,冯国璋是江苏督军,要江苏派军队,派一旅人,江苏就不愿意派。他是怎么样到江苏啊……我弄不清楚,他在江苏有个军官团,后来给他编成一个旅,就把那破枪破炮乱七八糟地给他,让他去,江苏混成一个旅,他就带着这个帮着去打湖南去了。到湖南,那个时候是傅良佐②,湖南就失败了,军队都退下来了。他老先生能干是相当能干,那散兵游勇他都给收容了,他把这一旅两三千条枪弄到万八千条枪,他就在那江西的边儿上,占到那了。那个时候中央是段祺瑞这方面[执政],那时候江西[有个人]叫陈光远③,那个时候

---

① 冯国璋,直系军阀首领。1912 年 9 月,任直隶省都督兼民政长。1913 年 12 月任江苏都督。1916 年 10 月被选为民国副总统。1917 年 7 月至 1918 年 10 月,任代理总统。张宗昌曾任江苏将军公署副官长、江苏暂编第一师师长等职。
② 傅良佐,字清节,湖南乾城(今吉首)人。天津武备学堂毕业,日本陆军士官学校毕业。历任北洋督练处提调、兵备处帮办、吉林边务帮办等职。1916 年任北京陆军部次长,翌年由段祺瑞任为湖南督军,率军进攻湖南,后被湘桂联军击败。直皖战争后被直系逮捕。1922 年获释。1926 年病逝天津。
③ 陈光远,北洋将领。直系军阀冯国璋的嫡系。1918 年被冯任命为江西督军。

段祺瑞就想解决陈光远,因为陈光远是冯国璋这派的,就想拿江西,就想利用他。那么就把他召到北京,给他三十万块钱,给他发饷,让他回去解决江西的事情,他就在这个时候认识我父亲。他晚上赌钱一宿把三十万都输了。(众人笑)那么输了不要紧呐,他想再赌啊,赢啊,那时候他就认识我父亲了。怎么也赢不回来了,赢不回来不要紧啊,他这个消息就传回他部队去了,那部队就说,"师长到那去了,把三十万块钱都输了,回不来了。"那么部队就鼓噪了,当时陈光远就派他的弟弟叫陈光逵①,陈光逵这旅人很好,就监视着他,陈光逵知道他的部队哗变,陈光逵就下手了,把他部队给解决了,都给缴械了。他也回不去了,部队没了,没法子,就逃到奉天了,因为认识我父亲,我父亲对他很好,到奉天做狱工去了。那么这问题又来了,奉天跟直隶打起来了,孟恩远②当年是吉林督军,孟恩远被直隶利用,他的一个姑爷姓卢叫卢永贵③,当年是吉林的一个师长,在吉林相当有军事力量,就派他去跟奉天捣乱。那么在后方,就到了绥芬路的后头,因为他那个地方有的原来的部队与他有关系,他去运作那个部队。那时奉天也是正在前线打仗,后方空虚得很,那么张宗昌愿意去,他在绥芬河有关系,也是该着,他就去了,把卢永贵给逮着杀了。怎么回事呢?是一个当地的老百姓给逮着的,把脑袋给他送过来了。这下子我父亲对他可好了,那么就在绥芬河那地方,中俄交界的地方,就让他在那儿,他就弄点破枪、破炮,自己就搞起来了,那就给他编了一个旅,这旅人就驻在那儿了。所以说这个人啊,我就讲他这个人厉害,给他正式编上军队,可是他自己乱七八糟编的军队,两个团吧,我现在弄不大清楚,他就驻在绥芬河。奉直战争起来了,又起来了,那时奉天,郭松龄,李景林的大将,大家在奉天我父亲那里开了一个会议,张宗昌可怎么办呢?不能把他搁在后方啊。

访 一:他会捣乱?

---

① 陈光逵,陈光远之兄弟。曾任北洋陆军第三混成旅旅长。
② 孟恩远,字曙村、树村、树春,天津人。1895 年随袁世凯在小站编练新建陆军,曾任北洋常备军标统、南阳镇总兵。1907 年,任吉林巡防督办。1912 年中华民国建立后,任陆军第二十三师师长,后调任吉林护军使。1914 年 6 月改任吉林将军。1916 年任吉林督军。1917 年附和张勋复辟,被北京军政府下令免职,拒不奉命,拥兵独立。1919 年夏被张作霖所逐,回天津寓居。
③ 卢永贵,黑龙江绥芬河人。1919 年被吉林督军孟恩远委任为山林游击队长。1922 年春第一次直奉战争时,与孟恩远的外甥、吉林暂编第一师师长高士傧联合起兵反张作霖。6 月被奉军张宗昌部击败,并被处决。

张学良： 不是，他这人是靠不住的，什么事都干，那么把他带到前线，让他打仗，他行不行啊？要我们三个人，我、李景林、郭松龄受命令开始演习。演习主要是我的军队了，看情形如果他的军队不错，就把他带到前线编正式军队，要是不行就把他解决了。

访　一： 缴械？

张学良： 对，缴械。他呀，也知道这情形，大概是这样子。我跟你说这故事很好玩的，我的军队到了那就开始演习，正赶上下大雨，道路泥泞，那我们演习怎么办呢？让他又攻又退，让我的军队以逸待劳。演习嘛，让他来回进退，意思是他的军队很累，不过演习还不错，下雨又泥泞，把他的军队累得要死，军队就骂大街。演习完了，到个店房，这军队骂大街，这演习计划是郭松龄做的，他是陆军大学的学生，他做的。李景林就当总监，反正都受郭松龄的命令，张宗昌他也知道，心里也明白。你知道那时候大家都说郭松龄是我的大儿子，郭松龄最气这句话。演习完了，到一个店房，郭松龄本来就一肚子气，外面听着军队骂大街，等于骂他一样，他进来了，张宗昌就跟他开玩笑，说郭松龄，"人家说你是他大儿子，真的是，你什么事都向着他，演习你就把他的军队［放在后头］。"

访　二： 搁在后头。

张学良： 郭松龄火了，本来郭松龄在外头有人骂他就有气，郭松龄脾气也很坏，他把帽子往地上一扔，"我操你妈。"骂了一句，就开打呀，张宗昌一看说："得，得，你别火，你是我爸爸。你是我爸爸。"（众人笑）我就说张宗昌这人呐，能屈能伸，"你是我爸爸，你是我爸爸。"这一点就表示张宗昌这人呐……你看他是一个粗人，

访　二： 其实粗中有细。

张学良： 那打起来就不得了了。所以一个人成功都有他成功的条件。他这个人很好玩，他爸爸是吹鼓手，［与他妈妈分手了］。把他妈妈赎回来了，他爸爸不要［他妈妈］，他说"这怎么办"，我说"你再给她找一个"。

访　一： 为了他妈妈，他很孝顺啊。

张学良： 他怕他姐姐，他姐姐当年带着他讨饭啊。后来出这么大的事情，他后来不听我的话啊，听我的话他不会死掉。

访　二： 他后来是被暗杀了？

张学良： 他是这么回事，他后来还想活动，我就劝他，我说，"你将来一定

有用处，你好好在这待着，你不要［到处活动］。"因为他有他的意思，他说，"我南京我去不了。"

访 一：为什么呢？

张学良：陈其美①你知道，陈果夫②、陈立夫啊，陈其美是他打死的，不是他亲手打死。

访 一：他主使人打死的？

张学良：他的一个部下，陈其美那时候，是冯国璋找他去打死的，他说："这我南京我去不了啊。"

访 一：他怕人家报仇？

张学良：我跟他讲，"不是这么讲，你在我这好好待着，不久的将来呀，中国和日本一定会冲突，一定要起来，哪天不敢说，到那个时候你有用，你回到东北，回到绥芬河一带去打游击。"他不听我这一套，他说，"我也管不了，南京我是站不住的，换句话，我跟南京到不了一块儿。"那他就到韩复榘那儿，他是被韩复榘派人给打死的。他这人糊涂、傻瓜，他到山东去当然韩复榘心里嘀咕啊，所以他这人傻瓜，他不听。他走的时候连我都没告诉，他怕我拦住他，偷着走的，结果被打死了，自己找死。

赵一荻：那种人就是没有用，你怎么拉他也拉不起来，他就这思想，他根本不明白的。对牛弹琴。有好多那种乱七八糟的人，你让他去念书，他哪念得进去书啊，根本不可能，你让张宗昌去改邪归正不可能。

张学良：你说得不对。你这是妇人之见，那我这手底下改邪归正的人不好几个？！

访 二：不过我认为您拒绝他到东北去是一件大事，真的也是了不起的，他号称他有十万人。

张学良：看怎么样情形，当然我不能让他进东北。为这件事，那谁之死也有很大原因。

访 一：谁？杨宇霆吗？

张学良：当时他进东北，打他的是杨宇霆，我不能去，那是开会的决定。当

---

① 陈其美，字英士，浙江吴兴（今湖州）人。辛亥革命元勋，青帮代表人物。辛亥革命初期与黄兴同为孙中山的左右股肱。1916年5月，被袁世凯收买的张宗昌派人暗杀。是陈立夫、陈果夫的叔父。

② 陈果夫，名祖焘，字果夫。浙江吴兴（今湖州）人。他及其弟陈立夫与蒋介石关系密切，曾任国民党中央组织部部长，是CC系首脑。

时杨宇霆问这么一句话："汉卿，我要把他俘虏了怎么办？"我就回答不了啦。杨宇霆后来真把他俘虏了，[杨]还告诉张宗昌："汉卿让我把你枪毙了，我把你放了。"后来张宗昌[与我见面时]说："咱俩这么好的朋友，你还要把我枪毙了，杨宇霆把我放了，要不是杨宇霆[我就没命了]。"

访 二：好像就得死在您手上。

访 一：我们还有10分钟，我们叫个车，我们还有两个小的问题。

赵一荻：你们叫了吗？

访 一：叫了，就是那个欧巴桑的儿子。

赵一荻：你们来也坐他车来的？

访 一：对。

赵一荻：来这儿找他的？哦，我们有他电话。

访 一：本来我们今天早上要到那个学校做一次讲演，挺老远的，我就约好了让他来。结果临时我们决定那个地方不去了，所以我不好意思，我已经定了他的车了，我就说，"这样，我给你一半钱，你先上城里头去拉点生意，然后两点半给我们接上来。"接上来因为五点钟咱们这儿叫车很难，所以他五点钟来接。

7. 帝国主义都是想把中国分化

访 一：两个很轻松的小问题。一个呢，您记不记得在西安有首歌，叫作《中国人不打中国人》，您知道这歌吗？

张学良：我不知道。那时候都唱《义勇军进行曲》，就是现在咱们的国歌。

赵一荻：《义勇军进行曲》。

访 一：那个时候他们编了很多很多的歌，红得不得了，当然有《义勇军进行曲》了，其中有一个《中国人不打中国人》，我觉得这歌应该唱。我自己觉得这歌很有意思，这歌相当红，而且唱着唱着都落泪了。我记得我们那会儿唱那个"九一八，九一八……"我们也落泪了。

赵一荻：我们不知道，这都是以后的事了。

访 一：不是，以前。

张学良：大概当时的事，我不知道。当时那时候就唱的《义勇军进行曲》，现在共产党的国歌。

访 一：另外一个小问题就是，奉天为什么叫 Mukden？

赵一荻：Mukden 他知道，本来是木克金，满洲话。

张学良：木克金。满洲话，什么意思不知道。一定有意思。你比如说吉林啊，他吉林不是叫吉林啊，他满洲话叫"吉林乌拉"，它是什么意思呢？就是"造船厂"。

访 一：哈尔滨也是满洲话了？

张学良：都是满洲话，什么意思我不知道。黑龙江叫齐齐哈尔。

访 一：齐齐哈尔跟黑龙江是一回事啊？

张学良：就是黑龙江，黑龙江省城叫齐齐哈尔。

访 一：那么 Manchuria 也是满洲话了？

张学良：Manchuria 这个话，这是很厉害的一件事情，到现在不明白，满洲这个字是搁哪来的①，是搁佛经上来的还是［从什么地方来的］，为什么叫满洲？他们讲满洲这个字啊，大概是他们佛经上有一个什么字，是那么个字。

赵一荻：日本人一直想把满洲从我们中国版图上拿走。

张学良：不是日本他造的满洲。

赵一荻：不是他造的，他就想把它［从中国］分离了。

张学良：要把满洲变成一个地狱。所以我们不叫满洲，叫东北。

访 一：同时他们也希望那儿独立。

张学良：那是当然了，不但希望［东北独立］，他们还希望中国一块一块的。

赵一荻：那样他们好瓜分呐，你拿一块我拿一块。

张学良：广西独立啊，他都到处插手。不但他，英国也是一样，帝国主义都是想把中国分化。

访 一：还有一个小事就是，我是礼拜六走。我明天来呢，想把日程什么的……

赵一荻：你上回有没有把你们两个家里的住址给我？

访 一：给您了，不过她印了个片子。

访 二：我明天我再印个片子，因为我没有中文的，印完明天我取来就送来，那上面有我的地址，也有她学校的地址。

访 一：还有礼拜六我回去，我预定差不多 5 月什么时候来嘛，我算计算计，

---

① 满洲一词的来源有四种说法。历史学家根据东北历史的发展，比较认可的说法是："满洲"一词源自通古斯—满语与蒙古语中谐音是"满洲利亚"，意为吉祥、幸福、平安的土地之意。张学良东北易帜后，中华民国开始用"东北"来取代清朝发祥地的原有名称——满洲。

大概不到两个月，这次来也是差不多不到两个月，也就说我们很多很多的事两个月的准备。

访 二：你礼拜六有没有事？

访 一：这次我们来跟桂励呀，和这些个顾问呀，我们曾经说，我们把首先已经抄录好的东西跟张先生，跟您请示一下，看看哪些要删改的。我在的时候都谈了好多的事情，我走了以后，礼拜六，如果您有时间的话，是不是稍微跟她怎样来理顺一下，就是说能够知道我们以后用什么样的方式。

张学良：我没事。

访 一：您倒不用这会儿上楼，明天您下来再带来都可以。

赵一荻：我想好了，把事情办好了，我去看看。

访 一：我说老让张太太上楼［不合适］，因为她［年纪大了］。

赵一荻：没关系。

8. 在八角台逃难的路上我生在马车上

访 二：您知道我们还想录一个关于大帅的大项目，我们弄完以后您再看看有什么我们不知道的项目，您再给我们添。因为我们觉得这件事情是很重要，因为没有一个正规的传记在这儿，中国方面没有，外国方面也没有，所以我就希望您能［谈谈这方面的事］。

张学良：我就简单说，我们家原来很穷啊，我父亲那个时代很穷很穷，很苦很苦。我的老家是在海城，我们那个地方，是扫那个土啊，扫碱，① 做那个活的。

访 一：碱是一种很宝贵的矿物质嘛。

张学良：碱就是苏打，那时候烧碱，就拿那个做活。

访 二：就等于把那个土拿起来烧成碱块。

张学良：怎么烧我还不知道。很苦很苦的。

访 二：海城。我也弄一个地图来，您给我稍微画画您是在哪儿生的。

张学良：我不是在海城生的。

访 二：您不是在海城生的？

---

① 张学良祖籍河北省大城县。其先祖从事农耕，在前清初年，因遭逢荒年，逃荒到辽宁省海城县驾掌寺村，除耕种外，以烧碱为生，仅能糊口。

张学良：我是在台安县，你找地图上你看，台安县。

访 二：这个县的其他的地名您还记得吗？

张学良：台安县那个地方原来它不是县，那个地方就叫八角台，后来就改成台安县。我就在那儿生的，大概在那儿生的。

访 二：当时叫什么您还记得吗？

张学良：就叫八角台，可是我不是生［在家里］，我是生在马车上，是在逃难［中出生的］。

访 一：逃难的时候？

张学良：逃跑，那是日俄战争，义和团时期。

访 一：那也真很危险了，也没有大夫啊。

访 二：哪有大夫啊。

张学良：所以我小时候身体很弱。我11岁时我母亲就死掉了，她生我以后一直，所以我母亲对我不大喜欢。

访 二：一直身体不好？

张学良：人家说我克我母亲，我母亲就说我非把她克死不可。她生下我就有病，后来没办法，抽鸦片烟，也还不好，又吃符干什么的，大概我想她是胃病。

访 一：那时候咱们的医术也差劲。

访 二：那是逃难的时候？在车上？

张学良：逃难，在车上［把我生下来］。

访 一：不过，咱们过去有这种作风，比如说像老夫人吧。

（换录音带，有中断）

张学良：落马，马一下子踩他肚子上，以后可能就死了。但是我的舅妈，我的外婆，我舅舅有个儿子，都养在我家，都是我父亲给养着，可是我跟我的舅妈很不好，我不喜欢我的舅妈。但是我的舅妈的儿子，我父亲很培养他，培植他。后来他当过县长，他是个文人，当县长，当过厅长，后来他哪去我就弄不清楚了。

赵一荻：你们打算几点钟来啊？

访 一：您说什么时候？

赵一荻：她们现在已经翻好的那些个东西，上次录的音，她们翻好了，她要念给你听。

张学良：哎哟，那就多啦！

访 一：不是全部的。

张学良：你们现在念也可以。

赵一荻：现在不行，五点钟客人来了。

张学良：那明天也好。明天是礼拜几？

赵一荻：礼拜六啊。

访 一：明天礼拜五。

张学良：没事，那来得及。

赵一荻：没有特殊的事了，可是明天有什么事我不敢说明天绝对没事。

张学良：明天反正我没事。

赵一荻：明天三点半，什么事都要弄清楚了，三点半，她（指访二）给你念一念吧。她不送你（指访一）上飞机场了？

访 一：礼拜六我自己去。

张学良：你飞回美国去了？

访 一：对。

赵一荻：明天她就走了嘛。

访 一：不是明天，后天，明天礼拜五。

赵一荻：明天是礼拜五啊？礼拜五不对，你说是要礼拜六来不是吗？

访 一：明天我们安排好了，我们是下午来嘛。礼拜六我们本来以为您要去林家的喜事。

赵一荻：礼拜五，明天晚上我们是要出去啊。

张学良：明天晚上出去，那要吃饭。

赵一荻：让她们礼拜六可以吗？

张学良：礼拜六可以，礼拜五晚上，她们来也不要紧，这个时候到了差不多。

访 一：您不是说您明天本来要打牌，不打牌了吗？

赵一荻：所以说他把那时间腾出来，因为你们在这嘛。

访 一：这次我觉得有些他这上说的比较那什么，我想您在家的时候我稍微大概齐翻一翻。虽然是说这个人也许说的那什么，但是他这几张对张先生的评语很公正。

赵一荻：她要明天把这个给你念一念。

张学良：好。

赵一荻：后天她来把她翻好的给你念一念。

访 一：车来了。而且我们明天可以研究，您有没有什么东西要我到美国做的，查什么东西什么的。

赵一荻：就是那两封信我今天没有写呢。

访　一：没关系，她回去了可以啊。

赵一荻：她不就两天了吗？她一个礼拜天，我们礼拜天……她礼拜一就走了，她礼拜天也不能来了嘛。

访　二：礼拜六大概时间不多，我就把那个稍微跟您说一下。

访　一：我们本来说照点相，不过今天来了阴天。明天看，把相机带来。那个"西安事变"资料您说琳达那儿有。

赵一荻：录影带。

访　一：对，录影带，我们可以借来看看吗？

第二十次访谈
开辟三省　老帅有雄才无大略
袁世凯是曹操　虚名误人

访谈者：张之丙（简称"访一"）
　　　　张之宇（简称"访二"）
被访者：张学良
同座者：赵一荻
访问日期：1992 年 3 月 20 日

1. 父亲想在乌里雅苏台这地方开辟三省

访　一：这本书里的东西我给您多说一点，与咱们谈话有关系的我记下了几点。然后还有就是，我这一走要走两个月，所以我把日程也开下来了给张太太。因为一走走两个月，所以有些再……为了两个月的准备和以后再来，有些事我跟您交代交代。

张学良：有的人在外面胡说八道。我跟你说，我今天才听人告诉我，有我的一个朋友，跑到大陆，他跟人家说，说我不久要上大陆，他负责给我做安排，这个人胡说八道。有些人在那儿瞎胡说。他是我原来很喜欢的部下的一个儿子，他现在做很好的事情，他在美国国会图书馆里做主任。
　　……

访　一：我们以为您没事，既然您有事，待会儿我们照相回来，我得把这有些事给您交代，因为我们一走要走两个月。这是那个日程，我可以空下来，我什么时候开始放暑假，什么时候暑假结束，咱们可以在这之间挑任何一个八个礼拜［做我们的事］。

赵一荻：可以选八个礼拜，你们在台湾待八个礼拜？

访　一：对，我暂时先告诉您这个时间，然后我再跟您联系，好吧？

赵一荻： 好，还有，你和之宇的 address（地址），先把事办完了，再告诉我一下。

访 一： 对，今天刚把片子印好，这是宜经会的地址，她家里的地址。这是我办公处的地址，我们有一个组织，有一个会，有一个文化交流［的平台］。

赵一荻： FACC 就是这个？

访 一： 对，去年暑假我不是带学生到大陆去嘛，就是给他们办的，今年我们没有那个班。这是我家的，FAX No.（传真号码）也在上头。

赵一荻： 这不是你家里的，是不是？

访 一： 不是，我把我家里的给您写在后头，好不好？

赵一荻： 这是之宇家里的。

访 二： 对。

张学良： 这个我好像在哪儿看见过，FACC。

访 二： 我们每年都带很多学生［去大陆］。

（闲话两分钟）

访 二： 我们昨天还在想，我们跟张先生要资料，哥大珍藏室不是想跟您收集点有价值的史料吗？就是说，您可不要和别人说，说完以后，人家生气，我们俩吃不了兜着走。

赵一荻： 所以你（张先生）不要乱跟人讲，我们东西交给她们拿走了，拿哥大去了。

张学良： 不是我好说不好说，我是有史料在哥大呢。

赵一荻： 反正他们就知道是张之宇的鬼，人家都知道她上你这来挖宝。人家认为这个东西很值钱，就给张之宇了，你有这种心？你根本没想到那儿去。

张学良： 我没想。

赵一荻： 所以呢，你就给她们惹麻烦。你不用说，你没有说的必要。

张学良： 人家问我我也不说。

访 一： 还没决定呢，您还没决定呢。

赵一荻： 我也没说瞎话。

张学良： 旁人没有，现在就是唐德刚。唐德刚我也不会接近他，没有事情，没人问我。

赵一荻： 不是，你就随便跟别人说，王一方啊，随便讲话。

张学良： 有时候那是我随便顺嘴说出来的。

赵一荻：顺嘴说出去。

访 一：走，咱们先去给您照照这个花，外头的。

（录音中断）

张学良：不过这是个旧地图，可这地图是最好的。

访 一：您说这个地图，就是东北那块［地方的地图］。

张学良：这是画得最好的，不是昨天说要问什么事儿，我就找这个地图。

赵一荻：东三省啊，大帅要去开发的那几块地方。

张学良：那远啦！那现在是外蒙共和国了。

赵一荻：这上面有没有？

张学良：当然有喽！在哪儿呢，我眼睛是看不见了。

访 一：您说。

赵一荻：你说我来找。

张学良：那你先看，先看中国，这是中国。

访 一：这是中国，这是蒙古。

张学良：在这一带。

访 一：赛因诺言部。

张学良：是，是，现在外蒙古共和国。我对这个问题感到很有意思的，想啊，用脑袋想了。假如那时候真是我们，我父亲把这个地方占领了，是不是现在外蒙共和国能有吗？

访 二：没有了。

张学良：问题来了，当然外蒙他一定要争，他是个民族，外蒙跟蒙古不一样啊。

赵一荻：外蒙是跟苏联有关系的民族，他哪种人啊？跟我们蒙古人一样，还是跟苏联那些匪帮一样？

张学良：那不能说跟苏联一样。蒙古分内蒙、外蒙。问题不知道怎么说了，就不知道了，天下事情在变化。有时候是上帝在变化。

赵一荻：那您说老帅要从，这叫什么地方？

张学良：奉天，沈阳，东三省这是。

访 一：这是辽宁省，这是库伦，这是锡林郭勒盟，往这来，到了赛因诺言。

张学良：铁路，在海拉尔可以看见俄国的铁路。

访 一：俄国铁路在这儿，这儿有个地方叫赤塔。

张学良：赤塔那就远了。

访 一：哈克图、车库臣。

张学良：车库臣，那就远了，那是外蒙了。

访 一：这儿有个赤峰。

张学良：赤峰是热河省。

访 一：开鲁、克鲁伦，一直到这边，这就变成乌里雅苏台①。

张学良：乌里雅苏台，我父亲这脑子里，他想在这地方开辟三个省。

访 二：那可真的没有外蒙了。

张学良：这都是外蒙的，你刚才说的，就这个，他总说这几个名字。因为我父亲呢，他当年呢，我父亲出名就是这么起来的。当年那个蒙古叛乱，那时候叫蒙匪，实在是蒙古叛乱，那人叫陶克陶胡。那时三省军队都去剿啊，黑龙江、吉林、奉天军队都去了，打不了啊！我父亲把他打败了。把他没逮住，把他的副手给杀了，我父亲就那么起来了。我父亲把他追到外蒙去了。

访 一：假如当时没有第二次直奉战争的话，那就真的过去了。

2. 我父亲对吴佩孚向来就没有好感

张学良：那个时候我父亲啊，我给你讲段历史吧！你坐在那里，我给你讲。它是这么个事情，那个是怎么起来的？这个问题啊我总是想，在历史上这个问题完全是吴佩孚作祟，吴佩孚有意作祟，吴佩孚的问题。当年中国的势力，在大陆上的势力，南方不说，北方的势力是三个巡阅使，兼好几个省的叫巡阅使，我父亲他就是东三省巡阅使，曹锟是直鲁豫巡阅使，王占元是两湖的巡阅使。

访 一：他是不是还叫王止江，他的号叫什么？

张学良：不是，你这一问我，我父亲都喊他号，一下子说不出来。问题是搁这么起来的，那时候三个巡阅使会议……怎么回事，直皖战争，那个时候这完全是吴佩孚，吴佩孚不是有意的。也可以说吴佩孚要扩充直系的地盘。他就想拿两湖，两湖就是王占元啦。这件事情我在旁边站着听的。这个曹锟说话露出一点来，他就说，那个时候是直皖战争吧？对皖系。他说在这个战争中，王占元有点耍滑头，因为王占元没出大

---

① 陶克陶胡，清末蒙古族反抗蒙古封建王公及清廷的起义领袖。1906 年 9 月，陶克陶胡为反抗当地王爷开放开垦和移民举行起义。清廷派兵追剿。起义后，他率部在东北与东蒙广袤地区与清兵进行了 100 余次激战。1907 年 6 月，时任前路统领张作霖的巡防队奉东三省总督徐世昌之命参加对陶克陶胡的围剿，双方多次激战。次年 3 月，陶克陶胡部的白音大赉、牙什等人在战斗中被张作霖生擒。1910 年春，陶克陶胡在清兵追击下进入俄境。后几经周折进入外蒙古库伦。于 1922 年 4 月在库伦（即乌兰巴托）病逝。

力量。那个时候皖系的大将是吴光新,就是段祺瑞的小舅子,这个人在历史上也是有点地位的,他是士官学校的学生。在战争起来的时候,他在王占元那个区里头,他那个时候叫什么玩意儿……在长江下游有一个什么总司令,我说不出来了。照理呀,王占元应该把他抓起来。王占元呢就有点模棱两可,耍滑头,没出什么力量,没给他抓起来。战争完了,曹锟就露出一句话,对我父亲说,"王子春(王占元)呐,这件事情不卖力气,耍滑头啊。"我父亲说"算了"。他一说这话,我父亲这人机警万分,我父亲管他叫三哥,他说,"三哥啊,我可告诉你啊,你要动王子春的手,我可抠你屁股啊!"曹锟说"不是,我就随便说,征求征求你的意见"。这件事就这样过去了。那时候我父亲是东三省巡阅使,他有两个衔,他势力很大呀,那个衔叫蒙疆经略使,他很重视这个官衔,给他这个位置,他就想经营蒙古去。奉天叫我留守。他刚把军队往那儿一走的时候,曹锟的军队就动手打王占元,把王占元给消灭了,王占元的力量没他大啊。后来吴佩孚就是两湖巡阅使了,我父亲大火了。

访 一: 那本来说好的嘛!

张学良: 不但说好,我父亲对吴佩孚向来就没有好感。可以说,曹锟这个人也是厉害的,曹锟的起来完全是吴佩孚。吴佩孚在曹锟底下,他说什么是什么。曹锟这个人也很奇怪,不是奇怪,也很厉害,完全是全权派。第一次直皖战争①完了,他们开会议的时候,吴佩孚就列席,那时候他是曹锟手底下的师长,不但列席,我父亲跟曹锟讨论事情,他就在那里发言,差不多都是他的主张。我父亲这人很好玩,说:"唉,三哥,我不知道今天会议[都哪些人参加],他是谁呀?"曹锟说:"这是我的一个师长。"[我父亲说:]"我不知道今天的会议还有师长列席呀,我还有师长呢。"我父亲说话很调皮的。[曹锟说:]"得,得,得,得。你退席,你退席。"因此吴佩孚就跟我父亲俩人无形中心中就有点不对劲儿了。事实上曹锟后来能够有那么

---

① 直皖战争,1920年7月直系军阀曹锟与皖系军阀段祺瑞为争夺北京政府统治权,在京津地区进行的战争。1920年4月,为反对皖系军阀控制北京政权,直系军阀首领曹锟发起组成直奉联合的反皖同盟。7月初,皖系首段祺瑞也组织定国军,自任总司令,下令讨伐直系。直系则组织讨贼军宣布讨伐皖系。14日,双方军队正式交火。战事主要发生在京奉铁路的杨村一带,以及京汉铁路的涿州、高碑店、琉璃河一带。双方战至17日,皖军西路总指挥曲同丰被俘,余部投降。同日,奉系通电支持直系,并派军入关配合直军作战。皖系东路徐树铮不战而退,所部大败。19日,段祺瑞通电辞职,撤销定国军。23日,直奉军队进入北京,战争结束。

大的力量，都是因为有吴佩孚，后来曹锟失败也是这样的。吴佩孚在洛阳，曹锟当总统，直系分成了两派，洛派就是指吴佩孚。还有一派，就是高成杰的爸爸，高凌霨①，后来曹锟当总统时，他当过国务总理。保洛两派，那时叫保定派，这也是历史上的事。我当时是主战派，我跳得最厉害，我最看不起吴佩孚，非要打他不可。

访　一：这样一来，老帅就没有往蒙古那边去。

张学良：没去，就回来了。就是因为他动手把王占元给取消了，王占元下台了，没有了。那个时候直系势力大了，吴佩孚手底一个姓肖的师长，这个人很厉害，当了两湖巡阅使，吴佩孚自己就是直鲁豫巡阅使，那可以说三分天下有其二了。北方的势力，事实说曹锟，其实是吴佩孚，当然曹锟的力量比那还大，还有另外一派，他们就分开了。当时曹锟手下一个人跟吴佩孚不能说不和，是另外一派的，是我们奉天人，姓王，叫王承斌②，是他手底下一个师长，很厉害这个人。可是吴佩孚不重用他，他自己没有多大的势力，这个人也没有什么野心，这个人很规规矩矩的。

访　一：所以说很有意思，那时候您能猜出来。

3. 父亲心软，有雄才无大略

张学良：这都是讲政治的事情，过去的事情，没有什么意思。我父亲这个人不狠，不厉害，没有我那么厉害。我父亲这人我说，郭松龄倒戈，这个原因都在里头，小原因。当时我们和郭松龄、韩麟春，我们都非常地生气，为什么呢？那时我们内定，打完了仗，河北省主席就让王承斌做，但是我父亲这个人实在是心软，对李景林［不加限制］。我们当时几个人差不多是歃血为盟③，打仗谁都不去占地盘，

---

① 高凌霨，字泽畬，天津人。清末曾任湖北督练公所兵备处帮办、湖南提学使等职。武昌起义后，辞官避居上海。1917 年再度跻身政界，历任北京政府财政总长兼盐务、内务总长、农商总长等职。是直系内部津派的中坚人物。1923 年 10 月曾出任代国务总理。1937 年日本入侵华北后，曾参与伪临时政府的筹建，充任天津治安维持会会长兼天津特别市市长、河北省省长等伪职。

② 王承斌，字孝伯，辽宁兴城人。直系曹锟部属。曾任北洋第三师旅长、直隶陆军第一混成旅旅长。直皖战争时任直军后路总指挥，战后任第二十三师师长。1922 年第一次直奉战争时，数次赴奉天谋求妥协未成。战时任直军东路司令，战后任直隶省长，上将衔。1924 年第二次直奉战争时，与张作霖、冯玉祥联络反曹锟，但事后仍被张作霖驱逐走，逃亡天津，后寓居大连。

③ 歃血为盟，指第二次直奉战争时，张学良、郭松龄、李景林、张宗昌几位奉军将领曾在岳庙歃血为盟，相约日后不要地盘，只掌军权。

谁都不许抢地盘，我们给老将打，我们管父亲叫老将，天下打平了，那时候再说，往南征。可是李景林到了天津，他就把天津总署占领了，他就自封为主席，他先到的。所以假如我父亲那么做，这个事情大有变化。郭松龄主张最厉害，那时候我们三个人，还有韩麟春，主张把李景林枪毙了。

访 一：违反了这个……

张学良：因为他自己行动了，还有张宗昌。假如我父亲那么做了，可以说东北的事情很多大变化，涉及军事大变。我父亲说，"哎呀，这个事情，你们……"这个事情没那么做，他们就有点发气了，我就劝他们，我就说："他（张作霖）宽厚，对他（李景林）宽厚，对我们还不是一样宽厚。"后来，还有旁的事情，李景林（应为郭松龄）他说："你是他大儿子，你真会说话。"这就给郭松龄留下一个叛变的苗子在里头。我们都说好了的，他怎么到这儿就占地盘。那么好了，张宗昌就到山东，把山东占领了。我说我父亲这个人有雄才，无大略。杨宇霆就到了江苏，当江苏主席，姜登选就是安徽主席。这样子大家都有地盘了嘛，郭松龄当然也希望有地盘。郭松龄就说："我倒霉，我是你部下，你是他儿子。我在你底下，我比他们功劳都高啊，他当然压制你是有道理的，可是我在你底下受你的压制。"我父亲不听我这一套，我当时看这情形有隐忧啊，我就跟我父亲说："你好不好，我有几个条件，一个是你给我做河北主席。"当然我做，就是让他（郭松龄）来做。我父亲不愿意，我说："这样好了，你调张作相做直鲁豫巡阅使。"这件事也与杨宇霆有关系，杨宇霆这家伙在这里边有点闹鬼，他不愿意我的势力介入。我说："你调张作相做直鲁豫巡阅使，让我去当吉林的督军。"张作相是吉林的督军，那么让我去当吉林督军，不是我要去当，就是让他（郭松龄）去当。我父亲不听我这套。我父亲说，你小子来要利。我说不是我想要，后来这事情就演变，越演变越厉害。所以我常常说我父亲这人有雄才，无大略，他不这样计划。

访 一：不够狠，要想得大，想得远。

张学良：不是看得远，他就是这么办，他不是说有一个计划。

访 二：也是心软。

张学良：我父亲这人心软。有几个事情，假如说，我那时候闹腾最厉害，我们就要把冯玉祥枪毙了。

访　一：那是什么时候？

张学良：就是把直隶打败了，冯玉祥力量很大。他本来是直隶军队派他到热河来打我们奉军的，他回去了，到了北京就把曹锟给囚起来了，那么等于跟我们合作了。我们那时暗地里就说这个家伙，我们几个人就跟父亲说："他来见面，你就说他倒戈，把他枪毙，这个家伙是后患。"

访　一：您真看准啦。

张学良：我父亲说："你们小见，［我］又不是小孩，哪有这样子做法，我不能这样做。"假如把冯玉祥枪毙了，天下更大变了，天下事情也不知道。我父亲没有那么狠。我后来在我父亲旁边做事，看见好多事。我父亲这人，这两件事，一样是受人包围，他大将几个人设计包围他，他就听他们这几个人话，所以我部下很难把我包围，我年轻的时候看得很清楚。

访　二：所以一个人出生在什么家庭里，很有关系。

张学良：这是一样。二一样，我父亲不狠，我的狠也是从我父亲那学来的，不狠不行，所以我不跟你说，我那大太太她哭了，我说："你哭什么？"她说："我知道你要杀人，不但杀人，你要杀谁我都知道了，你要杀的人和我们都是朋友，在一块堆儿玩啊，打牌的。"

访　一：在政治上，要……

张学良：这是说历史。我在旁边，有好多的事情学来的。换句话，我父亲的短处我是看出来了。他的短处，换句良心话，我没我父亲长处大。我父亲这人，怎么讲，这句话我不会说……

访　一：包涵。

张学良：包容。

访　一：豁然大度。

张学良：对！"唉——过去就算了，算了。"他好多事都是。换句话，他这个人可是疾恶如仇，这个人如果是做坏事情，他……人家对他，"唉——算了，算了。"明白？

访　二：噢，对自己的事情不太关照。

4. 袁世凯就是曹操，时代把他淘汰了

访　一：不过，也是一个整个地区的领袖，大概很容易就这样做。因为你刚

开始的时候年轻，就已经接触了这些个事情。

张学良：我十七八岁十六七岁时候就跟我父亲做事，到北京啊送信啊，去见识那些大人物啊，那时候国务总理靳云鹏①啊，后来我们是亲戚，他叫我送信。十六七岁我就等于参加政治，等于看见这些人。靳云鹏教我两句话，他说："我看你这个小子大概将来有点出息。"他说："你知道袁世凯怎么成功的吗？"我说，"领教。袁世凯呀，挥金如土，杀人如麻。"所以我后来总拿这句话说，"挥金如土，我还可以，能做到。但是杀人如麻，恐怕我做不到。"

访　一：袁世凯可以说是枭雄吧？

张学良：拿我眼光来评论，袁世凯就是曹操，那可真厉害。不过，几样事情，一样事情，他这个人呐，我批评说，时代把他淘汰了。

访　一：他做皇帝的那个思想。

张学良：不是作皇帝。他用的人呐，都是些旧思想的人，他手底下用的两个新思想人，这是谁跟他说的……好像是英国的公使，外国的还是中国的，我不知道，他自己当时说："我手下有人啊。"一个是顾维钧，一个是伍廷芳的儿子伍朝枢，他手下得意的都是老式的人。还有，这一点我批评得不一定对，就跟张宗昌一样，他不敢用新思想太高的人，他怕他不……张宗昌也许不同，我就跟他（张宗昌）说，我和他很好，我劝他，"你现在手掌直鲁两省，就是当年的北洋大臣呐。你为什么不用几个好人，有知识的？"他说："哎呀，老弟呀，你看我这个脑袋，谁能服从我呀！我是个粗人，我用那些人不服从我呀。"他一句话把我说火了。我说："你这个人死狗扶不上墙去，天下英雄没有出头啊！当年朱洪武②也都是一样啊。"

访　一："都是平民。"

张学良：他说："得了，你看看你那郭松龄。"指郭松龄倒戈，他的意思是我能用谁。后来我说"你死狗扶不上墙"。他存在警戒心理，他怕。我父亲这人可就厉害了，他不怕，所以他敢用杨宇霆啊这些人。所以人呐，心里有多宽他就做多大事，心里窄，他他他……

访　一：但是心里窄呢，你做小的事情，做个省长啊、督军啊还可以，你要做一国的领袖心地窄就不行了。

---

① 靳云鹏，皖系军阀首领，曾三次出任北京政府内阁总理。
② 朱洪武，即明朝开国皇帝朱元璋。朱在位时年号洪武，后人又称其朱洪武。

张学良：那不行，所以人有多大的能力他就做多大的事。

赵一荻：一个人成功他有条件的。

张学良：我不是说过一个人给我父亲扔炸弹嘛，后来他被捕了。［我父亲跟他］说："我跟你无冤无仇的。"他说："你要复辟。"［我父亲说：］"那你差点把小命丢了，白糟蹋了。那你是歪曲我了。"他说："我跟你无冤无仇，我扔炸弹炸你干嘛？我反对复辟！"我父亲说："你真的？"他说："我就是。""好，你差点把小命白送了，我没这事。我是跟曹锟、张勋是亲戚，但他复辟的事我没参与。好吧，那你出去再调查，要有这事你再回来炸我。"把他放了。

访　一：您刚才说老帅在做人做事方面有的缺陷的地方或短处就是您的很好的借镜。

张学良：我在他旁边学习好多，我年轻时就看见了他［周围的人］们怎样包围他。

访　一：我们访问您，这个礼拜的事情告一段落，5月再来。所以我觉得老帅的事情，韦慕廷教授坚持说希望知道您和老帅的关系什么的，我觉得是有相当的道理。所以我们希望再来的时候能够多跟您谈一谈更有系统的，我们回去多读一读书，把老帅的事情想一想。我们这些东西可以寄来给您，或者传真给您。

赵一荻：不过你寄来也很麻烦，他也不能看，我也看不了。打电话吧。

访　一：好！现在有一个要紧的事，我想跟您声明一下。本来我们口述历史有个规矩，每次见到您面，跟您访问时，要跟您先说一遍，我们的规矩是什么，我们应该怎么做，然后再开始。我们天天来，时间很宝贵，这一礼拜完了，我们再跟您说一下我们的规矩。我们的确感到做这件事是我们的荣誉，但是也发现外面追着我们来调查您，拿我们的行动来侦察您，是在大陆呢？是在台湾呢？我们不愿因为我们的行动，让人知道您在哪儿。您爱在哪儿是您自己的事情。我为什么今天上午要去讲演呢？我到这儿来是讲演，来教语言的东西，到政大，师大教语言的东西，不是口述历史。

张学良：今天我听××说，哪天哪天到大陆，让大陆安排日程，胡说八道。我从前在上海就碰见过，待几天他就宣布了，说又接到信，他不来了。我到上海去，有个人，弄了好多人欢迎我，到火车站，没那么回事，我还没到上海呢，他给我安排，说："我接个电报，他今天不来了。"狗屁。这个人他后来就发财了，他在上海就做纸花，卖纸花的，这种人有时候真是会造谣。他跟我认识，后来就跟张宗昌认得了，在张宗昌手底下当兵工督办，贩卖军火什么的都是他，发大财了。我怎么和他认识的？张孝若①你知道不知道？

访 一： 不知道。

张学良： 当年很有名望的。就是公子之一。张謇晓得不晓得？

访 一： 张謇知道。

张学良： 张謇的儿子。

访 一： 噢。

张学良： 南通的。他不知怎的和张孝若认识，张謇的儿子。张孝若到奉天跟我联络，就派他当代表，就这么起来的。好多人就这么样起来的。

访 一： 所以也挺可怕的。不过，我们到这里来，的确，也是有我们的专行。我都已经把"棋子"安排好啦，政大呀暑假呀我们都去座谈，跟他们老师一块儿。师大更妙了，刚刚我去讲演之后，说希望我常来。我说："这样吧，放暑假你们要是有事的话我来。"

张学良： 我知道的，外头很多人要看我的行动，有人说我不在台湾，有人就胡说八道。

访 一： 有人说您已经到了什么地方，我们已经给您收着了，放到您那一起，有人说您已经回归大陆去看杨虎城的墓。

（录音中断）

5. "虚名终究误人深"

（访者与张学良、赵一荻谈做口述历史和在哥伦比亚大学建立张学良口述历史珍藏室等约半小时）

访 一： 这个《明史》的、军事的、政治的、宗教的和家庭背景的，还有就是学术的。我就想，您万一要是记起了您《明史》的笔记给谁了，我们也许可以把它追踪印下来。

---

① 张孝若，名怡祖，字孝若，江苏南通人。张謇之子。1918年毕业于澳大利亚亚诺兰特商科大学。1919年任其父创办淮海实业银行经理。1921年任江苏省议会议员。1922年奉派为考察欧美日本实业专使。1924年5月任驻智利公使未赴任。1925年任吴佩孚14省讨贼联军总司令部参赞、外交处长。1926年8月张謇逝世后继任大生纱厂董事长、南通学院院长。1935年10月17日被仆役枪击而死。

赵一荻：你讲的都不对，《明史》的笔记没有给谁，在哪儿就不知道了。

张学良：人家拿走了。

赵一荻：你给谁了？我不知道。

张学良：不是给谁了，这个人是谁呀？不是琳达。不是《明史》，我说错了。我看那个保罗的《罗马人书》，不是《明史》，我记载了四五六册，我这人好玩得很。

赵一荻：她怎么会要这个，我奇怪了，我不知道你给她。

张学良：你听我讲，你大概不知道这个事。

赵一荻：我不知道，所以我要问。

张学良：我记载的好玩得很，你要看见我这个人做事很好玩，我拿多少颜色的笔记的，我个人意见、谁批的、原来书上的，我都拿颜色笔记的，很好玩，三四册。大概是六妹，不是六妹，是琳达还是谁，她看见了很好玩。还有谁，我想不出谁拿走了，我这人对这些事情毫不在乎。我现在最宝贵的东西，不肯给人的，就是人家当年给我写信的那些信，那我不肯给人。

赵一荻：他有时候随便东西就给人了，我也不知道。

访 一/访 二：您大方。您随便给人，没有觉得它有这个价值，我们现在要把它追回来。

赵一荻：他从来也没有想到什么东西有价值。

张学良：我现在难过的是我有一本东西，我给我的好朋友去看，看完了没拿回来。就是冯庸，我们两个最好，我劝他信教，就是谁的那本书，我批了好多东西，没有了，是宗教上的东西。

访 二：每个人做事都有一个目的，我们这次访问您的目的就是，我觉得您很有人的力量在，中国人在外头也好，在哪儿也好，给人的印象老是觉得没有骨头。

赵一荻：人家说我们俩人是傻瓜就在这一点，我们一看到那不讲正义的人就是气愤得要命。

张学良：有一首诗我最喜欢的。这个人叫万承嗣①，是江西才子。我最喜欢这首诗，他要紧的两句我最喜欢，头一句是"玉炉烟尽嫩寒侵"，"嫩"字用得太好了，这个寒也不是严寒，也不是微寒，他用嫩寒；

---

① 万承嗣，明代文学家。

　　　　　"南雁声声思不禁，好梦未圆愁夜短。"换句话，他雄心还在，他想复辟，他还想干；"虚名终究误人深"，我就是欣赏他这句，我就是叫虚名误了①。

赵一荻：也不是，因为你知道中国的事情太多了，你参加的事儿也太多了。

张学良："邻女窥墙偏解世"，他拿男女爱情说，好像她偷着看见了，他那意思就是他复辟的事情日本人在里捣乱了。"哑被空留白首吟"，这是一个典故。就是指跟他结盟的人到时候不干了，不算了。第七、八句我记不住了，好像是什么黄衫客，黄衫客也是历史上的故事，穿黄衣服的客人，侠义的事情。我很喜欢他的诗，本来这个诗我要她（赵一荻）给我写下来，她写的字也好。

访　二：您还说要给我们看夫人的字，您也没给我们找。

赵一荻：我也不知道哪儿去了，我写的字也不好看。

张学良：我不知道搁哪儿了，她写得很好，现在在写章草的人很少。

访　二：而且女的写章草的更少。

赵一荻：从前有一个张默君②写得很好。

访　二：张默君。立法委员吧？

访　者：我今天带来的这些卡片，我就说一说。都是一些外国知名学者写的东西，我抄下来的，都是对张先生，有的是对一生的，有的是对"西安［事变］"的，他们的评语。我给您念了一两个，这里边我认为都是非常值得我们注意的，他们不偏不倚，的确很 reflect（反映）张先生的。另外这本书"Down low China"（《中国低潮》）这里边关于您的那段我也给您念了一些，我没有给您念全。5月我把它再带回来，这里边有三章关乎您的事情，我们不做这么零零星星的，我回来之后，我们找一天长一点儿，专门给您说这本书，这样的话您思想上就有一个顺序。我们说话念的几段您也听到了，他的评语是

---

① 1989年3月初，第六届全国政协副主席吕正操（张学良将军的原部属、同乡），托张学良的侄女张闾蘅（张学森之女，现为全国政协委员）给张将军带去两首诗，其一为书录1984年冬的旧作《浙东纪行》："雁荡奇突屹浙东，剡溪九曲万山中。以血洗血高格调，逃台迁台小易盈。西安谈和安天下，羑里课易求大同。思君长恨蓬山远，雪窦双楠盼汉公。"（羑里，古地名，在河南安阳南郊，是当年周文王被囚讲《易经》的地方；双楠，是指张学良将军在雪窦寺幽居时手植四棵楠树中现余的两棵，枝叶繁茂，故称"双楠"）张将军看到此诗后，当即挥毫作答："白发催年老，虚名误人深。主恩天高厚，世事如浮云。"吕看到此诗后，又作诗答张将军："霜染两鬓白，心存一寸丹。淡泊以明志，肝胆照人间。"

② 张默君，妇女活动家、教育家、记者。曾任国民党中央监察委员等职。其丈夫邵元冲在西安事变中遭枪击死亡。

非常公正的。我主要是希望您知道外国人对您的想法，在我们来讲，有很多外国人的评语是非常公正的，我这样说不是故意恭维您，真是字里行间都在说"张先生是我们那个时候超时代的可能的一个领袖"，因为什么？他们认为您的思想、您的作风都是合于国际那个时期的，但是中国没有赶到那个时候。我这样说好像恭维您，所以我下次回来的时候，把这一段给您说一说。

赵一荻：要定一定大概哪些是必要做的事。我们先把必要做的做了，然后再做什么，再做什么。

访 一：对，就像上次那样，必要做的十几个题目。

张学良：我不是夸奖我自己，我觉得大陆上对我批评得很严正。①

---

① 这里说法不确。1936年12月12日，张学良和杨虎城将军发动西安事变，扭转了中国现代史的发展方向，促成第二次国共合作，为八年抗战的最终胜利奠定了政治基础。大陆人民对张十分敬仰。有关他的传记、评论、书刊和影视作品之多，在现代所有爱国将领中可称之最。周恩来称张、杨二将军为"民族英雄，千古功臣"。无论学术界对他的所作所为，如何争论不休，但作为一个"伟大的爱国者"，他是当之无愧的。

第二十一次访谈
幽居岁月　枪杀杨常　忏悔录风波

访谈者：张之丙（简称"访一"）
　　　　张之宇（简称"访二"）
被访者：张学良
同座者：赵一荻
访问日期：1992 年 6 月 20 日

访　一：我们刚刚从台北回来，……跟夫人一块儿回来的。现在他们在楼上休息一下。我们静候他们下楼，等张先生下楼，我们就开始访问。

1. 熊队副我知道，他不在这做了

访　一：我要借着张太太去美国的时候，跟您讨教有关大帅的事。
张学良：哦？
访　一：跟您问大帅的事。
张学良：哦。
访　一：因为什么呢？我写了一点。
张学良：我看不见。
访　一：您看不见，我给您念了。
访　二：要不然等夫人来再……你先跟少帅研究好。等夫人来了以后，再给夫人一份，夫人可以看见。
张学良：哦？
访　二：我是说等夫人来啊，给夫人一份，然后再说关于［大帅的事］。
访　一：您有一本，我也有一本。
张学良：我看见这本了。

访　一：您看见这本了，是吗？

张学良：您看这个人，这个人他本来真名字是郭冠英。

访　一：他不叫高茂辰？

张学良：高茂辰是他的笔名，真正的名字是郭冠英。

访　一：您说他写的这个，我觉得倒挺好的。

张学良：我没有仔细看过，大概看的。

访　一：大概过过，说了几个人了，我就想……写什么刘乙光①了什么的。

张学良：刘乙光我没有仔细看，刘乙光是给我们做事的。

访　一：还有邱秀虎，现在在大陆。

张学良：谁？

访　一：邱秀虎②，邱秀虎，他说从前这个人跟着您做事，他现在在大陆，他也许还有别的名字。

张学良：谁？

访　一：我写给您看，写大一点，邱，秀才的秀，老虎的虎，邱秀虎。

张学良：邱秀虎，没有这个人！

访　一：啊，他写了……我想大概他另外有名字，我想这不是他原来的名字，这个人在大陆上写了很多，就是说跟着您［时知道的一些事］。

张学良：写我的事？

访　一：对，写您的事。沈醉您知道吗？

张学良：沈醉。

访　一：对，张严佛③您认识吗？

张学良：张严佛我知道。

访　二：邱秀虎，秀才的秀，老虎的虎。

张学良：这个人我不知道……他说他跟过我？

访　一：对，他写了您很多［事］，这个人在大陆写的很多。

张学良：他说以前跟过我？

---

　①　刘乙光，军统特务。黄埔军校四期毕业。曾任蒋介石侍从室警卫队队长及军统局特务队队长等职。1936年12月起任监管张学良的特务队队长，直到1962年离任，监管张长达25年。

　②　邱秀虎，军统特务。1936年12月任监管张学良的特务队成员，直至1939年10月调任贵阳警察局侦缉大队大队长。写有《张学良将军被囚琐记》。

　③　张严佛，军统特务。曾任复兴社特务处（军统局前身）书记长、保密局设计委员会主任等职。参与计划执行了张学良被监禁和由重庆解到台湾的行动。1947年10月，奉派到台湾井上温泉代替休假的刘乙光负责监管张学良，一个月后离开。写有《张学良被军统局监禁的经过》。

访 一：我想是假名字。

张学良：这个人我知道了，这个人是刘乙光的副手，大概是他。他这个人我知道，他写的东西我知道。

访 一：嗯！还有一个叫许颖①。

张学良：哦，我就说许颖，那这个邱秀虎我不知道。

访 一：许颖您知道？

张学良：邱秀虎是谁不知道，这个我可以去问他。

访 一：这个您可以去问问他？

张学良：我可以问问。

访 一：熊队副（熊仲青②）您知道吧？

张学良：熊队副我知道，他现在还在……他不在这做［事］了，这个人还在。

访 一：哦！刘乙光过世了？

张学良：过世了！

访 二：刘乙光这事是他儿子（即刘伯涵）说的，跟少帅讲讲③。

访 一：您知道是他儿子说的？

张学良：哦？

访 一：他儿子，高茂辰去访问他的儿子。他儿子就在台北。

张学良：是台北，他儿子是海军的，不做了。

访 二：很记挂少帅④。

访 一：肺坏了，开刀，这是一个。还有一个，张严佛您知道？

张学良：知道。

访 一：还有谁？龚司机（龚永玉）⑤。

张学良：对，现在给王太当……

访 二：哪个王太？

张学良：王一方⑥的妈妈。

---

① 许颖，军统特务。曾任监管张学良特务队第二任队副。后在香港口述《张学良幽居生活实录》。
② 熊仲青，曾任监管张学良的特务队随护组长、特务队队副、队长。监管张学良长达30年。
③ 刘乙光的长子刘伯涵。
④ 郭冠英访问刘伯涵时，刘对郭讲："我父亲一生的精华都在陪伴张先生……那段时光也是我们全家最值得回忆的岁月，张先生的音容笑貌永远留在我们的记忆里，想起我父亲就想起张先生。"刘伯涵自幼在张学良身边长大，时常怀念那段时光。因而有"很记挂少帅"之语。
⑤ 龚永玉，张学良被移住台湾后，即在监管张学良的特务队里开车，并负责采买。
⑥ 王一方，王新衡的儿子。曾介绍历史学家唐德刚认识张学良。

访　二：呵，王新衡的夫人。

张学良：他到那里去，王先生没死的时候，他们那个公司赚钱多。

访　二：呵。

张学良：比我们这里差不多多十倍。

访　二：呵。

张学良：他还有很多好处……远东纺织公司。

访　一：远东是徐家的嘛，徐旭东①老太爷嘛。

张学良：徐旭东我不知道，他老太爷②（徐有庠）我知道。

访　一：他是少东家，他是我们哥伦比亚大学的校友……他还特别让我跟我姐姐去跟他见面……这罗先生您知道？

张学良：罗启③，现在就是……

访　二：华航的……

张学良：对对对。

访　一：他（罗启）太太死了。

张学良：哎呀，他这个乱七八糟的。他原来的太太很好的，跟她离婚了。他娶了一个海军的寡妇，他的朋友的太太。

访　二：他的太太前些日子得炎症死了。

张学良：那我不知道。

访　一：您看他（罗启）写的那个，刚好是夫人那天跟我谈的这个事情，他写的我不大懂，他说蒋第一次见张，就在看白雪溜冰团④，他说第一次见面，不可能［观看］白雪溜冰团吧。

张学良：不是的，那简直就是往好里找，不对。

　　　　……

---

① 徐旭东，江苏海门人，台湾远东集团董事长。

② 指徐旭东的父亲徐有庠。徐有庠，江苏省海门人，抗日战争时期，上海知名商人。1949年去台，与张学良好友王新衡等人创立了远东集团。

③ 罗启，20世纪50年代为蒋经国的副官，60年代奉派到张学良身边任职。

④ 1962年4月，美国"白雪溜冰团"到台北演出。公演的头一天，蒋经国打电话邀张学良前往观看。有关蒋经国和张学良第一次见面，坊间有许多种说法。根据张学良日记记载，初次见面是1958年10月17日，张当时在台北看病，临时住在台北北投幽雅招待所。"同蒋经国初次会见。早九点蒋经国来寓过访，相谈之下，甚为欢畅。我谢他多方的关怀，并道及我很想望一望老先生以慰多年的想念，并说明我之志望，富贵于我如浮云，唯一想再一践故土耳。彼频频问到起居饮食，我答以如今我之居处，已使我十分不安，并非矫情，乃现在的我，不应享此殊荣也。彼又谈到如感寂寞，可以出去游玩游玩，并要派电影来赏阅，余力辞。约在十点左右，大家同摄数相片而去。"

2. 蒋经国比老总统还厉害

访　一：说实话，经国先生是老总统唯一一个拿得起来的继承人。

张学良：不光是继承人，这个人，可是比老总统还厉害，可惜死的太早了。他也识人，比如现在的总统李登辉，[就是]他提拔的。

访　一：同时他对您也非常的好，以前就认识了。

张学良：我在溪口的时候，他也在溪口，他这个人，很懂得事情，我们俩没有见面，躲避嫌疑。

访　二：哦……老总统也会疑心他吗？

张学良：不是疑心他，你知道我有左倾嫌疑。

访　一：他在苏联呢。

张学良：他是共产党，他回国，他正式声明脱离共产党。蒋经国这个人好，可以说到了台湾，国民党重大的官员是他[推荐的]，这个人可惜了。

访　一：嗯，他的建设是[很有计划的]。

张学良：他这个人啊，可以这么讲，后来当然他父亲很训练他了，蒋先生完全是礼孝家这一套，也训练他。那么他在俄国受俄国的[影响很大]，辩证法你懂得？这一套他很[符合辩证法]。

访　一：很熟悉。

张学良：可惜死太早了。

访　一：不过，您说他也七十多岁了。

张学良：你知道，有这种毛病的人，都可怜得很，糖尿病。

访　一：我们以前就听说，这次他这上也写了，说他很希望时常跟您在一块儿谈一谈这个关于国家的事，您还记得那些时候您跟他说些[什么吗]？

张学良：我们[谈]，就随便那时候他还没做大的事情，在一块儿随便扯，他随便问我什么，我也随便跟他说话，没有多大的关系。

访　一：不过，好像建设上边，他都听了您[很多]的[意见]。

张学良：那随便扯淡。

赵一荻：……他不会来请教他……我就说啊，我们以后的工作得分开做，时间不多啊。主要的你要说的先说，至于某某人怎么说，她们看的那些参考资料，她们要做一个参考，不必详细去问。

访 一：我们本来说……你不在的时候，您走了以后，我们要做大帅的事，您也听听……后来我说您没下来呢，你现在可以跟少帅、夫人讲一讲，你那有两份，你现在这份是给夫人的。

赵一荻：你们头一样啊，你们上回做的那些东西，你们回家整理了？到什么阶段了？应当还有什么事情要补充的？赶快把这个弄好。

访 一：这个就是跟您说，每一个单元啊，访问一个小时之后，然后就要做抄录，抄录之后要给张先生做审核。这是进展的层次图，现在我们所有的录音带都要把它抄录出来，抄录的时候我们才能知道少帅说过的，或者漏掉的，要不要补充，不然的话，这些抄录下来的东西，每一个钟头就要来请示少帅来审核，审核完之后……

3. 日本人想用杨宇霆代替老帅

访 一：日本外务省重要文书中说，1927 年时，他们曾想用杨宇霆来代替老帅，他们现已公开的秘密文件信息，说他们想用杨宇霆代替老帅，这是正式的公文。

赵一荻：什么时候呢？

访 一：1927 年，就是民国十六年。

赵一荻：我们不能引用日本人的文件。

张学良：不是引用，那个时候我就看出来日本人有这个意思。

访 一：这是《日本外交年表暨主要文书》下卷第 98 页到 100 页。所以，我们做的工作一定是有考证的，不能随便说。

张学良：这是什么时候？

访 一：1927，就是民国十六年。

张学良：1927，我算算……他们怎么计划，预备举杨宇霆。

访 二：就是说，他们有这个计划，想要杨宇霆来代替老帅。

张学良：培植他。

访 二：对，我就是拿这个东西来提醒您，您可能知道这件事情，或者怎么样，所以把这个是不是要补充到里头去。

张学良：他底下就到此为止？他们和杨宇霆有联络没联络？

访 二：我只能找到这么多。

访 一：您要是需要，我们就继续去找。不过，这一点就证明您有很多的话，都猜对了。还有呢？还有另外一个。

访 二：我再找找看，这是一个个人写的，叫作高纪毅①，您知道高纪毅吗？他说老帅曾经把私章都交给杨宇霆。

张学良：是的，那个时候，我父亲的章子就在他手上，他可以替他办事。

访 一：现在证明什么呢？就是说，我们在抄录您这些录音的时候，我们可以上图书馆、国史馆，去给您搜集一些可给您做参考的，然后您对过去的叙述……我倒回头来，我们天天坐在这里最终的目的是什么呢？的确是挖宝，我们到这来不是挖您的宝藏，然后给我们怎么样，而是说把这些研究的、追踪的东西和您的口述历史给您，然后这口述历史才是您心里头所愿意写的、所愿意说的。因为到头来，我们即或挖出来这些个我们认为是宝，我们从别的地方挖来宝给您看，然后您对过去的事情有什么要说的，您可以拿这个做参考。这都在成品之前，所以您说什么都可以，我们再整个地审核，到最后成品，这个成品才是真正代表张学良将军的。就等于一块石板，黑板，您爱怎么写就怎么写，你可以先在那画，画完之后我们再给它改，改到最后变成一个精品，以后这口述历史留下，真是纯粹代表您的。

访 二：还有两件事情。日本关东军司令官白川义则②，他要求郭松龄承认大帅在（和）日本所订各种的条约。

访 一：郭松龄叛变的时候，他去和郭松龄谈，要郭松龄承认大帅和日本所签的所有条约。

访 二：可是郭松龄呢，只承认政府跟他订的条约。

张学良：啊？

访 一：郭松龄拒绝了，说只能承认国家和他们订的，大帅和他们订的他不承认。白川义则拂袖而去。

访 二：所以，这点我们不写出，您看看有没有用，叙述这段故事，假如您突然记起来，就给我们说说。

---

① 高纪毅，曾任张学良副官处处长、奉天警务处长。奉令枪杀杨宇霆、常荫槐。西安事变后，发起东北名流致电宋氏兄妹，要求释放张学良。

② 白川义则，日本陆军大将。1923年任关东军司令官，1927年任田中内阁陆军大臣。1932年"一·二八"事变时任上海方面日军司令。同年4月在上海被朝鲜抗日志士刺死。

张学良：我不知道。

访　一：另外还有一点，不是白川义则拂袖而去嘛，日本人当时选择支持您和支持老帅，或者支持郭松龄，关键问题就是这个。日本人就此把郭松龄盖棺论定了，不再支持郭松龄了。为什么呢？郭松龄后来派人去问白川，你们怎样支持我？白川没有理他。郭松龄手下也有和日本交往的人，郭松龄要到什么什么地方去，说不愿意侵犯你们日本，应该怎么走这条路，躲着你走。日本就不告诉他，连理也不理他。所以那时候郭松龄根本不可能知道怎么样走才能不触犯日本。后来，日本马上跟关东军表示，就郭松龄叛变的事，对奉张父子两个要支持。所以这些事情我们都可以给您搜集来。总而言之，我们希望这个成品是将来任何人都可以看的，而且明明白白代表您的这个东西。

赵一荻：你们有多少日子？两个礼拜？这个都可以慢慢地改，慢慢地弄，主要的你们要把这个事结束，就是"西安事变"以后到现在为止，把这事结束……你要把这个大纲弄清楚了，结束啊，然后再一点一点……这么样子问，一天过去了，两天过去了，你来了九天，没有做什么。

访　一：我们现在趁着您在这儿，希望把［您到］南京以后的事情尽快［说完］。

张学良：那很简单，没事。

访　一：我们现在先说啊，因为现在是这样一个顺序，是梯阶性的，所以我们所有这些个题目，再加上大帅的……因为您知道您要出去了，而且夫人也要离开这儿，所以我们就想照着夫人的建议，在夫人在美国的时候，我们就专心做大帅的事情。我们要做大帅的事情很多，不见得夫人走的那段咱们能做完，但是在那段时间，如果您没有那么多的应酬，因为这是我们唯一的能从少帅这儿把大帅的东西讨教出来［的机会］。我们尽量地提供大帅的题目，您也尽量想，咱们就紧锣密鼓地在夫人不在的时候，积极地先把大帅的事情在第一个梯阶把它访问完，然后我们再抄录，然后再补充。……所以我们就要知道，夫人到美国去的时候，您忙到什么程度。

张学良：我没事情，根本没事情。本来有时候打牌，连这个事情都没有了，因为他们都走开了，等于我一个人在家闲着。

访 二：关于大帅的文字资料不多，我们找了很多，都是杂乱的，希望由您这儿追溯，把大帅当时的事情都告诉我们。您比如说大帅很威严，我们就想不到怎么威严，可是您那天一说吴俊陞的事，我们就可以知道大帅的威严怎么样。你说了以后，我们就可以揣摩到大帅当时的神情和音貌是怎么样的，这样的情形就是口述历史最需要的。就是说在文字之外，他们可以知道大帅的情形，因为现在没有人能够说得出来了。所以我就提了几个问题，假如我问的时候，您突然想起来了大帅有一件事情，是什么样的，您就说。主要的就是东北在中国清末地位特殊，究竟怎么特殊？在国际上怎么重要？还有就是大帅在满清势力衰退的时候，义和团之乱，日俄骚扰，革命党崛起之际，大帅怎样自处？另外大帅的生辰到现在没人知道，有三四个说法，哪年生的？

张学良：这个我说不出来，我只能算我的岁数。

访 一：还有青少年时代，绿林生涯，"保险队"怎么形成？怎么被称为"关外王"？然后经营东北的历史，另外还有跟张海鹏①、张景惠、张作相、吴俊陞、汤玉麟等等怎么结识的，怎么能够形成团体受到清朝招抚？还有怎么自动去保护赵尔巽②的事情，怎样和蓝天蔚争夺？还有刺杀张榕③……

张学良：嗯？

访 一：一个叫张榕的。还有天津会议时要帮助直隶去攻安徽那次的得失。另外，民国九年直皖战争之后，成为东三省巡阅使，和争盟主的经过。然后，民国十年第一次奉直战争。战前会议，是您代表参加的，失败的原因请您分析一下。民国十三年第二次奉直战争，民国十四年郭松龄之变，怎么样处理这个善后？还有什么改变？其他的与日、俄强邻交涉时是怎么办的？在三角同盟中大帅的位置？还有我们要特别请您讲的，大帅怎么任用人，像任用王永江等等。还有怎么样交游，和爱国的重要事迹，还有大帅平时机警的例子，豪情，威严，

---

① 张海鹏，1910年与张作霖结为金兰。曾任洮辽镇守使、东省铁路护路军司令等职。"九一八"事变后，投降日本，任热河省长等职，1951年以汉奸叛国罪被枪决。
② 赵尔巽，清同治进士，授翰林院编修，历任安徽、陕西等省按察使，甘肃、新疆、山西布政使。1905年4月，出任盛京将军，后任四川、湖广、东三省总督。
③ 张榕，同盟会成员。武昌起义后，回奉天策划武装起义。1912年被赵尔巽、张作霖派人暗杀。

侠义，怎样宽待下人？怎样指挥军队？这个宽下，关于"金佛"事件，在中国西北，一个部下的将军姓穆，叫穆春①，他本来应该死罪的，大帅把他赦了，您记得这事情吗？

张学良：你说的这事……这件事情我倒说不出来。

访　一：在蒙古，去抢夺一座金佛。然后还有外籍顾问的关系，就是听了哪个人的建议？这里头包括日本人哪，英国人哪，德国人哪？还有怎么样让他们来帮助东北建设什么的？文化、教育、交通、经济，您想起哪方面都可以说。然后是大帅和各路军阀的比较，这是我们要做的一个题目。然后是大帅对您的影响，您哪一样赞成大帅，哪一样觉得大帅做得不对？比如您不同意大帅去参加北京的会议什么的。然后是大帅和袁世凯、段祺瑞、徐世昌、张锡銮②这些人的关系。另外一个题目是苏联阴谋问政的事。我找到了这本书，还是您写的序。

张学良：我先给你说，再加上我要给你解释。所谓一个政党，国民党也好，共产党也好，民进党也好，就是我们一团人组织的一个政党，我们要实行我们心里的那种办法，就是所谓政党。那么你这个政党不是说我为这几个人发财，现在就不是，现在就是分赃了，我们开他们玩笑，说你们是分赃政党。真正的国家是要有政党的，比如美国就有政党，它没有政党就不能成为真正的民主国。所以这样原因，我们并不反对那个政党，我赞成这种思想，我赞成共产党，我就加入共产党，我赞成国民党我也加入，我赞成民进党我就加入民进党，是这样的。不是说我进了这个政党就给我什么官儿当，那就完蛋了。

访　一：那么一个普通人民爱国不一定非要加入什么政党？

张学良：你爱国，比如我是台湾人，我是中国人，中国需要我的时候，要我的命我就去送命，要我去当兵我就打仗，打仗为什么，保卫这个国家。爱这个国。

（访者与张学良、赵一荻谈给口述史项目组的信约10分钟）

---

① 穆春，曾任奉军骑兵师师长。1926 年 8 月，奉军在进攻南口之役时，穆春部的王永清旅发生抢劫金佛一案，张学良前往处理，发生火拼，穆、王被当场逮捕，不久穆获释。张作霖死后，穆解甲归田，拒不出仕。

② 张锡銮，清末直隶总督、东三省宣抚使。中华民国成立后，授任直隶都督，1912 年任东三省西边宣抚使，调任奉天都督、吉林都督。曾招降张作霖，并收其为义子。1915 年 6 月任"镇安上将军"节制东三省军务。1917 年后退出军政界，寓居天津。

4. 钓鱼有很大的哲学

访　一：您在贵州待的时间最长，贵州的生活是一向很苦吗？

赵一荻：地无三里平，天无三日晴。

访　一：它是没有出产吗？

赵一荻：有出产，没有交通啊。

张学良：现在贵州不同了。

赵一荻：人抽鸦片烟，还有贵州军阀刮地皮刮得厉害啊。

访　一：贵州军阀是谁呀？

张学良：有好几个，不是一个人。

访　一：那贵州天气怎样？

赵一荻：天气还好，我们住的地方都凉快。

访　一：是在乡下？

赵一荻：贵州天气凉快。

访　一：冬天不下雪呀？

赵一荻：也有一点，不是很厉害，不像北方。

访　二：那您吃东西呢？少帅不爱吃鱼。

赵一荻：那儿鱼很少。

访　一：那在贵州吃什么呢？

赵一荻：我们住的那个地方可以捉到鱼，那个地方有鱼。

访　一：少帅不是钓鱼吗？钓鱼可是不吃，您喜欢钓鱼？

赵一荻：他不大喜欢，他怕刺。淡水鱼刺多。

张学良：喜欢钓鱼。可惜你没看见我那钓鱼具。

访　一：您有吗？现在？

张学良：好多渔具。

访　一：您喜欢不喜欢站在水里头钓？

张学良：没有，不是钓海鱼。

访　一：就是河啊。

张学良：就在河边啊，坐在那儿。

访　一：您所谓的渔具，是外国渔具还是中国渔具？

赵一荻：都有。

张学良： 开始的时候跟一个老头儿，那老头儿挺好，跟他学钓鱼。他自己做鱼竿，我也做鱼竿，还做那个线。

访　一： 您拿什么做？

张学良： 竹子。

访　一： 噢，贵州有。

赵一荻： 贵州竹子好看，你们都没看见。四方的竹子。

访　一： 真的是方竹的？我以为是诗人随便说的。

张学良： 我很喜欢钓鱼。

访　一： 我不知道，您钓鱼的滋味在什么地方？

访　二： 钓鱼就是着急。

张学良： 和做人一样，钓鱼有很大的哲学。

访　一： 您跟我们说说。

赵一荻： 养性。

张学良： 不但养性，我跟你说，简单说，我们在一个湖边钓鱼。你都准备好了，要去钓鱼，那么你费了很大的事情，你把鱼竿甩下去，那么你就没注意，鱼来了。一甩下去，鱼就来了，鱼在那儿看见那食马上就来，把鱼跑了，因为你没注意啊，再坐一天也没有了。我说这话什么意思，哲学在哪儿？你就跟做事一样，你别想这件事情干什么，你一定要认真。你哪个事情都不应该疏忽，你既然做那件事情，你就要注意，你想马虎一下子……所以好多人就是把事情做坏了，就是这个样子。

访　一： 您知道现在美国钓鱼怎么钓，他有一个小的 computer，搁在船上，他可以从这个 computer 看底下有没有鱼。我说这不是叫钓鱼，这简直有点欺负鱼了。

张学良： 钓鱼我是喜欢用车竿，不是那个〔一般鱼竿〕。

访　一： 就是一甩甩得很远的那个。

张学良： 钓鱼啊，那车竿最有意思。

访　一： 那里头有技巧啊？

张学良： 你勾着那个线，鱼来了你就知道，鱼在那儿吃，你就知道。

访　一： 感觉得出来。

赵一荻： 完了你还得跟鱼斗啊，你拼命把绳子拉断了，鱼跑了。不能用力啊，你该放的时候要放，你该收的时候要收，这就是人生的哲学。

张学良： 我有一个老当差的，我们常去钓鱼，他也并没注意啊，我坐对岸，我一看他怎么那么着急啊，另外还有一个人帮他忙，拿着一个大网兜就去了。这个鱼有多大不用我说，我没看见这个鱼有多大，我只看见他把那鱼钓那儿，看这个鱼嘴啊，都有这么大（用手比画）饭碗这么大。我想那个鱼啊，最少有二十斤，没钓上来，把他鱼钩都钓折了。

访　一：所以不能太着急，我有时候就觉得那鱼竿那么细，怎么不会断？
赵一荻：你得放啊，等那鱼累了你再往回收。
张学良：问题在这呢，美国的鱼钩啊，很难折的。
访　一：它不是木头做的？
张学良：它做得好啊。中国的鱼钩常常拆掉，我就说他钓那鱼，拉那个鱼一绷就绷折了。那鱼太重啊，鱼钩折了。
访　一：这么说，鱼钩还是相当要紧的。
张学良：那……钩、线，什么都是。
赵一荻：那［就是］学问了。
访　一：您说现在做的鱼饵啊，跟什么样的虫子，怎么样动，完全……
张学良：不是，那是看什么鱼。有一种假鱼食，那看钓什么鱼了，有种鱼它不吃假鱼食，它吃［真鱼］食。
访　一：那他就要知道大概有什么鱼，他才知道用什么鱼食，不是随便什么钩点东西就行。
张学良：你想钓哪种鱼，你用哪一种鱼食。
访　一：深浅也不一样。
张学良：钓这种台湾的，我也钓。这种鱼呀，他们管它叫什么，鲢鱼，它不吃底食的，它吃中食，所以你把那鱼竿打到很远的地方……后来我也钓过，他那鱼竿啊，这么大个鱼食，这个鱼食里搁着好多的鱼钩，鱼来了就慢慢地吃这个鱼食，把它钩一下子，不一定钩它嘴里，钩身上，它一滚，就乱七八糟地把它缠住了。
赵一荻：现在美国不准用滚钩。
张学良：不是滚钩，你说那滚钩不是钓鱼，那是在河里头下的，我也钓过，那钓上来的都是十斤八斤的鱼，我不大喜欢钓大鱼。
访　一：什么鱼喜欢吃深食啊？
张学良：鲤鱼，吃蚯蚓啊。
访　一：假如您把鱼竿跟那鱼食扔出去了，您怎么控制鱼食在中间还是在底下？

张学良：那你看上头的浮标啊。我还不大会甩那个竿，那个浮标上拴那么大一个球，鱼在那吃，就看那个球在那动，就知道鱼来了。我不那么喜欢……

访 一：那您喜欢钓什么鱼啊？

张学良：我喜欢钓鲤鱼啊，在河边坐着，钓大鱼不大很容易。

访 一：您在海里钓过鱼吗？

张学良：海边我没钓过，我到海上钓鱼去了，因为海上有钓鱼的，她（赵一荻）不让我去。这个人跟我很好，他是台北钓鱼协会的会长，他主张坐小船到海里头钓鱼，她不赞成。这个人卖钓鱼具，我们去了，他的太太在那儿，孩子也在那儿，我问他，"你老板呢？"他太太不吱声，让我问她儿子，他儿子说，"我爸爸钓鱼没回来。"掉海里了。所以这东西啊……后来我问他们，钓鱼的人讲，他说他错了，他是在基隆钓鱼，三个人，把他淹死了，那两个没有。这很有意思的，没有经验不知道，你不能站在海堤有墙的那地方，鱼一来，浪就来，一滚，把你带去了，你站在没有墙的地方，浪过去就是了。所以什么事情，有经验的人才知道这个。他说他错了，就是站在那小墙那儿，一个浪，把他拐下去了，找不着了，不知道到哪去了，给打到海里去了，所以干什么都得有经验。

访 一：以前我老是觉得，如果你不是一个真正的渔夫，钓鱼完全是修身养性，就是在那练你的耐性。

赵一荻：也是修身养性啊，你钓鱼不能想别的，想别的什么也钓不了。

张学良：我在贵州时，有个老头儿我很喜欢他，他自己有小船，以钓鱼为生。我判断那老头儿不喜欢以钓鱼为生，他用小船在沅江里头上下游来回走，我看他是一个江湖人，是给那些人运东西的。这个老头儿很有意思，我跟他学钓鱼，那他可厉害了。中国那钓鱼师啊……不过中国那钓鱼线没有多大力量。

访 一：咱们拿什么钓鱼线啊？

张学良：丝啊。他钓上大鱼来，要四五个钟头才把那鱼拉上来。

访 一：那一天才钓一条鱼。

访 二：那多累啊。

张学良：那可是真得有技术了，他一手钓着鱼，一手还支着船，让那船跟着鱼上下游走。那个老头儿真像《水浒传》上那个……就跟那伙人似的。我问他，"你儿子呢？"他说，"我靠他们吃饭？我才不，我自个儿吃饭。"他老婆在那卖木材，他说，"我也不管她，我自个儿吃。"他会做饭，他会做米饭，那他米饭做得好，他做的米饭主要不是他吃，他为钓鱼。他把那个米饭里头和上那个油饼，打碎了和在里头，后来我也学会了，拿那个做鱼食。

访 一： 他钓鱼卖啊。

张学良： 他，我看……我跟他在一块堆儿待好多天，他顺着那沅江，往上游也常常去，我看他那个样子，跟江湖上的人有关系，运送东西什么的，我看，他不说了。……那老头儿很得意，他跟我在那钓鱼，我们是住在山上，江在下边，对岸是沅陵城。跟着我们去的这个人认识他，过沅陵江到那个江边上，沅陵江有那个大竹排，竹排一来水很厉害，把他那小船给弄翻了，把他给沉下去了，那么我们这个人就打抱不平，后来他得意极了。

访 一： 呵呵，有群众了。

张学良： 那老头儿很有意思，我在那住着，过节还给我送水果吃，上游有卖水果的，他买了点送我，咱们中国话讲的"礼失而求诸野"①，很有意思。

访 一： 那您在那钓鱼主要是夏天儿[钓]。

张学良： 冬天也可以，都可以钓。

访 二： 贵州冬天不冷啊。

赵一荻： 没有太冷。

张学良： 不太冷，你看我在湖南，那时候他们给我带来美国的钩子，他们叫洋钩子。让螃蟹把我的鱼食给我夹断了，螃蟹讨厌透了。我那鱼钩我舍不得。9月，有点冰，我要跳到河里头去找，他说，"你要弄那个钩子，咱俩赌，你别说捞，你跳下去都不行，你受不了，这很冷。"我说，"咱俩赌一个鸡，我捞不上来我输你一个，我捞上来你输我一个。"我把它捞上来了。

访 一： 您不怕冷啊。

张学良： 真个把衣服都脱了，脱光了。我从前很厉害啊。我厉害是这样子，

---

① "礼失而求诸野"，此语出自《汉书·艺文志》，原文为："仲尼有言：'礼失而求诸野'，方今去圣久远，道术缺废，无所更索。"意思是说：现在距离圣王时代太久远了，政治一片昏暗，官场看不到正道正法，那怎么办呢？孔子说：礼制沦丧后，可以到民间去访求。

我过去啊，我跟一个人训练出来的，我那时候在上海的时候，到他那地方去，他搁冰水洗澡，完了搁热气蒸，完了出来搁冰水再洗，后来我就带来他那训练出来的一个人，给我做按摩，我还是洗热水澡，完了跑外头去，下了大雪，在雪里头玩，回来再搁热水再洗。

访 一：您知道美国有一个北极熊俱乐部，到冬天的时候，水冷极了，还有冰，然后大家穿着游泳衣跳到水里头，乱蹦乱跳，一大阵，然后上来，他们叫北极熊俱乐部，就是要在极冷的水温最低的时候跑到水里头去。

访 一：那您在河里头，水是不是很凶啊。

张学良：那很冷的，没有浪。我游泳不会。

访 一：您不会游泳？

张学良：我游泳不好，我在海军里学的，那时候我什么都练。两个军士长保护我，他让我跳水里去，他说，"你跳水里去，你不用害怕，我给你表演一下。"他跳到水里，他在船这边跳，在船那边出来，搁船底下爬过去。他说，"我们两个绝对保护你，不用教，你自己在水里头彻底学。"所以我学会了，就会扑腾不沉，走也走不了。

访 一：游泳得胆大，我是害怕，您会游泳吗？

赵一荻：游不好。

张学良：她会仰游。

访 一：仰游舒服啊，因为仰游可以呼吸，所以我只能在游泳池里游泳，呵呵，我老怕撞人家。

张学良：我们从前夏天到海边去游泳，现在不了。

访 一：你夏天儿上哪避暑去？

赵一荻：北戴河①。

5. 奉天老家的故事

访 二：您最好别看，实在是莫名其妙。

---

① 北戴河，地名。濒临渤海湾，地处今河北省秦皇岛市中心西部。秦始皇东巡，在此刻"碣石门"；汉武帝东巡，在此筑"汉武台"。清朝划定其为避暑区。1932年，改为北戴河海滨自治区。

访　一：结果那小孩……把皇太子……

赵一荻：昨天她不讲过嘛，努尔哈赤①那个。

张学良：怎么的？

赵一荻：就是那个电视剧，胡说八道。

访　一：真是胡说八道。

赵一荻：监制人根本就无知，所以我不看。

访　一：昨天说着说着我们俩都快大笑了，他把顺治②小的时候……

赵一荻：你这研究历史的都看着可笑，不过他们那叫演义嘛。

访　一：可笑的是什么呢？我就问我姐姐，我说这历史跟这正史合适不合适，她说不合适。我们看那一幕啊，很有意思，顺治闹什么事，结果让皇太极③给罚了，把顺治关在一个仓库里，顺治进了这仓库之后，满墙挂的都是京戏的脸谱。

访　二：不是京戏脸谱，就那个 mug。

访　一：呵呵，然后他坐一个竹板凳，东北怎么可能有竹子家具？

赵一荻：你听我说，我们问过一个，也是电视明星什么的，我说，"那个年代你就戴那个眼镜？"她说，"我们到服装室里随便抓一个。"

张学良：我们认识一个演戏的，她说，"我们那叫道具，我们抓着什么就算什么。"戴着那个眼镜，那时候还没有这个眼镜。

赵一荻：根本不用脑筋，混饭吃。

张学良：人家外国人多正经。我给你讲个真事，美国做的那个电影，伊丽莎白女皇出殡，他用的出殡的东西，真正都是当年伊丽莎白用的玩意儿，他弄来，人［家］舍得花钱，中国人上哪弄钱去？

赵一荻：人挣钱嘛，有些看的人他不懂，看的人都是那些台湾欧巴桑④，她晓得什么？道具是哪儿的？她根本［就是］无知嘛。

张学良：我们那会儿看的，太太戴这么个眼镜，我们都笑死了。

赵一荻：我说当年我们就没那么大的大眼镜。

张学良：还有。他们现在啊，他们目前还是做这个电影，就是做当年的满洲人［穿清朝的服装］。

---

① 努尔哈赤，即清太祖。1616 年在赫图阿拉称金国汗，国号"大金"。
② 顺治，即清世祖。清入关后的第一位皇帝。
③ 皇太极，即清太宗。1636 年，改后金为清，称皇帝。
④ 欧巴桑，日语音译。原意是"大嫂"、"阿姨"。泛指中、老年妇女。

访 一：对，穿清朝的服装，简直胡说八道。

张学良：不是，我跟你说，戴的那个顶子翎子①，我跟你说，大概现在的人他没［有见过］，那顶子翎子他不能胡戴的。

访 一：有帽筒嘛，您知道。

张学良：那帽筒干什么的？就是插高帽的。

访 一：结果他们拿帽筒干什么，就是搁在门口，搁伞，呵呵。

张学良：我跟你说，他要戴那顶子翎子，要趴地上磕头，都掉了。

访 一：而且您看那个马蹄袖②，一来就是"啪啦啪啦"打两下，他这袖子要打下去嘛，马蹄要下去，他现在不能打下去，没有，结果每个人都打两下，我说这什么意思。

张学良：你知道马蹄袖干什么的？

访 一：就是磕头的时候跟马蹄子［着地一样］。

张学良：不是，那个马蹄袖是因为在骑马的时候那个雪会弄在你手上，把这个弄过去可以盖着你的手。

访 一：跟您请教一下，清朝在关外时候他们的建筑跟清朝差不多吗？

访 二：跟北京啊？

访 一：跟北京一样吗？在东北的时候。

赵一荻：你说是宫殿啊，是他们居住的？

访 一：就是皇太极他们住的地方。

张学良：宫殿啊？

访 一：他们住的地方是什么样呢？

张学良：他们原来住什么地方不知道，他们在奉天有宫殿③，不是那样阔气，有小规模的宫殿。

访 一：那不是给溥仪盖的，原来就有？

---

① 顶子，清代用以区别官员等级的帽饰。依顶珠品质、颜色的不同而区分官阶大小。也称"顶戴"。"顶戴"分朝冠用及吉服冠用两种。

翎子，清代官吏礼帽上装饰的孔雀翎或鹖尾翎。孔雀翎分单眼花翎、双眼花翎和三眼花翎不同档次，依立功大小行赐。所谓眼就是孔雀毛上的彩晕。

② 马蹄袖，指清代满族男子衣袖的式样。满族男子服装无领、四开衩、束腰、窄袖口，皆为便于骑射而设计。由于袖子口附有马蹄状的护袖，又称马蹄袖。马蹄袖平日绾起，出猎作战时则放下，覆盖手背，冬季可御寒。

③ 奉天的宫殿，即今天的沈阳故宫。位于辽宁省沈阳市旧城中心。为清太祖努尔哈赤和太宗皇太极的宫殿。建于1625～1636年。占地6万平方米。共分三路，中路为主体建筑，有崇政殿、凤凰楼和清宁宫。东路建筑以大政殿为主，大政殿外形酷似蒙古包，游牧民族的文化特色十分明显。整个建筑，金碧辉煌，其规模仅次于北京故宫。

赵一荻：嗯，嗯，给溥仪盖的在长春①。

张学良：给溥仪盖的也没什么宫殿，奉天的宫殿是明末时就有的，那是清朝人自己盖的。

访　一：您有没有把它保存下来？

张学良：那，那些还很好呢。

赵一荻：他们的宫殿很有意思，他们［在］宫殿喂乌鸦。

张学良：他那宫殿两部分，要紧的部分，这边是宫殿，有一部分在那边，叫太庙。

访　一：是祭天的地方？

张学良：不是，是［祭］祖宗的地方，叫牒，就是"片"字旁搁一个这个"枼"。

访　一：噢，牒。

张学良：他叫玉牒②，都在宫殿旁边太庙里。他是封妃有玉牒，死了人也有玉牒，好家伙他们送玉牒可……从北京送到奉天，送到沈阳，那满路上都得铺上黄沙呀。

访　一：好像是这人来了一样。

张学良：他那个玉牒本来不许人看的，我倒看了看，没什么，就是那个人的名字。

赵一荻：就是归到他原来那地方。

张学良：比如说慈禧太后③吧，她有一大［串］号的④。

访　一：她的名字很长啊。

张学良：她加封的［能给她的］都给她。她最后叫慈禧了。都是那些玩意儿，简单说了。不过，在奉天很重要的就是太庙⑤，他们的家谱都

---

① 给溥仪盖的"皇宫"，指爱新觉罗·溥仪任伪"满洲国"傀儡皇帝的宫殿，位于吉林省长春市，今天习称"伪皇宫"。溥仪1932年到1945年间曾在这里居住。其建筑规模、豪华程度远不及沈阳故宫和北京故宫。

② 玉牒，爱新觉罗氏皇族的宗谱。以帝系为统，长幼为序，存者朱书，死者墨书。宗室记于黄册，觉罗记于红册，并各有满汉文本。男女分记，各记有宗支、房次、封职、名字、生卒年月日时、母族姓氏、婚嫁时间、配偶姓氏等。

③ 慈禧，清同治、光绪两朝实际掌握朝政者。清咸丰帝的妃子，同治帝生母。同治帝继位后，尊其为圣母皇太后，尊号为慈禧太后。咸丰去世后，长期垂帘听政，把持朝政。

④ 慈禧的号，孝钦慈禧端佑康颐昭豫庄诚寿恭钦献崇熙配天兴圣显皇后。古代皇亲国戚、朝廷重臣等，一般有尊号、徽号、谥号等。如新皇帝登基尊称母亲为母后（皇太后）这就是尊号。遇朝廷大庆，在尊称上再加一些美好的词汇，称徽号。死后用生前的徽号再加上几个字成为这个人的谥号。如慈禧，其子载淳登基，上徽号"慈禧"；载淳大婚，上徽号"端佑"，最后慈禧有25个字的号。

⑤ 太庙，皇帝举行祭祖典礼的地方。最早太庙只供奉皇帝的先祖，后来帝后和功臣的神位也可以被供奉在太庙。今天位于天安门广场东北侧的北京"劳动人民文化宫"就是明清两代皇帝祭祀祖先的家庙，即太庙。

在那里。很有意思，可以看。好像过去是政府的时候，他搞的那个皇宫跟他那个太庙，大概有一笔经费，他那里有像警察似的管着，现在我也不知道，那个时候我也没考证，大概有一笔经费，我们政府给的。

张学良：他（满族）最厉害的是……我也没去过，奉天有个地方叫兴京①。

访　一：他起家的地方？

张学良：起家的地方，在奉天。

赵一荻：你给她们讲讲为什么喂乌鸦。

张学良：他是这样的。在我的家乡（辽西）那个地方，有一个王皋石②，这个王皋就是他（满族）的祖宗，大概。明末时他们故宫里有个千里妈妈，都是他们的故事。这个王皋大概是他们祖先。他是怎么的了，反正是逃走了，抓他，我记不住了，抓他，他躲在那个地方，树上乌鸦都在那站着，追他的人认为有人就不会有乌鸦。

访　一：乌鸦保护他了，有人乌鸦就跑了。

张学良：是，等于乌鸦保护他。那个石头现在还有，他就躲在石头上，叫王皋石，王皋是他们祖先，那是明末的时候。后来他就留下来，要喂这乌鸦。他们在宫里有规矩的，每天晚上撒粮食，喂乌鸦，结果不但乌鸦来了，鸽子来了也吃。所以我不吃鸽子，我有个小猎枪就到那儿打鸽子，一天打好多鸽子。

访　一：你提起打鸽子，就您那司机，私人驾驶 Liner 就是一个好枪手，专门打那个……他说西安有一种鸟，都趴在树上吵得要死。

张学良：给他打着吃？

赵一荻：不是，她是讲 Liner 在西安打的。

访　一：也是打鸽子。

---

①　兴京，地名。位于今辽宁省新宾县西老城村。满语为赫图阿拉，意为"横岗"。1616 年，努尔哈赤称帝，定赫图阿拉为都城。后迁都于辽阳，尊赫图阿拉为兴京。

②　王皋石及喂乌鸦的来历。传说明末辽东总兵李成梁，发现马夫王皋的义子小罕脚心上有七颗红痦子（真龙天子之相），计划将其押往京师请功。王皋得知后，携小罕连夜骑马逃跑。追兵快到时，王翻身下马，撞死在一块石头上（后人将这块石头叫王皋石，现存北宁市中安堡）。小罕骑马继续奔逃，马跑不动了，躺在地上他就睡着了，一群乌鸦落在周围。追兵看到乌鸦，判断此处不可能有人，小罕得以活命。小罕就是后来的罕王努尔哈赤。为感谢乌鸦救主之恩，满族便有了喂乌鸦的习俗。沈阳故宫清宁宫前面，竖有一根木杆，称"索伦杆"，是满族传统祭天的神杆。每当清宁宫杀牲祭神后，都要在室外祭天。即将猪的下水刹碎，拌上米谷，放于神杆上的锡斗内，以饲"乌鸦"。

6. 人啊，干什么都得长眼睛

赵一荻：现在台湾有钱，什么都有。

访　一：昨天有一个……今天晚上我姐姐要问她那大夫，我们都好多年没见了。我说，"你住在哪儿？"他说，"我住在烧包区①。"我说，"什么叫烧包区？"他说，"这区都有钱，能够上瑞士、瑞典去买钻石表，一买几十个，让人家都不知道怎么着好，把人家货都买没了。"我说，"那多少钱？"他说，"几万块钱一个。"

赵一荻：到瑞士去买表，一买就买几十打。几十万！钱太多了，我们现在台湾人啊，除去有钱之外什么都没有，文化也没有，什么都没有。

访　一：您有没有注意最近电视上很多这种舆论，就是说我们要把生活的"质"要加多。

赵一荻：怎么样加多，现在每个人都往钱看。

访　一：就是说，好像我们要怎么样提高我们的品质。

张学良：……他家里他是老太爷嘛，在上海去买表，买金表，他一个老头儿穿着一个破棉袍子，从那柜台拿出一个，他看着不好，他说，"你还有没有？"他（店员）说，"有，你买得起吗？"他说，"你有多少？"他说，"你要买多少？"他说，"我买一百打。"这小子赶快找他的部长来，说，"那老头要买一百打。"他（部长）说，"你傻瓜，你知道他是谁啊？上海最有钱的人，你把他得罪了可不得了。"让他（店员）给那老头儿磕头赔罪。卖东西的那个人啊，你得睁眼睛。

赵一荻：从前也是这样，台湾，我们刚到这儿，穷啊，穿袜子的队员去买袜子，铺子里小姐说，"你有一双穿就可以了。"从前他穷嘛，就这样。

访　一：不过那倒不是说瞧不起人家，就是说你已经穿上，别浪费了。

赵一荻：就是看你这样，你买不起第二双。

张学良：我跟你讲我自己的笑话，我大概在湖北，我忘了［什么事了］。

赵一荻：咱们不能浪费时间啊，六点十分了，没有两个钟头了。

---

① 烧包，中国北方方言。用以讽刺炫耀自己有钱的人。源于民间"鬼节""烧包"习俗。俗传去世的先人七月初被阎王释放半月，七月半送祖时，家家"烧纸钱"，烧"钱"时，先将纸钱包成包，祭祀时焚烧，故称"烧包"。

张学良：我去买大褂的材料，买缎子，要做一个袍子，那铺子的小子把我弄火了，我说，"不好，我再挑挑。"他说，"你将就将就，穿这个得了。"我火了，我骂他，我说，"我买我自个儿穿，又不是给你穿。"他那部长来了，说，"您老人家别生气，赶快赔罪。你知道是谁啊，他是咱们这个地方的司令。"

访 一：他们说，做生意最可以、最有礼貌的是北京做生意的。

张学良：你知道为什么吗？北京有三种人，一个是御史①老爷，一种是王爷②，一种是地方的官。不是在那，在外头来的地方官，到北京来他算不了什么，你不小心，他回去是你的地方官。那么，有一个故事，有一个王爷，他讲啊，为什么我们那么客气，我问他，到北京买东西啊，你到铺子里买东西，那客气得很，那老太婆要看那布料掉色不掉色，掉色了不要了，走了，他还送出门来。我就问他，他说，"你不晓得，我们当年有个故事，有一个王爷老爷来了，到铺子叫掌柜的得罪了，拿出去到前边给杀头了。你在北京可不能不小心啊，你不知道他什么人啊。我们当小卒的，老的都教给你啊，这可不是开玩笑的。"我刚才说的三种人，一种是巡城御史，一个是地方官，"他就是你的地方官，他回到地方去把你整死。我们不得不小心。"

访 一：现在不同了，每个时期有每个时期的文化。

张学良：不是文化，环境不同。我跟你讲，人啊，干什么都得长眼睛。我父亲啊，跟我的鲍大爷③，就是我姐夫的爸爸，当过吉林督军、黑龙江督军。两个人在北京去看相，那个地方有一个叫什么铁嘴，穿着大褂，两个人装着，不让那看相的知道他是谁呀。这个看相的有名，他说我那鲍大爷，他说，"你可以当个科长。"给我爸爸看，他说，"你连科长都当不上，顶多当个科员。"给他一块钱就走了，那当差的进来了，他说，"你看他俩相了？"他问，"那两个人是谁？"告诉他那是张某人，他说，"哎呀！财神爷来了，我不知道。"他自己出去把他那牌子摘掉了。

---

① 御史，中国古代官名。先秦时期始设，即负责记录的史官。自秦朝开始，御史专门为监察性质的官职。明称巡按，清称巡按御史。
② 王爷，旧时对封王爵者的尊称。
③ 鲍大爷，即鲍贵卿。鲍与张作霖是同乡，早年对门而居，张幼时母乳不多，常由鲍母喂养。张发迹后，不忘喂乳之恩，将张学良的姐姐张冠英嫁与鲍贵卿之子鲍育才。

访　一：老帅后来没对他怎么样？

7. 跟你说我的幽默笑话

张学良：那……他们也是好玩儿。我跟你说一个我的笑话，我上北京，正月，厂甸卖画儿，我看见张学良一副对联，挂着，八块钱。他没看出我是谁，我叹口气，我说，"哎呀，张学良的对联才值八块钱。"我跟掌柜的开玩笑，我说，"我写得比他好，我给你写几副好不好？"他听我说的话，又瞅瞅我，"哎呀，"他说，"那对联不是我的，是人家挂在这儿的。"

访　一：我觉得您有时候很幽默的。

张学良：我跟你说过我的幽默笑话没？我在北京，自己开汽车，去天津看她（赵一荻）。我回北京去，那时北京驻防的军队都是我的，有一个人在路上挡车，还带着一个当差的，挎着枪。我从来自己开车，副官都坐后面，我摆手不让他们说话。那人上来了，我说，"你上哪儿？"他说，"我上通州县政府，警察局去。"那么他就上来。他一看，我车经过的地方军警都认识我，[他]姓李。他小声问我，"后头什么人哪？"

访　一：哈，他认为您是司机呢。

张学良：我说，"我哪知道，我是开车的。"他说，"你是干什么的？"我说，"我是天津惠通汽车行开车的。"我说，"他们雇我的车，我不知道，反正是大官儿，不小吧。"我和他扯淡，我说，"你们这儿驻的什么军？"他说，"三四方面。"我们那时候叫三四方面军①。

访　一：噢，三四方面军。

张学良：我说，"什么叫三四方面，我开车我不懂。"他说，"那是张少帅的军队。"我说，"张少帅是什么样的一个人，你见过吗？"他说，"张少帅来校阅军队，县长传我们都去欢迎，我去晚了，他已经走了。"我就问他好多事，跟他扯淡，我说，"听说你们这个所长抽鸦片

---

① 三四方面军，1925年秋，奉军改编为6个军团，即6个方面军。第三方面军军团长为张学良，第四方面军为姜登选。1926年春，张作霖在秦皇岛召开军事会议，因姜登选在"郭松龄反奉"战争中遇害，会议决定第三、第四方面军组成联合军团，以张学良、韩麟春为军团长。此后，习惯将第三、第四方面军联合军团称为"三四方面军"。

烟。"他说，"不抽。"我说，"你不敢说。"他说，"不，我早去早见，晚去晚见，他抽鸦片烟他不能这样啊。"我们扯了好多笑话，我问他，他就乱扯，一路上都［快成］兄弟了。快到了，我说，"你去哪儿？"他说，"我到那个警察局。"我说，"好，我送你到警察局去。"我说，"你出来有［钱吗］？"他说，"有啊。"我说，"你出来，你揩我油，你铜板没给我。"我问他姓什么叫什么，快到了，我说，"你这人没礼貌，我问你姓什么，你就没问我姓什么叫什么。"他说，"你贵姓呀？"我说，"我就是你要看没看见的张少帅。"然后我开车就跑，他站那儿发愣。

访 二：哈哈，吓死了，所以我觉得少帅实在是幽默。

访 一：您说的这事虽然是笑话，可是充分代表了您做人的［幽默］，大家再写八十本"西安事变"，也不能了解"西安事变"张少帅后面是这么有人情味。还有您在王曲那时候您跟那些人一块住，一块吃，有本书上有一张相片，您跟那儿一块吃饭。

张学良：那有什么关系。我 19 岁就当团长，我带兵，我那个兵跟我开玩笑，管我叫黄嘴丫子团长。我的第二营营长，是当年我爸爸的号兵，我小孩时候他抱过我。我那时候很认真的，我们那时候出操，很热，出操一个钟头，不到钟点我不走，我在那儿站着看他们出操。他就小声跟我说，"你回家玩一会儿好不好，别在这儿待着，你在这儿待着我们也走不了。"他姓赵，我说，"赵营长，你再跟我瞎扯，你别说我罚你啊。"后来这个人打仗阵亡了，我很难过。他们拿我当小孩，说"你回家玩儿去吧"，我说"你再扯淡，我要罚你"。

8. 明白人不用辩，糊涂人你跟他辩什么

访 一：你先把你的……你要跟少帅介绍的［说一说］。

访 二：我说咱们是不是先把这些问题［解决了］。

赵一荻：我不要详细看了，问题是这样，如果他有条件的［话，这］基金我不要，他派人来看［可以］，如果他没有条件的［话，我们可以商量］。

访 二：我就是说今天我要跟您说这个，希望你这个信写出去之后，他觉得［行］，［就］给桂励也很多方便，他觉得他可以这样说话了，他可

以阻止他们，那我们……

赵一荻：我回来我再去找蔡律师（蔡六乘）①，把您这封信给他看，把上回拿去那个都拿回来。

访　一：我们的想法就是，因为这个基金会是我的学生给找的，自愿的，所以［可以考虑］。

赵一荻：主要的是这样，你要参加，你要插进来，我们都不要，有条件的基金我们不要。你要是甘心愿意帮助我们完成这桩事的人，那我们要。比方说王永庆②，他没有条件的，那我们可以要，可以要我们为什么不要呢？

张学良：有的机构，有的人是有条件的。

赵一荻：我宁可我自己做。

张学良：我们也不需要。

访　一：我姐姐，我们就商量这事儿，她说，不管是卢斯基金也罢，或者是其他人有兴趣的，我们要体会你们两位老人家的心情，就是千万别找第三者。这个我们觉得是很对的。

赵一荻：2002年以前就不［公开］。

访　二：而且这成品之前，都是您的权，我们只是给您做事儿。

访　一：这样我们都有一个共同的了解，我们尽量把"半路杀出来的程咬金"给他取消，这就是说路斯这件事情是这样，万一要有别的人的话，没有别的要求，我们会跟您讲，然后咱们再决定。另外一个就是说，也就证明这封信……

赵一荻：现在是这样，我们不能让你们往里边垫钱，明白吗？我想这样，我给之宇［说］，比方说，这里头应当多少，给她一个两个。

访　二：您先别给我。

访　一：这样好不好，您现在跟少帅的任务很多，马上出去旅行了，然后……

赵一荻：我说等我回来，之宇弄了多少，我给她写个支票，实报实销。很简单，也没法子预算啊，这个事。你现在是自由的人，你有事……你不能老让……并不是客气。把这个呢，我开一张支票给你，你已经花的。

---

① 蔡六乘，台湾著名律师。张学良在做口述历史时聘请他为私人律师。
② 王永庆，台湾台塑集团董事长。曾为张学良口述历史提供无偿资助。

访　二：我觉得不用，我们就看……

访　一：您没有亏欠我们。

赵一荻：你已经垫了好久了，飞机票、住旅馆，她的飞机票都哥大出了，你的飞机票都自己的。

访　二：当然是我已经垫了这些钱，但这些钱我还可以垫，我希望这件事情他基金会还可以接受。假如说您的信去了以后，他发现不能这样做，做不通，不会再用什么花招儿，那我们就用他们这个。我这钱将来我做工还是可以拿回来的。

赵一荻：你说这个成品啊，这个成品一定要做成。

访　二：一定给您做成……

赵一荻：然后再提旁的，所以 for the time being 呢，我给她一张支票，以后呢你也记一个账，以后呢，你实报实销，这多好。我们已经该了你半年了。

访　二：您没有欠我的。

赵一荻：这基金不一定请得来，他们要想尽了法子拦这个。

访　二：我还说您要有机会，你把那信给我看看。

访　一：方便不方便？因为什么，我跟他学舌学的不算太多。

赵一荻：他那个话啊，不可靠，一肚子就是：你把我财路挡了。

访　二：我就是说您要是有机会您找出［来］，您给我看看。同时还有呢，我跟您说，我们尽量招架，假如有一天我们招架不了了［再说］。

赵一荻：所以就是说你们也要小心嘛，他不一定出什么坏招儿。

访　二：他现在还不知道我［在干什么］。

访　一：他没法找她，他不知道我姐姐的事。

访　二：而且他没有什么可以打击我的，他不能说我这块料或者怎么的。

访　一：而且他的文章啊，现在又出了一篇，那都是他自个儿……与唐德刚一点关系没有。

赵一荻：他知道他帮助你就要露出他的坏，中国人是很坏。

访　二：一定，假如说这样的话，一定会。

赵一荻：你们是非常天真的，中国人不是正面对你来，他不定出的什么坏。

访　一：我们觉得不管他出什么坏招儿，我们做的工作非常有意义。

赵一荻：你看我们中国人做事情，你们注意看，实在都是弯弯曲曲的，想尽法子我要整你。

访　二：他没法整我，因为我们俩隔行。您知道他不敢惹张先生。

赵一荻：他在外头还不是乱讲？我们也不管，无所谓。人家说我们好啊，我们也不得意，因为我们也没有人家说的那么好，对不对？要是说我坏啊，我也没那么坏，上帝那有一份账，无所谓，你写的书啊褒贬不在乎。

张学良：我从来没有在报纸上辩解一回，我不理我有理由的，你听我说我的，这是我做人的理由。我看见那个《大公报》啊，那个王芸生①就写我"九一八"事变啊，根据这个我就说，明白的人啊，你用不着跟他辩，那个混蛋的人你跟他辩什么？根本他就混蛋，你跟他说什么？

赵一荻：所以你看我多咱发表言论啊，说什么什么，你们怎么说我都可以，你说我交际花也行，说我怎么都行。有什么关系？你说我坏，没有坏到那样，你说我好，我也不见得好。

张学良：她这人是这样，我这人跟她（赵一荻）还［有点不一样］。她是一个基督徒，我虽然是基督徒，我没她那么好的基督徒。我从来，我上不亏于天，俯不罪于人，我才不管。我们中国有句旧话很有意思，"没有亏心事，不怕鬼叫门"，换句话，在我手底下不晓得杀多少人，虽然不是我亲手，那是我命令杀人，我跟他没有私仇私恨，不是他得罪我了。有的人是，公事上的关系，事务上的关系，我把他杀掉了。现在我自己更觉得满意，我没杀错人，我也许杀错人了，比如说杨宇霆这件事情，现在有好多证明，我确实看出他来了。他的作为我早就看出来了。所以我说杨宇霆死于郭松龄的手，人家常常不明白这句话。郭松龄我早也看出来了，但是我不能那样做，我要那么做人家说我这个人［心太狠］。郭松龄他失败，到死的时候也没怨我一句话，他最后说，"我的后事只有你可以给我办。"那么，杨宇霆这事我也早就看出来了，我心里早有这意思。我要这么做人家说我这个人好凶，好狠。可我后来想想，我自己难过得很哪。

---

① 王芸生，民国时期著名报人、政论家。1929任《大公报》主笔，次年编辑《国闻周报》。"九一八"事变后，《国闻周报》发表一篇言论，张学良到晚年还记得，并在他的《杂忆随感漫录》中作了摘记："不抵抗主义这个名词，并不是由张学良创始的，但是如今我们，一提到不抵抗主义，可就会联想到张学良，张学良是这个主义的实行者。……等到"九一八"事变发生了，他觉着'打是打不过日本的，以不抵抗对付之，不使事端扩大，以待国际来解决。'那时候张学良是这种心理，中央也是这种心理。所以我说就是换作他人是东北边防司令长官，也是十分之九的一样不抵抗。以过去的济南事件为证，凡是对日本武装挑衅行为，不都是退让吗？"张学良说："他这句话说到我心里去了。"

说良心话，郭松龄这件事情我非常难过，难过什么呢？一个是我对不起东三省老百姓，一个是对不起我部下。为什么呢？我自己为保存我自己的名誉地位，我不能那样做，那样做人家说我狠，因此使我部下死了好多人。

访 一：打仗。

张学良：不是，后来问题出来了，东三省老百姓受了很大的苦。这两件事是我的责任，为什么呢？我可以把郭松龄办了，我不能那样做。我如果那样做［人家会说我太凶］。郭松龄到那个时候我可以把他枪毙了，可是我那么做人家说我这个人太狠了，太随便了，太凶了。杨宇霆这个事情又来了，我也知道，换句话，你逃不出我的手去，我等着你起来，他做的事情他自己个儿（以为我）不知道，其实我都知道，他在搞什么名堂，可是我要那么一做……后来我又一想不对，他还像郭松龄这个事情，东三省老百姓以及我的部下，这个责任在我身上。我为保存我自己叫人家为我［受苦］。我把杨宇霆枪毙了。枪毙杨宇霆主要是因为常荫槐，因为他的谋士是常荫槐，杨宇霆还没这么坏，常荫槐给他出坏道，所以我把他俩枪毙了。当时可以说不但惊讶了东北，还惊讶了全国，我干了这件事情。我也自己知道这件事情人家看我这个人太凶啦，我那时二十几岁。我早就知道，心里明明白白，我这不是吹，你逃不出我的手去，你搞不了我。那杨宇霆自己也知道，所以他也没敢发动什么事情。

访 一：釜底抽薪。

张学良：把我的势力给我拔掉，他就用这个办法，其实我早就看出来了。他就不晓得我这部下［会把他的一些情况告诉我］。他们跟我部下说的什么话，他们都来偷着告诉我了。

访 二：我想在最近的时候，把南京以后的这几个问题［谈一谈］。比如高茂辰①写的［那些问题］。

访 一：她的意思是跟您讨教南京以后到现在这一段，比如说幽禁期间［的事］吧。

张学良：你说高茂辰怎么的？

访 二：就是说他已经把您这一段东西，从刘乙光啊这些人嘴里［听到的一

---

① 高茂辰，即郭冠英。

些事，写文章发表了］。现在他说了这些话，他们说过的就不用再上您这儿问。

赵一荻：不过这里头有对，有不对的。

访　二：要不然就这样，我们看见有不对的地方或疑问的地方［再说一下］。

访　一：省得我们再去做研究，先把他说的不对的地方或疑问的地方［说一说］。

张学良：你问我，我可以告诉你。

访　二：在没说这个以前，您那天不是问我关于杨虎城，你不是问好像杨虎城到底有什么事，杨虎城后来为什么被杀，我找了一点资料，不知道对不对，我跟您说一下。他说杨虎城在香港回来时，他住在半岛酒店，这时戴笠[①]、宋子文都去了[②]，好像，这是一个英国传教士说的。他带了一些学生回来，这些学生是他资助他们到外国留学，他资助他们旅费让他们回来抗日，这是好事情啦。这些学生分了两派，一派学生想跟杨先生一块到南京参加抗日，一部分公开地商量直接到延安去。

张学良：到哪儿？

访　二：延安，就到共产党那儿去了。

张学良：你说的这话哪儿来的？

访　二：一个英国传教士，他说的，说杨先生没有很隐蔽，而是半公开地说这些人将来要到共产党那儿去，这些人要到国民党那儿去。旁边也有学生，可能就是间谍，或者谁派去的特务。他还知道姓张，就一直跟着他，就把这些事都反映过去了。另外，就是说，他在巴黎……

访　一：反正［以］半官方的身份来讲演，让他怎么样抗日，应该怎么样，17 次大会中 13 次他说的都是抗日，17 次公众大会他讲演，13 次的题目都是他怎么抗日，怎么提倡抗日，这当然就是很招人嫉妒的事

[①] 戴笠，字雨农，国民党特务头子。1926 年入黄埔军校第六期，曾任蒋介石侍从副官。1938 年任军事委员会调查统计局（简称军统局）副局长，实际上全面负责。1943 年任军统局代理局长。同年与美国合组中美特种技术合作所，担任主任。他使军统势力膨胀，控制了国民党的许多要害部门。1946 年，因飞机失事身亡。

[②] 1937 年 11 月 26 日，杨虎城偕夫人谢葆贞及幼子杨拯中由法国马赛回到香港，住九龙半岛酒店。翌日宋子文专程到港见杨虎城。11 月 28 日，转交蒋介石电报给杨虎城，说"派戴笠迎接，到南昌相见"。12 月 1 日，杨虎城到武昌，戴笠率百余人在车站迎接。第二天，杨由戴笠陪同乘飞机前往南昌，即遭软禁。

情。我不知道您知道不？他有一个秘书叫王麟阁①。

张学良：王什么？

访　一：王麟阁。

张学良：我不知道。

访　一：这个人是在杨先生出国时给他安排的一个翻译。这人大概英文很好。我为什么想到这个人可能有什么关系呢？杨先生回来以后，他又被派出去了，派到马尼拉去了，不跟着杨先生了，杨先生不是被圈起来了嘛。派他到马尼拉去，结果就在船上跳海自杀了。

张学良：这个王？

访　一：人家说，有人说，他是负责监视杨先生的。

张学良：那时候杨死没死？

访　一：还没有死，已经到了中国大陆，看管起来了。这个王先生派了别的工作。别的工作是什么？就是说叫他去马尼拉，可能是这个王知道的东西太多了。

张学良：杨虎城的儿子还在。

访　二：就现在在大陆那个。

访　一：北京还有一个，他那大儿子（指杨拯民②）。

张学良：我的判断……

（录音中断）

9. 任何人看我必须有蒋先生的命令

访　二：我要问您一个事情，您在南京、溪口时，那张学思是看您去了吗？

张学良：去看了。

访　二：您没有见到？

张学良：见到了。张学思他能够随便活动的原因，因为他是军校的学生，军校10期［的］。

访　一：他们说张学思先生去看您的时候旁边有很多人看着，所以您兄弟两

---

① 王麟阁，曾任南京国民政府驻西班牙公使、外交部特派员等职。1937年6月，杨虎城"出国考察"，奉蒋介石之命随行。

② 杨拯民，杨虎城长子。1938年入延安抗大学习。同年加入中国共产党。1949年后，历任陕西省副省长、中共陕西省委书记、天津市副市长等职。

人并不能自由说话，对吗？

张学良：他有人是有人，我们两人还是随便谈，就像现在咱们这样，没人在屋待着。我们也没谈什么秘密的话。

访　一：还有，您有一个管家，美国人。

访　二：就是那个Jimmy Elder（吉米·伊雅格）①。

访　一：他时常来看您吗？

张学良：有时候他来。

访　二：他可以很随便地来看您吗？

张学良：他这个原因是这样，他跟蒋夫人、蒋先生都很好。

访　一：那他是先和他们（指蒋介石）说了然后再来看您。

张学良：有两个外国人，一个他，一个端纳。这两个人都可以随便［来］。

访　一：端纳来看过您吗？

张学良：也来看过。

访　一：在哪儿？

张学良：我在溪口时他来过，他跟蒋夫人一起来看［我］。

访　一：以后他还来过吗？

张学良：没有，端纳不大赞成我，这段事情他不大赞同我。

访　一：后来您曾给端纳写过一封信。

张学良：写的什么信？

访　一：您在湖南的时候，您给端纳写的一封信。好像是说"不要考虑我，我很好"，您写的一封英文信，因为端纳的书上把您信的原文写下来了。②

张学良：我忘了。

访　一：Jimmy Elder在您在南京、溪口时去看过您，后来您到湖南、贵州时他去了吗？

张学良：他去不了，断绝了，交通什么都［断绝了］。

访　二：和日本正在打仗。

---

① Jimmy Elder（吉米·伊雅格），英格兰人。张学良的外籍友人，曾任张的私人管家。
② 张学良在贵州时（不是湖南），给端纳写过一封信，原文为："亲爱的老朋友端：谢谢你的来信，也谢谢你的老板。我知道你们俩都心地善良，待我很好。但我想你们是很了解我是什么样的人的。我不会恩将仇报。我希望你们能竭力帮助可怜的中国。我决不会消沉，请不必太为我担心。汉卿于贵州贵阳。1938年10月20日。"见［美国］泽勒著，林本椿、陈普译：《神秘顾问端纳在中国》，译林出版社2001年版，第401页。

访 一：后来到台湾他来看您？

张学良：在台湾他来过。

访 一：您在台湾呀，Jimmy Elder 住在台湾还是美国？

张学良：我说不出来。他不住台湾。噢，住台湾，住台湾。

赵一荻：你说的不对了，一开始政府供给我们吃，供给我们住嘛，一直到台湾啊。

张学良：不是，我的上将是这样，我的上将没有退役这一说，但是我那个时候上将退役了。那时候［是］金圆券［贬值］的时候，我拿六千万，等钱到我手里的时候［就不值钱了］。中国这个事情，贬值已经一半了。他们扣了那就不说了。我把这个钱都买了书了，买了好多书。

赵一荻：我就没看见过一个铜板。

张学良：看我这个怪人。

访 一：您虽然退役了，还是上将是不是？

赵一荻：没有了，从前退了就退了。

张学良：上将退役，我是一级上将①，一级上将是不退役的，那个时候退役的，那个时候跟后来的制度不一样。那个时候［一级］上将只有八个人，我［是］退役的［上将］。

访 一：其他人是谁，您记得吗？

张学良：其他我都记得，政府的何应钦，云南的，政府的，我嘴边说不出来，政府有两个，那个人很好，他叫什么我忘了，这个人死得很可怜，打静脉针打错了，打死了，很老实一个人。八个上将，政府两个，何应钦跟他，唐生智②，我一个，四个，冯玉祥，阎锡山，六个啦，还有李宗仁，还有广东那个陈济棠③，八个。

---

① 一级上将。南京国民政府时期，上将军衔分为特级、一级和二级三等。特级上将只授予蒋介石1人；第一批一级上将于1935年4月授予，只有8位。即冯玉祥（时任军委会副委员长）、朱培德（军事训练总监部总监）、李宗仁（军委会副委员长）、何应钦（军政部部长）、张学良（西北"剿总"副总司令）、陈济棠（广州绥靖公署主任）、唐生智（训练总监部总监）、阎锡山（太原绥靖公署主任）。国民党军逃往台湾前，共授任和晋任12位一级上将。

② 唐生智，国民党一级上将。曾历任国民革命军第八军军长兼北伐前敌总指挥、湖南省主席、第四集团军司令等职。1927年因反蒋兵败流亡日本。1929年起复任国民政府军事参议院院长、第五路军总指挥、训练总监部总监等职。抗战时任首都卫戍司令长官，南京失守后回湘闲居。1949年拥护湖南和平解放，后曾任湖南省人民政府副主席、副省长等职。

③ 陈济棠，国民党一级上将。粤系军阀代表。曾任国民革命军第四军军长。曾长时间主政广东，有南天王之称。1936年联合桂系，发动反蒋抗日的"六一"事变。失败后经香港赴欧洲。1940年3月任国民政府农林部部长。次年辞职。1949年4月任海南行政长官兼警备司令。1950年去台湾。

访 一：陈济棠死在台湾了吗？

张学良：陈济棠大概是死在台湾，陈济棠的侄女（指陈淑贞①）就是我的儿媳妇。

访 一：直接就告诉您，说您不能……

赵一荻：我不知道。

张学良：哦？

赵一荻：说我们那时候啊，有没有明文规定不准干嘛，不准干嘛。

张学良：有是有，我这人很知趣，我知道那个事情。

访 一：所以我就觉得知趣这件事情，就是说他不是说您不能够出这个院子。

赵一荻：也许他说了，我们也不知道，我们也不问。

张学良：那我们不知道。

访 一：假如他没有说，让您自己感觉到"我不能出去"，那这就是精神虐待。

赵一荻：那是你们美国人，什么叫精神虐待啊？我那天跟之丙讲，你得了解人家，不要让人了解你。他是认为我们是他的囚犯，我们不是抓来的。

张学良：问题是这样的，她跟我还不同，我这个人是做事情的，我也有长官，也有部下，我也体谅人，我何必给人找为难，不是他跟我有仇有恨，是他的任务。

赵一荻：他要做得好才行，他为自己的前途，你明白吗？

访 一：您是这样……想这些人是吧？

赵一荻：人家的任务就是这个任务嘛。

张学良：人家也没法，也不是他要这么做，一个人做事情要弄清楚，他是他的任务。就像是你在监狱，一个人把你枪毙了，不是他要把你枪毙，是你犯的罪，他是执行的，和这个意思一样。我自己当过部下，也当过长官，你要知道自己的地位，你要问你自己，你是谁。

访 一：知道自己的身份。可是您（指赵一荻）的情况让我们不能够解释。

赵一荻：人[家]说我傻瓜嘛。

访 一：不是那样了，我们倒不认为您是傻瓜，我的想法就是说，您和少帅的身份又不一样，在那种环境之下，别人没有办法……他有管辖也

---

① 陈淑贞，陈济棠的侄女，张学良与赵一荻的儿子张闾琳的妻子。在美国加州大学期间，结识张闾琳，并结为夫妇。婚后育有二子，长子张居信，次子张居仰。

罢，看管也罢，不应该及到您。

访 二：还有，当时判刑，说您有十年的徒刑，五年褫夺公权①，那您现在超过那个了，您现在可以告他嘛。

赵一荻：小姐，你是说理。

张学良：怎么的？

赵一荻：她们都要讲理，判你十年徒刑，还有五年没有公民权。

访 一：那现在超过了，您就可以告，赔偿。

赵一荻：你们太天真了。

访 二：要在美国啊，您不告，也有别人帮您告。

赵一荻：我们中国人不是这么回事。

张学良：日本更没关系，一个国家一个国情，你这是美国的脑筋，换句话，你拿这个脑筋你不能在中国做事。

赵一荻：所以你要在中国做事，你要了解中国人［才行］。

张学良：你比如咱们说那戴［笠］的话，你得说假话，中国人就得说假话。

赵一荻：来客人，说太太不在家，你不能说在就不见你。

张学良：戴就火了，说，"你怎么说假话？"

访 一：所以高茂辰写的就是，您很感激刘乙光，说您得盲肠炎的时候他很快就给您送去治。

赵一荻：那算不错了。

访 一：可是我们现在的想法就觉得，他送您去医院这是正常，他要不送您上医院那才是奇迹呢。

赵一荻：你们小姐不能那样讲话，你们思想不一样。

张学良：不是，这话是这样的，我给你说，那个时候戴雨农②是又一套，那个原因还是蒋先生和蒋夫人的关系，那是蒋夫人、蒋先生［叫他那么做的］。

访 一：有话。

张学良：不但有话，有电报来，还派了中央医院院长。

赵一荻：这是以后了，以前要照他们这特务，就应当先报告戴先生，他指示你怎么做怎么做，你就不应该把你看管的人随便送医院。好比我是

---

① 1936年12月31日，《国民党军事委员会高等军法会审关于张学良判决书》中说："张学良首谋伙党对于上官暴行胁迫案，减处有期徒刑十年，褫夺公权五年。"

② 戴雨农，即戴笠，字雨农。

看管你的，你病了，我得跟上边请示啊，这事我怎么处理，这是我的责任啊。所以人的脑子要转过来想。

张学良：这个刘乙光负责一部分责任。当时是这么一回事，这天下事我说是上帝的安排，这个宋子文来看我，那时来看我必得有上头允许的。这里有个故事，张治中来看我［蒋先生知道后就不高兴了］。

访　一：看您三次。

张学良：看我以后，蒋先生非常火，不是火旁的，因为张治中发表谈话，那不说了。蒋先生很不高兴，那就骂这个刘乙光，给刘乙光下的命令，以后无论何人看我，都要有他的命令。

赵一荻：那是以后了，在这之前啊。你盲肠炎的时候，刘乙光就应该请示戴雨农。

张学良：这个事情是怎么回事？盲肠炎的事是这样的，你听我讲，我没得病以前，宋子文来看我，带着刘瑞恒[1]，中央医院的院长。天下的事情该着。刘瑞恒给于凤至看病，是乳房癌，他说她这个病很要紧，我那个太太走了，所以她（指赵一荻）才来的。刘瑞恒说你在这儿万一有点病，我给你介绍两个人，外科病是杨大夫，内科病是李院长，都在贵阳。我住在离贵阳还有几里。忽然我就得了盲肠炎，肚子痛，盲肠炎，刘乙光就是找了这个杨大夫。是这么来的。

赵一荻：他去找当地卫生所的人，就我们住的小地方的卫生所。他来了就给他一副泻药吃。

张学良：盲肠炎，他给我副下泻药，差点没死掉。

访　一：那结果，幸亏您没吃。

赵一荻：吃了，所以才腹膜炎了嘛。

张学良：这后来才泄露出来的，那时候［是很保密的］。

10. 忏悔录风波起于蒋经国

访　一：关于 rare book（稀有书籍）就是珍藏室的事情。

赵一荻：哥大的珍藏室，哥伦比亚大学，珍藏室，就是藏你的东西的。

---

[1] 刘瑞恒，曾两次赴美留学，获医学博士学位。时任行政院卫生署长，军医总监。

访 一：藏您的重要东西，这就是我们的理想，您有什么是以表白，不是要自己表白，足以证明您当时心情的，这些记录您还有没有？例如当时您的日记啦，您的信啦。

张学良：有是有，我不晓得我日记里记的什么东西，我有时候不记。我日记很有意思，等她走了，下回……我箱子有很多东西，我给你们看一看，很宝贵的东西，有蒋先生给我写的亲笔信，这信都很宝贵了，有死了的那个陈仪写的信，还有孔祥熙［的］啊。

访 一：还有一个很重要的东西，他们现在说您写的忏悔录，您的自述。

张学良：就是几个字。它是这么个事，我先说这个事。蒋先生要写一个《苏俄在中国》①，写这个书，关于"西安事变"，到底你们是怎么回事情，就问我来。我就给蒋先生写封信，诉说我这个人是怎么怎么回事情，为什么这样行动，我那封信我写的［很清楚］。后来他们把这封信发表了，发表的名称就改了三四次。怎么改呢？是这么回事，我给蒋先生一封信，经国先生他们把这封信发表了，底下写张学良，前头是忏悔录，底下题名张学良，明白了？这个文字上的责任。我就给蒋先生写封信，我说这个东西可不是我发表的，底下写张学良好像我发表的。我的信表示我可没发表这个，谁发表谁的责任。蒋先生为这个事儿非常生气，撤了好几个人，把所有的登这个的杂志都收回来。这是为什么，因为蒋先生发火了，真正的事情是这么来的。这个所谓忏悔录，经国先生，变了好几次，后来他改成一个很有意思的名字，不叫忏悔录，叫什么来着。

赵一荻：不是，他要把这个东西在哪一个会议上拿出来。有人偷出去给发表了。不是公开发表，那个人给发表了。

张学良：他是这样子，蒋经国先生，不是老先生，他把我这封信拿出来在一个军事会议上公开给他们看，说我这个人，过去说这些事，是一个很大的历史的教训。那么有人就偷着把这个信发表了，这不是有人，这个我认为是他们政治部的人干的事。因为他发表呀不是在报纸上，是在政治部的杂志上出来的。后来在杂志上我看见了，我就给蒋先

---

① 《苏俄在中国——中国与俄共三十年经历纪要》，蒋中正著，中央文物供应社 1957 年出版，台湾"国防部总政治部"印发。书分三编：中俄和平共存的开始与发展及其结果；反共斗争成败得失的检讨；俄共"和平共存"的第一目标及其最后的构想。最后是补编：俄共在中国三十年来所使用的各种政治斗争的战术，及其运用辩证法的方式之综合研究。

生写信。他要不提张学良，那我不管。好像是我发表的，我说我可没发表这个。因为什么呢？当时我们有约会，暗中约会，我们俩互相应该守秘密的事。他就问我，"这到底是怎么回事，你告诉我。"他要写书吗。是这个样子，惹下轩然大波呀。①

访　一：结果收这杂志并没全收回来。

张学良：不但这样，还有，他已经在旁的报纸上也出来了，人家也抄写了。人家抄写人家不负责任，是那个杂志上的嘛。所以弄得大家都知道这件事。

访　一：所以这个东西……您和夫人都考虑考虑，我觉得这个是非常有代表性，历史价值最高的东西。当然如果说有金钱价值的话，那是另外一回事，您自己去研究，自己作决定。反正有历史价值，也有金钱价值，哥伦比亚大学如果把这个保存起来的话，可以拿它当钱……

张学良：我现在等有机会给你看一看。

赵一荻：我不晓得在哪儿，什么东西等我慢慢想。

张学良：文字有价值的东西，我有一大本。我自己个儿认为我那个大本上粘的信……都是信。我并不是天天写日记，我有日记，不是天天写，我发生感想，我就写。

11. 我们住在高雄时连洗脸水都没有

访　一：我要说一句话。我要说一句什么话呐？我打一个岔。我们刚才的话头是，您在失去自由后，曾经三次写信给蒋先生，表示了三次要去抗日。您知道不知道宋哲元和傅作义这两位将军曾经联名要求中央，希望您能出来帮着他们来做抗日的事情。但是这两位认为他们北方的势力和说话的力量不够，就去找白崇禧，希望白崇禧替他们或者是跟他们一块跟中央政府去谈谈。白崇禧说了一句话，"你知道吗？蒋先生恨透了汉卿，所以大概很难说得通。"是蒋先生、蒋委员长、蒋副司

---

① 1964年7月1日，台北《希望》杂志创刊号刊登一篇文章，题目为《西安事变忏悔录摘要》，署名张学良。因张学良被幽禁28年来第一次公开发表文章，所写内容又是关于"西安事变"的敏感问题，因此，该刊出版后，台湾《民族晚报》迅即分段转载，外国记者也纷纷拍发专电致海外。但《民族晚报》第二天就奉令停载，《希望》杂志被查禁、被没收，流入"黑市"的《希望》杂志每本由10元台币涨至100元，仍无法购得。20世纪80年代，台湾官方发行的《革命文献》（第94辑）也发表了与《希望》杂志内容大体相同的《西安事变反省录》，内容比《希望》杂志上的少一些，文字略有改动，原来题目中的"忏悔录"改为"反省录"。

令我就给忘记了，但是就是说中央政府了。这件事您可晓得？

张学良：我不大晓得。

访　一：在那个时候北方抗日军队希望您能出来帮助他们。

访　二：张治中有三次来看您，一次是宋子文家，第一次。

张学良：张治中？张治中只看过我一次。①

访　一：三次吧？就是台湾一次，后来在宋子文家有一次。后来不是您在贵州就是您在湖南的时候。

张学良：在湖南，是，是，是。

访　一：所以，台湾一次，湖南一次，在溪口有没有？还是在宋子文家。

赵一荻：在宋子文家没见过，在宋子文家他看见过你？

张学良：没有。

访　一：因为他自个儿写了一篇东西，《三访张学良将军》，他第三次看您的时候带着他女儿去的，大女儿（指张素我②）。我们三月回去的时候，他的小女儿现在在纽约。

访　一：您比如说走路啊什么的……

赵一荻：我不要人帮我。

访　一：是啊，我知道，我是说减少您一些……别给您添麻烦了。

赵一荻：没关系，我做不了我就不做了，做得了我就做，做不了我就不做。很感谢你们想帮我。

访　一：不是，我是说我们别的也不能帮您，我们能够帮您［就帮一下］。

访　二：帮您整理书好了，是不是可以？

张学良：哦？

赵一荻：她说帮我，怎么开始啊，这简直［是］一锅［粥］啊，乱七八糟的，等我安定下来，这些日子我实在是心力交瘁。

---

① 张学良记忆有误，张治中曾三次看望幽禁中的张学良。张治中写有《三访被幽禁的张学良》回忆录，发表于《文史通讯》1981年第5期。文中说："从1936年汉卿被拘之日起到1947年这10年间，我看过他三次。""第一次会见是1936年12月26日，张汉卿送蒋到了南京，住在南京鸡鸣寺宋子文公馆。""第二次会见是1938年八九月间。那时……我在湖南当主席，张汉卿被拘禁在湘西沅陵县城对面的一个寺庙里。我因到湘西去考察，所以特意到沅陵去看他。第三次会见是1947年10月间，地点在台湾新竹。当时我当西北行辕主任，……去作休假旅行，到了台湾。张汉卿那时关在台中新竹。当时台湾警备司令彭孟楫是我的学生，我到台湾后即向彭提出要去看张汉卿。彭很犹豫，不敢答应。我当即对彭说：'一切责任由我负，不会连累你。'"

② 张素我，张治中长女。1935年于南京金陵女子大学肄业后，到美国西南大学学习。1937年秋回家乡创办洪家疃黄麓小学。后曾任湖南省地方行政干部学校妇女训练班副主任、重庆新生活运动促进会妇女指导委员会训练组大队长（指导长为宋庆龄）。写有《我们见到了张学良先生》。

访　一：我们就是看您实在是太累了，我们觉得您累心。

赵一荻：我已经没办法了，不做不行了，非做不可。心力交瘁。完了我要请教这个大教授。这个字儿是念 cuì 呀，还是念 zú 哇？

访　一：应该是念 cuì 吧。

张学良：以前出去我都怕累啊。

访　一：您要是累了，是不是可以提前回来啊？

张学良：不能提前，安排在那儿。

访　一：您要是累了就不去，天气这么热。

张学良：我穿了便衣行头，我最讨厌穿那个……

赵一荻：不要想那个事，应该做的就去做。

访　一：我要问您一个，第二次您去高雄是为什么？

赵一荻：你去问蒋介石吧，哈哈。

访　一：不是这有什么……

张学良：不是，不是。

赵一荻：我们都不知道。

张学良：简单说，我个人说，那是对我们很客气，那里舒服一点，有电灯啊有什么。

访　一：您说有电灯，那井上温泉有吗？

赵一荻：没有电灯。

访　二：井上温泉连电灯都没有啊？

赵一荻：哪有电灯啊，我们在贵州也没电灯啊，菜油灯啊。

访　二：我们看见过菜油灯，第二天那鼻子都是黑的。

赵一荻：在井上我们点瓦斯灯。

访　一：瓦斯灯就是打气的那个，很亮的？

赵一荻：一个小的，这么大一个，底下搁的石头，上头搁的水。

张学良：我们住在那儿，那时候很好玩，那时候［住的是］日本房子，门是拉的，我一拉门吓我一大跳，有条大蛇。

访　一：哎哟，您这是在哪儿啊？

赵一荻：井上啊，井上天天晚上打蛇啊。

张学良：那毒蛇啊。

赵一荻：每天晚上他们站岗的都打蛇。

张学良：那个地方蛇多了。

访 一：那就拿枪打就打死了？

赵一荻：不，拿竹竿儿打。

张学良：拿棍子都不敢打，用竹子。

访 一：我不懂为什么一定要用竹子。

张学良：用竹子它蹿不上来，木头的它可以蹿上来。

赵一荻：不是！木头会打断，竹子打不断。

访 一：那真是剧毒的毒蛇。这个蛇真是那么凶，会追人啊？

赵一荻：可是她们高山姑娘一点都不怕。

访 一：那怎么回事啊？

赵一荻：她们习惯了。

访 一：不过您在井上温泉您所住的房子，据说是给皇太子盖的。

赵一荻：日本房子，榻榻米。

访 一：假如皇太子住在这，也是蛇［很多］。

赵一荻：皇太子也不常住在那儿……

访 一：那井上温泉没灯，那您更没有自来水了？

赵一荻：没有啊，我们在……接来的水啊。

张学良：你说自来水，我再给你说，我们住在高雄，连洗脸水都没有。

访 一：高雄会没有洗脸水啊？

张学良：那得搁人在底下抬水。

访 一：那您住哪了？住山上？

赵一荻：要塞的房子。

张学良：那时候那个苦啊，不是现在，你们想不到的。

访 一：天那么热，那也没法冲凉、洗澡了。

赵一荻：洗完脸还得留着洗脚，这一盆水［用两次］。

访 一：这跟我们小的时候日本时候，一盆水大家使。

张学良：那个水往上抬，费事大了。

赵一荻：你没看见啊，我们从贵阳逃出来，翻过山去，到铜梓啊①，那一家一家逃难的，你要看见他们，我们在天堂上呢，你要这么想。老太太在大板车上，小孩在大板车上，儿子在后头推着，媳妇在前头

---

① 1938年3月至1946年11月，张学良被幽禁在贵州省境内。先是住在修文县阳明洞，1941年移居贵阳附近的黔灵山麒麟洞，1944年春天，日军进攻黔南，贵阳告急，张学良又奉命向贵州桐梓县的天门洞转移。

拉着。

访 一：也没有好路。

赵一荻：三月里哪有好路。

张学良：我亲眼看见，那个人还是上校呢，他太太生产啊，产个小孩，她丈夫给他包一包，就给扔江里去了，没法子，那实在可怜。那实在惨呐。

访 一：我们也看见过，我们从兰州出来的时候，兰州过黄河铁桥，从上游漂下来的死尸，我们还瞧，说上面是什么啊，那真可怜。

张学良：哎呀，那真没办法。我们走路上啊，带的还有宪兵，我们自己有两个卡车，那个兵……就拦着我们的车，要我们的车。我们的人说，你上来一个人看看，车都是满的。那么就上来一个人。等走到没人的地方，照他屁股踢一脚。把他踢下去，还骂了一句去你妈的。开枪打，到处开枪。我那时候跟的一个人，许颖这个人好聪明。那时候没处睡觉啊，我们到了一个地方，像旅馆一样，下着大雨，我们就在人家大门口外头，我们这些人不是一个人啊，那个人说，"我们没有房子。"我们就在人大门洞子那个地方，下雨啊。后来那楼上啊，有一个姑娘，她有一间房子，许颖就是有办法，说起来好玩得很。买一瓶酒精，给人屋子、洗脸盆都给人消毒。这姑娘还没回来呢，就把人房子给人占领了。这姑娘回来了，说，"你们怎么把我屋子占了。"许颖说，"你住一宿多少钱？"她说七块钱，他说，"我给你七块钱好不好？"她说，"我上哪儿住去？"他说，"你傻瓜，你往哪屋子去谁还不留你。"我跟我内人睡在屋里头，她跟许颖就弄点被子，在门口躺在地下睡，没有地方睡觉啊。

访 一：那是日本追的时候是吧？

赵一荻：这是他们从湖南到贵州。

张学良：我作诗是，"一路打骂到衡阳"。

访 一：还有我要问问您，您后来因为……日本节节逼近了，您就跟着一块儿在前头跑来跑去。您那时有没有觉得您从前的估计都对了？不幸而言中。您后来搬迁都是躲日本了，都是躲战事。您当时以局外人的身份，您有没有觉得您估计日本人的作为都成了事实了？

张学良：我没想那个，那都走哪儿算哪儿了，活到哪天［算哪天］，那都走哪儿算哪儿了。

访 一：那些困难以前你预料到了，如果不抗日这些事情会发生，现在的确发生了，您跟这日本往前跑。

访 二：还有一个问题我特别要跟您说的。

张学良：你们讲的问题都很奇怪的。

访 一：这样说吧，有这样一个很可靠的报道，蒋先生曾经很愤慨地说了一句话，他说大半的江山呐都丢在您的手里。这是他到了台湾以后，您是1945年（应为1946年）到台湾，后来结果就是大陆失守，整个国家政府都搬到台湾来了。45、46年的事情，是不是？

张学良：我记不住。

访 一：西安事变是1936的事，相隔这么久了，为什么说大半江山丢在您的手里？

赵一荻：也许他是那么说，共产党没有了，我们政府那就势力大了，先剿共了，不就是势力大了吗？

访 一：可是话又说回来了，1945年，日本投降了，整个中国是在中央政府手里。对不对？不管是怎么得来的，1945年，日本投降的时候，中央政府独揽全国了。到1949年，政府没有办法，必须要退却到台湾，那这个大半江山丢在谁的手里了？

张学良：那蒋先生说的话也许有原因，就是我联共。

赵一荻：因为他联共，共产党才有这么大的势力啊。

访 一：那是1936年的事啊。

赵一荻：当年他要是把共产党歼灭了，就没有了。

访 一：那现在1945年整个都在他手里了。

张学良：他这话我不知道，他说这话的原因我想，因为我跟共产党联合啊。他认为他把共产党快要剿灭了。这也是周恩来自己说的，他说我是共产党的救命恩人呀。

访 一：换句话说，中央大军胡宗南在西安剿匪，也是几乎全军覆没。

张学良：不能那么讲了。他认为共产党能那么活动，因为我在里头捣乱。

赵一荻：共产党有这么大势力就是因为双十二，没有西安事变，共产党不会起来。共产党残余的这一点他可以剿灭了，这样他们又翻身了。

访 一：我认为这里边还有两三个步骤，实际上蒋先生自己统治着中国……

张学良：我和蒋先生两个人的意见起冲突就在这上。我主张联共抗日，他主张剿共完了再抗日，问题在这。我跟他说共产党永远消灭不了。他不懂这个他就倒霉呀！